"粤派教育"丛书　　熊焰　高慎英　于慧　主编

◎ 江门市首批"江门教育专家"（教师类别）培养项目成果
◎ "广东第二师范学院创建国家教师教育创新实验区"研究成果

走进江门名师群落

熊　焰　王　慧 编

·广州·

版权所有　翻印必究

图书在版编目（CIP）数据

走进江门名师群落/熊焰，王慧主编. —广州：中山大学出版社，2019.12
（"粤派教育"丛书/熊焰，高慎英，于慧主编）
ISBN 978-7-306-06666-4

Ⅰ. ①走… Ⅱ. ①熊…②王… Ⅲ. ①中小学—教学研究 Ⅳ. ①G632.0

中国版本图书馆 CIP 数据核字（2019）第 153573 号

Zoujin Jiangmen Mingshi Qunluo

出 版 人：	王天琪
策划编辑：	张　蕊
责任编辑：	杨文泉
封面指导：	李冬梅名教师工作室
封面设计：	林绵华
责任校对：	袁双艳
责任技编：	何雅涛
出版发行：	中山大学出版社
电　　话：	编辑部 020 - 84111996，84113349，84111997，84110779
	发行部 020 - 84111998，84111981，84111160
地　　址：	广州市新港西路 135 号
邮　　编：	510275　　传　真：020 - 84036565
网　　址：	http://www.zsup.com.cn　　E-mail：zdcbs@mail.sysu.edu.cn
印 刷 者：	虎彩印艺股份有限公司
规　　格：	787mm×1092mm　1/16　25 印张　516 千字
版次印次：	2019 年 12 月第 1 版　2019 年 12 月第 1 次印刷
定　　价：	60.00 元

如发现本书因印装质量影响阅读，请与出版社发行部联系调换

总　序

教育与文化总是相伴而行、共荣共生的。与文化相比，教育的内涵和外延要更明晰具体。可以说，文化是一种内涵非常丰富、外延又极其宽泛的社会现象。人类在长期的社会历史发展过程中，形成了不同的大文化圈，大文化圈中又存在着许多的小文化圈。某个特定文化圈中的文化既保持着所属大文化圈的共同特质，又具有鲜明的民族特色和地域特色，置身其中的人类既创造文化，也深深地受文化的滋养与约定。当代著名作家梁晓声在解读"文化是什么"时，用四句话涵盖文化的内涵品质——文化就是"植根于内心的修养；无需提醒的自我；以约束为前提的自由；为别人着想的善良"。可以说，文化之根浸润教育之根，文化对教育具有巨大影响和价值引领。

作为省属师范类高校，广东第二师范学院在中小学教师和校长培训领域有着诸多思想理论和实践模式创新。在党和国家高度重视教育问题、多次强调发展教育的重要意义的形势下，基于对广东基础教育的责任感、使命感，广东第二师范学院教师研修学院研究团队最先提出基于岭南文化的"粤派教育"理念，努力为广东教育发声。为了进一步改革创新、奋发进取，坚定粤派教育的文化自信，提炼粤派教育的成功经验，创新素质教育的广东范式，建设南方教育高地，以新的更大作为开创广东基础教育改革发展新局面。教师研修学院于2018年分别在肇庆和广州番禺举办了粤派教育高峰论坛，产生了开创性的效应。在这样的背景下，以挖掘岭南文化之根、探寻滋养教育的动力之泉、从文化视角看教育的现实样态与应有之义为宗旨的"粤派教育"就非常值得从理论和实践两个层面进行深入的分析与探究。

这里，有三个关键词需要澄清，即"文化""化""教育"。"文化"乃是"人文化成"一语的缩写。此语出于《易经·贲卦·彖辞》："刚柔交错，天文也；文明以止，人文也。观乎天文，以察时变，观乎人文，以化成天下。"按照《现代汉语词典》（商务印书馆，第6版）的解释，"文化"就是指"人类在社会历史发展过程中所创造的物质财富和精神财富的总和，特指精神财富，如文学、艺术、教育、科学等"。"化""教化"和"化育"三个词的意义大体相同，就是"感化、滋养、养育"。由此看来，教育其实就是一种使人"文"化、在文化的浸润中实现文化认同与文化理解的过程。"教育"做动词时的意思就是："按一定要求培养"，"用道理说服人使照着（规则、指示或要求等）做"。

一

关于"岭南文化"有多种理解,我们可以把岭南的概念想象成"粤派",两个概念可以互换,岭南文化和粤文化有一点儿差别,粤的范围较岭南小,但精神上是一致的。

岭南文化是在兼容中迅速崛起的,有学者认为,岭南文化主要经历了古代、近代和当代三次大的兼容,也出现了三次发展高峰。① 能够称得上岭南文化名片的重要历史人物有:唐代的六祖慧能,明代的陈白沙(陈献章)、湛若水(湛甘泉),清末民初的康有为(康南海)、梁启超、孙中山等。

历史上岭南地区被称为"南蛮之地",陈白沙是岭南地区唯一获准从祀于山东曲阜孔庙的文人,故被称为"岭南第一人"。陈白沙原名陈献章,出生于新会县(今属江门市新会区)新会村,他开启了明儒心学的先河,创立了"以道为本,以自然为宗,学贵自得,学贵知疑"的"白沙学说"(或称"江门学派")。后经湛若水的完整化、精致化、思辨化的发展,岭南形成了一个异于正统理学的理学新派——陈湛学派。湛若水,字元明,号甘泉(明代时期的新塘镇叫甘泉都),他师承陈白沙,在"以道为本,以自然为宗"的学说上,提出"随处体认天理"的主张,深得陈白沙的赞赏,陈白沙临终前将其讲学场所——钓鱼台,交与湛若水,以示衣钵相传。

湛若水考中进士,被任为翰林院庶吉士,赴京就任,而王阳明正在吏部讲学。当时王阳明34岁,湛若水40岁。湛、王二人的相遇,对于二人来说,都是人生发展的重要标志事件,并相互成就了对方。王阳明遇上湛若水,成为王阳明研究心学的重要转折点,开始归正于圣贤之学。之前王阳明涉猎广泛,兴趣多样,被湛若水称为"五溺":一溺于任侠之习,二溺于骑射之习,三溺于词章之习,四溺于神仙之习,五溺于佛氏之习。

湛若水与王阳明在维护各自学术主张的前提下,又共同推进明代心学的发展与完善。35岁时,王阳明遭贬,在贵州龙场悟道,悟出"本心"强大,"心即理",内心强大与意志力是最重要的。五年后,王阳明遇赦,他与湛若水誓约终生共同求学,致力于圣学的昌明。50岁时,湛若水回到增城。57岁时,王阳明在广西平定宁王之乱后,到增城与湛若水相见,为湛若水撰写诗文《甘泉居记》。在回浙江余姚的途中,不幸去世。湛若水为王阳明撰写墓志铭。

其实,儒学的这种心学传统并非始于陈献章。在唐代,韩愈感慨"道之不传久矣",提出要维护儒学"道统",当儒学面临佛老之学的冲击时,韩愈坚决拒斥。北宋时期,儒学家不再简单排斥,而是既深入研究佛老学说,又着手重建新儒学。

---

① 黄明同:《岭南文化的三次大兼容与三个发展高峰》,载《学术研究》2000年第9期,第98-101页。

南宋时期，形成"陆王心学"和"程朱理学"两大流派。到了明代，陈白沙上承宋儒理学的影响，下开明儒心学之先河，在中国哲学思想史的发展上，具有承前启后的地位和作用。加上湛若水和王阳明对心学体系的系统化和精致化研究，二人的主张各有侧重，但都致力于彰显和弘扬明儒的心学传统。到了清代，广东南海人康有为同样选择了心学之路。

岭南文化是如何延续、承接中国历史上的心学一脉的呢？一个重要的文化源头就是要探寻六祖惠能的《坛经》。六祖惠能，南派禅宗的创立者，广东新兴人，史称"六祖"，中国禅宗杰出大师。他生于岭南，长于岭南，弘法于岭南，圆寂于岭南。其弟子集其语录编为《六祖大师法宝坛经》，它是南禅顿教形成的标志，是唯一一部中国人撰述而被称为"经"的佛教典籍，曾被列入"中国最有代表性的十本哲学著作"，而惠能本人被欧洲人列为"世界十大思想家之一"，与孔子、老子并列为"东方三圣"。

惠能对岭南心学的影响主要体现在方法论上。他的一个信念就是"自我解脱"。这种自我解脱，有时需要借助外缘的启发，如所谓的禅机、机锋，但关键的一步全靠"自修自悟"。自修自悟，如人饮水，冷暖自知，听别人说千万遍不如自己亲身感受的亲切、深刻。

禅宗思想中国化，首先在于它从生活方式和生产方式上的中国化，禅宗在经济体制上与中国封建社会融洽一致，不劳而食的习惯有所改变，减少了被攻击的口实。其他宗派的寺院经济来源多是靠别人的劳动，与地主和政府有一定的利益矛盾，其发展和生存受到较多限制。在生存竞争中，禅宗的优势更明显：自食其力，可以不受经济来源断绝的威胁，一代一代传下去。修行之人，除了不能结婚生子外，与常人生活没有太多差别。僧人们在日常生活中体悟，在亲身劳作中自修自悟、自我解脱。六祖惠能强调"自度""自悟"的方法论意义被陈献章所吸取。

陈献章融合儒、释、道三教精义，强调"静中养出端倪"，以"宗自然"与"贵自得"为基调，既有庄子"坐忘"的影子，又有佛者"坐禅"的路数，倡导"心在万物上""贵在自得""彻悟自省"。湛若水沿着"宗自然"与"贵自得"的路径，进一步提出"随处体认天理"，鼓励"学贵自得"。

影响岭南文化与教育改革的重要文化之源，就蕴含在强大的心学传统之中。当我们把心学传统与学校教育和人的学习与发展相联系时，就会发现，心学所倡导的"内心强大""意志""自得"和"静悟"等自我修炼和治学方法，对一个人的学习、发展是非常重要的。

由此，岭南文化与粤派教育所强调的第一个纲领，就是想尽一切办法让学生学会"自学"。第一步，要尽可能做到"静"。静能生慧，凝神静气，宁静致远，要安静、沉静、宁静，从身到心。第二步，要努力拓展"能"。丰富知识、提升能力、增长本领、培养多方面兴趣。第三步，要整体感悟，融会贯通，自成体系，

"取之左右逢其源",超越一切具体知识和细节知识。

二

岭南文化的第二个源头就是南洋精神。"闯关东""走西口""下南洋"都是近代中国老百姓外出务工、人口迁徙的重大历史性事件,而"下南洋"是中国近代史上规模最大、路程最远的一次跨国大迁徙,其路途危险程度和谋生的难度远非国内迁徙可比。与"闯关东""走西口"相比,"下南洋"更为壮观,经历的时间更长,历史影响更深远。

中国人下南洋的迁徙历史,打造出中华民族伟大的"迁徙精神",这是中国人的现实主义、英雄主义和浪漫主义情怀的集中体现,支撑着中国人追求美好生活、跨越任何艰难险阻所需的勇气、信心和力量。回首中华民族的发展史,总是与大规模的人口迁徙纠缠在一起。每当成千上万的人们开始打点行囊、准备远离故土的时候,历史就将从此翻开新的一页。

下南洋的岭南人用自己的勤奋与努力,改变了岭南人的命运。中国人在近代大规模向海外迁移的同时,也将中华文化传播到异域,在侨居地形成以中国为认同取向,以儒家思想为价值体系核心,同时兼容吸收异域文化的华侨文化。在中国文化地图上,华侨文化是岭南文化结构的独特形态,广东"侨文化"特色鲜明,它形成于异国,反哺于祖国,集中体现为敢为人先、爱国爱乡、兼容中西、包容开放的文化特质。

近代岭南文化的兼容性和开放性,带来中国思想文化尤其是岭南文化的又一次大飞跃。康有为融古今中外文化为一体,创立近代中国第一个以变革为主旋律的维新思想体系。孙中山在承传中国传统文化的同时,大量地"撷取"西方文化,从而创立最具时代精神的"三民主义"学说。康有为、孙中山二人由兼容而创立的思想学说,不仅是近代岭南文化的丰碑,而且是近代中华文化最高成就的体现,岭南文化正因此而取得主流文化地位。

康有为提出的"三世说",即据乱世;升平世(小康社会);太平世(大同社会),构筑别具特色的大同理论。康有为在继承中国传统文化的同时,又大胆地吸取东方与西方各国文化之精华,熔古今中外文化于一炉,树起了中国文化向近代转换的丰碑,建造了近代社会变革斗争的强有力的理论武器,其影响远远超出岭南而及于全国乃至世界。康有为与梁启超组成"康梁学派",推崇"心学",推崇《春秋》,重新发现"三世说"。

康有为的"三世说"对岭南文化与教育改革具有重大的意义与价值。他认为据乱世、太平世和升平世不只是时间概念,还是空间概念,这是康有为独特的发现。

如果用康有为的"三世说"来解读学校教育与学生成长,可以这样理解:据乱世需要的是刚性气质;太平世需要的是柔性气质;升平世居于中间状态,需要的是双性气质。相应地，据乱世需要刚性教育，需要强调体育、劳动、道德与法制的教育。太平世强调柔性教育，强化的是智育、美育、德育等，倾向于浪漫主义教育学派。也就是说，如果在据乱世与升平世阶段，不恰当地实施柔性教育，则很容易从文明走向文弱，例如，宋朝文教政策强调"重文抑武"，历史教训就是发达文化和文明并没有带来国力的增强。升平世要求的是努力奋斗、艰苦创业，同时要有忧患意识。升平世需要的是刚柔相济，倡导"新六艺"教育，即文武双全："智育＋体育"；劳逸结合："劳动＋美育"；通情达理："德育＋情感"。升平世既有据乱世的艰难，又有太平世的追求，要德智体美劳全面发展。教育要同时抓两个方面：一方面，要有文化教育，让学生变得文明，让学生学会游戏，学会享受情感生活，可以称之为柔性教育；另一方面，要有野性教育，要重视体育和劳动，让身体保持一定的野性。通过刚柔相济的教育，让国家保持长期的强盛。

三

如何用岭南文化精神引领教学改革的方向与路径？岭南文化的源头是心学，当我们站在心学立场之上，用岭南文化的风格解读和设计教学改革时，就会发现：处理好知识学习中的情理关系、学思关系和知行关系变得特别重要。在情与理之间，情比较重要；学与思之间，思比较重要；知与行之间，行比较重要，这不仅包括学生行动，还要参与真实的社会实践活动，更重要的是体验职业生涯规划，用生活志向和职业理想带动学生学习。

基于心学立场的教学改革的方向与相应路径主要有以下三个方面。

第一，激发自信与自学的兴发教学。注重情感教学，整体探究学习，生涯教育与自学。让学生自信，这是情感，"情"通则"理"达；让学生自学，这是思，以"思"促"学"；生涯教育是行，用"行"兴发出"自学"和"自悟"。由此，粤派教育的典型特征之一就是，想尽一切办法让学生自信；想尽一切办法让学生自学；想尽一切办法让学生自食其力。

第二，动静相宜，劳逸结合。睡眠是最好的静修，《黄帝内经》把充足的睡眠当作头等大事，认为"心藏神""肝藏魂"。白天的意识行为尤其是"聚精会神"的意识行为一直在耗神、费神，使得心神或灵魂处于被驱使的劳役状态，只有进入睡眠之后，"神"才成为主角。"静坐"接近于睡眠，是人在无法睡眠时让自己暂时处于类似睡眠的催眠状态。"静"可以让躁动的生活重新归于从容淡定。从这种意义上讲，睡眠比运动和学习更重要。动生阳，静生阴。吃饭运动生阳气，睡觉休闲生阴气。动静相宜、劳逸结合的理想状态就是，从容不迫，张弛有度。

第三，勇毅果敢，意志力强大。人是否强大，主要指人的精气神、意志力是否强大，身体强壮、知识丰富、能力高超并不等同于意志力强大。孟子倡导"浩然之气"、讲"天将降大任于斯人也，必先苦其心志，劳其筋骨，饿其体肤，空乏其身……"，陈白沙提倡"心在万物上"，等等，都是强调一个人只有内心强大、志向坚定，才能拥有强大的意志力，才能成就最好的自己。

　　置身于粤派教育中的学校、校长、教师和学生，需秉承岭南文化精神，弘扬心学优秀传统，致力于教育实践改进，深化学校教育研究，凸显粤派教育特色。广东第二师范学院教师研修学院结合广东省与广州市"百千万人才培养工程"名校长、名教师培养项目，提出编写校长和教师培训成果系列丛书，并将其命名为"粤派教育"丛书，一方面期望凝聚广东中小学校长、教师优质资源，深化岭南文化与"粤派教育"的系统化研究，生成"粤派教育"理论内涵与实践范式，让"粤派教育"发出应有的声音；另一方面旨在总结、研讨和探究粤派校长和教师专业成长路径，开启粤派校长和教师成长密码，探寻培养"一大批新时代好校长、好教师"的路径，"创新体制机制，激活一批校长和教师"。

　　遵循习近平总书记"讲好中国故事"的指示和要有"文化自信"的启示，教师研修学院在汇编粤派教育丛书时力求突出区域文化特点，讲好广东校长和教师成长的故事，要求校长和教师总结提炼自己的教育主张、办学特色或教学风格。同时，组织相关专家就案例写作进行系列化指导、整体讲座、分组评审、分科答辩等，期望校长和教师在写作过程中，探寻自我成长的规律、路径、特点，以此振兴杏坛作为，为其他校长和教师"六下功夫"和夯实专业素养提供范例，也为建设广东教育高地、培养德智体美劳全面发展的社会主义建设者和接班人略尽绵薄之力。"粤派教育"整个丛书大体分几个系列，以校长/名师/骨干教师群；区域/项目/学科/幼儿园等为分类线索。设总序，突出粤派教育和岭南文化特色；设分册序，内容包括项目介绍、与总序的衔接回应、板块导读语、供稿教师姓名罗列（按内容顺序）；等等。

　　"教师系列"分为学段、学科、区域，各分册独立成书，采用教师叙事研究方式，致力于找寻一些规律性的所谓"粤派教育"的优势特色。各分册既保持统一体例，又允许呈现自己的特色。体例主要以学科板块的形式呈现，每个学科板块包含5～8位教师的成果，同时分为5～8个学科板块，每个学科板块包括以下几个方面：

　　（1）导读语：教师肖像、教师成长要素、学科特色及教师风格归类小结。

　　（2）名师成长档案：自拟主标题，以"我"的成长历程为蓝本，在成长中，生活、求学、教学所在地域风俗文化对自己的影响，在文化认同的过程中如何处理文化冲突与文化理解。凸显教师的成长要素和关键事件：文化漫润、热爱学习、勤于实践、重视研究、善于反思和注重写作。

　　（3）学科教育观：自拟主标题，由"我的教学风格解读、我的教学主张与他人眼中的我"整合完善而成。可添加真实的教学案例、教学过程材料等补充说明。如助力学生成长、课堂教学改进、师生关系培育等。

　　（4）育人故事：自拟主标题，以学生喜欢的教育方式为主线，讲述"我"与学生的故事，如激励学生、指导学生个体学习或班级管理智慧等。

附录——教学现场与反思（"我的教学实录"，增加本节课的自我反思）。重点反思三个方面：一是课程（文化，含地域文化）资源开发与教学设计；二是课堂教学对话与教学生成；三是教师教学风格与教学艺术。

"校长系列"根据学段、区域、任务驱动，既保持统一体例，又允许各分册呈现自己的特色。主要通过行动研究、叙事研究、案例研究，致力于在以下几个方面找到一些规律性的所谓"粤派教育"的优势特色：校长成长的地域文化影响，校长关注、思考、研究的主要问题，校长的办学思想、教育哲学，学校改进实践的关键要素与路径等。根据校长专业发展阶段和成果类别，主要从"校长学习力——我眼中的名校成长基因""校长思想力——办学思想的探寻与凝练""校长行动力——学校改进与教育实践创新"三大子系列呈现粤派教育和岭南文化的特色。

本套"粤派教育"丛书努力做到三个超越：第一，超越教学风格或管理风格，打造粤派教育；第二，超越课堂教学或办学经验，展现教育智慧；第三，超越常规培训成果体例，凸显启发性和可读性。

本套丛书之以所以能够成书，得益于各方力量的聚合和支持。首先，感谢广东第二师范学院闫德明教授，本套丛书"教师系列"的体例设计有所选择地采纳了其主编的"我的教学风格"丛书的基本框架，并在此基础上进行了创新。其次，感谢华东师范大学刘良华教授，其对粤派教育的开创性研究成果被充分运用到本套丛书的顶层设计之中。最后，感谢长期以来关心支持教师研修学院培训工作的领导、专家和同事，感谢各位主编和供稿的广大中小学校长和老师的辛勤付出，感谢中山大学出版社的鼎力支持。

"粤派教育"丛书编写组
2019 年 3 月

前　言

为加快江门市基础教育系统名师队伍建设，为五邑地区打造一支德高业精、开拓创新、勇于担当的名师队伍，2015年7月，江门市经过逐级推选和层层筛选，挑选了首批46人的"江门教育专家"培养对象。预计经过三年的重点培训、培养，再从中推选首批"教育专家"。该培养项目委托广东第二师范学院进行。

自该项目筹备起，项目组和专家组就一直在探索：什么样的中小学教师才是适应江门市中小学阶段学生成长的"名教师"呢？三年多来，在对江门市多所中小学进行调研及对教育发展趋势把握的基础上，项目以培养"有独特教学风格的专家型教师"作为名师培养的目标。围绕打造"教学风格"的主题，项目组确立了"5阶段5结合"的培养模式，采取拓展国内外教育视野、省内外专家讲座、省内外入室跟岗、欠发达地区示范带学、课题研究与成果交流等主要方式，力争为每个培养对象找准并打造属于自己的独特教学风格，从而成长为乐于教学、勤于研究、善于表达的专家型名师。

教无风格，何以立教？具有自己独特的教学风格是名师的标识。教学风格是指教师在长期的教学实践过程中形成的，在一定的教学理念指导下，创造性地运用各种教学方法和技巧，所表现出来的一种个性化的教学风貌和格调。教学风格的形成过程是一个不断学习与批判的过程，是一个不断实践与反思的过程，是一个不断建构与解构的过程。在"破"与"立"交替上升的过程中，教学风格得以形成，得以巩固。就培养项目而言，培养过程包括五个环节：认识风格、凝练风格、展示风格、反思风格、升华风格。

通过三年的研磨和培育，培养对象都提炼和表达了自己的教学风格，提交了结业作业"我的教学风格"案例。案例内容包括：①我的教学风格：表明并简要诠释自己的教学风格；②我的成长历程：讲述自己个人成长和教学改革的真实故事；③我的教学实录：提供能够匹配自己教学风格的课堂实例；④我的教学主张：结合自己的课堂教学实例，表达自己对教育教学的看法；⑤他人眼中的我：学生、同事、专家等人对自己教学的评价。

依托该培养项目，我们选择了29篇具有代表性的案例结集出版。其中，多个案例的作者是2017年广东省教育教学成果奖一等奖的项目"中小学教师课堂教学风格形成的实践模型"中的实践检验个人及其所在单位。本书选择的代表性案例，能够在一定程度上代表江门市中小学名师的风采和素养，将对促进该地区中小学教师专业发展发挥有益作用。特别是在五邑文化的浸润中，江门名师们的成长之路与当地独特的地域文化有关，深受地域文化的影响，不断进行着文化认同、文化冲突与文化理解。江门名师们在本书中反映了其超越教学风格的学科教育观，更加全面地呈现了江门名师的教育理念与实践智慧。

在成书过程中，项目理论导师古立新副教授、闫德明教授负责了案例的架构设计；课题导师和实践导师对学科教学实录的完善提出了宝贵意见；广东第二师范学院教师研修学院刘碧群、蔡惠娟、何倩等老师在沟通联络、信息整理等方面做了大量的工作。各位案例作者都非常重视此次出版，反复打磨、精心修改，为读者展示了各具特色的江门名师风格。

限于水平，本书难免存在不完善之处，敬请各位同行批评指正。

编者

2019年3月18日

目 录

◆ 有趣有味 共情共生（杨青兰·高中语文）↗1
　我的教学风格↗1
　我的成长历程——厚积薄发，从"无形"到"有形"↗1
　我的教学实录——《认识社会，辩证分析》教学实录↗6
　我的教学主张——教学应有趣有味、共情共生↗10
　他人眼中的我↗11

◆ 博雅（魏羲之·高中语文）↗13
　我的教学风格↗13
　我的成长历程↗14
　我的教学实录——《边城》教学实录↗18
　我的教学主张——构建文化语文的教学观↗22
　他人眼中的我↗25

◆ 以读为本 启发悟性（何勇涛·高中语文）↗27
　我的教学风格↗27
　我的成长历程↗28
　我的教学实录——《咬文嚼字》课堂实录↗30
　我的教学主张——以读为本，启发悟性↗34
　他人眼中的我↗37

◆ 注重生成　指导调控　培育个性（张耀荣·高中语文）↗39
　　我的教学风格↗39
　　我的成长历程↗40
　　我的教学实录——《雷雨》课堂实录↗42
　　我的教学主张——构建富有生命感的课堂↗48
　　他人眼中的我↗50

◆ 以活激活　以情唤醒（潘蔚·初中语文）↗52
　　我的教学风格↗52
　　我的成长历程——追寻"生命语文"，静待春暖花开↗53
　　我的教学实录——《走进父爱　感受真情》课堂实录↗56
　　我的教学主张——生命语文：让语文唤醒心灵，朝向幸福↗60
　　他人眼中的我↗63

◆ 坚守以生为本　践行简约课堂（廖祖权·小学语文）↗65
　　我的教学风格↗65
　　我的成长历程——从耳濡目染到领悟发展↗66
　　我的教学实录——《学会看病》教学实录↗69
　　我的教学主张——博学致用　知行合一↗73
　　他人眼中的我↗75

◆ 真实　简约　有效（胡务娟·小学语文）↗77
　　我的教学风格↗77
　　我的成长历程——撑着"求真"的长篙，在语文课堂中漫溯↗78
　　我的教学实录——从《卖火柴的小女孩》看课堂教学的"真实、简约、有效"↗81
　　我的教学主张——孩子们的快乐成长是我幸福的源泉↗85
　　他人眼中的我↗86

◆ 互动　高效（冯婉霞·小学语文）↗88
　　我的教学风格↗88
　　我的成长历程——探究"高效课堂"永不止步↗89

我的教学实录——《草船借箭》（片段）课堂实录↗90
　　　　　　　　《走遍天下书为侣》（片段）课堂实录↗95
我的教学主张——把握教材　超越教材　超越老师↗97
他人眼中的我↗98

◆ 亦庄亦谐　趣实相兼（黄佩华·小学语文）↗100
　　我的教学风格↗100
　　我的成长历程——成长随想曲↗100
　　我的教学实录——《推介校园美景》课堂实录↗104
　　我的教学主张——" '三·全'语文"↗109
　　他人眼中的我↗110

◆ 数学思维冲浪：理性与激情（商庆平·初中数学）↗113
　　我的教学风格↗113
　　我的成长历程↗114
　　我的教学实录——"2012年广东省中考题第21题"教学实录↗117
　　我的教学主张——高品质的教学是让学生享受挑战、享受学习↗122
　　他人眼中的我↗125

◆ 严谨　条理　简洁（叶炼·高中数学）↗127
　　我的教学风格↗127
　　我的成长历程↗128
　　我的教学实录——《椭圆》教学实录↗132
　　我的教学主张——严谨治学　简洁课堂　课后延伸↗139
　　他人眼中的我↗140

◆ 儒雅　严谨　发展（钟烙华·高中数学）↗142
　　我的教学风格↗142
　　我的成长历程——小舞台　大天地↗143
　　我的教学实录——《圆的标准方程》教学实录及反思↗145

我的教学主张——根据学生的"最近发展区",让学生"跳一跳"摘到"桃子"↗151

　　他人眼中的我↗151

◆ **情智共生　趣效双赢（丁玉华·小学数学）**↗153

　　我的教学风格↗153

　　我的成长历程——做一名幸福的"耕读"者↗154

　　我的教学实录——《乘法分配律》课堂实录↗157

　　我的教学主张——追寻适宜儿童的情智课堂↗162

　　他人眼中的我↗165

◆ **精准高效　智趣相长（容宏新·小学数学）**↗168

　　我的教学风格↗168

　　我的成长历程↗168

　　我的教学实录——《位置与方向（二）》课堂实录↗170

　　我的教学主张——构建精准高效、智趣相长的数学课堂↗180

　　他人眼中的我↗184

◆ **激情优教　智趣相生（蒋青·初中英语）**↗185

　　我的教学风格↗185

　　我的成长历程——教书育人从"心"开始↗186

　　我的教学实录——外研版八年级英语下册 Unit 2 "We have played football for a year now. Reading—Healthy living"↗189

　　我的教学主张——以德促智,以情优教↗200

　　他人眼中的我↗203

◆ **自然习得　体验生成（陈晓琼·小学英语）**↗205

　　我的教学风格↗205

　　我的成长历程——注重提高自身教学水平,践行独特优质双语教学↗206

　　我的教学实录——"Things at home"教学实录↗208

　　我的教学主张——慢教育,体验不止↗213

　　他人眼中的我↗214

◆ 以情激趣　优教促学（雷炳权·小学英语） ↗216
　我的教学风格↗216
　我的成长历程——心存高远　执着前行↗217
　我的教学实录——Unit 10 "A New Apartment" 课堂实录↗221
　我的教学主张——学生为主，体验为重，应用为上↗227
　他人眼中的我↗228

◆ 清水出芙蓉　天然去雕饰（吴巧菁·小学英语）↗230
　我的教学风格↗230
　我的成长历程↗231
　我的教学实录——《开心学英语》Book4 Unit 3 "Review Bank or Beach?" 教学实录↗233
　我的教学主张——以生为本，适性发展↗241
　他人眼中的我↗244

◆ 平实　亲切　融合（吴洪文·高中物理）↗247
　我的教学风格↗247
　我的成长历程↗249
　我的教学实录——《超重和失重》教学实录↗251
　我的教学主张——创设空间，让学生更多地经历过程、体验成功↗256
　他人眼中的我↗258

◆ 和谐共鸣（吴怀军·高中物理）↗260
　我的教学风格↗260
　我的成长历程——我的三次超越↗261
　我的教学实录——《功》教学实录与教学反思↗265
　我的教学主张——"教"必须转化为"学"↗269
　他人眼中的我↗271

◆ 变教为诱　变学为思（杨唐靖·高中化学）↗273
　我的教学风格↗273
　我的成长历程——与改革同步，与时代同步，不断产生探索实践的特色代表作↗274

我的教学实录——《化学能与电能》教学实录↗277
　　我的教学主张——做学生人生道路上的铺路石↗281
　　他人眼中的我↗283

◆ **启迪探究　务实高效（孙聪·高中化学）** ↗286
　　我的教学风格↗286
　　我的成长历程——风雨兼程执教路，矢志不渝教改人↗287
　　我的教学实录——《影响化学反应速率的因素》教学实录↗290
　　我的教学主张——用化学实验探究培养学生的科学素养↗296
　　他人眼中的我↗300

◆ **亲和　简约　智慧（谢萍·中学政治）** ↗302
　　我的教学风格↗302
　　我的成长历程——情怀九中，守望教育的田野↗303
　　我的教学实录——《珍爱生命》教学实录↗305
　　我的教学主张——思想品德课因叙事而绽放异彩↗309
　　他人眼中的我↗311

◆ **亲和　轻松　倾心（谢国刚·小学音乐）** ↗314
　　我的教学风格↗314
　　我的成长历程——酷爱音乐，执着追求，倾心育人，乐海扬帆↗315
　　我的教学实录——音乐综合课《让我们荡起双桨》课堂实录↗318
　　我的教学主张——以人为本，让音乐课堂成为孩子们"成长的乐园"↗322
　　他人眼中的我↗323

◆ **严谨深邃　知行合一（雷红云·学前教育）** ↗326
　　我的教学风格↗326
　　我的成长历程——课程改革助力专业成长，课题研究成就专业梦想↗327
　　我的教学实录——幼儿英语活动设计与组织的指导（第二课时）↗330
　　我的教学主张——教学的最高境界是"无为而教"↗331
　　他人眼中的我↗333

◆ 智趣　乐动　温润（吴婉芹·学前教育）↗334
　　我的教学风格↗334
　　我的成长历程↗335
　　我的教学实录——小班语言活动：绘本故事《好喝的汤》↗338
　　我的教学主张——以幼儿发展为本，快乐学习，快乐成长↗341
　　他人眼中的我↗343

◆ 理实一体　有趣可玩　开放创新　知情并举（梁桥锋·中职教育）↗345
　　我的教学风格↗345
　　我的成长历程——从迷惘到适应再到专注，科技、科研和教学三肩同挑↗347
　　我的教学实录——《鼹鼠机器人》教学实录↗348
　　我的教学主张——职业性和实践性并重，塑造开放、有趣、创新的课堂↗352
　　他人眼中的我↗353

◆ 共情　共生　共赢（梁锦芳·中职教育）↗355
　　我的教学风格↗355
　　我的成长历程——不同的舞台舞出同样的精彩↗356
　　我的教学实录——任务驱动法在中职会计专业课堂的应用↗358
　　我的教学主张——真诚共情，构建以行动为导向的会计专业"共生"课堂↗363
　　他人眼中的我↗366

◆ 专业技能课堂因教学信息技术而更精彩（梁国新·中职教育）↗367
　　我的教学风格↗367
　　我的成长历程——追求事业无止境　扎根职教终不悔↗368
　　我的教学实录——《分体式空调器的安装步骤及接管工艺》教学实录↗372
　　我的教学主张——学生为主体，教师为主导，实操训练为主线↗375
　　他人眼中的我↗377

有趣有味　共情共生

● 江门市第一中学　杨青兰（高中语文）

● 个人简介

杨青兰，江门市第一中学语文高级教师，广东省语文特级教师。曾获"全国师德先进个人""广东省南粤教坛新秀""广东首届名班主任工作室主持人""江门市第六批优秀中青年专家和拔尖人才""广东省基础教育系统'百千万人才培养工程'第四批名师培养对象"等20多项国家或省市级的荣誉称号。其事迹曾入选《中国当代优秀青年教师风采录》一书。

近年有20多篇论文发表在《中学语文教学参考》《语文月刊》等国家或省市级核心期刊上，主持省级课题"现代文阅读能力的培养和提高"，参与国家级子课题"基于导学课堂的开放式作文评改"的研究，举办了200多场省市级的教育教学活动或专题讲座。主编高三教辅用书《高考胜券》，出版教育教学著作《青舞飞扬》。

▶ 我的教学风格

有趣有味：语文学习是充满趣味的，教师既要善于挖掘教材的趣味资源，更要丰盈自身的专业素养，让自己成为有"语文味"的老师，激起学生的兴趣去思考，有效地去学习。

共情共生：语文教学是情感共鸣、智慧增长、精神濡养的过程。要创设自由、平等、民主、和谐的共情环境；建构动态的、灵活的、开放的语文教学课堂，让师生、生生等共同成长、共同发展。

▶▶ 我的成长历程

厚积薄发，从"无形"到"有形"

一、熏陶与萌芽

我的教师梦始于父亲。父亲16岁参军，有过13年的军旅生涯。父亲参加过淮海战役，是"百万雄师横渡长江"中的一员。解放上海，湘西剿匪，大江南北，留下了父亲深浅不一的屐痕。我的童年时代经常和邻居小朋友一道,黄昏饭后在老屋门前,坐在矮矮的条凳上,听父亲讲述那惊心动魄的战争场景,那是我童年中最快乐的时光。父亲音调铿锵,妙语连珠,把战争场面栩栩如生地展现在我们面前,我既被父亲的英雄事迹所感动,也为父亲抑扬顿挫的讲话艺术着迷,当时我便暗下决心,长大后当一名教师,站在讲台上,绘声绘色,把父亲及其战友的英雄事迹传扬开去。

可是,1989 年当我大学毕业真的要当一名教师的时候,我又开始犹豫了,因为当时流行"下海""跳槽",同学们也纷纷选择其他行业,我也跟风而去,放弃了江门一中领导的两次约见面试的机会。父亲知道后,耐心地劝导我,希望我能看清自己的内心,不要人云亦云,不要轻言放弃自己最初的梦想。父亲本就是我的榜样,他为人耿介清廉,虽然战功赫赫却安贫乐道,不要离休待遇,不拿退休金。因此,父亲的一番话,让我最终选择了当教师,开始了我的人生关于教育的故事。28 年来,我淡泊而不屈志,即使在清贫的岁月,都能抵制各方的诱惑,如高薪或官职,不忘父训,不忘初心,我一直坚守在教育教学一线。

二、学习与模仿

1989 年,我从大学专科毕业,分配到了江门一中担任初一(1)、(2)两个班的语文教学工作。

本来,我刚踏上讲台,校领导让我先专心教学。可是,我任课的初一(2)班的班主任因特殊情况被抽调到初三任班主任,就这样我猝不及防地被推到了学生的面前,成了他们的班主任。

既要钻研课文,又要管好学生。白天,我只能老老实实地待在课室管班;夜晚,我就安安静静地待在陋室备课。以前既没有发达的网络信息,也没有丰富的参考书籍,备课就只有手头的一本教参以及一本练习册。那时,我没有自己的想法,也不知道别人的想法,只是严格按照教参的指引,不敢越雷池半步。上课的程式也是固化的:题目解释—背景介绍—作者介绍—谋篇布局—特征技巧—中心思想,甚至上课的讲话稿也是一丝不苟地写好背熟,连一些课堂意外情况也做好了预设。即使这样严谨认真,我的教学也仍然没有得到学生的认同。在学情调查中,学生给我当头泼了一盆冷水,他们认为我的课"沉闷乏味,了无生趣","不符合初中生的生理特点"。这让我有了挫败感,也让我意识到"趣味""生动"等在语文教学中的重要性。后来,我苦思冥想,在备课中加入了一些有趣的环节,比如教授《美猴王》一课,我让学生模拟美猴王的言行动作,结果,学生开怀大笑。当然,当时的我对"趣味""生动"的理解也是很肤浅的,为了追求趣味,甚至加入一些无厘头的桥段,加入一些"媚俗"的语言,但这对于初一的学生,无疑是有效的,课堂也开始变得生机盎然起来。

1992 年,我送走了第一届毕业生,我的心是孤独而痛苦的,似乎人生也找不到落点。特别是面对学校残酷的教师淘汰制，见到一个又一个黯然离场的老师，他们预先不被告知的惊诧以及离开学校的落寞背影，让我惶恐之余陡然产生了极大的忧患感，为了掌握主动权，我必须自强自救。而改变局面的途径是要么跳槽，要么考本考研。尽管当时转行的机会不少，可是我最终还是选择了考本考研。当年暑假期间，我闭门复习，"啃掉"了20多本教育学、心理学、文学理论等书籍，最终以第一名的成绩考上了华南师范大学汉语言本科专业。在师范院校本科学习的三年里，我真正学到了师范生的一些"标配"技能——语言表达、沟通、板书、写作等。更重要的是，这段时间，我还潜心地阅读了大量古今中外的名作名篇。如国外的《浮士德》《唐璜》《百年孤独》《飞鸟集》《呼啸山庄》《挪威的森林》《伊豆的舞女》等；国内的则遍阅了伤痕文学、反思文学的作品，累计超过100本……阅读与积累，让我开始对教学、对自己的专业发展有了一些模糊的认识。虽然，本科之后的考研梦由于我手术住院而破碎，可是，我还是感谢这三年的沉淀，让我度过了彷徨期，也让我变得充实起来。

当然，教师的成长不仅要有自我完善的过程，还需要有"孵化器"。江门一中是一所底蕴深厚、名师辈出的学校，在成长的道路上，我有幸走近身边的名师，走进他们的课堂，得到他们的指导，其中有三位名师对我影响特别大：陈老师，她学识渊博、旁征博引，寓教于乐，课堂生动活泼；冼老师，她师德高尚，富有人格魅力，教文育人；易老师，他极富创新精神，见解独到，个性鲜明……我几乎天天跑去听课，暗暗观察并模仿他们，从教学的艺术到课堂的掌控，从他们和学生的谈话到处事风格……我意识到快乐的课堂对学生而言是稀缺却重要的！我明白到师德、学识、思想、风格等是名师的重要标签。

学习，让我觉醒；模仿，让我开始尝试走出个人狭隘空间的第一步。

三、研究与探索

1994年，我本科毕业了，这也是我教学生涯的第五年，我对教学也有了更多的想法，也更积极主动地参与到学校的教改中去。从1992年开始，我们学校就开始全面推行钱梦龙先生所倡导的"三主"教学模式——学生为主体，教师为主导，训练为主线。当时，我还来不及仔细思考就已经被这场教改浪潮迅速卷入，我只能应对面临的挑战。其中有三堂课，我感触至深。

1. 第一堂课：《爱莲说》

1992年，这是我工作的第三个年头，我就承担了市级公开课。初生牛犊不怕虎，我推陈出新，不拘泥于文言文的"串解"讲法，大胆地采取了提问法来进行教学。整堂课以两个关键性问题贯穿。第一个问题是在解题之时提出的。我问：刘禹锡为什么爱莲，莲有哪些方面值得爱？这是理解这篇文章内容的关键，这如同猜谜语，谜底不揭开，让学生在心中留下悬念，这可称之为"悬念提问法"，在听录音、看幻灯片以及反复诵读之后，学生很快就找到了答案。然而，这只是解决了表层的意思，我紧跟着抛出第二个问题：文章既然写的是"爱莲"，为什么还要讲到菊花、牡丹，为什么还要谈到陶渊明和世人？这是文章的含蓄与深意所在。这种"紧逼提问法"，目的在于层层推进，直至最终得出师生都认可的结论。

问题导入，以问激情，学生被我设置的问题所吸引，他们的答案也是丰富多彩的，这就打破了我预设的套路，只能随机相诱，动态生成了，这与我之前死守教参的做法很不相同。听课老师认为课堂的生成别开生面，引人入胜。

2. 第二堂课：《我的叔叔于勒》

1995年，这是我从教的第六个年头，也是钱梦龙的"三主"教学模式在我校如火如荼开展的一年，市级公开课《我的叔叔于勒》就是践行学校教改的一次研讨课。为此，我在教学上做了大胆的尝试，采取了课文改编与表演的形式，以小组为单位进行会演，让学生在改编中了解与把握，在表演中探讨与碰撞。结果，学生想象丰富，创意十足，表演融合了歌、舞、诗等艺术形式，还创作了不少令人拍案叫绝的"新篇"，如"于勒叔叔发达后衣锦还乡记"等。课堂笑声不绝，共情共鸣。这堂新颖的公开课引起了很大的反响，以致20多年后的今天，还有当年听课的老师时时提起。而我在践行"三主"教学，探讨教师主导作用的教学模式时，第一次尝试"还权学生"的做法，就让我体会到，快乐、有趣的课堂是走近文本与作者、沟通师生情感的黏合剂。趣味既源于教师对教材的慧眼挖掘，也源于教师对师生关系、生生关系的洞悉，更源于教师的情感、思想、语言等专业素养。把语文教学跟快乐融为一体，使学生在快乐中受到熏陶，让师生在快乐中发展，这种想法很快就在我的心底扎根生长。

3. 第三堂课：《梅须逊雪三分白，雪却输梅一段香——学习辩证分析》

2009年，这是我从初中语文教师转型为高中语文教师的第十个年头，我多么希冀自己的教育教学能经历一次整体意义上的脱胎换骨，也让自己的理念与追求获得一次蒸馏和升华。因此，当我接到市级名师研讨课任务的时候，我觉得机会来了。但是，这堂课我面临着两大改变：一是授课的对象变了，我首次异地授课，到开侨中学上课；二是课型的改变，从熟悉的作文评讲课变为陌生的作文指导课。为此，我精心研磨，多方请教，打造这堂课的最大亮点：开放与生成。这堂作文课，学生学习的内容绝不仅仅是课本内容、教材内容，它还涉及生活的信息、社会的焦点问题等，而我所准备的那些写作内容，也不是我要讲的写作知识或者学生写的作文，而是在师生、生生互相激活、互相引发和互相唤醒中，在我与学生"写"的过程中共生出的一切。这堂课，得到了人民教育出版社总编辑顾之川博士的高度评价以及五邑地区300多名听课老师的赞扬，尤其肯定课堂的"活"——教得活、学得活、气氛活、内容活，这种肯定，让我有了前所未有的愉悦感与成功感，也给了我继续往前探索的信心。

四、反思与提升

28年来，我的人生道路似乎可以用平凡或平淡来概括，从大学毕业到江门一中任教，除了初中、高中的切换，初一到高三的轮回，其他值得炫耀的阅历是没有的。但是，即使"蜗居"同一所学校多年，没有太丰富的阅历与见识，我从不懈怠，平凡处非凡，尽头处超越，立足教学一线，兢兢业业，荣誉纷至沓来，这就为自己赢得了更多的机会，有了更广阔的平台。从2006年开始，我便开始了一波又一波的培训。其中，广东省名班主任及工作室主持人的培训，让我更多地考虑到学生的教育问题；而广东省"百千万人才培养工程"的培训，让我对学生的授业研究得更深。作为省名班主任工作室主持人，我一脚踏进班主任工作的领域；作为市高中语文特约教研员及学校语文科组长，我又一脚插在语文专业的领域上。如何让"传道"与"授业"统一，如何教文育人，如何让教文有趣、育人有效，如何走出自己的路等，这些问题常常萦绕在我的心头。在培训中反思，在反思中提升。这个阶段，我主要做了三件事情：聆听讲座、参加教研、撰写反思。我聆听中外名师名家的讲座两百多场，如雷夫、魏书生、李镇西、丁蓉、窦桂梅、丁如许、赵谦翔、余映潮等老师的讲座，他们风格各异，思想丰富，特别是雷夫老师的"56号课室的奇迹"、魏书生老师的"民主、科学"，这些讲座我听了多次，然而，每次听完，都有新启发、新收获。余映潮老师还多次莅临我校指导我们语文科组的教学，这让我可以更近距离地和他沟通，向他学习。余老师的课堂，很安静，他静静地启发，学生静静地听，静静地阅读，静静地思考，可是并不沉闷，并不乏味；余老师话甚少，问题更少，一个主问题就是一堂课，不蔓不枝，留白的时间很多。这让我重新审视自己的课堂：热闹是否就是趣味？我是否舍得把课堂时间交还学生？为何余老师的安静课堂也能让师生怦然心动？我的课堂能做到静能生慧吗？作为教师，之前的我只知道读书、教书，不写作、不反思、不梳理自己的成败得失，而这十多年从不间歇的培训，让我开始对自己的教育教学进行反思，让我从刘姥姥进大观园时的眼花缭乱到现在的沉潜于心，那些名师名家闪烁着智慧火花的前沿理论与精辟见解，点亮了我前进的方向。

从名师引领，到行动研究，到渐成风格，这是一个漫长而艰难的过程。2012年，我成为广东省首批名班主任工作室主持人，这个身份的改变，让我开始从被动吸收到主动学习，也开始考虑把之前教育教学的技巧性、零碎性的东西，上升到理论性、系统性的东西，考虑要打造工作室的品牌以及主持人的风格。这就促使我开始广泛阅读研究中外教育家的理论，学而致用，如苏格拉底的"产婆术"理论、苏霍姆林斯基的"和谐教育"、杜威的"教育即生活"、蒙台梭利的"自由教育"、陈鹤琴的"活教育"等。我上了一系列的省市级教育教学公开课，包括"慢慢地陪着您走""互评互改出华章""多思善想——学习立论的角度"，还带领团队开始做课题研究，近十年主持或参与了近十个课题的研究，有些课题还获得省级优秀课题。我也开始撰写教育教学反思，结合日常的教育教学行为，不断地进行总结。同时，我还不断地把自己的体会和反思，以讲座的形式、教学的形式、论文和教育随笔的形式呈现出来。近5年来，我参与的省市级讲座超过100场，听过我讲座的老师近万人次，从2009年至2016年，教学论文有7次获得市级优秀论文一等奖，1次获二等奖，有20多篇论文发表在《中学语文教学参考》《语文月刊》等国家或省市级核心期刊上。教学科研，撰写反思，让我从教什么到怎么教，到为什么这样教；从零散的经验到提升自己的教学理念；从模仿别人到成为自己；从着眼于教学技巧的改进到教学本质的探寻；从模糊到清晰……风格就在无意中逐渐形成。

28年，蓦然回首，才发现教学风格孕育于生活阅历中，蕴藏于学习、研究、探索、反思等教育教学生涯中，像一条暗流，若隐若现，若有若无，终于有一天，暗流涌出地面，然后汇成清晰的溪流。教学风格从无到有的过程，其实就是一个厚积薄发的过程！

我的教学实录

《认识社会，辩证分析》教学实录

一、教学过程

课题："认识社会，辩证分析"

地点：江门一中演播室

班级：高一（3）班

时间：2011年10月

1. 话题导入

师：有一副对联同学们听过吧，"风声雨声读书声声声入耳"——

生：家事国事天下事事事关心。

师：你们平常在宿舍谈什么呢？

生：（大笑。）

师（揣度）：很多话题是吧？看看下面这些是不是你们的话题？

师：（出示"佛山小悦悦""占领华尔街""乔布斯"等图片。）

（教师引导，学生七嘴八舌。）

师：今天，我们一起来学习一下"认识社会"的一些方法。

2. 如何"认识社会"

师（出示PPT）：认识社会要"辩证"。那什么是辩证呢？（内容略。）请讲出几个关键词？

生：联系的、发展的、全面的。

3. 怎样才能做到辩证分析

师：那我们具体分析一下这三个关键词。

师：这是一些网友对江门"创文"的一些言论。（出示PPT，读，内容略。）

师：你如何看待这些网友的言论？

生1：网友们各有自己的看法。有些是站在学生的角度，有些是站在工作的人的角度，角度非常全面，是联系的、全面的、科学的。

生：（笑。）

师：联系的、全面的、科学的，展现了江门"创文"给我们带来的丰硕成果，是不是，生1？

生1：是。

师：对吗？生2？

生2：我觉得这里有一些观点也太过片面，比如说第一个看到的只是近期的影响，如真的被评为"文明城市"，就会有大量资金的投资。

师（插话）：他看到了金钱的流入。

生：（大笑。）

生2：城市更加发达，工资肯定也会涨。

师（故作惊讶）：哇！

生：（笑，鼓掌。）

师：很真实的心态，透过现象看到了本质。江门"创文"对我们有没有好处？

生：有。

师：3个网友的观点都不是一种辩证的思维，因为他们仅从自己的利益考虑"创文"的好处。患了什么病呀？

生（笑）："近视眼"。

师：对，这几个网友就患了这个病——"近视眼"。

师：那我们患了"近视眼"用什么药方？

生：辩证。

师：怎么辩证？

生：发展的眼光。

师：对，发展的眼光。所以，辩证思维的第一个观点就是要用发展的眼光看待问题，要纵向思考，推断它的来因去果。

师（出示PPT，"微博风波"）：这件事情同学们知道吗？

生：知道。

师（出示PPT，内容略）：我摘录了"江门佬"的一些言论，大家也思考一下。

师：生3，你怎么看？

生3：我觉得太极端了一点，批评学校老师，不是江门一中老师允许学生谈恋爱，而是不太严格去管制这些罢了。

师：也就是说你没有看到一个很严厉的措施，是不是？

生3：（点头。）

师：是不是你看到我们班有人拍拖没有人管理啊？

生：（哄堂大笑。）

师：（话筒递给生4。）

生4（笑）：我还不敢。首先我想问一下，这是哪位老师啊？

生：（哄堂大笑。）

师：我以为你知道是我就不敢说话了。

生：（笑。）

生4（笑）：不是那个意思，只是他说话太绝对了，他只看到那一位老师说什么"讴歌爱情、支持早恋"，其实他是反对的，大家都知道的，对不对？

生：（哄堂大笑。）

师：有没有证据？

生4：有。

生：（哄堂大笑。）

生4：晚自修下课，有巡校的那些人……

师：你怎么知道人家巡逻啊？

生：（哄堂大笑。）

生4：我10点半走的时候，看到有几个人被宿舍管理员"提"着在那里说话。

师：哦，你猜想应该就是那个事情？

生：（哄堂大笑。）

师：这就是"想当……"

生（异口同声）：然。

师：所以，我认为，"江门佬"和"粉丝"看问题都很片面，"江门佬"看到了《祝福》里的鸦片，"粉丝"看到《祝福》里的玫瑰，所以，两大阵营在这里打架，有结果吗？

生：（摇头。）

师：所以，看问题既要看到正面，也要看到反面。不要做"井底之蛙"。那么，怎样看待社会的问题呢？

生：发展的、联系的、全面的。

4. 学而致用，运用辩证分析

师（出示PPT）：把课前布置的时评作业拿出来交流、点评。

（学生讨论交流，教师点评。）

师：你写的是什么内容？

生5：我写的是在惠州有一个公交车售票员提醒乘客要提防小偷，结果却被4

个小偷暴打，可整车人就看着他被暴打。

师：那你是怎样评价的？

生5：我认为人们心目中道德还是有的，中国是个礼仪之邦，但是那条底线要（卡壳）……

师（提示）：要注意？要勒紧？

生5：对，经常妥协，就不能主动地去维护这个社会。

师：你见到这种情况，会不会冷漠，袖手旁观？

生5：应该不会。

生：（笑。）

师：对待这样的事情，不能"应该"，要用"肯定"，我们的态度一定要坚决，否则，小悦悦的悲剧还会发生。今天，我们学习"认识社会，辩证分析"这个内容，社会纷繁复杂，如何看待也是见仁见智。但是，只要我们能用联系的、发展的、全面的观点去看待问题，做一根会思维的苇草，我们就会探寻到事情的真相。

5. 课外作业

布置作业，阅读杨青兰老师的文章《我的今日说法》，分析文章的辩证之处。

二、教学反思

这节课作为新课标研讨课，内容选自高中语文人教版必修四的"表达交流"。这节课有三个特点：

（1）开放。人教版写作系列，其写作知识相对集约与作文习题相对丰富的编写，就要求我们对教材进行二度开发，否则，很难让学生写作有抓手。据此，我立足课本，又高于课本，对课本内容进行二度开发。我只是借"话题探讨"这部分内容作为跳板和平台，根据自己所任教班级学生的实际情况，重新设计了"写法借鉴"和"写作练习"的内容，上网查找资料，给学生补充大量社会生活中的鲜活材料，这些鲜活的材料既弥补了教材的不足，又紧扣热点，符合本班学生的实际情况，因此学生学得非常有趣。

（2）快乐。我尝试以"老师搭台，学生唱戏"为途径，为学生的求知、创造、展示自我、体验成功搭建平台，让学生敢于表达自己的观点，敢于提出自己的疑问和见解，让学生在民主平等的气氛中主动学习、积极参与、互动合作、反思感悟，课堂充满了愉悦快乐的气氛，打破了台上滔滔不绝、台下"昏睡百年"的尴尬局面。

（3）生成。这节作文教学课我没有拘泥于现成的教案，而是着力于以学生为主体，以学情为依归，以相机诱导为手段的课堂教学的"软性设计"，充分考虑师生活动的多样性、教学环境的复杂性和教学过程的多变性，根据课堂的实际进展，及时反馈、调整教学设计，进行教学过程的现场生成。

这节课也有不足，主要是语文味淡了些。以社会生活素材作为内容虽然新颖鲜活,但引导时分寸把握不当,颇类似于思想政治课。

我的教学主张

教学应有趣有味、共情共生

我认为语文课堂应该追求"有趣有味、共情共生"的目标,让学生在民主平等的气氛中主动学习,积极参与,互动合作,反思感悟,从而使教学过程变成人人自主、全员合作、共同发展的过程。语文不但要培养学生的学习能力,而且要培养其核心素养。因此,我们要营造和谐、妙趣横生的课堂氛围,开启学生的心灵,赋予学生怒放的生命,让师生在和谐共振中共同成长。

1. 重构适合学生的内容体系

远离学生的教材内容,是难以唤起学生的兴趣与共鸣的。语文教学内容既要面对"实际上需要教什么"的问题,又要面对"实际上最好用什么去教"的问题。落实到具体情境中,语文教材"教什么"是难以确定的,"用什么去教"也就很难回答。因此,语文教学内容在沿用现成的教材内容基础上需要重构,以适应学生的需求,打造共情共生的课堂。当然,重构要求教师事先对教材内容进行结构化学习,对课程和学生做出科学分析和问题预设,深度开发相应的问题学习工具。例如,高中作文教学既要满足高考要求,又要关注学生发展,为此,我重构了作文教学内容体系:高一记叙文写作体系,高二议论文写作体系,高三综合性写作体系。将学生应该掌握的知识与能力按难易程度结合其年龄及心理特征、知识基础编排成台阶式的有序训练,三个学年的训练都包含能力训练系统、形式训练系统、内容训练系统这三大系统,而每个系统还有若干的能力训练要求,并以"导学式互评互改"为策略,以"题目类型—训练专题—训练能力点—知识补充"为路径,促使学生感受、认识、反思、评价、校正,使作文课堂教学充满活力。

2. 构建动态生成的学习观

语文课堂追求的是心灵觉醒、生命意义生成、自我建构完成的过程,打造动态生成的课堂,才能让师生进行生命碰撞、灵魂沟通、精神交融。而开放则是动态生成的课堂支撑点。开放,即不拘泥,充分展开。教学手段灵活多变,如表演、讲故事、改编、论坛等;融合教材,跨学科的联系;树立大语文观,立足课内、链接课外、链接生活;教学模式的灵活,如导学式、自主探究、合作学习等;教学评价的开放、思维的发散等。

3. 建立语文教学的情感场

语文应该是有趣有味的,语文教学过程是师生生命活动、专业成长和自我实现的融合过程。这就要打造语文教学的情感场。首先,教师本身要具备较高的专业素养,有思想、有情怀、有气度、有激情,浑身是"诗";其次,民主、平等、和谐的师生关系,商量的语气,亲切的微笑,信任的目光,肯定的手势,都会给学生注入莫大的精神源泉，让学生在积极愉快中形成与课堂学习内容相应的兴奋、和谐的氛围，于无趣中引趣，从而迸发出想象力的火花；最后，语言幽默风趣，要发挥语言的直感、激兴和生情的作用，把课文所负载的意义变为情趣洋溢的语言，诱发学生情感的共鸣，或令人深思，或激人奋发，或引人欢笑，或促人自新，学生就会如坐春风，激发起强烈的求知兴趣。

他人眼中的我

一、专家、同行眼中的我

江铸魂补钙，回归真语文。

（华南师范大学附属小学教导主任、省名师工作室主持人、语文特级教师　江伟英）

率性舞蹈，独立沙洲，快乐语文，顺引学生身心发展，专注学科素养。

（江门市语文教研员、语文高级教师　施文华）

高屋建瓴，深入浅出，和谐协作，机智诙谐，妙语连珠，条理清晰，层层深入，课堂气氛轻松愉悦。

（江门市第一中学语文高级教师、高中年级组长　龚妙卿）

舌灿莲花，灵巧散迷雾；幽默睿智，四两拨千斤；举重若轻，入木过三分；从容大度，春风拂心田。

（江门市第一中学语文高级教师、高中年级组长　李少英）

雅俗共赏，深入浅出，严而不厉，幽默风趣。

（江门市第一中学高中语文一级教师　许文艳）

二、学生眼中的我

一堂课，一个人，一台戏。兰姐有艺，台上水袖一挥，知识和技巧夹杂着名句、幽默和"留白艺术"，扑面而来；兰姐有情，台下粉墨一扫，道理和感悟夹杂着故事、文字和无声的陪伴，烙印我心。从头越，风雨无改，还要当您的学生。一生得以赏此一台戏，终无悔。一言以蔽之：妙语连珠，深入浅出，活泼动人，回味无穷。

［江门一中2017届高三（1）班　曹咏彤］

仰之弥高，钻之弥坚，瞻之在前，忽焉在后。兰姐循循然善诱人，博我以文，约我以礼，欲罢不能。既竭吾才，如有所立卓尔。

[江门一中2017届高三（1）班　陈嘉然]

寓教于乐，引人入胜，叫人欲罢不能，一日不见如隔三秋。

[江门一中2017届高三（19）班　梁璐儿]

从容，有魅力，气场足，让人移不开目光的气质，恰到好处的冷幽默。

[江门一中2017届高三（19）班　杨艺]

您别具一格的教学风格，让我受益匪浅。您的课上，我听出的不仅有知识，还有您对人生的态度，儒道融为一体的美。

[江门一中2017届高三（19）班　李心瑜]

语文何足忧？青帮徒不愁。课堂如饮醇醪，古文诗歌犹生动，兴致高，学海游。传道巧运筹，学生思想有，四十分钟快如流，和谐共进情难休。心荡漾，弦难收。

[江门一中2019届高一（8）班　李想]

且看兰姐授课中，温声笑语藏威容。忽来提问惊心魄，谁懂？妙语连珠情意重。渺渺幽思何处启？沉吟，深入浅出始明了。信手拈来你为例，哄笑，欢乐声中疑惑通。

[江门一中2019届高一（8）班　何东林]

金言如玉声声慢，妙语连珠字字珍。

[江门一中2019届高一（8）班　林宇轩]

博 雅

● 江门市培英高级中学　魏羲之（高中语文）

● 个人简介

　　魏羲之，广东省江门市培英高级中学语文正高级教师，广东省特级教师，广东省"百千万人才培养工程"高中语文名师，广东省教师工作室主持人，江门市首批名教师，江门市优秀教师，江门市高考先进个人，江门市首批教育家培养对象，江门五邑大学硕士生导师。教研成果丰硕，主持广东省教育科学"十二五"规划课题，参与多个省级课题研究，两次获得广东省教育教学成果奖二等奖，在核心期刊发表论文10多篇，省级刊物发表论文60多篇。提出的"文化语文教学观"已经充分发挥示范引领作用，指导了广东省语文骨干学员20多人。

▶ **我的教学风格** ▶

一、关爱学生，育人成果显著

　　我一贯以来重视学生思想教育工作，把培养思想合格的学生作为工作的首要目标。我一直把教书育人看作天职，注重学生全面发展，为国家培养了大批优秀人才。在班主任工作中，我一直坚持以"勤下班、细观察、严要求、爱满心"作为指导思想，设立班级成长日志，记录学生成长的心路历程，让每个学生见证自己的成长经历，点滴进步暖人心扉；开通家长短信平台，及时将学生的情况与家长沟通或分享；近年来还通过建立学生QQ群加强与学生的交流，让学生时刻感受到被关注的喜悦，跟学生交朋友，谈知心话，等等。近年来，我利用自己多年来积累的数千册图书资料，在教室设立图书角，跟学生分享。把学生喜欢看的图书放在教室里，每个月更换一次，每次给学生提供50多册图书或杂志，这样既可以满足学生阅读的需要，也把我长期以来推行的文化育人的理念在润物无声中得到演绎，同时，把学会分享的思想观念在教育行动中让学生得到深刻的感悟。我把文化语文与学生思想教育融为一体，在学校开设国学讲堂、书法班等，将学生思想培养与国学教育有机结合，起到良好的教学效果。这些举措为班主任工作带来了极大的帮助，开拓了新的思路。在班主任工作中，我能做到全身心投入，坚持走科学管理之路，重视班风建设，培养学生自主管理能力。

二、文化语文构建

我能够积极落实新课程改革精神，把新课程理念落实到课堂教学中，大胆进行教学改革，重视学生思维和创新能力的培养，"三维"目标落实到位。长期的语文教学实践与探索中，我一直在思考如何突破单一的课堂结构模式，开阔学生视野，调动学生自觉学习的积极性，提高学生的学习效率。通过对全国教育专家、语文教育界名师的学习与探索，如今，我已经初步形成自己的教学思想——"构建文化语文的语文教学观"。文化语文的核心是语文教学的文化，主要包括语文教师自身的文化元素、语文课堂的文化元素、语文课的历史文化元素、语文课的文学情趣、语文课的文化沉淀等一系列的构成要素。文化语文的亮点就是极大地拓宽了语文教学的视野，把语文的学习建立在更广阔的思维之上，突破单一的知识学习。把知识学习与能力提升有效地结合在一起，让学生在课堂之外有了更加广阔的思维空间。通过近年来的教学实践，学生学习语文的积极性、自主性大大提高，学生课堂学习语文的时间少了，但是语文成绩却普遍大幅度提升，这说明我的教学改革"构建文化语文的语文教学观"是行之有效的。

在教学实践中，我一直秉承语文教师要做文化的传承者的教学理念，而传承文化就需要对中国文化有全面系统的理解，因此，我阅读了大量文史哲方面的书籍，为自己的课堂教学奠定了比较丰厚的知识积淀。为了使学生养成爱读书、爱思考的习惯，我常常跟学生一起读书，分享读书的乐趣，营造浓厚的文化氛围。一直以来我都能够把语文文化的思想落到教学实践中，因此，学生综合素养得到发展，语文成绩也长期处于领先位置。

▶▶ 我的成长历程 ▶

回顾近30年的教学工作，我对语文的认识经历了由浅入深、由表象到本质的过程，大致来说可以分为三个阶段：第一阶段为语文认识阶段，第二阶段为文化思考阶段，第三阶段为哲学文化思考阶段。以经典课文《鸿门宴》为例，阐述我的语文教学的三个阶段。

一、语文认识阶段

对语文的教学主要停留在字、词、句、语、修、逻阶段，这是语文教学的基本，也是进入语文的重要环节，譬如文段：

项王即日因留沛公与饮。项王、项伯东向坐，亚父南向坐——亚父者，范增也。沛公北向坐，张良西向侍。

语文教学一般把东向坐、南向坐、北向坐、西向侍的基本文法讲清楚就可以了：项王、项伯朝东坐，亚父朝南坐。亚父就是范增。刘邦朝北坐，张良朝西陪侍。

但是，这仅仅让学生停留在表面层次的理解上，很难有深入的认识。我们需要从传统文化的角度让学生更加深入地了解座次安排的妙处。

二、文化思考阶段

经过多年的语文教学实践，我对语文的教学已经有了一个提升，从传统文化方面对语文教学进行深入的思考，让学生更多地了解中国传统文化对人的影响。同样是《鸿门宴》中的这段话，我在教学中注入了对中国文化的思考：

要让学生了解古代东向为尊、西向为卑的文化礼仪。古人设宴，对座次安排十分讲究，主人坐什么位子，客人坐什么位子，都有严格规定，乱坐就有喧宾夺主、以下犯上之嫌。

项羽、项伯朝东而坐，最尊；亚父范增朝南而坐，仅次于项氏叔侄的位置；项羽让刘邦北向坐，又卑于范增，不把他看成与自己地位匹敌的宾客；张良面朝西的位置，是在场人中最卑的了，不能叫坐而叫侍，意思是与今天的侍从差不多。司马迁之所以不惜笔墨一一写出每个人的座次，就是通过项羽对座次的安排，突出表现项羽藐视刘邦，以尊者自居的骄傲心理。

三、哲学文化思考阶段

能够在语文教学中渗透中西哲学的思考，语文教学就会豁然开朗，学生对文章的理解就有另外一方天地。经过多年的教学实践，我对语文的理解思路已经拓宽，就《鸿门宴》的理解也站在了哲学文化这个角度。

从哲学文化方面来考量，既可以深入了解项羽失败的深层原因，也可以透过历史，更加深入了解历代兴替的缘由。兴，文化之兴；亡，文化之亡。

1. 秦朝灭亡乃强权政治文化的失败

秦王朝的兴起是商鞅变法打下的基础，商鞅是法家的杰出代表。秦孝公时期，商鞅变法使边陲之地的秦国迅速崛起，成为战国时期雄霸诸侯的强国，并经过100多年的努力，最后在秦始皇这个具有雄才大略的霸主手中实现了国家统一，建立了统一的多民族国家，秦始皇成为中国数千年皇帝的第一人。但是，秦始皇嬴政统一中国后没有及时调整治国理念，依然采取强势高压集权政治，任命法家杰出代表李斯担任宰相，采取焚书坑儒的极端思想文化措施进行愚民统治，焚烧诸子百家著作，一时间读书人道路以目、性命危如累卵；加上采取极端残酷的刑法，整个社会陷入巨大的恐怖之中，陈胜和吴广就是在这种极端高压、极端恐怖的政治之中铤而走险的，结果是：

陈涉瓮牖绳枢之子，氓（méng）隶之人，而迁徙之徒也；才能不及中人，非有仲尼、墨翟之贤，陶朱、猗（yī）顿之富；蹑足行伍之间，而倔起阡陌之中，率疲弊之卒，将数百之众，转而攻秦；斩木为兵，揭竿为旗，天下云集响

应，赢粮而景从。山东豪俊遂并起而亡秦族矣。（贾谊《过秦论》）

迅速崛起又迅速灭亡就是秦国政治的真实写照，贾谊说"仁义不施而攻守之势异也"，本质就是秦国强权政治文化的失败，诚如德国作曲家门德尔松所言，无论哪种类型的强权政治，必然唤起反抗。著名历史学者李开元教授在他的著作《复活的历史·秦帝国的崩溃》一书中说道：秦之亡，实亡于文化。此语确然。

2. 项羽灭亡乃没落贵族文化的失败

据《史记》记载，项羽作为楚国贵族后裔，项氏世世为楚将，封于项，故姓项氏。其祖父项燕在公元前244年保卫楚国的战争中为国捐躯，故陈胜说："项燕为楚将，数有功，爱士卒，楚人怜之。"项羽的贵族血统为他后来在秦末农民起义中提供了先天基因，加上他本人在巨鹿之战中破釜沉舟的出色表现，奠定了他在诸侯中的霸主地位，西楚霸王从此让天下人闻风丧胆，诚如司马迁所言：

於是已破秦军，项羽召见诸侯将，入辕门，无不膝行而前，莫敢仰视。项羽由是始为诸侯上将军，诸侯皆属焉。

但是，由于项羽是没落贵族文化的代表，当他完全具备号令天下的条件的时候，没有抓住机会顺势而为，而是倒行逆施，在大火焚烧咸阳宫后大肆分封，一口气封了18个王，这18个王是：汉王刘邦、雍王章邯、塞王司马欣、翟王董翳、西魏王魏豹、河南王申阳、韩王韩成、殷王司马卬、代王赵歇、常山王张耳、九江王黥布、衡山王吴芮、临江王共敖、辽东王韩广、燕王臧荼、胶东王田市、齐王田都、济北王田安。他自己则号称西楚霸王，俨然君临天下的帝王，殊不知，这场分封诸侯的错误行动，加速了他败亡的命运。首先，分封是逆历史潮流的行为，秦始皇统一天下行郡县制后，其高效的社会管理模式已经得到社会的普遍认可，分封制是奴隶社会的产物，让一个新兴社会政治体制到已经被历史淘汰的制度中认主归宗，显然是不明智的。就如当年袁世凯逆历史潮流建立洪宪帝国一样，在民主思潮已然深入人心的时候，袁世凯偏偏要一意孤行，过皇帝瘾，结果是历史车轮把他的83天的洪宪王朝碾为粉齑。其次，项羽的分封拒绝了新儒参与国家管理的机会，因为行分封制后，世袭制度就会以法律形式得到国家的认可，那些具有帝王之术的儒生显然很难得到晋升的机会，这样一来，那些本来准备在新王朝中贡献帝王之术而获得荣耀的新儒代表就对项羽失去了信心，于是，转而投身跟儒生关系比较融洽的刘邦门下，像文臣陈平、张良，武将韩信、英布、彭越等个个都是兴国安邦的人中豪杰，可惜都被项羽错过了，到后来项羽乌江兵败，仰天长叹：天之亡我，非战之罪！到死也没有认识到失败的根源，岂不悲哉？故曰：项之亡，亦亡于文化。

3. 刘邦兴汉乃新儒大众文化的胜利

刘邦本人出身低微，仅仅是一个泗水亭长，相当于基层派出所所长，加上刘邦一贯好吃懒做，没有很好的名声，就连司马迁也敢在《史记》中公开诋毁他：

不事家人生产作业，及壮，试为吏，为泗水亭长，廷中吏无所不狎侮，好酒及色。（司马迁《高祖本纪》）

但是，刘邦并不因为自己出身低微而感到自卑，相反，他靠自己多年在社会底层生活的观察思考，敏锐地发现了一大批生活在社会底层的士儒阶层迫切需要获得政治地位的愿望，这一大批儒生个个身怀绝技，有经天纬地之才，本来可以靠自己的才华获得政治仕途，但是在秦始皇焚书坑儒后希望就彻底破灭了。在秦王朝暴政的年代里，这些儒生散落在社会各个角落里，地位低微，生活艰辛，譬如兴汉三杰之萧何当时只是沛县小小的一个文吏，兴汉三杰之大儒张良那时也是一个没有职业的游者，而兴汉三杰之一的韩信就更加悲惨，连饭都吃不饱，游手好闲，为了活命受漂母之饭，甚至还受到社会瘪三的羞辱，以致经受胯下之辱等情况，还有娄敬、郦食其、陆贾与叔孙通等，他们都拥有巨大的能力，一旦有了机会，就会爆发，其影响非常大，而陈胜、吴广揭竿而起就为这批积蓄了巨大能量的新士儒提供了广阔的舞台。他们本来都是投靠了具有贵族血脉的项羽，但是在项羽手下干了一段时间后才发现，项羽并非他们期望的明主，于是全部改投到刘邦门下。

刘邦开始的时候对儒生也不是很感兴趣，他曾经拿儒生帽子当便盆，但是被儒生郦食其骂了一顿之后，刘邦对儒生的态度有所改变。

史载郦食其初次见到刘邦的时候，刘邦正坐在床边让两个女人为他洗脚。郦食其只是作了个长揖而没有倾身向刘邦下拜，他对刘邦说："您是想帮助秦国攻打诸侯呢，还是想率领诸侯灭掉秦国呢？"刘邦听后大骂道："你这个没用的儒生！天下的人同受秦朝的苦已经很久了，所以诸侯们才陆续起兵反抗暴秦，你怎么能说我要帮助秦国攻打诸侯呢？"郦食其马上回答："如果您下决心聚合民众，召集义兵来推翻暴虐无道的秦王朝，那就不应该用这种傲慢的态度来接见性情谨厚之人。"刘邦听后大受触动，于是立刻停止了洗脚，起身将郦食其请到了上宾的座位上，并且真诚地向郦食其道歉。由厌恶到喜欢，最后甚至赋予重用，这就是刘邦对新儒态度的转变，正是刘邦对新儒阶层的重视，让他在中原逐鹿中赢得了胜利。试想，如果没有新兴儒士的归向，竭忠尽力地辅助，刘邦也不可能在秦末乱局中脱颖而出，成为最后的胜利者。正如著名历史学家张荫麟在《中国历代兴衰十六讲》所言：汉高祖灭楚，以实在的情形，与其说是汉灭楚，毋宁说是许多诸侯，也即许多崛起的军队，联合以灭楚，汉高祖不过是联军中的司令罢了。

所以说，《鸿门宴》刘项之争实乃两种文化之争，如果仅仅从性格层面分析项败刘胜恐怕就有些偏颇了。只有拨开历史的迷雾，在更加广阔的时空隧道里披沙拣金，才能发现历史的真谛。（本文发表在中语会会刊核心期刊《语文教学通讯》。）

我的教学实录

《边城》教学实录

上课地点：陆丰中学　执教：魏羲之　时间：2015年6月

一、导语

同学们，有人说我们这个地方民风彪悍，下面，我们就看看大约一百年前同样是民风彪悍的湘西地区发生了什么样的故事，让沈从文如痴如醉，以至写下了著名小说《边城》。

二、新课教授

师：有哪位同学对沈从文有所了解，请举手。

生：沈从文生于1902年，死于1988年，湖南凤凰县人，据说差点获得诺贝尔文学奖。

师：非常好，这位同学很关注路透社消息（笑）。还有哪位同学有补充？

生：沈从文是我国现代小说家、散文家和文物研究家，他有很多神秘的爱情故事（笑）。

师：很好，这位同学将来也一定是爱情方面的高手（笑）。还有哪位同学需要补充？

生：沈从文14岁就当兵，没上过大学，可他却创作出许多优秀文学作品。代表作有《边城》《阿黑小史》《长河》《湘行散记》等。

师：很好，还有补充吗？我想提一个问题，沈从文一生都致力于文学创作么？那他晚年做什么呢？

生：1949年以后，他在中国历史博物馆、故宫博物院工作，在中国古代服饰和物质文化史研究方面起到了重要作用。

师：很好，这位同学看了很多书。你认为这是奇迹吗？

生：我觉得中国文化本身就是奇迹。

师：我们关注沈从文的一生，也是在关注他的作品及他的《边城》。

师：下面，同学们再想，小说为什么定名为《边城》，《边城》有什么含义呢？思考一下可以相互交流。

师："边城"，你们说哪一个字是中心词呢？（学生答：边。）"边"是中心词，那么"城"是什么词？修饰语？（学生思考，答：城。）城，好，"边"起到了修饰限制作用。那么，"边城"有几个含义呢，你怎么理解？请同学们举手回答。同学们回答问题到位，哪位想好了？

生:"边城"就是边远的城市,当时交通不发达,湘西确实是一个被人遗忘的地方,据说那里土匪猖獗,当时民风很淳朴,像世外桃源一样。

师:很好,"世外桃源一样",说得非常好,在这里,"像世外桃源一样"这个比喻非常形象。还有同学有补充吗?

生:我觉得边城是在古老的湘西,在几个省的交界处,很靠边的城镇。

生:"边城"这个词给人的感觉就是远离尘嚣,有一种远离现实的宁静和淳朴。我觉得这也正是作者极力所追求的,也正是他想讴歌的,讴歌那种人类所遗失的东西。

师:很好。在这里我们解读了小说的题目,这已经让我们陶醉了。下面我们研究一下,这样的一部小说写了一个怎样的情节,怎样的故事。请同学们读一下小注释,这就是《边城》的情节。哪位同学可以为大家读一下?好,这位同学(学生读注释)。

师:我们再一起看看《边城》,进一步了解一下情节。

翠翠有一个天籁般美丽的名字,她有着15岁的花样年华;她有一个为爱而死、生命飞扬的母亲,对她来说,是永远的宿命一般的憧憬和向往;她有一个爱她、疼她,与她相依为命的白发的爷爷;她有一个爱她,为她闯滩而死的天保;她有一个爱她、她爱,为她不要碾坊要渡船的傩送;她有一个初雪无迹、美梦无痕的梦幻;她的生命因美丽而曲折的误会而精彩,她有过雁过、风过、云过、雨过的甜蜜的忧愁。湘西的这一方水土养育了美的精魂——翠翠,翠翠是自然的女儿,青春的女儿,水的女儿,城的女儿。

师:翠翠有哪些迷人的地方,哪些让人陶醉的地方,哪些让人神思遐想的地方?同学们想好了请举手发言。

生:我找的是文章第18自然段,主要写翠翠充满幻想,是一个痴情的女孩。所以,我觉得这体现了一种痴情之美。

师:好,请坐。还有没有其他的补充?

生:我找到的是第25自然段,第25页倒数第2自然段,"在船上的祖父听到这种带着娇、有点儿埋怨的声音,一面粗声粗气地回答",我觉得这样的答话有种很亲切、很自然的感觉,翠翠表现得很清纯,有一种痴情之美。而且我觉得与祖父的描写放在一起,感情很真挚,很感人。

生:我发现课文内容,"天夜了,有一匹大萤火虫尾上闪着蓝光,很迅速地从翠翠身旁飞过去,翠翠想,看你飞得多远!便把眼睛随着那萤火虫的明光追去"。我觉得这里体现出这个小女孩非常天真,这应该是翠翠的天真之美。

师:翠翠的心像萤火虫一样在飞舞着,很好,还有补充吗?

生:我想说一点,就是当翠翠在月光下,听祖父讲父亲与母亲的浪漫故事,她联想到自己和傩送,然后就梦到自己到山崖上摘了一把虎耳草,我觉得这里体现了她的梦幻之美。

师：表述非常到位，梦幻之美，许多艺术大师将自己的笔触深入纯情少女的内心世界，写她们情窦初开的感受，留下让人难以忘怀的记忆，名著《红楼梦》就有很多这样的描述。

生：我觉得翠翠有一种含蓄的执着之美。在结尾翠翠的等待这一情节含蓄地表现了翠翠所具有的一种执着、坚强而又充满希望的美。因为我在看《边城》这部电影的时候，看到翠翠一个人坐在渡船里面，在等二佬，电影里的旁白说，二佬可能明天就会回来，也许二佬永远不会回来，当时我觉得翠翠会永远等下去，即使二佬不会回来，翠翠也会坚强地活下去，她会成长，逐渐变得成熟，会找到自己幸福的世界。在她心里会有一种爱的力量，善的力量。这种爱的力量、善的力量会支撑着翠翠，让她面对生活，面对现实，同时具有一种唯美主义色彩。

师：好，请坐，非常精彩。（鼓掌。）

生：我觉得这里有一种域外风情之美。因为湘西当时在文化中心京城来看就是化外之地，但是这里的宁静却非京城喧嚣可比的。

师：说得很好，化外之地。

生：我想说翠翠等傩送这个情节，即使翠翠等不到傩送，但他们彼此的心连接在一起，就会知道对方在想什么，那该是多么美，等待之美。

师：好，等待之美，其实这就是一种美，虽然是一个无言的结局，依然是美的，是美的一种极致。

生：我觉得故事很凄美，当时大佬为了成全弟弟二佬，他就去闯滩，结果不幸被淹死了。因为二佬和大佬是亲兄弟，所以二佬心里觉得非常内疚，觉得非常对不起大佬，他俩同时都非常喜欢翠翠，他觉得如果他要和翠翠在一起的话，那他的哥哥怎么办？我感觉二佬他非常善良，但是翠翠并不知道二佬是这么想的，我感觉她非常的单纯。

师：凄美用得很好，虽然是悲剧，让人伤感，但是有价值，正如鲁迅先生所说："悲剧是将人生有价值的东西毁灭给人看。"

生：我想补充一点，每个人第一次看这个故事的时候肯定觉得是悲剧，刚才我想了想，其实从某种角度想也没有那么悲，假如因人而思的话，从翠翠的角度看，因为她始终怀着一种憧憬和希望，那么她的心里肯定很快乐，无论这个二佬是否回来，她的心是快乐的，而且，翠翠在想着自己曾经拥有过的爷爷跟她的那种感情，还有大佬、二佬的感情，我想她一定是快乐的，她一定会变得成熟，会更加坚强地生活下去，所以说，从这个角度看也没那么悲伤。

师：好，这个同学的观点很好。

生：其实我觉得悲剧也是美的。就像罗密欧与朱丽叶一样，他俩虽然相爱却错过了，最后两人都怀抱着遗憾而死，那种爱情才给人印象深刻，让人永留心中，说他俩的爱情是世间最浪漫、最唯美的爱情。

师：很好，所以鲁迅先生说：悲剧是将人生有价值的东西毁灭给人看。有价值的东西毁灭了，我们就当然心动了，产生了美感，所以美同时是一种缺憾，对于美的感受非常好啊，哪位同学再说？

生：读了《边城》之后，我觉得翠翠有一种含蓄之美，在文章中没有特别表露出来，就是特别隐约的那种。"这痛吗"，就是她的爷爷问她如果爷爷不在了该怎么做，她这时候没有明着说出来，就是表现得非常含蓄。

师：好，很好。下面做个小结。哪位同学说说？

生：《边城》是一首恋歌，是一首铿锵有力、婉转流畅的赞歌，是一首物是人非、一声叹息的挽歌。

师：非常好，在这里这位同学用了三个句子来概括《边城》，非常准确。下面说说翠翠这个名字。

生：我觉得整部小说以翠翠为主线构成了多层面的人物关系而展开情节。

生：把名字叫"翠翠"是因为它保留了人与自然的和谐统一。

师：很好。

生：它寄托了沈从文对理想主义的渴求。其实，用女主人公这个名字来命题，也能更快地切入主题，还有，我觉得用"翠翠"起名，这"翠翠"不单是人名，还是一种色彩。

师：哦，一种什么色彩？

生：绿色，是水翠、树翠、山翠，最后觉得他们有淳朴的民风，这也造就了翠翠的色彩。

师：哦。绿色的民风，翠色的民风，真是不错。让你一说，这是一个非常精彩的名字——"翠翠"。下面我们谈谈哪个情节让你回味无穷。

生：二佬在山上唱歌的时候，翠翠正在爷爷怀里睡觉，翠翠在梦境中听到一首歌，然后去摘虎耳草。

师：哦，为什么呢？

生：我觉得翠翠所追求的就是一种平淡安定的生活，或者是一种生活情境的再现。

师：很好，实际上，小说中的很多情节也许是沈从文的生活的一种再现。沈从文的婚恋也是一部传奇，他追求张兆和傩送追求翠翠差不多，要给翠翠唱三年零六个月的歌，他给张兆和写了三年零六个月的情书。为了追求张兆和，他把校长胡适都惊动了，要不是胡适支持沈从文，沈从文恐怕会连书也教不成了。

师：同学们，今天我们初步了解了《边城》的青山绿水，明月清风，彪悍的水手，多情的乡邻，原始的古风，粗犷的牧歌，那白话的史诗，是沈从文永远的精神升华，冠盖满京华，斯人独憔悴，岁月风烟，转瞬即逝，当我们阅尽世事，历经风霜，我们会蓦然回首，那永远的湘西，永远的边城，人生是短暂的，艺术则长存。

▶ 我的教学主张 ▶

构建文化语文的教学观

《普通高中语文课程标准（实验稿）》强调："教科书编写应以教育科学理论为指导，充分体现时代特点和现代意识，要重视继承和弘扬中华民族优秀文化，理解和尊重多元文化，要有助于学生增强民族自尊心和爱国情感，有助于学生树立正确的世界观、人生观和价值观。"中华数千年厚重的文化，需要通过各种课程去传承，而语文课就应该作为传承文化的执牛耳者。

关于文化，许多社会学家和人类学家都下过定义，英国文化学家泰勒在《原始文化》一书中，提出了文化是包括知识、信仰、艺术、道德、法律、习俗，以及任何人作为一名社会成员而获得的能力和习惯在内的复杂整体。余秋雨认为，文化在社会模式上，建立了礼仪之道；在人格模式上，建立了君子之道；在行为模式上，建立了中庸之道（余秋雨，《何谓文化》）。每一个源远流长的思想至少相对于它自己的文化系统而言都含有某些经得起时间考验的真理和价值，从长远的历史观点来看，它超越时代的意义甚至更为重要、更为基本（余英时，《中国思想传统的现代诠释》）。

其实，语文课程的文化元素很多，但从语文教学的角度及新课程标准对语文的要求来说，主要可从以下几个角度进行诠释。

1. 教师的文化元素

教师作为传道授业的使者，应该具备几个核心的文化要素。

一是，教师的形象。教师的形象气质可以征服学生，如"身长七尺八寸，美词气，有风仪，而土木形骸，不自藻饰，人以为龙章凤姿，天质自然。山公曰：嵇叔夜之为人也，岩岩若孤松之独立；其醉也，傀俄若玉山之将崩"（刘义庆，《世说新语》）。孔子也说：文质彬彬，然后君子（《论语》）。从某种角度来说，教师就是一个文化符号。

二是教师的学养。教师的讲解可能是对一段文字的解读，可能是对一个概念的定义，可能是对一个科学原则的阐释，也可能是对一个历史事件前因后果的描述，还可能是对一个公式内涵的说明，对一个操作规程的指令，或是对一个问题的揭示。语文课的魅力，就是教师本人的魅力。而教师本人的魅力更多的是教师人格与学识的魅力。因此，语文教师应该具备学者视野、诗人激情。好的讲解，严谨而不乏机趣，庄重而不乏诙谐，让人如坐春风、如饮甘露，让人感受到"语言之妙，妙不可言"。

所谓"举重若轻"，是指教师的内在功底以及对教材的处理艺术。这里的

"重"，指的是教师本人的文化储备和课文固有的文化内涵；"轻"则指的是深入浅出的教学。备课时，教师应该尽可能深入地钻研教材，挖掘文本的精神内核，感悟其深刻厚重的文化内涵；在课堂上，则要尽可能尊重学生的认知水平和能力基础，将课文深刻的思想内容和学生的生活打通，让他们轻松地感悟课文内容。

而所谓"行云流水"，是指驾驭课堂教学环节、流程、节奏等的艺术。语文课有多种上法，不能定于一尊，但我追求一种自然、潇洒与"随意"。教学的流程随课堂现场的情况而自然推进，教师"教"的思路和学生"学"的思路融为一体，教师和学生不知不觉地走进对方的心灵，同时也走进课文的深处。

学术能力首先要有发现问题与提出问题的能力。进行任何一项学术活动，若没有问题意识，将是无从下手的。学术史上，很多理论的提出，无不都与问题意识有着密切的关联。许多富有学术造诣的学者，他们的问题意识都特别强（肖川，《教育的理想与信念》）。

三是教师的爱心。《朱子治家格言》有句话说得很好："见富贵者生谄容最可耻，与贫贱者作骄态贱莫甚。"人类世界是由一个个生命组成的，因此，一个健康的社会，必然要将生命看得高过一切。有鉴于此，在我们的教育中，着力培植生命意识，高扬生命情怀，对于我们文化和国民性的改造，无疑是十分必要的。

四是教师的用心。南宋陆九渊倡言"吾心即宇宙""心即理"，针对朱熹等人的"理"在人心之外、"即物"才可"穷理"的理论，提出"发明本心""求其放心"的"简易""直接"主张。"理"指超乎自然和社会之上，而又为自然和社会必须遵循的抽象原则；"心"指人的主观意识和认识能力。陆九渊认为，充塞宇宙的"理"，就在人的心中，"人皆有是心，心皆具是理，心即理也"（陆九渊，《与李宰书》）。

朱永新说过，做一名好教师的关键就是要用心，教师只有用心，才能坚持，才能创造教育的奇迹，成就精彩的人生。

2. 语文课堂的文化元素

语文课堂是实现语文文化的舞台，应该有以下的思考。

中国哲学的根何在？中国哲学到了老子、孔子的时候，才可当得"哲学"两个字。我们可把老子、孔子以前的二三百年，当作中国哲学的"怀胎时代"。先秦诸子都是中国哲学的根，包括"三教九流"等。但是，到了汉代以后，汉武帝独尊儒术，哲学的思潮发生了根本性改变，以儒家为代表的哲学思潮成为2000多年来影响中国的主流（胡适，《中国哲学史》）。

语文课上的哲学元素可以包含以下几个方面。

一是大气象与小气象。大气象与小气象是就视野而言。苏轼的作品就是大气象，大江东去的奔腾豪迈，让人惊心动魄；李煜的作品就是小气象，儿女私情，温婉缠绵，让人心思迷离。

二是天下家与家天下。天下家与家天下是就责任而言，胸怀天下，关注黎民百姓是古代儒者的主轴，他们就是天下家者；低吟浅唱，关注私人生活，关注几个人的得失荣辱是家天下，也是部分失意文人与落魄士子的咏叹调。

三是先哲思想的鸿影。就作品的深度而言，必须深入其思想，才能发现真谛。儒、释、道是几千年来影响中国文人的主流思想，绝大部分流传的经典都会在其中有所体现。儒家积极入世，道家崇尚自然（非消极避世），释家悲天悯人。

四是思维的辩证性。一方面要避免绝对化的单一的思维模式；另一方面要构建一分为二的思维方法，这点在开放性阅读中尤其重要。

3. 语文的历史元素

时空是宇宙的存在形式，时间是无穷的长，空间是无穷的大，任何个人都是无法改变的，时空即历史。

语文课上的历史元素可包含以下几个方面。

一是时空的特殊性。任何历史事件都是在特定的时空发生的，在看待这个问题的时候，我们必须用历史唯物主义的眼光看待，不能用唯心主义的眼光看待，更不能戴有色眼镜看待有关的历史文化事件。

> 红酥手，黄滕酒，满城春色宫墙柳。东风恶，欢情薄。一怀愁绪，几年离索。错，错，错！春如旧，人空瘦，泪痕红浥鲛绡透。桃花落，闲池阁。山盟虽在，锦书难托。莫，莫，莫！（《钗头凤·红酥手》）

这首词写陆游自己的爱情悲剧。有的评论家以陆游乱伦来否定陆游的道德人格，这是对历史的无知。

二是事件的趣味性。历史事件的趣味性让人神思遐想。

> 李白乘舟将欲行，忽闻岸上踏歌声。
> 桃花潭水深千尺，不及汪伦送我情。

唐天宝年间，汪伦听说大诗人李白旅居南陵叔父李冰阳家，便写信邀请李白到家中做客。信上说："先生好游乎？此处有十里桃花。先生好饮乎？此处有万家酒店。"李白素好饮酒，又闻有如此美景，欣然应邀而至，却未见信中所言盛景。

三是事件的启发性。通过学习习得自身所需，也许是学习的终极目标。

两千多年前的这个关于知音的传说，已经深深地珍藏在多少华夏子孙的心坎里，有时发出细微的声响，让他们欣慰地咀嚼和回味；有时却像飓风似的咆哮，催促他们赶快去付诸行动。神往和渴求此种充满了崇高友情的知音，是一种多么纯洁和神圣的情操（林非，《话说知音》）。

四是事件的真实性。借助翔实的史料还原历史的真实，也许会让语文更加有趣。陈寅恪谈桃花源的坞堡文化，世外桃源即汉代人们避乱世的坞堡，非湖南的武陵源。"《桃花源记》虽为寓意之文，但也是西晋末年以来坞壁生活的真实写照。真实的桃花源应在北方的弘农或上洛，而不在南方的武陵。桃花源居人先世所避之秦应为符秦而非嬴秦。《桃花源记》纪实的部分乃依据义熙十三年（417年）春夏间刘裕率师入关时，戴延之等所见所闻的材料写成"（陈寅恪，《陈寅恪魏晋南北朝史讲演录》）。

4. 语文课的文学情趣

文学情趣是语文学习不可或缺的元素。字、词、句、篇、章等语文的基本元素的鉴赏是学习语文无法绕开的一个话题。培养高雅的审美情趣让语文变得多姿多彩，领略其中的意蕴美。例如，楚辞是中国艺术中的唯美派，楚辞是清香四溢的，又是缠绵悱恻的。

5. 语文传统文化的积淀

语文学习离不开积淀，积淀让语文变得深厚，根基稳重。了解典故的来龙去脉，如学习《胡同文化》一文要了解胡同文化的来龙去脉，认识《八大胡同》才能更好地了解北京文化的根，认识符号的共同属性。数千年的文化沉淀，很多自然界的景象已经跟人类的某些精神思考融为整体，如"梅、兰、竹、菊"被喻为"四君子"，常常用来表达君子风骨。我们要有民俗的情怀。民俗，即民间风俗，指一个国家或民族中广大民众所创造、享用和传承的生活文化（钟敬文，《民俗学概论》）。

语文课堂多一些文化元素，会让语文变得深刻，有思想，有张力。

他人眼中的我

魏羲之老师的小说阅读鉴赏课《边城》，重点从环境美、风俗美、语言美、人性美等方面引导学生走进文本，与文本对话、与小说中的人物对话、与作者对话，在师生充分的互动交流中渐入佳境，教师的激情活力充分激发了学生参与课堂的积极性，学生发言踊跃，课堂气氛活跃。

（汕头市潮阳第一中学　吴铭钊）

魏羲之老师从陆丰人的性格特征这个令人感兴趣的话题导入，引导学生关注湘西具有特别风土人情的《边城》画面。这节课有三个特点：一是精心选取了教学内容，抓住了小说的人性美和语言美进行教学，让学生领会了小说最美妙之处，让学生发现和建构小说的意义。二是达成了预设的教学目标。在知识与能力、过程与方法上，学生懂得如何鉴赏小说，如何总结环境描写的作用，等等。三是采用小组合作探究的形式，激发学生学习的兴趣。教师布置了任务，学生读书交流分享。这节课侧重在环境美、风俗美、语言美等细节上进行鉴赏，实现了本课的重点和难点内容的突破。

(茂名市教育局教研室 莫尧道)

  魏羲之老师执教的《边城》从当地特征导入，令人耳目一新。既而运用"知人论世"的方法解读"边城"，走近沈从文和传奇的湘西，教学内容具有深厚的人文色彩。接下来分析文本，探究课文，教师指出人物、环境、情节三个要素后，着重让学生鉴赏文中的环境描写，以突出小说的环境美、风俗美和语言美。课堂教学风格洒脱，语言形象幽默，具有较强的感染力。

(广州市第二中学 邱海林)

以读为本　启发悟性

● 新会区教研室　何勇涛（高中语文）

● 个人简介

何勇涛，中学语文高级教师，江门市新会区教研室主任、教育学会会长，广东省中语会理事，广东省"百千万人才培养工程"名师培养对象，江门市首批教育专家培养对象，新会区名教师，新会区优秀中青年专家和拔尖人才，曾获"江门市优秀教师""新会区优秀教师"等荣誉称号。发表教育教学类文章350多篇，主编和参编中学语文教辅60多部，论文与课例获省市一、二等奖16次，主持参与国家、省、市级课题5个。近年应邀到福建、内蒙古、贵州、深圳、珠海、梅州等地做学术报告20多场，受到好评。

▶ 我的教学风格 ▶

我的教学风格是"以读为本，启发悟性"。

建构主义学习理论认为，知识是不能传递的，教师传递的只是信息，知识必须通过学生的主动建构才能获得。"读"是由语文学科特点所决定的，阅读教学要"字字未宜忽，语语悟其神"，作者的思路，文章的脉络，都宜求之于本文，不宜舍本文而他求。在语文教学中要体现以读为本的思想，"要让学生充分地读，在读中整体感知，在读中感悟语言，在读中培养语感，在读中陶冶情感"。学生语文能力目标的提升，关键在于"以读为本"的训练。

启发悟性，意为启发对事物理解、分析、感悟、觉悟的能力。现代认知主义学习理论的先驱、格式塔学派的"完形—顿悟理论"认为，学习是通过顿悟实现的，学习就是对情境整体关系进行仔细了解后的豁然开朗，通过问题情境的内在性质有所顿悟的方式解决问题，是经过"突变"学会的。顿悟学习的核心是要把握事物的本质。因而，我主张阅读要强调悟性的启发，强调在阅读中加深理解和体验，受到情感熏陶，获得思想启迪，享受审美乐趣。

以读为本，启发悟性，就是在读的过程中感悟文章的精妙，打通由读到悟的路径，提升自己的悟性，从而比较快地提升语文素养和综合能力。

▶▶ 我的成长历程

一、种下以读为本的优良种子

在我的成长历程中，有几件事最是不能忘怀的。

应学校领导的请求，我的同事林老师退休前上了一堂公开课，算是给全校的青年教师做一个示范吧。没曾想，一节课下来，这位教了一辈子语文的老教师居然毫不顾及听课人不解的目光，全部的教法就是读。课堂上的他，自己读，也带学生们读。特别是他自己读的时候，简直就是三味书屋的寿镜吾先生了。他旁若无人一直读书的一幕，就这样深深镌刻在我的脑海里。直到我做了语文教研员以后，去学校听课，很难听到读书的声音了，我才明白老教师以读示范的良苦用心。

我曾经陪同粤教版高中语文教材主编陈佳民教授游览梁启超故居。这位平易近人的老先生睹物思人，和我们讲了梁启超的许多趣闻。陈教授说，清华大学五四晚会，学生请梁启超表演节目。梁启超说："我不会唱歌，只会背书，国学老师背经书理所当然，显示不出水平，我背《桃花扇》，你们想不到吧。"他的背诵，是大段大段背下去的，令学生叹为观止。我怦然心动，梁启超先生从小接受的是私塾教育，就是读书背书，有了这样的功底，加上人生的机缘，他才能成为百科全书式的人物啊！

参加北京大学国培高中语文班学习时，孔庆东教授是我们的主讲老师，他广博的学识让我非常欣赏。他给我们讲自己学习语文的秘诀。他说："我的语文本事主要不是从教科书上得来的，而是'功夫在书外'。在北大中文系读本科时，上、下午共8个课时，我经常排满，有的课没有选而是去旁听，历史系、哲学系、经济系、心理系的课，我旁听得多一点。没有课的时段，就去泡图书馆。本周各课程所涉及的书目，强迫自己必须读完，这个规定使我受益终生。"原来如此，怪不得这么厉害！

很自然地，我的心里埋下了一颗丰实的种子：教书立学当以读书为本。语文教学要引导学生广泛阅读，体验阅读，加强文本研读，引导学生从阅读中领略文本的魅力。

二、汲取专业成长的实践智慧

江门是人文荟萃之地，丰厚的文化底蕴、优质的教育基础、浓郁的研究氛围，造就出许多名师，我在这个圈子中汲取了专业成长的正能量。

梁卫东是广东省首批中学正高级语文教师，我们经常听他的课，耳濡目染，很受教益。他教授《师说》这一内容时，一位学生突然举手发言："文中有'彼童子之师，授之书而习其句读者，非吾所谓传其道解其惑者也'，这是作者瞧不起教语言文字的老师吗？"如果没有渊博的学识，就不能让学生心服。梁老师从容点拨道：韩愈所说的"师"，有其独特含义，既不是指各级官府的学校老师，也不是指"授之书而习其句读"的启蒙教师，而是指社会上学有所成、能够"传道授业解惑"的人。韩愈以这样的人自我标榜，表明了老师应该担当的职责。随后，梁老师又举出被国家领导人称之为"国宝"的著名小学语文教师霍懋征的事例，并做了这样的启发：小学老师是我们人生的启蒙老师，谁说他们不重要？在梁老师的轻松点拨下，师生谈古论今，启悟良多。我经常想，我也要成为像梁卫东这样的老师，在课堂上用教学智慧启发学生心灵的悟性。

假如我是一位教师/我就应该用聪慧的做法激发/这被应试所打击着的头颅/这永远活泼着我们的可爱的学生/这无止息地吹刮着的创新的风/和那来自未来的无比重要的希望/然后我笑了/连身心也留在学生心里/为什么我的眼里常含微笑/因为我对这语文爱得深沉……

这是江门市语文教研员曹殿成老师在听了两位语文老师的课后而作的即兴小诗，非常真实地道出了曹老师对语文的热爱和痴情，我一直跟他学习。曹老师是人教社教材培训专家，主张在课堂上通过对学生巧妙的点拨，凸显语文教师帮知识、帮能力、帮人文的"三帮"价值。一次作文课上，他把一朵花握在手心，揉了好几下，然后一扬，把花甩到地上，就叫学生们写作文。学生们莫名其妙，不知所措。曹老师一语惊人：一个生动鲜活的生命就这样被摧残了。学生们顿时启悟，为之称妙。于是，我经常思考，学生对经典文本的丰富内涵和智慧表达还有隔膜，不可能那么容易理解，如何才能启发他们的悟性，直抵文本的核心？

教育启迪智慧，教育润泽生命，教育是灵魂唤醒灵魂。在新会区原语文教研员梁洪汉身上，我深刻地感受到了教育的真谛。梁洪汉是引领我走进教研工作的导师，我们一起听课，一起交流，他教给我许多做学问的方法。他经常提醒我，要做有教学个性和风格的语文教师，要勤学习、善学习，敢于实践。要读书，不断地丰富自己，通过思考，启发悟性，不断地提升自己。"教学"和"教研"就像一只鸟儿的两只翅膀，只有两只翅膀同时扇动起来了，这只鸟儿才能高飞云天。如果不做教学实践，教研工作就会空虚而不接地气；如果只埋头教学，不做研究，就会肤浅而上不了层次。正是在梁老师的引领下，我开始对以读为本、启发悟性的教学风格与个性有了深入的思考。

南粤名师荟萃：陈传和、梁卫东、曹殿成、郭铭辉、林荣秋、李绪强、邹寿元、罗易、黄淑琴、陈佳民……在他们身上，我不仅可以学到他们驾驭课堂教学的技巧和智慧，更为重要的是可以体悟到有关课堂教学的思想和课堂构建的方法，也加快了自己实践与成长的步伐。

三、从意趣追求到启发悟性的格局提升

朱熹说:"教人未见意趣,必不乐学。"受这一观点影响,我一直注重追求课堂的趣味性。我以为,语文课如果能够教出趣味,使学生爱上语文课,乐于学习,主动求知,教学效果一定好。初上讲台的我便在教学的趣味性方面下功夫。如上《六国论》一课时,为使学生更易接受苏洵的观点,我就补充了一个自认为有趣的材料:苏轼认为,六国诸侯卿相都争着养士,这是六国久存的原因,只要把那些"士"养起来,老百姓想造反也找不到带头人了,国家就可以安定了。这是一个很保守的观点,难怪他会和王安石对着干了。在同学们的哄堂大笑中,我却有一种想当然的自得。很长一段时间,别致新颖的导入、作家故事、历史人文、相关典故等,成了我加强课堂内容趣味性的惯用手法。

课堂有趣了,但同时也带来了问题。学生如果没有受到情感的熏陶与感染,就不可能对文章所描写的景物、人物形象、故事情节等留下深刻印象,更不会对表现这些内容的语言文字留下深刻印象。于是,我引导学生欣赏课文中美妙的片段,如《项脊轩志》中的"三五之夜,明月半墙,桂影斑驳,风移影动,珊珊可爱",赏析归有光如何通过几句话就写出了项脊轩的幽雅可爱,充满情趣,令人向往;也启发学生品味课文中含情的细节,如胡适《我的母亲》中"我母亲心里又悔又急,听说眼翳可以用舌头舔去,有一夜她把我叫醒,真用舌头舔我的病眼",细节虽小却很感人,细腻地写出了母亲的慈爱。当时的我,追求课堂以情动人,认为学生动情了,课堂教学就成功了。

启发悟性是课堂教学更高境界的追求!直到聆听了钱理群教授的一个讲座,我才对语文教学有了新的认识。怎么进行鲁迅作品教学?钱教授认为,一是要找到孩子和鲁迅之间心灵的相通点,找到了,就活了。二是在老师和孩子之间找到一个合适的契合点,要从学生的感受出发,而不是从老师的感受出发。钱教授的讲座启发我,教学一定要找到一个契合学生、文本和作者的点,要运用自己的学识和智慧,启发学生对文本、对作者的写作智慧和对人生的悟性。

于是,我加强了自己的教学实践,在坚守以读为本中,在主动积极的思维和情感活动中,努力启发学生的悟性,加深学生的理解和体验,从而使课堂走入学生的心灵深处。

我的教学实录

《咬文嚼字》课堂实录

一、由题入文,速读文章大意

师:请同学们用 3 分钟时间快速阅读课文,边读边思考,理出本文的写作思路。

（学生阅读全文，然后分组讨论，每组派一名代表讲述他们的讨论结果。）

师：全文一共8段，大致可分为3部分。

生：第一部分，举例阐述文字和思想的密切关系。（第1—5段。）

师：这一部分一共举了几个例子，各有什么作用？

生：共有5个例子。

师（笑着）：同类的例子可以合并的哦。

生：这样的话，共有3个例子。其中，第1、2段举出《屈原》《水浒传》《红楼梦》中炼字的例子，阐述了"你这"式、"你是"式、"你有"式3种不同句式有不同的意味；第3、4段举出王若虚《史记辨惑》中对《史记》中李广射虎一段的改写，表明文字一增一减意味不同；第5段举出贾岛"推敲"的故事，论述用字不同，意境也不同。

师：概括分析不错。第二部分呢？

生：第二部分，运用正反对比论证语言要想跟着情感走，就要"惟陈言之务去"。这一段共有两个例子。（第6、7段。）

师：这两个例子有什么表达效果？

生：第6段以《惠山烹小龙团》诗里的第3、4两句为例，阐述善用字的联想意义，可以使诗的意旨丰富蕴藉，这是从正面论述。第7段指出联想意义也最易误用而生流弊，形成"套板反应"，这是从反面论述。

师：一正一反，从不同角度论述了文字联想意义的使用，有善用和误用两种，所以我们在写作时要特别慎重。

师：最后一部分呢？

生：第三部分，在论证"咬文嚼字"的道理的基础上，指出只有"时时求思想情感和语言的精练与吻合，才会逐渐达到艺术的美"。（第8段。）

师：归纳得挺好。这部分是全文的小结。指出读者应从文章所阐明的咬文嚼字的道理中，领略运用文字所应有的谨严精神，养成创作和欣赏都必须潜心琢磨的好习惯。

二、诵读文章，品出写作妙法

师：同学们在写议论文的时候，往往不会处理材料和论证的关系，下面我们就一起来品一品朱光潜先生是如何用例的，有什么样的表达效果。

我们先看第一部分的几个例子。请同学们紧扣课文来说说。

（展示幻灯片。）

"你是没有骨气的文人！"和"你这没有骨气的文人！"

师：请同学们读一读这两句话，看看它们在表意方面有何不同。

生读："你是没有骨气的文人！"和"你这没有骨气的文人！"

（同学笑。）

师：语音语调都读出来了，感情表达强烈，不过要注意节奏，在重音方面还需要突出一下，"是"和"这"要读重音，特别强调不一样。

师：同学们阅读课文，看看"这"和"是"用在不同的语言环境中，有什么区别？朱光潜先生是怎么分析的？

生："这"有坚决的判断，语法强；"是"只有单纯的叙述。

生："你这没有骨气的文人"，在语气上面更加坚决。

师：语气不同，表情达意的效果也就不同。朱光潜先生有引用、有分析、有论述。

师：我们再来看看《水浒传》中杨雄醉骂潘巧云一连骂了六个"你这"，在表达方面有什么效果？

（展示幻灯片。）

师：哪位同学读一读这句话，看看能否读出其中的味道？

生：你这贱人！你这淫妇！你这你这大虫口里倒涎！你这你这……

师：嗯，读出了感情，读出了味道。连用六个"你这"在表达上有何效果？

生：连用六个"你这"，语言简短急促，感情十分强烈。

师：朱先生告诉我们，"你这"式语法大半表示深恶痛绝，在赞美时使用便不适宜。那么，是不是在任何情况下，只要是骂人的话，用"你这"就比用"你是"的表意准确恰当呢？

生（齐声）：不见得。

师：是的，我们来看下一个例子。《红楼梦》里茗烟骂金荣说："你是个好小子出来动一动你茗大爷！"如果把它改成"你这个好小子出来动一动你茗大爷！"好不好？

（展示幻灯片。）

生（大声）：不好。

师：为什么？

师："你是个好小子"表假定语气，也带一点"你不是"讥刺的意味。如果改成"你个这好小子"，神情和表意就不对了。

师：选用不同的句式表达，就有不同的意味。而文字的增删，更见作者的写作智慧。我们再来读一读"李广射虎"这一段，看看是《史记》写得好，还是王若虚改得妙。

（展示幻灯片，学生诵读课文。）

师：王若虚改得好不好啊？

生：表面上似乎改得简洁些，却实在远不如原文，因为原文有发现错误而惊讶的意味，改后没有了。

师：文不厌细，简洁未必就是好事。

师：增删文字不仅仅是为了具体或简洁，往往还有作者强烈的情感倾向。有人说，司马迁也"阉割"了汉武帝，就是因为司马迁写汉武帝的时候掺入了自己的感情，该浓墨重彩的地方偏偏惜墨如金。

三、熟读课文，读出文章趣味

师：我们一起诵读一遍唐朝贾岛的《题李凝幽居》。

（大屏幕显示，生齐读。）

师：朱光潜先生举"推敲"这个例子，想要表达什么意思？哪位同学说说"推"和"敲"的异同？

生：相同之处是"推"和"敲"都是僧人回家在门口的一种动作。不同的是"推"可能是自己回家，随手推门，显得冷寂；而"敲"可能是门内有人，怕唐突失礼，所以"敲"门，等门内的人来开门，显得热闹。

师：到底选用哪一个字好呢？

生：有的说"推"好，有的说"敲"好，莫衷一是。

师：既然定不下来，我们就按朱老先生说的，哪一种境界是诗人当时所要表达的，而且与全诗调和的就用哪一个字。

师：这是一个有趣的故事，像这样短小精悍的小故事平时要多阅读，多品味其意趣，增加自己在古典文学方面的修养。

师：哪位同学说说苏东坡的《惠山烹小龙团》里"独携天上小团月，来试人间第二泉"的妙处？

生：我单独携带天上小月亮，来品尝一下人间第二泉的味道。

师：好直白，少了一点味道。

生（指出）：不是天上的月亮，小团月是惠山的小龙团茶，"天上小团月"是由"小龙团"茶联想起来的。

师：这位同学读书认真，真读懂了。你可以和苏轼一起，在一个明月高悬之夜，到惠山临泉饮茶，促膝长谈，共品明月拂照的甘泉靓茶了。（生笑。）

四、精读课文，悟出文章别意

师：对文学作品有不同的看法很正常，关键是言之成理，能自圆其说。比如这篇文章说"你这"式语法大半表示深恶痛疾，在赞美时使用便不适宜。但在《林黛玉进贾府》中却有这样两句话：

（展示幻灯片。）

（熙凤）因笑道："……只可怜我这妹妹这样命苦，怎么姑妈偏就去世了。"说着，便用帕拭泪。

贾母忙哄道："你这妹妹原来有这个来的，因你姑妈去世时，舍不得你妹妹，带了去。"

师：同学们看看这两句话，都用了"你这"的句式，是不是表达出强烈的厌恶之情呢？

生：肯定不是厌恶之情。

师：那为什么又用了"你这"这样的句式呢？

（生纷纷摇头。）

师："这"，词义本身并无贬义，是代词。"你这"用在这两个句子中，不过用来强调，特指林黛玉，不是别人而已。

（生相视而笑。）

师：朱老先生说，"所以我很怀疑韩愈的修改是否真如古今所称赏的那么妥当"，尽管分析很在理，但有人就是不服。

生：啊？

师：提出反对意见的是孙绍振教授，他认为朱老先生的估测性强于分析性。

生：孙教授是怎么说的呢？（生非常好奇。）

师：孙教授认为，从感觉要素的结构功能来解释，应该是"敲"字比较好，因为"鸟宿池边树，僧推月下门"，二者都属于视觉，而改成"僧敲月下门"，后者就成为视觉和听觉要素的结合，由视觉和听觉信息构成的结构的功能更强大。

（生恍然大悟。）

五、博读厚积，由"读"促"写"

师：朱光潜先生曾说，"以出世的精神做入世的事业"，做什么不要太急功近利，阅读鉴赏、写作文也是如此，不要期望有什么捷径。

师：孙绍振教授也有一句名言：作家总是偷偷摸摸地、静悄悄地排除与他的感知、情感不相通的东西，并不做任何声明。课后，请同学们联系自己的阅读感悟，写一则关于"咬文嚼字"的小随笔，并阅读朱光潜先生的论著或文章，我们下周召开一个阅读分享会。

我的教学主张

以读为本，启发悟性

1. 诵读启发悟性

诵读课文不仅是理解欣赏的基础，是语文学习不能缺少的必要的环节，而且能够正确地、流利地朗读课文本身也是学生基本的语文能力。教师要指导学生通过诵读，体会文章的情感美，把无声的语言，化作有情有声的言语，叩击学生的心灵，使之产生共鸣，并抓住形象引发学生去想象、去感受、去领悟，从而实现对文学作品的深层感悟。

经典文本的写作背景、情感意趣和用笔妙法往往含蓄蕴藉，与学生心中有隔。如郁达夫的《故都的秋》一文中，写都市闲人"在雨后的斜桥影里，上桥头树底下去一立，遇见熟人，便会用了缓慢悠闲的声调，微叹着互答着地说：'唉，天可真凉了——''可不是么？一层秋雨一层凉了！'"只有放声诵读，才能读出这念错的歧韵，别有一番京味。在诵读中引领学生感悟这都市闲人的"微叹互答"，我们才能领会这"唉，天可真凉了——""可不是么？一层秋雨一层凉了！"不仅仅写出了当时的季节环境，闲人的京腔京调，而且寄寓了作者对人生的喟叹。此处还巧妙化用了辛弃疾"而今识尽愁滋味，欲说还休。欲说还休，却道天凉好个秋"的诗句，情感寄寓之深，意趣表达之妙，若不诵读并细细品味，那是很难体悟的。

每一篇好文章，总是以它美好而真挚的情感来打动读者，从而激发读者心灵深处闪光的东西。学生在诵读的过程中，教师适时提问，创设情境，联系现实，纵横比较，自能引发思考，促发学生的感悟，使学生的感情受到共鸣而得以升华。

诵读是一种眼、口、耳、脑多种生理机能共同参与、协调动作的阅读，它能训练语音，再现课文情境，加深理解，培养记忆力、语言感受力、口头表达能力，增强语感。明代王守仁在其《教约》中说道："讽诵之际，务令专心一志，口诵心惟，字字句句，紬绎反复，抑扬其音节，宽虚其心意，久则义礼浃洽，聪明日开矣。"可见，若得诵读其法，那是受益匪浅的。

2. 熟读启发悟性

粤教版高中语文教材主编陈佳民教授认为：熟读可能是医治现代文阅读教学学生阅读少、只理解不积累的偏方。熟读侧重于对文章的熟悉和理解，反复的读是最重要、最有效的手段。

如《阿房宫赋》和《过秦论》，这两篇文章分别出自晚唐的杜牧、西汉的贾谊之手，写作的历史背景不同，切入的角度也不同。先指导学生反复诵读、感受文气，筛选文章的主要信息，等到学生基本能背诵时，然后让学生把两篇文章放在一起进行比较阅读，品评文章的艺术魅力。由于有了熟读成诵的基础，学生对文章的内容已很熟悉，再加上教师适时的启发点拨，学生自然就有自己的理解和体悟，在探讨、质疑、评析的环节中能够各抒己见。从学习到启悟，这是一个不断咀嚼、思考、反刍和消化的过程，教师必须想方设法铺路搭桥，让文中的思想顺畅地流淌到学生心中。

为打通沟通读写的桥梁，学以致用，老师适时启发学生的悟性：我们能否从《过秦论》这篇文章中体悟到传统说理文的写作特点？由于学生熟读《过秦论》，自然能感受和把握：作者把大量事实摆出来，结果与道理可以不讲而自明，或少讲而大明。老师适时总结点拨启悟：所谓在说理文中的善于叙事，还与一般叙事文不一样，要善于概括事实，善于描写事物的大的、总的、突出的方面，善于勾勒整个历史发展的轮廓，等等。这种叙事的特定手法，以此为说理的基础，就有把握能说服读者，写出论证有力的佳作。写作教学重在训练学生的思维，学生的思维灵活了，认识深刻了，写出来的作文才有思想意蕴。

熟读不一定要像朗读那样声情并茂，可以是大声朗读，也可以是轻声细语，还可以是默读，读出文章的意境美，如临其境，如见其形，如闻其声，产生怦然心动的体验，学生有了心得自然就有新的感悟。在某种程度上可以说，熟读是"悟性"培养的基础，点拨启发是"悟性"培养的关键。

3. 略读启发悟性

所谓略读，指快速阅读文章以了解其内容大意的阅读方法。换句话说，略读是要求读者有选择地进行阅读，可跳过某些细节，以求抓住文章的大概，从而加快阅读速度。

如学习"走近经济"和"新闻"两个单元，就可用"略读"的方法处理。首先引导学生看单元导语、参考阅读目录和课文大致内容，然后每个单元抽出一篇文章，从头至尾浏览，力求迅速、准确地从全局上把握脉络和主旨，明确主要内容。提醒学生在阅读时，抓线索，抓文眼，抓特点，拨冗去繁，搜集自己需要的知识和信息。遇到难词、生字，只要不影响对文章大意的理解，可以跳过去，而把更多的时间用在"走近经济"和"新闻采访"的综合性活动中。这样处理，有利于提高学生搜集材料、调查社会和新闻采访的能力。

在略读中，教师启悟的要点在于，指导学生先要整体快速阅读，弄清文章的体裁及大致内容。读说明文，则先弄清说明对象和说明中心；读议论文，则把握中心观点；读散文，则看懂描写对象和抒情基调；读小说，则抓住中心人物和中心事件；读科普和社会科学类文章，则应快速掌握"成就/成果、性能/影响、用途/目的"等；读应用文，则应重点了解文体（如书信、广告等）、事件、时间、地点。

阅读的速度和能否快速捕捉信息的能力直接影响到工作效率和学习质量。在读书之始，通过略读对全书的概貌有一个了解，以便分清主次、难易。经过这样的训练，学生才能删繁就简，提高认识，启发悟性，以后在处理类似的问题时就更为从容了。

4. 精读启发悟性

所谓精读，就是要仔细地阅读，有时是反复地阅读。精读的目的是要掌握书中的重点，攻克难点和深究疑点。从语言入手，品词析句是启发思维悟性的有效途径，学生只有在不同词语、不同句式、不同语序的比较中才能发现课文中语言运用的妙处，品评语言的意蕴和情味，从而对语言和语境有所感悟。

如学习钱钟书的散文《窗》，可要求学生课前不看背景材料，保持阅读的新鲜感，不带任何先入的主见、不做任何分析地反复诵读，以感悟为基础，鼓励质疑问难，强调对课文的整体感知和拓展，特别是要细细琢磨作品的语言，品味出语言的味儿来。在上课时引导学生抓住课文中一些优美且能反映出作者人生哲理的语句，让学生站在作者的角度去研读和赏析，通过学生的自主学习去深刻解读这篇课文，从而发展学生的阅读想象力和审美力。

教师搭建启发学生悟性的桥梁在于——作者把"窗"看成人与大自然连通的媒介，造了"门"我们可以走出去，但有了"窗"我们可以不必出去，外面的风和阳光自然会进来，我们能做的只是好好享受就得了。因此，作者把"窗"表示为享受，把"门"表示为欲望。其实，在这篇文章弄懂了这些意蕴颇深、能体现文章主旨的句子，学生也就能从作者妙趣横生、启人心智的语言中感受到作品的思想和艺术魅力，从而得到悟性，获得阅读、写作或对人生有益的启示。

通过自己的精读发现文本的价值，是一个充满挑战和创造的过程。精读的要求在于咬文嚼字，细琢细磨，努力去理解每一篇文章的精蕴，认真去揣摩每一篇文章的写法，从中启发悟性，得到读书作文的必要知识。

5. 速读启发悟性

学生的阅读需要有一定的速度，能够快速阅读。科学研究已经证明：人类进行传统阅读时，主要使用左脑的功能，而在采用"速读"方式阅读时，则充分调动了左右脑的功能作用，发挥左右脑各自的优势共同进行文字信息的形象辨识、意义记忆和理解，所以，"速读"又被称为"全脑速读"。

阅读速度是思维灵敏性品质的重要标志。课程标准要求初、高中学生的阅读速度每分钟分别不少于500字和600字。一名合格的学生在初中三年中，要看108万字的教科书和不少于260万字的课外书；在高中三年中，要看73万字的必修教材、120万字的选修教材和不少于150万字的课外读物。作为语文教师，更应该向学生推荐古今中外文、史、哲等方面的经典作品，培养学生的速读技能，启发学生对人生、社会和自然的悟性。

一个人的语文能力只能从听、说、读、写的实践活动得来。在优秀范文阅读中感悟、品味、思考、理解，随着所感、所悟、所得的潜移默化，于是生成具有自己的认知、自己的情感、自己的品格，并具有自己的个性的语文能力。大量阅读是提高语文能力的基础，听、说、读、写等实践活动是提高语文能力的必由之路，潜移默化是语文能力生成的基本规律。

掌握速读技能，迅速广泛涉猎经典名著，从中汲取人类文化丰富的养料，自然能获得历史和现实、社会和人生、自然与精神的种种感悟，从而启发和提升自己的悟性。

他人眼中的我

何老师在教学教研实践中以读为本，注重启发学生悟性。他对语文教学有热切的情怀追求。

（广东第二师范学院教授、江门市首批教育专家指导老师　黄淑琴）

何老师是用自己的生命在从事教育，他享受生命与成长中的点点滴滴，用自己的生命影响生命，不知不觉地感染和影响着老师和学生。

(华南师范大学副教授、广东省"百千万人才培养工程"理论导师　高广方)

何老师勤奋，有悟性，他发表的一些文章我也有认同感。这样的人才是有作为的。

(珠海金海岸中学语文特级教师、广东省"百千万人才培养工程"实践导师　郭铭辉)

何老师用他的智言、智行和慧心、禅机为我们架起一座智慧修行的虹桥，助我们走向优秀，抵近卓越。

(惠州市第四中学教师　詹德宣)

要成长为一名名师，首先要努力成为自己，要有自我实现、自我超越的需求，要将自我实现和自我超越视为最高价值。何老师为我的成长之路树立了行动标杆。

(茂名市第十七中学教师　范必柱)

"梦想无论怎样模糊，总潜伏在我们心底，使我们的心境永远得不到宁静，直到这些梦想成为事实才止。"何老师告诉我，从来知难行易，理可顿悟，事需渐修。

(新会第一中学教师　黄志辉)

人必须要有前行的目标，有了目标才会主动地去参与，对个体生命才有所体验，才有动力成为自己。何老师就是一个这样的人。

(新会华侨中学教师　周志云)

注重生成　指导调控　培育个性

● 新会一中　张耀荣（高中语文）

● 个人简介

　　张耀荣，男，新会一中副校长，高中语文正高级教师。工作 23 年来取得的省市级荣誉有：南粤优秀教师（2007 年）、广东省第九批特级教师（2016 年）、广东省新一轮（2015—2017 年）教师工作室主持人（2015 年）、广东省"百千万人才培养工程"首批高中名教师培养对象（2016 年）、江门市第三批名教师（2015 年）、江门市首批教育专家培养对象（2015 年）、江门市第二届十大杰出教师（2015 年）、江门市教坛新秀（2002 年）、江门市高三教学先进个人（2009 年）、江门市普通高中毕业班工作先进个人（2012 年）、江门市普通高中教学质量检测优秀备课组成员（2012 年、2014 年）等。论文三次获得省二等奖，2016 年上半年两篇论文发表在《广东教学》（CN44-0702/F）。近年主持的省级课题广东省"百千万人才培养工程"专项科研课题"中学语文导学式阅读教学有效调控的研究"（编号 YW005）以及市级课题"校园文化建设对未成年人成长的影响"（编号 201310750134）均已获得结题证书。

▶ **我的教学风格** ▶

　　所谓"注重生成"，就是让学生在思考中生成问题，让学生积极探索解决问题的方式方法。所谓"指导调控"，就是在充分体现学生为主体的前提下，有效发挥教师的主导作用，通过调控实现教学目标。所谓"培育个性"，就是在学习中培育学生独立思考、创新思考、批判思考、辩证思考的个性，让学生成为有思想、有创见的现代人。一句话，语文教学的本质，还是教学生会思考，让学生有思想。

　　爱因斯坦说过，发现问题有时比解决问题更重要。课堂生成问题，往往是有效学习、有效教学的开始。比如上《议论文段的扣题与升格》一课，这堂课表面上是写作课，其实质还是阅读课。我要求学生依据文段的意思，补写关键性句子，包括总起句、过渡句、总结句等。为让学生形象理解句子排序后组成的结构，我就把段落结构比喻成汉堡包，补写要像汉堡包那样叠加分明，层次有序。即堂练习中反馈，学生补的句子虽是叠加了，但意思、中心不统一。面对这个新出现的问题，我灵机一动，请学生在汉堡包中间加穿一杆，学生马上明白，"各句意思要统一，为中心服务"。这样的点拨，是课前我没有预想到的，但我因情而变，还是收到了一定的教学效果。这件事告诉我：老师不要怕课堂上学生出现新问题，这样的问题可能会让课上得不顺，但它恰恰是老师借力发挥的开始。学生在课堂中的问题得到及时的解决，这是有效教学的体现。

陶行知先生指出，"我们要反对两种不正确的倾向：一种是将教与学的界限泯除，否定了教师主导作用的错误倾向；另一种是只管教，不问学生兴趣，不注意学生所提出的问题之错误倾向。"可见，在学生认知的过程中，教师的主导作用是不可替代的。教师应该是课堂教学活动的组织者、引导者，要敢于调控，善于调控。例如，我到鹤山二中上示范课《就任北京大学校长之演说》。出发前我对该校学生一无所知，到达后才知道该校学生知识基础较差，而收上来的预习学案也印证了这一点，稍复杂点的导学讨论的问题留空居多。面对这种情况，我马上利用课前几十分钟，对教案做了修改，也不完全依赖预设好的课件。我的修改思路是：学生对预习学案反应不积极，说明对老师设计的开放型课堂不适应，我必须调整。学生对问题留空居多，可能就是因为还没看懂课文，不扫清阅读的障碍，思维就无法升级到讨论探究的活动层面，我还是应该按照农村中学常用的教学方法，用学生听得懂的方法来分析文章。结果，这堂课不一定是新潮的、新颖的，但够实在，基本如愿完成教学任务。这次的调控，就体现了"学生决定课堂"的理念，学生的智能发展始终是我们教学目标的最终追求。

爱迪生说，良好的个性胜于卓越的才智。教学价值之一也应该是追求培育学生的个性。我早年上的《世间最美的坟墓》这一课就值得反思，我在导学提纲中设计了几个问题，如，为什么说坟墓会美？为什么写坟墓会写到树？坟墓与托尔斯泰有什么关系等，供同学课堂讨论。热闹地讨论下来，几个学生回答问题也很顺畅，我就这样以为学生大体理解课文了，但在课后的质疑中，学生还是提出了很多涉及理解课文的基本问题。我就反思，课上得顺，不代表全部学生都读得懂，都掌握了阅读的方法。导学路径的设计不应只满足于开放课堂自由讨论的热闹气氛，而应更注重学生思维品质的培养，冷静品读，大胆质疑，个性化批判思维、创造性思维往往是必要的。所以说，对有效教学而言，公开课的作秀往往就忽略了学生个性的培养，热闹不等于精彩，精彩应基于学生个体思维的发展，真正的课堂既属于学生整体，也属于学生个体。

▶▶ 我的成长历程 ▶

我的成长历程与我的教学风格的形成是密切相关的。大体上分为两个阶段。第一阶段是从1994年7月参加工作到2012年，这是学习提高期；第二阶段是从2012年到现在，为攀登上升期。

第一阶段，学习提高期。这一时期我的成长比较快，当然这跟机遇与学习有关。机遇就是，我一参加工作，就分到与名师梁卫东校长一组，拜梁洪汉老师（现任新会区教育局纪检书记）为师傅，当时新会一中语文科组名师荟萃，有陈传和、邓新容、林龙光、何铭熙等知名教师，可谓星光熠熠、光彩夺目，这为我的学艺提供了最好的范本，为我的成长提供了难得的捷径。有一件事，至今令我记忆犹新。备课《愚溪诗序》的时候，我碰到一个问题，"夫智者，乐水也"的"乐"字，教参注读是"yào"，我当时就很疑惑，查《现代汉语词典》"乐"字没有"yào"的读音，我怀疑是教参搞错了，但没有刨根探底。后来偶然请教梁卫东校长，梁校长即从家中藏书典籍中，找出众多"乐"字读"yào"的旁证。这体现了梁校长囊萤映雪、一丝不苟的精神，教材和教学中任一细节他都绝不放过。老师的严谨不仅带动了自身的钻研，促进自身的专业发展，更以科学的精神感染了学生，这一收获于学生是终生受益的。由此，我领略到一位学者型教师严谨治学、刻苦钻研的风范，也深深把"努力成为优秀教师"的信念烙印在心里。

学习就是提高的捷径。在众多名师的帮助下，我任教的第一届教学班高考平均分超过600分；2006届，我在只教一个班的情况下，任教班级高考平均分658分，2个800分以上，17个700分以上，其中，李秀芬同学以886分并列全省第四名，该成绩目前仍是新会语文高考标准分制的最高分；2008届，我任教新会一中圭峰校区高三语文，培养出江门文科状元刘佩秋，她的语文成绩为125分，名列新会区第七名。在这一期间，我从2004年到2009年一连六年常驻高三，成为名副其实的高三把关教师。

因此，这时期的成长关键词是学习，也正是在学习的带动下，我慢慢走上自己的路子，慢慢形成自己的教学特色和风格。在梁卫东校长的直接指导下，我于第一个循环教学就开始学着做语文"导学式"教学的探索。所谓"导学式"，就是在教师的启发引导下，学生开展自主学习的教学模式。该模式的一般程序是：课前预习—自主研修—分享交流、成果展示—总结归纳。课前预习是由老师布置预习提纲，或者由学生预读课文提出问题，在问题情境的激发下，引出学生的自主研修。学生的自主研修，围绕预习提出的问题开展，学习的方式可以是小组讨论、个人研读、网上查资料找答案等。分享交流和成果展示，是导学式教学的"重头戏"，体现学生在老师的指引下学习的成果，同时也是老师调控的成果集中体现。总结归纳，就是要有系统、有条理地归纳知识点，突破课文难点，达成教学目标。"导学式"的核心理念就是两个字："导"与"学"。"导"更多体现在老师引发问题，设计学习路径上；"学"更多体现在学生积极展开思维，探索如何发现问题、解决问题的方法途径上。这样的特性，早早就决定了我与学生共构的课堂是开放的、互动的、有趣的、充满生命感的。由此，我们的课堂生成问题就会特别多。生成问题可以是教学的火花，但也会成为课堂的阻力，所以需要老师指导调控。我把"注重生成"

"指导调控"概括为我的教学风格特点之一,真的源于教学实践的探索。

第二阶段,攀登上升期。这时期经过在重点中学十多年的浸润,我迎来了专业发展的春天。作为驻级行政,这期间我带了两届高三毕业级,都取得很好的成绩。分管2012届,取得本科入线人数1004人的新突破,还勇夺江门市文科总分第一,共有6人进入江门市文理科前十名。分管2015届,本科入线人数突破1100人,继续勇夺江门市文科总分第一,共有11人进入江门市文理科前十名,两人考入清华大学。从2012年参加省"百千万人才培养工程"名师培训以来,经过三年半的培训与考核、考察与交流、对话与访学等,我在理论积淀、实践探索等诸多方面有了一定的提高。从2015年以来,我被评上了省特级教师、工作室主持人,获得正高级教师职称,获得"新会区第五批优秀中青年专家、拔尖人才"称号,还拟受聘为五邑大学文学院硕士研究生导师。我认为,我还在路上,在专业发展的路上,有很多方面都等着我去突破,我始终是一个前行的新手。近些年在课堂教学上,我开始注重实现一个价值追求:培育个性。

教学的价值不单是造就会考试的人才,而更多的应是培育学生的个性,让他们学会利用语文更好地生活。让他们明白,学语文是一辈子的事情。中学阶段只不过是让他们感受、领会语文学科之美、语文学习之法、语文哲学之道。总而言之,作为教育人,我既要关注学生成才的规模效益,也要倾心学生个性的培育发展。

▶ 我的教学实录

《雷雨》课堂实录

时间:2016年6月17日
地点:新会一中科学楼六楼多媒体教室
执教:张耀荣

师:今天,我们学习的内容是《雷雨》。我们上一堂课的课程主要是利用网络来预习性地学习,老师给出了五个问题。第一个问题是有关基础知识方面的;第二个问题是有关剧本知识方面的;第三个问题是我们的品读鉴赏;第四个问题是你喜欢哪个人物;第五个问题是设计问题。今天,我们就围绕同学们在上一堂课完成的作业进行一次交流。我想请赵慧颖同学组呈现一下他们关于第一个问题的自学成果。

生:略。

师:作为这个剧本的话,有一个元素我们必须要掌握,就是舞台说明,其中吴悦姗同学小组做了一个资料方面的收集,我们请她来说一说。

生:舞台说明是剧本作者根据演出的需要,供给演员或导演的说明性文字,是剧本语言不可或缺的一部分。舞台说明要求用极其简练明确的语言,恰如其分地交代环境，渲染气氛，刻画人物和推进剧情。我举的例子是，书本第 20 页最后一段最后一行，"周朴园由衣内取出支票，签好"，他这样做就是想收买侍萍，不想让侍萍再来打扰自己的生活。

师：非常好，既然是戏剧，我想这一部分大家来演一演，大家有没有反对意见？

生：没有。

师：好，就当我是一个演员，大家是导演，现在我来演这一部分戏的动作，他不是说拿出一张支票签好，然后我这样（教师做了动作，毕恭毕敬地递出支票），这是恭敬版。第二个版本，签好之后，嗯（教师做了动作，傲慢地递出支票），这是高傲版，你觉得哪一个版本更好？

生：第二个。（全体齐答。）

师：为什么？为什么？

生：因为周朴园的性格就是这个样子的。

师：因为周朴园的性格就是这样子的，这究竟指的是什么？

生：高傲。

师：就这样的一个舞台说明，其实跟人物的角色身份、性格特点都是有关的，我们欣赏这个剧本的时候，不要忽略了这些元素，这些元素是有戏份的。这也就是我们看小说跟看剧本的区别。

师：第三个问题，就是我们的同学在小组讨论当中，你认为台词最精妙的一句是什么？我在这里挑了两个小组，一个是张志扬同学小组，请他作为代表来回答一下，为什么选了这样一句台词？有请。

生：这一句其实也是讲周朴园，他是主人公，他的两句台词，反映了他高傲冷漠的性格，反映了他即使对自己的妻子也是非常的生硬冷漠，以自己为主的性格。

师：好，你基本上把网上的一个分析向我们做了一个传达。我这里有一个小小的提议，刚才说了既然是戏，一定要找个同学出来演一演，刚才老师已经演过了，你不要再找我，如果这一部分大家挑一个男生来演的话，大家选的是？

生：赵兵生。（大家齐答。）

师：好，赵兵生（老师微笑），我建议最好有两个版本进行对照，除了有赵兵生版本之外，还有一个是？

生：健豪。（学生齐答。）

师：好，我们先请赵兵生同学，就说一句台词。站上来，拿着麦克风，注意啊，刚才我们的张志扬同学说是冷漠，看看有没有冷漠的感觉。

师：找个女同学来点评下。刚才两位男同学的表演，你觉得哪一个更冷一点？

生：赵兵生的演绎比较适合周朴园的人物性格。

师：为什么呢？

生：他演绎得相对来说比较温柔吧。

师：两位同学当中，赵兵生语调处理得比较好，其中"你"，拉开了一下，把周朴园那种高高在上、盛气凌人的特点表现出来，健豪同学说话的时候语调比较低沉一点，把两位同学的表演加起来，我觉得可以获得奥斯卡的最佳男主角奖了。

师：这是陈博健小组挑出来的一组对话，先请陈博健做一个鉴赏分析。不要把照念全文，我们都认得那个字，你要用自己的话来概括。

生：我认为最精妙的一句话就是周萍说"你是谁"，"我是你的妈，你打的这个人的妈"。侍萍的这句话含着万千委屈和辛酸。鲁侍萍面对自己的亲生儿子的诘问"你是谁"，她是多么想说这句话，"我是你的妈"，但是这根本不可能。首先，与周朴园事先有约，只要见见；其次，为了周萍的未来，不允许有这样的妈；再次，面对这样凶恶的，如其父一样的东西，满腔的愤怒使她不愿认这样的儿子，一句话说出了一半，又被鲁侍萍马上收了回去，变成了"你打的这个人的妈"，这是多么令人心酸的一句台词。除此之外，再看"你是谁"和周朴园对鲁侍萍的问话多么的相似，然而谁曾想到，这句话竟是母子与父亲之间的对话。

师：你刚才读了一段网络上的分析，我想听一下你自己的感受，你觉得这句话最精妙，精妙在哪里？

生：这句话表现出这个人非常的无情。

师：谁无情？

生：周朴园无情。

师：这句话的重点在周萍还是在？很明显应该是侍萍咯！嗯，好，先请你下去。所以，我们的学习应该这样，除了网上找到一些东西，还要经过自己的思考。这句话精妙在哪里呢？我觉得找男生来说还是不一定说得出什么东西，一定要找一位女生，凤梅同学。

生：我觉得最精妙的在侍萍那里，她在那里说"我是你的——"用的是破折号。

师：破折号起到的作用是？

生：体现了侍萍在说话过程中的感慨、无奈啊！

师：我们现在有个词语就叫纠结。就突然改口了，那其实这句话表现了侍萍的？

生：侍萍的无奈、心酸。

师：很无奈，她是以一个什么样的身份说出这句话的？

生：母亲。

师：母亲，我们尝试从几个层面来解读一下。第一个层面她想说的是"我是你妈"，想相认，为什么？为什么想相认？因为与儿子没见面已经有30年了，作为一个母亲，怎么可能会不认自己的儿子呢？表现出一种什么爱？

生：母爱。（全体齐答。）

师：母爱，第一个层面。好，第二个层面，她为什么又不认？第一个原因是有约定，她不想认的第二个理由是？那你来说说。

生：有一种是为了周萍的幸福，有一种是为了周萍的前途。

师：为了他的前途着想。为什么？

生：因为周萍在周朴园的保护下，有更好的未来，有更好的条件。

师：那在这里我插一句，她想这儿子怎样好？从来没有考虑过自己30年没有见到儿子的感受，想着别人，没有想到自己，这本身就是什么爱？母爱，再加一个形容词，就是无私的母爱。刚才也谈到对周萍这样的行为又表示？

生：心酸。

师：心酸，好，请坐下。也就是说她对周萍这样一个包庇的行为她是反对的，从一定的角度来说，也看得出这个妈也是深明大义的，这是一种伟大母爱的表现。既然这句话的含义这么复杂，下面我想请两位女生与一位男生来演绎一下这一段，好吧！男生是谁，大家推荐的是哪一位？

生：袁一航。（大部分同学推荐。）

师：袁一航，好，你上来。第一位女生是？

生：莫以凡。（大部分同学推荐。）

师：好，莫以凡。第二位女生是？

生：学生推荐了几个人的名字。

男生：你是谁？

女生：我是你的——，你打的这个人的妈！（很有感情，还带有动作。）

师：哇！（全班热泪鼓掌。）这一个动作太值钱了！那就让刘少飞同学有一点压力咯！来，少飞同学，这是反串，没问题的，影帝可能就是这样诞生的。

男生：你是谁？

女生：我是你的——，你打的这个人的妈！（热烈掌声。）

师：我觉得两位同学都有精彩的地方，莫以凡同学这个动作太令人惊奇了；但是我们少飞同学也不赖，"妈"拉长了，引人泪下。当时的周萍有没有感觉到？没有，从另外一个侧面也可以看出，周萍也是一个冷漠的人，周萍的冷漠来自哪？

生：他爸。（全体回答。）

师：他爸，所以从头到尾还是指向了他的爸爸，在这样一个冷漠的家庭当中，出现一个冷漠的儿子一点都不奇怪，我相信我们的同学都不是冷漠的，因为大家都是热情似火的。那继续第四个问题，在众多的人物当中，你有哪些喜欢和不喜欢的？我们请何伟斌组回答。

生：我喜欢周冲。

师：嗯，一个词或一个字。

生：先进，他的思想比较先进。

师：思想先进，好，先进。其他同学可以补充，因为我们是一个团队嘛！周萍呢？

生：周萍为人很软弱，他一开始就跟自己的……

师：一个词或一个字。

生：软弱。

师：软弱。

生：他一开始就跟自己的后母有了感情，可是，因为他自己比较软弱，所以不敢继续发展这段关系。就把目光转向了四凤，但是知道他跟四凤是兄妹后，他承受不了这个打击，选择开枪自杀了，可以看出他很软弱。

师：刚才我们的同学讲到了，在那些情节当中，他表现了这样软弱的性格，所以我不喜欢。我觉得这样一种思考的方法是可取的。我们分享的第二个组，张文杰同学收集的资料比较多，喜欢的人物是繁漪，不喜欢的是周朴园，我们请张文杰同学来分享一下。

生：冷漠、虚伪、狡诈、阴险。

师：能不能举一个情节当中的例子说明一下？我刚才说了，鉴赏什么东西，一定要融入作品当中，这是一种思考的方法，你说他狡诈也行，说他冷漠也行，一定要有具体的例子进行说明。有没有？

生：由衣内取出支票。

师：由衣内取出支票，想打发人家走，是吧。这说明他的冷漠、狡诈、虚伪当中的哪一个呢？

生：冷漠。

师：冷漠，好，请坐下。我们还要这一个作品，其实他对侍萍更多地表现出一种冷漠、一种狡诈。大家有没有注意到，他在处理这个罢工的事件时，他的手法是什么样的？先盯着你，在你背后瓦解你的阵营，这就是耍弄，这叫狡诈。所以，他所代表的东西都是负面的。

师：我们的最后一个问题，这个是刘兆琨组提出的问题，周朴园对侍萍的怀念是不是真的？刚才有同学提到了周朴园是很虚伪的，是不是真的虚伪呢？我想请大家小组讨论，然后我们来交流一下，3分钟之后，就按照我们的规矩，认为他真的，坐这两大行；认为他虚伪的，坐那两大行，现在我们开始讨论。

生：（小组讨论。）

师：声音小了，证明我们同学胸有成竹了。下面我们来选择座位，为什么要选择呢？因为你坐的这个地方，代表了你的立场，只有变动座位，你才会进入这个角色。认为他真的坐这两大行，认为他虚假的坐那两大行，10秒钟之后我们来分享啊！

生：起身变动座位。

师：好了，选定了？剩下了9个同学认为周朴园的感情是真的。我们请同学简要来说说。

生：我觉得他不是真的虚伪吧！

师：不是真的虚伪？这句话是什么意思？（同学笑场。）

生：他也有他虚伪的一面，但是他一直都保留着侍萍喜欢的家具，说明他是真的爱她的吧。

师：嗯，30年啊！我们看《神雕侠侣》小说，杨过和小龙女，约定是16年，周朴园同志做到了30年啊。好，再找一个同学说说，认为他真的理由。

生：我觉得他是真的，因为他一直保留着这些东西，如果他是虚伪的话，他完全没有必要保留。

师：他知道侍萍死了没有？

生：他知道她是死了的。

师：死了，所以他这样做没有意义了，你说是吧，他是当成一种感情当中的寄托嘛！

生：他觉得愧疚所以保留，但是我觉得他是真的。

师：好，听到他们这样说，我们这一帮同学有没有动摇的过来呢？

生：没有。（部分学生回答。）

师：没有，那找一个"坚定分子"来分析一下他的理由是什么？为什么死命地认为这是一个虚伪的家伙？

生：因为周朴园他有怀念，但他怀念的不是侍萍，实际上是快乐的日子。

生：哇！（全班齐喊并热烈鼓掌。）

师：怀念的是那段日子而不是侍萍。

生：对。

师：理由是什么？

生：理由是他如果真的怀念侍萍是没有理由去表现得那么露骨，放在心里就好啊！把别人的家具保留着，只是一种形象工程啊！

师：我提示一下，如果他那份感情是真的，情人相见会怎么样？

生：很温馨啊！

师：很温馨，但是他对侍萍讲的第一句话是什么？

生：你来干什么？

师：对，你来干什么？谁指使你来的？硬邦邦，想到人家来做什么？

生：拿钱。

师：拿钱，敲诈啊！那你觉得感情还真不真？好，再找一个同学分享一下。这边还有好多同学啊！你来分享一下。

生：我觉得他不是真的怀念。

师：不是真的怀念，理由是？

生：他一直留着这些东西是想对外面的人说明自己内心还是有良心的。

师：对外面的人说自己有良心，有还是没有？

生：没有。

师：没有。好，我们认为这个问题首先站在读者的角度来说，你可以说你的理由，但是，我们解读作品的时候，是不是还有一个基本的原则是要问问作者的意图是什么，他想把周朴园写成什么样的人，下面我们分析一下曹禺的看法。曹禺说，我写周朴园，我想把他写成坏到家，坏到连自己都不认为自己是坏人的一个程度。刚才我们有同学说，他做的一切都是为了做给别人看的，虚有其表。他怀念的是过去的那段美好时光，而不是一个真正的人，这样的分析，我们同学的认识跟曹禺的想法，两者是吻合的，恭喜我们这一半的同学。但是，这边少数的同学，你们可以站在自己的角度进行一个解读。

师：我们简要地概括一下，我们这一堂课，关注了剧本的元素，也尝试从语言的角度来分析人物的性格，另外，还要深入文本意来了解一个人物的性格特点和思想特点，下堂课我们打算分享还没有分享到的小组的一些成果，还要分析这个剧本的矛盾冲突的艺术化，今天我们的课上到这里，谢谢大家！

生：谢谢老师！

我的教学主张

构建富有生命感的课堂

按冰山理论来说，我的教学主张是教学风格的"冰山之基"，是藏在洋面之下具有丰厚内涵的思想理念。从2012年10月参加"省百"培训的每年7月，我都要进行"我的教学思想"的汇报，也逼迫着自己不断反思、提炼自己的教学主张与观念，从而初步形成一个思想体系。从学科哲学的角度思考，从语文学科工具性、人文性兼备的特质思考，我认为，我的教学主张是，构建富有生命感的课堂。我需要说明的有三点。

第一，从概念的含义来说，与"教学"这一概念对应的是课堂。当然，现代科技的发展，尤其是"互联网+"的交融互通、跨界渗透等的推动，语文的学习不仅仅局限在传统意义的课堂，课堂乃至学校的作用仍会长期存在，所以，打造高质量的课堂教学仍是教师坚守的本分，上好每一节课仍是教师最实际的追求。所谓"生命感"，有三个层面的解读。一是"双主双生"。"双主"就是教师为主导，学生为主体；"双生"就是师生互为课堂组成部分，都是课堂里鲜活存在的生命体，关系平等，学术自由。二是教学相生。教与学的活动方式是互动、对话、交流、生成的。三是教学内容与生活接轨。我就曾以电影赏析教学生学会选材、布局、细节刻画等写作之道，学生学语文应该越学越生猛，越学越有趣。

第二，从结构的组成来说，构建富有生命感的课堂，必须解决"学生思维如何激发""老师如何确保课堂教学的有效性"以及"语文课到底应该追求什么"这三个问题。与之相对应的就是注重生成、指导调控、培育个性。

为什么要注重"生成"呢？建构主义理论认为，学生是知识意义的主动建构者，而不是外界刺激的被动接受者。只有通过自己的切身体验和合作、对话等方式，学生才能真正完成知识意义的建构。所以作为课堂的生命体，学生必然参与整个学习活动当中，也必然会在学习过程中不断产生认知问题。这些问题的生成，带有随意性，也带有认知的规律性，很值得进行深入研究。一般来说，对课堂上学生产生的问题，一类是我们首先要有预判，结合经验在备课时先做考虑，学生不提我们主动提；一类是与教学目标相吻合的有价值的问题，我们尽可能即堂解决，让学生享受解决疑惑的快感；一类是脱离本堂教学目标但有一定思考价值的问题，可留待下一堂课解决。当然，无关问题则要巧妙避开。

由此，也可看出，一对辩证关系者，有生成就应有调控，与问题的生成对应，调控也分预设性、即堂性和补救性。总之，在开放型课堂中，教师的任务之一就是调控。关于教师调控的理论，可参考国外的布鲁纳的《教学过程》、赫尔巴特的《五段式教学》、卡罗尔的《有效教学模式》、斯拉文的《有效教学的 QAIT 模式》、安德烈·焦尔当的《学习的本质》等，国内的查有梁的《教学过程控制》、陈晓端的《有效教学》等。《学记》曰："故君子之教，喻也。"在某种程度上，这也是一种调控。

"培育个性"为什么能成为语文课的价值追求呢？我通过讲座和阅读，了解到一些大家的教育主张，比如朱永新的《过一种幸福完整的教育生活》、李希贵的《学校转型下的个性化教育》、郭思乐的《生本教育的实践与探索》、李凤的《构建语文无痕化》等，他们都不约而同地把教育目光关注到每一位学生的个体发展之上。教育的本质是什么？著名哲学家雅斯贝尔斯说："教育的本质意味着：一棵树摇动一棵树，一朵云推动一朵云，一个灵魂唤醒一个灵魂。"

也就是说，一个人对另一个人发生积极影响，才是教育的本意。教育的本意就是关注个体的发展，所以，我把"培育个性"既作为追求目标，也作为风格特色。

第三，从思想的形成来说，我在省"百千万人才培养工程"培训提出的教学思想是"语文即幸福生活"，本来是提"快乐生活"的，后来在导师的指引下，我了解到，"幸福"与"快乐"是有区别的，从积极心理学的角度看，幸福比快乐高一层次。确实，快乐更多带有官能性、儿童化的意味，而幸福的追求则可贯穿人的一生。与之对应，教学的主张，我提出"构建富有生命感的课堂"。生命感与幸福，说白了就是一种关系：先活下来，再活得好一点。风格，主张，乃至思想，还须在实践中不断加以检验。

他人眼中的我

张耀荣老师上课不搞花架子，讲求实效性。就以他执教的江门市名师大课堂公开课《就任北京大学校长之演说》为例，首先，他重视培养学生主动学习的良好习惯，以课前预习引导学生开展自主学习，把课文出现的成语进行置换，这就是考察学生会否运用的反馈题。其次，教学设计巧妙。在课文赏析阶段时，张老师问"课文有哪些结构性语句"，学生马上就答出课文第2、3、4段开头的"一曰……""二曰……""三曰……"的句子，老师再启发一下，学生就答出末段是说两点计划。相信这样的处理，学生对课文条理清晰、结构严谨的特点会留有深刻印象。第三，注重课堂的有效调控。张老师是借班上课，他通过对鹤山二中情况引述的导入，拉近师生感情的距离，又不失时机地给予学生贴切的鼓励，课堂气氛一下子就热闹起来。如学生齐推班长回答老师的第一个问题，张老师就笑着对班长说："众望所归。"整堂课学生有几次开心的笑声，这是老师调控艺术的体现。总的来说，张耀荣老师的课生动活泼、特色鲜明。

（语文正高级教师、广东省督学、新会一中原校长　梁卫东）

以疑激趣，问题导学。在前置学习阶段，张校长要求学生在自读、讨论的基础上，针对文章的行文思路、语言、观点等，自主质疑。整堂课以小组合作学习形式进行，交流学习成果。当学生的成果一个个被展示出来时，学生非常兴奋，这是一种鼓励和肯定。师生在学生感悟深的方面进行研讨、交流，收获更大。真正的教学艺术是营造出学生自主发现问题、共同探究、多向交流的情境和氛围。这样的课堂，必定能让学生兴味盎然，并收获颇丰。

（新会东方红中学　冯秀琴）

在重难点突破的时候，张校长选取了学生在预习基础上挑选出来的台词，先让选取该台词的学生进行分析，说明自己为什么喜欢这句台词，逐步引导学生分析这句台词所蕴含的感情、潜台词、所反映出的人物性格特征等。然后让学生在把握好这句台词的基础上进行表演，再让同学们对该表演进行评价，学生的活动贯穿课堂的始终。

张校长十分注重学生的归纳概括能力的培养，要求学生用自己的话来表达自己的看法。比如要求学生用一个词来说明自己不喜欢周冲的理由，再如学生在分析"我是你的——你打的这个人的妈！"这句话的时候，要求学生不能照搬网络上的分析，而应该用自己的话进行分析，培养了学生的归纳概括能力以及组织语言进行表达的能力。

（信宜一中　张　锋）

我们观看了张耀荣导师的示范课《雷雨》。导师的睿智与幽默、学生的投入与机敏是这节课的最大亮点。

　　导师在这节课中，有很多次让学生以一个字或是一个词来回答问题，看似很微小的一个设计，但这带来的影响是深远的。当学生答出这一个字的时候，这也是他在脑海中对这一事物有了一个最直观、最简练的概括；当学生答出这一个字的时候，这其实是对他的思维的锤炼，因为最简短的语言往往是最真实的。见微知著，导师的功力之深，让人为之叹服。

（茂名市第十七中学　古　劲）

以活激活　以情唤醒

● 江门市培英初级中学　潘蔚（初中语文）

● **个人简介**

潘蔚，女，中学语文高级教师，江门市优秀教师，江门市名教师，广东省骨干教师，江门市首届教育专家培养对象。先后负责并主持了8项国家、省、市、区级课题研究，课题成果分别获省、市级奖励，多篇论文在《中学语文教学参考》等核心期刊上发表，著有《踏雪寻梅——生命化教育教学探索手记》一书，先后参与《作文实验教程》及《同步学案》两本书的编写。课例、教学设计等多次获全国各级奖励，在省内外执教示范课并做专题讲座多场，辅导学生习作多篇在省市报刊上发表。《献给母亲的歌》在"一师一优课，一课一名师"活动中被评为省级优课，《金色花》一课教学实录被刊登在广东省教育厅教研室编著的《初中新课程语文优秀教学设计与案例》一书中，"初中生命作文序列教学研究"作为江门市中学语文高效课堂建设优秀案例入选《江门市基础教育改革成果》一书。

▶ 我的教学风格 ▶

追寻语文课堂上的生命情怀，使语文的教学过程成为生命被激活、被唤醒的过程，一直以来是我孜孜以求的。而要达到这样的教学境界，"激活"和"唤醒"是其中的关键。

"以活激活"，是以老师的活教，激活学生的知识、思维、求知欲和人生智慧，使课堂呈现有质量的、有群体性的、有层次的交互活动，师生之间高度融合、互相"激活"、共同成长。

"以情唤醒"，是指课堂营造作者情、学生情、教师情融合的氛围，在真诚的情感和心灵的交流中，放飞学生心灵，唤醒他们热爱语文、热爱生活、热爱生命的情怀。

▶ **我的成长历程**

追寻"生命语文",静待春暖花开

一、润物细无声

自小,我就与语文结下不解之缘。

学生时代,我最爱阅读,从连环画到古代名著,爱不释手,废寝忘食。记不清有多少次我在被窝里打着手电筒偷偷看书,有多少次在空无一人的教室里因阅读而哈哈大笑或潸然泪下。一边是被阅读滋养了丰富的情感,一边又是屡战屡败的逐梦之路,于是总免不了多愁善感。而当我在黑夜里踽踽而行,总也走不出夜幕的笼罩时,当我在"丑小鸭"的自伤自怜中日益迷失,始终找不到生命的航向之时,是我一任又一任的语文老师,用他们无私的爱点亮了我的生命:忘不了彭敏业老师,冬天只穿一件普通的长袖衬衣,而他家的书柜却满是价值不菲的古今巨著,让我懂得了什么叫"爱的追求";忘不了陈学业老师,在他的"你的散文写得比我还好"的鼓励中我不断积累、创新,在他的一力举荐下我有幸成了"阳春市第一届青少年文学讲习班"成员,短短15天的学习让我从此走近了文学;忘不了佛山科学技术学院那位正直善良的李克和老师,带着病痛在夫人的搀扶下走上讲台,给即将毕业的我们上最后一课,《最后一片叶子》的故事让曾经彷徨的心重新启程……

于是,沐浴着浓浓师爱成长的我,唯愿以自己的爱去润泽更多的心灵,在他们的心中播种真善美的种子,播下热爱语言文化的种子,为后人传递一点光亮。为此,高考报名表上,我填的是清一色的师范学院。毕业后,又放弃了安逸高薪的职业,回到了家乡的小县城,开始了我的语文逐梦之旅。

初为人师的日子,单纯而快乐。我兴冲冲地跟身边的优秀教师学到了许多教学技巧:如何设计课堂教学,如何确定教学目标,如何调动学生的学习兴趣……上课渐渐得心应手,周围是一片赞扬之声,学生也喜欢我的课堂。于是,我以为这就是语文课堂,语文就是这么教的。

一次偶然的机会,我在《语文教学通讯》上看到关于特级教师钟德赣老师的介绍,对他的"反刍式单元教学法"产生了浓厚的兴趣。反思自己的教学,确实是高耗低效的:每天辛辛苦苦、不遗余力地备课、上课、改作业,几年下来培养出来的学生竟不敢大胆流畅地说话,不能正确地表达自己的见解,甚至毕业后写的信件亦错字连篇……长此以往,岂不是辜负了当初选择教师这一职业的真义?

于是,我主动地向学校提出了教改计划。面临着没有具体指导、没有随时切磋的同行等重重困难,仅靠着手头上的一本资料,我于1998年9月开始"反刍式单元教学法"实验。整合单元教学,开展"大语文活动尝试",让学生们上台当"小老师"……功夫不负有心人,实验取得了初步的成效。我所任教的实验班在全市的两次统测中不断刷新学校纪录，学生的整体素质不断提升。我的课例、教案、论文等多次获得全国各级奖励。我还被评为"阳春市教坛新秀""阳江市教学能手"。

感谢那一段参与教改的日子，让我开始摆脱传统教学的桎梏，与学生们一起编写课堂上春天的童话。我用自己对语文的热爱点燃学生对文学的热情、对生活的向往。语文，就像那润物的春雨，悄悄地融入了我和学生们的生命，成为我一生的相守。

二、山重水复疑无路

2000年，我调入江门任教。从乡村到城市，全新的环境，全新的教育对象，给我的教育教学带来了巨大的挑战，我也开始了新的求索。"反刍式单元教学法"对促进学生自主学习有相当大的成效，但慢慢地，我觉察出自己在课堂上的一些问题：因为有固定的模式，我总是亦步亦趋，个人发挥的空间不大；因为过于强调学生的自主学习，课堂往往喧闹有余而沉静不足。于是，我在仿中求新、在仿中求异，开始了"感知—品读—拓展"阅读教学法尝试，这项实验融朗读、评价、写说等为一体，融审美体验、语感训练等于一炉。其间，我参加广东省青年教师阅读教学竞赛，课例、论文均获省市奖励。2002年，年仅32岁的我，顺利通过了高级教师资格审核，成了江门市年轻的高级教师之一。

而我追求的步伐并没有因此停止。有一段时间，我很迷恋"教学的艺术"。于是，我开始了阅读，尤其是阅读余映潮的文章，他的"板块教学"之美往往让我"沉醉不知归路"。于是，我也用心去雕琢我心中的语文课：美的教学设计，美的教学结构，美的教学语言，美的教学板书……这种雕琢，让我体会到了巨大的成功感。2013年我执教蓬江区的示范课，上的是《丑小鸭》，学生是刚接班两个月的普通班学生。课堂上，美的音乐，美的熏陶，美的语言，带起了课堂一波又一波的热潮，学生们独到的质疑、深情的诵读、精彩纷呈的发言，让课堂掌声、笑声不断。课后收获的大家一致的赞美，也让我颇为自得。

语文天生烂漫美丽，但也高贵傲慢。当我以为自己已看到她的美时，她却又给了我迎头一击。调到怡福中学后，第一次参加江门市赛课就遭遇了"滑铁卢"，那次我上的是《皇帝的新装》。整节课，我没有采用传统的教法，而是以"板块教学"的方式做了精心的设计，力求以"美的情感"打动学生，传递出语文的美。在学校试教时，效果很好，学生不但思维活跃，而且在美的氛围中碰撞出美的情感，听课的老师与我交流时以"别具一格、深受感染"来形容。但赛课时，学生却始终无法走进我设计的氛围中，尽管我使出浑身解数，也无法"突围而出"。课后了解到，我上课的那个班是全级12个班中最差的一个，怪不得连作者"安徒生"也有同学会说错，连最简单的问题也无人应答。之后很长的一段时间，那种刻骨铭心的失败的痛楚一直折磨着我。

而紧接着，我又陷入了教学的困境。学校在初三实施分层教学，在我刚接手的两个班中，有一个班是由学困生组成的，学生学习习惯很差，缺乏对学习最起码的热情。每次上课，我就像在唱"独角戏"，而学生就像木偶，扯一下就动一动，课堂气氛死气沉沉。有一次我在课堂上善意提醒那个阅读课文时趴在桌面上的男同学小怀，他竟然说："老师，我真的不懂语文，不喜欢学语文，你别再逼我了，好吗？"他眼睛里有不满，有无奈，更多的是恳求。我当场就愣住了：我所钟爱的语文，我自以为游刃有余的语文教学，竟让这些不爱学习的孩子如此难受！

夜深人静，每每念及这两个片段，在失落和迷惘中，我一遍又一遍地问自己：语文，究竟路在何方？在这条路上，我，还能走多远？

三、柳暗花明又一村

相当长的一段时间里，我把那次赛课失败的原因，把学困班学生不爱学语文的原因，都归结于学生自身，也为自己找到了失败和逃避的借口。但随着时间的推移，对自己教学反思的深入，我渐渐意识到自己的问题：过于讲究教的艺术，于是教的艺术挤兑了学生学的时空；过于注重人文性，于是知识的落实就无从谈起。《皇帝的新装》那一节课就存在着这些问题。我的精力集中在教的技巧和艺术上，集中在如何展示自己的才华上，还未能从学生"学"的这个角度来考虑。如果能充分考虑到学生的学情，能激发他们的内驱力，就算是全校最差的班，你都照样能上得满堂生辉，让那些原本不爱语文的同学爱上语文，那才叫本事！

察觉自己的问题后，我开始调整自己，改变自己。否定自己是痛苦的，但唯有痛苦过后才能把深沉与幸福给予探索者。我开展了"生命化课堂"的探索，从更多地关注教学设计、关注自我变为了用心关注个体，以老师的活教激活学生的知识、思维，以老师的情感唤醒学生的情感，让语文课堂成为师生生命共舞的场所。

2009年12月，我参加了江门市民进党组织的优秀教师送教下乡活动，为期两天。在台山市赤溪镇中学上《隆中对》一课时，我课前充分考虑到学情，课堂上时刻关注学生的动态，关注学生个体的发展，以朗读、自学、质疑、合作等不同的教法激活学生的思维，学生的自信被一点点激发起来，在我为他们搭建的梯级中一步步得到提高。课后与前来听课的全镇语文教师交流时，他们高度评价这节课，认为在这样的班面对这样基础的学生，能上出这样好的课非常难得。这一节课，课堂目标不再拥挤，教学线条不再复杂，课堂设计不再"玄虚"，我气定神闲，张弛有度，放慢教学的脚步，让课堂上生命的发展真正在场。这种教学，就不仅仅是知识的传播，而是一种生命的唤醒和启迪。

这就是我所追求的真语文，生命语文。老师通过对不同教学方法的灵活运用激活课堂，激活学生的思维体验，让语文的教学过程成为生命被激活、被发现、被欣赏、被丰富、被尊重的过程，让学生在掌握知识、增长能力的同时学会爱、学会感动，成为有"生命情怀的人"，这是我所倡导的"生命语文"。

在"生命语文"的熏陶感染下,学生们学会了爱,爱语文、爱生活,成为"有生命情怀的人"。那个上课趴桌子、一读课文就想睡觉的小怀,那个初二时被政教处处分、升上初三时语文成绩仅有42分的小怀,寒假时读完了我赠送的整整一本《读者》合订本,续写《孔乙己》结局时洋洋洒洒写了七八百字,中考时成绩达到562分(标准分),考上了他七、八年级时认为高不可攀的普通高中。

印象最深的是2012届的小文,初识他时,他沉默麻木,一整天可以不说一句话。后来,他在一篇题为《以心灵温暖心灵》的文章中写道:"我不太爱说话,也很少为身边的事情所感动。但遇到老师您后,我也开始仔细观察四周的人和事,用心与同学交流,当然,也学会要用心对待一切事物。我开始爱上这个班级和同学、师生间深厚的感情……初三只剩下一个学期了,我们这个大家庭能共聚的时光宝贵而又短暂,我一定会好好珍惜和感悟的,这都得益于您对我的影响……您的学生,送去一届又迎来一届。但在我心中,有一个位置,只属于您。"再后来,在全级统测中,他的语文成绩由我接手时的74分提高到112分,居全年级第一名。

在生命语文中,我与孩子们一起感受着生命的成长与喜悦,享受着教与学的乐趣:我们一起编辑了"生命作文"序列文集——《花开有声》,李嘉悦等12位同学的作文被《中小学生命教育指导手册》一书收录,叶嘉杰等几位同学的作品被《广东教学报》刊登。而我的《踏雪寻梅——生命化教育教学探索手记》一书由广东教育出版社出版,全国著名特级教师李镇西、上海特级教师李百艳等老师为本书写下推荐语,《江门日报》开辟专栏刊登了一线教师的阅读心得。

但对我而言,"生命语文"永远是在路上。无论是成功的体验还是失败的教训,都是教学中一笔宝贵的财富。我坚定地相信,教育是发现、创造、享受幸福生活的一种艺术,而"生命语文",就是这样的一种艺术,她让我们的教学生活更诗意、更温暖,让师生更有生命的活力。行走在这条路上,我享受着语文带来的美好,静静地等待着春暖花开。

我的教学实录

《走进父爱 感受真情》课堂实录

一、聆听《父亲》,导入父爱

师:同学们,有这样一首歌,它以《父子》《父女》两部影片的镜头做背景,轻轻而又长久地唱响我们心中的旋律。请认真聆听,用心感受。

(播放筷子兄弟演唱的《父亲》,看着看着,同学们泪眼蒙眬。)

师:从同学们的眼神中,我读出了同学们内心的震动,可以说说此时此刻你内心的感受么?

生1:父亲很伟大,在我们一生中,父母都是在不断地为我们付出着,不断地承受着,如果问这个世界上最爱你的人是谁?那么我会回答,是父母。

师：是啊，有一种感动叫父爱，今天，我们就一起走进父爱，感受这份如山般厚重的大爱。

二、交流分享，感受父爱

师：刚才那首歌的名字叫作《父亲》。那说到父亲，同学们脑海中会闪现出什么词语呢？请同学们用一两个词语来形容你的父亲。

（屏幕显示：我的父亲是一个_____的人。）

生2：我的父亲是一个慈爱伟大的人，而现在，又是一个憔悴的人。

师：随着年龄的增长，父亲苍老了。

生3：我的父亲是一个事业心很强的人。

生4：我的父亲是一个非常沉稳的人。

生5：我的父亲是一个很爱面子的人。他喜欢染头发，妈妈笑他，他就说："我年轻啊，哪像你呢，白发苍苍。"

（生模仿爸爸说话时的语气动作，惟妙惟肖，笑声响起。）

师：看来我们文乐同学家里很有情趣。刚刚同学们都说了不一样的父亲，但我相信相同的是那份父爱。课前，我请同学们积累了有关父爱的名言。哪位同学可以大声地朗读出来？

（生分别朗诵了冰心、达·芬奇、高尔基关于父爱的名言。）

师：同学们，我也找来了一首诗歌——《父亲》。下面请大家用有感情的语调朗读一次。

（屏幕上显示诗歌——《父亲》，学生有感情地齐声朗读。）

师：在作者心中，父亲是一座大山，是一棵倔强的弯松，是一首深沉的诗。那在你的心中，父亲，又是什么？请用一句话来描述父亲在你心中的形象。

（屏幕上显示：父亲是_____，_____。）

生6：父爱是风帆，总是引领我在生活的海洋中遨游。

生7：父亲是春雨过后和煦的阳光，即使寒风凛冽也觉得温暖。

生8：父亲是一首悠扬的小调，陪伴着我快乐成长。

生9：父亲是我身边的哆啦A梦，在我需要帮助的时候总能给我提供很多帮助。

师：老师也来一句，父亲是一部历史，皱纹里刻着艰辛，银发间藏着不屈。

（掌声响起。）

三、品味美文，读懂父爱

师：在优美的歌声中，在深情的诵读中，在同学们的交流感受中，父亲的形象在我们心中一点一点地丰满起来。那么，如何抒写这份日夜无声滋润我们心田的深沉、厚重的大爱呢？

我们一起来回忆课本中写父爱的文章——《背影》《爸爸的花儿落了》。想一想，这两篇文章是怎样描写父爱的？

　　生10：《背影》通过作者详细描写父亲爬过月台为作者买橘子时的背影，表达出了父亲对自己的爱。

　　生11：《背影》抓住人物的特殊面貌来写。

　　生12：《爸爸的花儿落了》是以毕业典礼为线索，然后作者在毕业典礼上，想起爸爸的一些往事。

　　师：有没有不同的意见，是以毕业典礼为线索么？

　　生13：是花贯穿了全文。由毕业典礼作者衣襟上的夹竹桃引出了爸爸生病住院以后的一些事情。

　　师：好，文章里说了几件事情，第一件事是？

　　生（齐答）：迟到了赖床，爸爸打了我。

　　师：这个爸爸太狠心了，不爱我了，是吗？

　　生（摇头）：不是。

　　师：你们都觉得打也是一种爱。是吗？

　　生（笑答）：是。

　　师：好，那么第二件事是什么？

　　生（齐答）：寄钱。

　　师：这两件事都在爸爸的一句话中得到了体现，"闯练闯练"。没错，作者就是抓住这两件印象最深的事来写，并且以花贯穿文章的始末，开头由衣襟上的夹竹桃引出爸爸生病住院，中间写爸爸爱花的天性，结尾用垂落的夹竹桃和落下的没有长成的小石榴回应前文，暗示花落人亡。而"我"就是在爸爸的爱中，一步一步成长起来的。

　　师：这两篇文章给我们写作上带来哪些启示呢？

　　生14：以小见大，突出爸爸对我们虽然微小却深沉的爱。

　　生15：通过插叙的手法使内容更加丰富，人物形象更加丰满。

　　生16：可以借鉴文中的伏笔的手法，使文章前后照应。

　　师：我们来小结一下。刚才同学们说可以借物来写人，比如说《爸爸的花儿落了》，也可以像《背影》那样抓住人物的一种特殊面貌，可以是背影，也可以是头发、手、目光等，以人物某一时段的特殊的面貌来写，通过以上种种来选取独特的角度，写出爸爸的爱。

四、回忆感受，书写父爱

　　师：父爱，是朱自清泪眼中的"背影"，是林海音记忆中早谢的"花儿"。那在你心中，父爱，又是什么？让我们一起来回忆，来感受。

　　（一张张图片在《梦中的雪》的旋律中缓缓地展示在学生们的面前：坐在父亲

肩膀上放风筝、幸福地笑着的孩子，雪地里父亲用棉袄裹紧怀中瘦小的孩子，嘴里含着梳子用心给女儿梳辫子的父亲……最后图片定格在"小手牵大手"这一特写镜头上。）

（看着看着，很多同学眼里泛起了泪花。）

师（缓缓而又动情地）：同学们，请轻轻地闭上你的眼睛，慢慢地打开你情感的电脑，用感恩的心慢慢搜索，在你内心深处，是否也有与父亲息息相关的物体？有一幅永远无法删除的爱的画面？也许，是一声爱的叮咛；也许，是父亲那日益衰老却依旧慈爱的脸庞；也许，是父亲藏在那双长满老茧的大手背后的故事……好，就让它慢慢地涌上你的心头，浮现在你的眼前，细细地品读它，用你的心去感受它……

（同学们闭着眼睛静静聆听，泪水从一些同学脸上滑落。）

师：同学们，请拿起笔，或借物写人，或抓住人物的特殊面貌，或选取独特角度，写一写你与众不同的父亲，写一写他独特的爱。

（屏幕显示：我想通过＿＿＿＿＿＿＿＿＿＿来抒写父爱。）

（在柔和的乐声中，同学们回忆着、感受着、抒写着，泪水，在他们的脸上悄悄滑落，轻轻拭去，又不知不觉滑落……）

五、展示片段，交流父爱

师：同学们在回忆中感受，在感受中书写，下面，我想请同学们来说一说你打算选取哪一个角度来写你的父亲，说一说他独特的爱。

（琪琪走上讲台。）

师：据我所知，琪琪爸爸不在身边，那爸爸在什么地方工作呢？

生17：在国外。

师：你跟爸爸多长时间没有见面了呢？

生17：3年了。

（泪水迷漫了我、孩子们还有部分听课教师的双眼。）

师：虽然我们琪琪的父亲远隔万里之遥，但是她还是用心去感悟父爱，你想从哪个角度来写父亲？

生17：声音。爸爸说话的特点是总是带着很长尾音的"嗯"。（声音开始哽咽了，师走上前，轻轻地拍了一下她的肩膀，生接着说。）

我的成绩不是很稳定，爸爸经常打电话鼓励我，父亲的声音总是那般的清澈，在我看来，父亲的声音是最有感染力的（琪琪流着泪）……

师（哽咽着）：琪琪是个善于感恩的孩子，虽然很少跟父亲见面，但她仍然从她父亲的声音里面读出父亲深沉的爱。我们期待琪琪的佳作。

生18：我想从教育方式这一点来说说父亲。记得我很小的时候，特别怕我爸爸检查我的作业，因为我的本子上有很多错题。他经常会给我讲解，讲解完之后还要我再讲解给他听。有时候我说得不好,他就会很用力地敲打我的头,说:"你怎么跟个木鱼一样。"有一次,我跟爸爸吵架,爸爸骂我笨,我冲他说:"都是被你敲傻的",还大声说"我恨你"。后来,爸爸没有再打我。有一次,我忍不住问他:"你现在为什么不打我了?"爸爸说:"你现在长大了,我不能再打了,以后会好好跟你说话。"(小瑶说着说着泪流满面。)

师:父亲没把我们的小瑶敲傻,而是把她给敲醒了!现在,小瑶的成绩一直保持在年级的前十名,也许要归功于爸爸严厉的爱吧。

生19:我的爸爸是律师,这个职业经常要和别人打交道。但是,现在和别人打交道要喝酒,这样,我爸就买了很多酒,但是在家里他从来不喝,他就是和别人吃饭的时候才会喝酒。有时候他很晚才回来,满身酒味,家里的人都很不理解他,说他不关心自己的身体。有一次体检,还查出肝脏有点问题,我奶奶也很担心。爸爸说,这是工作需要,也是我对你们的责任和爱。

师:小可从小小的酒里读懂了父爱。

生20:我想从父亲面貌的变化来写父爱。小时候,我很爱牵着爸爸的手,走在街上,看着爸爸那年轻的身影,我就觉得他很高大。但是现在,他年纪开始大了,脸上出现了皱纹。有一次,我心里不舒服,想吃点别的东西,就要爸爸出去买拉面回来。当时我的心情很不好,还和他吵了一架。但是最后,爸爸还是出去了,途中下起了大雨,我开始担心爸爸。后来爸爸给我买回了拉面。他浑身都是湿漉漉的,雨水挂在憔悴的脸上。看着爸爸日渐苍老的脸,我的泪就流下来了⋯⋯

师:刚才同学们都非常用心地去感悟父爱,从不同的角度来书写父爱。在下一节的当堂作文课中,希望同学们选准角度,注意写出细节,写出情感。

六、回归生活,升华父爱

师(深情地):父亲,是一壶陈年老酒,醇香四溢;是一首经典老歌,久唱不衰;是一部传世佳作,百读不厌。也许父爱的表现千差万别,但父爱的内核却始终如一。希望同学们以一颗善感的心来捕捉并感悟父爱,要知道:平平凡凡才是真,点点滴滴总关情。就让这份大爱一点一滴慢慢浸润我们的心田,滋润我们的成长。

▶▶ 我的教学主张 ▶

生命语文:让语文唤醒心灵,朝向幸福

对语文教学,一直是"想说爱你不容易"。

对教师而言,语文课堂的低效高耗,是不争的事实;对学生而言,语文就像鸡肋,食之无味,弃之可惜——这,也是现状。而在应试的重压下,在理科一统天下的局面中,语文在夹缝中举步维艰:学生语文能力的提升困难重重,学生人文情怀的培养更是任重道远。

如何让语文成为学生的生命之需,知识之源?我认为关键在于"激发"和

"唤醒"。杜威说"教育即生长",而我则认为"教学即唤醒"。正如德国哲学家雅思贝尔斯说的:"真正的教育是用一棵树去摇动另一棵树,用一朵云去推动另一朵云,用一个灵魂去唤醒另一个灵魂。"而作为"百科之母""文化之根"的语文,理应承担起这个重任,担负起塑造学生的健康人格、关注学生的生命成长的神圣使命,让语文朝向心灵、朝向幸福。为此,我确立了"生命语文"的教学理念,并开始了求索之路。

我所理解的"生命语文"是指语文不仅仅是知识的传播,更是一种生命的唤醒和启迪。培养学生的语文能力,塑造学生的健康人格,关注学生的生命成长,提升师生的生命价值——这是我所主张的"生命语文"的价值所在。让语文的教学过程成为生命被激活、被发现、被欣赏、被丰富、被尊重的过程,让学生在掌握知识、增长能力的同时学会爱、学会感动,成为有"生命情怀的人",这是我所倡导的"生命语文"的目标。为此,我从以下三方面来实施"生命语文"的教学。

1. 树立"大语文"观,关注学生的生命成长

语文教学,要冲出"围墙",就必须树立起"大语文"观。语文外延的拓展,就是对生活的解读,对生命的守望,对人生的感念。可以通过开展"课前三分钟演讲""故事擂台赛""古诗文诵读"等活动,开设"名著欣赏课""汉字天地""我是演说家"等微课程,将课内与课外结合起来,让学生在生活中学语文、用语文,体味语文的真正乐趣,提高语文素养,享受有温度、有生命的语文。

2. 打造"生命化课堂",营造生命共舞的场所

课堂教学具有生长性,课堂上要由"关注知识"转向"关注学生",打造"活、情、趣"的"生命化课堂":"活"是指课堂实现开放式教学,引进生活的活水,鼓励思维的碰撞;"情"是指课堂营造教师情、学生情与作者情融合的氛围,在真诚的情感和心灵的交流中,唤醒学生的心灵;"趣"是指在对教材深刻解读的基础上,突出讲解的幽默、风趣,做到深入浅出、庄谐并重,让学生在快乐中学习。课堂上通过灵动的教学方式创设生活化的教学情境,激活学生的生活和情感体验,营造自主探究的学习氛围,注重课堂的生成,构建多向交往的对话空间等方式,唤醒学生学习语文的兴趣,让课堂演绎出生命的活力。

3. 构建"生命作文系列",激发作文教学生命力

从关注生命的高度,以生活为原点,以"写作活动丰富化、写作内容生活化、写作指导序列化、写作过程情境化、评价方式多元化"五个维度为策略,以课本单元教学安排为依托,结合初中学生不同阶段的特点,从七年级到九年级,由外到内,循序渐进地构建起以"观察·体悟·升格"为中心的"三序"生命作文序列,形成生命作文的"六段"模式。如图1所示。

而在开展序列写作活动的同时,以学生能力发展层级为纲目,明确每节作文课的技能训练目标,并按七、八、九年级三个阶段六个学期分别提出阶段目标,在进

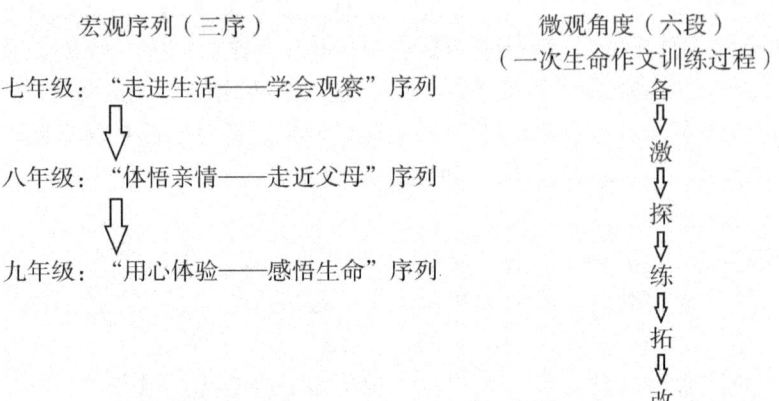

图1 "生命作文序列教学"的"三序六段"

行写作指导时，则以现行的课文为范例，让他们学有抓手，从中搭建起生命作文序列的三维体系，体现初中生命作文教学的整体性与阶段性，一步步解决作文"写什么""怎么写"和"为什么写"的问题，让写作教学有序、有效、有情。如图2所示。

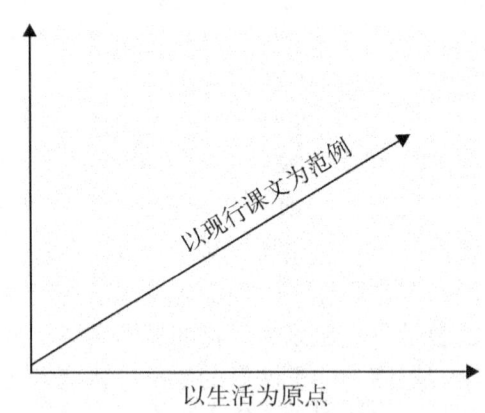

图2 生命作文序列三维体系

我想，语文，本就应该是这样的一种唤醒：她应该如徐徐的春风，唤醒那些冬眠在纸上的文字，让它们灵动起来，变成一个个有感情的精灵，架设起沟通心灵的桥梁；她应该如冬日的暖阳，温暖那些沉睡的心灵，让它们舞动起来，化成一串串美妙的音符，弹响感受美、感受爱的旋律。让我们与学生们一起在语文这个开阔的空间、温暖的土壤中滋养情怀，汲取光明，朝向幸福。

他人眼中的我

一、学生眼中的我

那天，当我得知自己在高考中出乎意料地成为江门市语文科状元的时候，您是我第一个想要告知的人。借着这个好消息，我想说：潘老师，一直以来，谢谢您了。您知道吗？在我的心里，您是我的老师，更是我的好朋友，是一个值得我用一辈子去珍惜的好朋友。

（2008届学生、2011年江门市语文科状元　许玉明）

因为您，我们总在欢声笑语中畅游知识的海洋，在深邃的哲理中探寻人生的道路。您，是我们的人间四月天……请您相信，我们，是您生命的见证。

（2012届学生　梁泽峰）

二、学生家长眼中的我

我一直在思考一个问题，那就是以什么样的方式，把孩子培养成一个对社会有用的人？潘老师，从您的教学理念和教学方法中，这个问题得到了诠释，那就是把社会教学和课堂教学融为一体。您在教会学生求知的同时，更教会了学生怎样做人。

（2012届学生　黄亿一家长）

三、同行眼中的我

潘老师的课堂总能带给人惊喜。她的课不仅仅传授知识和训练能力，更在于激活和唤醒。她关注的是学生的内心需求和精神成长，用自己的感情打动学生的感情，用自己的体验激活学生的体验，用自己的思考碰撞学生的思考。德国文化教育家普朗格说，教育绝非单纯的文化传递，教育之为教育，正在于它是一个人人格心灵的唤醒，这是教育的核心所在。诚如是，诚如斯。

（江门市特约教研员、景贤学校教导处副主任　赵同生）

四、专家眼中的我

作为区域语文教师中的佼佼者，潘蔚老师一贯给人秀外慧中、勤勉上进的印象。她的语文课总是让听者心潮澎湃：在语言文字的品味把玩中，她总能让你体悟到文化经典的魅力；在古今中外诗文的遨游赏析中，她总能让学生经受美的熏陶和洗礼。她不满足于语文知识与技能的习练掌握，不止步于成效显著且趣味盎然的教学境界，而倾心于春风化雨般的生命唤醒。她像一位热情四射的向导，每到一校总能带动一个学科团队。她如一颗璀璨闪光的明星,每到一处总能为周围人照亮前进的方向。

(广东省特级教师、正高级教师、蓬江区语文教研员　周华章)

坚守以生为本 践行简约课堂

● 江门市新会区尚雅学校 廖祖权（小学语文）

● **个人简介**

廖祖权，江门市新会尚雅学校副校长，小学高级教师（副高级），江门市名教师，全国教育科研先进个人，广东省基础教育系统"百千万人才培养工程"培养对象第四期学员，广东省优秀教师，江门市优秀教师，新会区小学语文名师工作室主持人，新会区先进劳动者、中青年专家和拔尖人才，曾获新会区优秀教师特等奖。出版了《成长印记》《思想的旅行》两册个人教育教学文集，公开发表教育教学论文23篇。

▶ 我的教学风格 ▶

对生本教学，我这样认为：生本，也称"以生为本"，是"以人为本"的细化和转化。我们也可以称之为"生本教育"。这是华南师范大学博士生导师郭思乐教授提出的一项全新的教育理念。该理念强调：先做后学，先会后学，先学后教，不教而教。它明确"孩子是天生的学习者"，"他们潜能无限"，教学中"一切为了学生"，"高度尊重学生"，"全面依靠学生"而开展。

对语文教学，我这样认为：语文，不管是语言文字，还是语感文学，其核心还是工具性和人文性的统一。因此，语文教学需要对学生进行听说读写能力的训练，让他们掌握语文这种工具。通过语文学习，懂得文章的内涵、文字的优美，懂得激扬文字、展示美好，发挥语言文字的正能量。

对教学效率，我这样认为：为了达到工具性与人文性的和谐统一，语文教学必须扎实，必须有效，甚至高效。这与我们过去所讲的"基础知识、基本技能"及到"知识与技能、过程与方法、情感态度与价值观"是完全一致的，也与当下所提到的"学生核心素养"分不开。学生如何成为全面发展的人？需要"文化基础"、"自主发展"和"社会参与"，离开了最基础的知识和技能，听说读写能力都过不了关，如何更好地发展呢？因此，教学并非只是应试，而是必须围绕语文教学的基本能力要求开展，要扎实有效。这不仅是语文能力培养的要求，也是课堂教学的目标所在。

对学生参与，我这样认为：语文是基础学科，要培养学生的基本能力，必须从学生的实际出发，在他们原有能力和知识水平的基础上促进和提升。因此，需要充分调动学生的积极性，鼓励每一位学生都积极参与学习和训练的全过程，只有这样，语文教学目标才能实现，教学效率才能提高。教学中，要充分相信学生，全面关注学生，落实课前预习，开展小组合作。只有学生做好充分的准备，学习和训练的过程才能得以更好的实施，开展小组合作才具备前提条件。

对教学过程，我这样认为：在教学过程及问题设计上，板块应简单明了，不应人为设置过多的障碍，使课堂教学简单问题复杂化。教学过程是师生双方"教"和"学"的过程，尽可能淡化"教"而突出"学"，充分给予学生参与的机会。教学过程围绕"听说读写"，通过"以读引读""以读引言""以读引写""以读引思"进行具体训练，课文分析去繁枝繁叶，清晰课文主干，使教学过程达到简约而不简单的效果。

在生本理念下，我明确"自主、合作、探究"的小组合作学习方式，课堂教学坚持把"学"的主动权、话语权和课堂学习的时间、空间更多地还给学生，做到"课堂结构环节简约""问题导向精练简要"，课堂以学生的"学""展示"为主，以老师引导、点拨为辅，把语言文字学习变为语言文字实践，使学生学习语文的兴趣和效率全面提高。

我的成长经历

从耳濡目染到领悟发展

一、职业理想萌发

我家虽算不上教育世家，但家里却有不少跟教育打交道的人。

我的老家在广东省江门市新会区沙堆镇仁兴村，仁兴村是该镇最有文化气息的小村，村里除了有古老的楼堂房阁外，一个拥有千号人的小村落，从事教育工作的人不下百人，是镇里有名气的文化村。我的爷爷、伯父、父亲、姨妈、姨父、舅父、舅母、姑妈都是教育工作者，有的还担任学校行政职务。逢年过节，只要大家聚一块，必定三句不离本行，自然而然地说上教育之事。我就是在这样的氛围下成长，在这样的环境中不断了解教育。之后就是我，我的堂妹、堂妹夫还有两个堂弟，也都走上了教育工作岗位。

我成为教育工作岗位上的一员似乎顺理成章。回想 1989 年我读初三时的一次班会，主题是"谈理想"，班里 53 人，想成为一名教师的只有我跟另一位女同学。到了 1992 年毕业，真正走上教育工作岗位的也只有我一个人。

二、业务能力提升

在 1992 年毕业前的实习即将结束时，我所实习的睦州小学的熊校长对我说：

"年轻人对教育要有理想、有激情，要使自己成为优秀老师，成为有名的老师。如何做才能成为优秀老师、有名的老师呢？必须要有扎实的教学基本功，有过硬的教学能力，还应有独特的教学方法和手段……"当我参加工作后，父亲曾跟我多次强调两个要求：一是必须注重身体健康，二是不断提高教学业务能力。

为了提高自身过硬的教学基本功，每天放学后，我在班里静静地练写粉笔字；晚上回家后都会花上一个多小时进行毛笔、硬笔字练习，在临摹他人优秀字迹的基础上练出自己的风格；坚持每天读书，不仅丰富阅读，还不断提高朗读水平。1993年，镇里举行教师"三笔字"教学基本功比赛，我代表学校参赛，并一举夺得总分第一名。

如何提高课堂教学水平，提高驾驭课堂能力，作为青年教师的我，还得学习学习再学习。于是，听课、研究、上课成了我生活的主旋律。在学校老师们的关心爱护下，我每天都跟着有经验的老师听课，下课向他们请教，主动请他们来观摩我的课堂教学，这样两年下来，我的课堂教学能力有了长足进步，不仅站稳了讲台，课堂教学也能很好地掌控，语文教学能独当一面了。1994年我代表学校参加镇教学比赛还获得一等奖。随后，我受聘为教导处副主任，学校又给了我一个学习和提高的好机会、大舞台。

因工作关系，1996年我被调到新会区直属学校新会实验小学任教，这是一个更大的舞台。在实验小学，课堂教学能人比比皆是，他们各有特点。我跟着张德顺、梁瑞兰、廖国兰、朱永健等一大批省市特级教师、优秀教师学习，不仅开阔了眼界，还增长了见识，如对于不同类型的课文如何分类备课，备课如何落实备教材、备学生等，课堂教学如何导入、如何导思、如何导读、如何导言、如何导写等各方面能力也实实在在得到了更大的提高，使自己的语文课堂教学更加如鱼得水。

三、教改瓶颈突破

虽然在不少优秀老师的指导帮助下，我的语文课堂教学效果还是很不错的，但总觉得有问题，需要改进。可问题在哪？如何改？总想不出来。直到一次跟我的爷爷聊天后，才有所眉目。

我的爷爷虽是一位早已在家颐养天年的退休老师，可他退休前曾在香港任英语老师，对香港的教学情况比较熟悉。他说："香港的课堂教学深受英国教育的影响，课堂与国内比较更开放，比较重视学生能力的培养，常常开展小组交流和合作学习，突出学生个性和强调动手操作与学习展示。"爷爷的话给了我很大的启发，也让我茅塞顿开。对呀！我的课堂教学很多时候都是老师的预设，包括备教材与备学生，课堂提问与回答，甚至各环节之间的过渡，都是以老师为主体而思考的，都是老师根据教学内容牵着学生的鼻子走，学生似乎欠缺一种学习的自主动力，更欠缺一些学习的灵性。我们的课堂教学口口声声说是为提高学生的学习能力和学习效益而服务，我们常常说要培养学生，心里也常这么想，可实际却并非如此。课堂上老师说学生听，老师讲学生记，老师写学生抄，老师问学生答，一切正常，表面上似乎没有什么问题，可实际问题却很多，也很严重。

教学改革其实就是一个发现教学问题、研究教学问题和解决教学问题的过程。既然已经发现了教学中"教"与"学"本末倒置，"人"的培养功能未能更有效地展现等问题的存在，就要通过研究来解决。

于是，我带着这些问题一边思考一边研究，把语文课堂教学中逐段逐句分析，将内容切得零零碎碎的情况改为以学生的"读""悟"为先，引导学生大胆展示他们的感受和理解。当我在观摩课按这样的思路开展教学时，校内立即出现支持和反对两种声音，不管是支持的还是反对的，都有各自的理由，且都很充分。对于我这样从事教育工作才五六年的青年老师而言，不仅压力不小，还得思考是否继续坚持自己的思路。幸运的是，期末考试我的班的成绩不错，似乎给了我信心。这让我明白了："读"和"悟"是语文学习的关键，要提高学生的语文理解，必须让他们多读多悟。老师分析得再细，学生没有"悟"出，教学就没有意义。每篇课文都是学生学习的范例，纠缠于每课必精讲细练，不如让他们"悟"一而反三，这样对他们语文学习能力的提高反而会更有帮助。虽然研究未亡，还取得些许进步，可毕竟缺乏重要的理论支撑，步子迈不开，课堂教学也没形成模式和系统，就这样如蜗牛爬行般研究着。直到2000年，学校立项正式参与由华南师范大学博士生导师郭思乐教授创立的"生本教育"研究，我对如何改变课堂以"教"为主的状况，突出以"学"为中心的思路才逐渐清晰。

四、研究成效初显

在参与"生本教育"课堂教学研究中，我明确了"以生为本"的理念，语文教学采取"以读引读""以读引言""以读引思""以读引研""以读引写"为主要教学思路。有了具体的理论指导，在学校领导和老师们的支持下，我的教学研究也有了突破性进展，课堂教学也形成了自己独特的模式，学生能力培养也初具成效，教学成绩也更上一层楼。

随着课程改革的全面铺开，2003年，我的工作也发生了变化，得到学校信任，我受聘为学校教研室副主任兼"生本教育"研究课题组副组长，担负起学校教学改革的主要任务，此项工作与先前老师个体研究区别甚大，要做得更多，要想得更细。为此，我与学校全体老师一道，精心备课，设计教案，深入课堂，开展课堂教学研究，克服了一个又一个困难，取得了不错的成绩，也总结出了一些科研成果和工作经验。教育科研与课程改革使老教师思想观念转变了，青年教师也迅速成长起来，家长也对孩子和学校的变化感到欣喜。不久，我受聘为新会区教育局小学语文兼职教研员。为更好地宣传研究成果和课改经验，学校配合区教育局编印课改资料，我任组长，得到全区各镇各学校不少领导和老师的大力支持，收集了全区各镇各未定校的课改研究成果与经验，定期汇编《课改实验通讯》，发到全区各镇各学校，在指导科研工作的同时，也有效地进行科研成果和课改经验推广。

2011年，我很荣幸有机会参加并顺利通过江门市第二届名教师评选，成为江门市级名教师。2014年，新会区名师工作室工程正式启动，我担任区小学语文名教师工作室主持人，这让我再次感到工作的责任与压力。在区教育局人事股和教研员的指导下，工作室进行了为期两年的首批15位青年教师培养工作，取得不错的成绩，各培养对象已经成为区各镇各学校的教研教学骨干，在推动各镇各学校教研教学工作中发挥着积极的作用。2016年工作室通过验收，被评定为优秀。

我自2000年参与"生本教育"研究十多年来，十年磨一剑，也走出了自己的"生本"之路，如此坚守一项科研实验和教学研究，除了成果与经验，那份坚持对自己的成长是弥足珍贵的。因为这份十多年的执着，我受聘为全国"生本教育"研究指导教师，对来自全国各地的"生本教育"研究者进行培养，我也曾受邀到省内的广州、深圳、中山、顺德等地，省外的四川、山东、湖南、内蒙古等地，还有香港及澳门，上观摩课、做讲座进行教学指导。

我的教师和教研成长之路从儿时父辈的耳濡目染，到主动积极参与，再到领悟自主发展，一路走来，可谓一路泥泞一路花。我的成长之路离不开一路伴随我成长，一路指导我发展，一路给予我帮助，一路指出我问题，一路提醒我小心的领导、前辈和同事们的支持和厚爱，是他们的真心和双手给予我力量，扶持我走得更好、走得更远。

▶▶ 我的教学实录 ▶

《学会看病》教学实录

一、直接导入，进入学习

师：刚才的"每天一新闻"展示的就是"母爱"的故事，母爱是伟大的，下面我们一起来学习另一篇关于母爱的故事。

（师板书课题：学会看病。组织全班同学一起读课题。）

生（齐读）：学会看病。

师：《学会看病》一文的作者是毕淑敏，有哪位同学能找到她的相关资料。

生1：毕淑敏，1952年10月出生于新疆伊宁，中共党员，国家一级作家，内科主治医师，北京作家协会副主席，北京师范大学文学硕士，心理学博士方向课程结业，注册心理咨询师。其著作有《毕淑敏文集》十二卷，长篇小说《红处方》《血玲珑》《拯救乳房》《女心理师》《鲜花手术》等。

生2：毕淑敏，我国著名女作家，曾获庄重文文学奖，《小说月报》第四、五、六届百花奖，当代文学奖，陈伯吹文学大奖，北京文学奖，昆仑文学奖，解放军文艺奖，青年文学奖，台湾第16届《中国时报》文学奖，台湾第17届《联合报》文学奖等各种文学奖30余次。

师：老师手上有4本毕淑敏亲自签名的作品，课后将送给几位上课特别认真参与学习的同学。（拿出毕淑敏的一本作品，简单向同学推荐，吸引和鼓励学生积极参与学习。）

师：集体再读一次课题。（经过老师的鼓励，这次读课题的声音明显不一样。）

二、检查先学，解决字词

师：做了之前的先学，对课文中的词语应该有所了解，也应该会读懂。

生1：读。（将词语读了一遍，但不太流利，还读错了一两个。）

师：有不少同学发现了问题，有请第二位同学再试试。

生2：读。（此同学读得比前一位同学有进步。）

师：第二位同学读得有进步，还想听听第三位同学的试读。

生3：读。（第三位同学读得明显比之前两位要好。）

师：请全班同学一起读。

生：（齐读。）

师：我在同学们齐读过程中发现了一些问题。（与同学一起指出读错的地方。）

三、初读课文，理解大意

师：毕淑敏在她的这篇课文中介绍了一件什么事？请同学们用3分钟时间用自己喜欢的方式自由读课文，要把课文读完整，读后要认真思考。

（给学生时间读课文，思考问题。）

生：自由读课文，思考问题。

（学生课文读过后。）

师：《学会看病》一文，毕淑敏写了一件什么事，请大家先在4人小组或在同桌中交流。

生：（自由交流。）

（自由交流后，请个别同学作答。）

生1：本文主要讲了儿子感冒了，妈妈让他独自上医院，儿子学会了看病的一件事。妈妈用这种方式锻炼儿子独自面对生活的能力。

师：有同学要补充吗？

生2：本文首先写了毕淑敏独自让儿子去医院看病，接着写她自己在家里等儿子回家的矛盾心情，最后儿子回家后，毕淑敏也找回了自己的勇气的事。

师：还有同学要补充吗？

生3：本文主要写了母亲毕淑敏发现儿子发烧了，她不是像往常一样在家里给医治，而是让儿子独自到医院看病，儿子学会了独自面对社会，写出了她有一种伟大的母爱的事。

（老师顺应前三位同学的回答及时进行板书。板书内容"给带让放"四个字。）

生4：本文主要讲了作者的儿子生病了，作者让孩子独自去医院看病，当儿子独自走出家去看病时，她此时的心情十分自责，当儿子看病回来后，作者对自己的做法又充满了信心的事。

师：过去，孩子生病了，毕淑敏都在家"给"孩子看或亲自"带"孩子去医院看，或如今，毕淑敏想"让"或"放"手，让孩子独自面对。

（跟着板书：爱。）

师："给孩子"看病，"带孩子"去看病，是爱吗？

生（齐答）：是！

师："让孩子"看病，"放孩子"去看病，是爱吗？

生（齐答）：是！

师：从以上的两种情况，我们感受到什么？

生（齐答）：毕淑敏的自责与矛盾。

师：写人，我们学过哪些方法？

生（齐答）：语言描写、动作描写、心理描写、神态描写、外貌描写等。

四、再读课文，以读引思（片段）

师：在我们这篇课文里，语言描写和心理描写比较多，请同学们在课文里找一找描写作者毕淑敏心理矛盾的相关句子，谈谈你的体会和感受。

生：（再读课文，在文中找描写作者毕淑敏心理矛盾的相关句子。）

生1：请同学看课文第20自然段，"我的心立刻软了。是啊，孩子毕竟是孩子……把您说的看病的过程记下来，我好照着办。"我的感受是：这段话写出了母亲心理的矛盾，既想锻炼孩子，又心疼孩子，最终想陪儿子上医院，但儿子却说不必，自己可以去看病。这让我想起了一个独力承担责任的故事：一个小男孩踢球不小心打碎了别人的玻璃，虽然对方原谅了他，但父母却依然要孩子赔偿，孩子只好向父母要钱赔偿，但要自己努力挣钱还回给父母，像孩子父母这样严格要求，孩子也这样负责，将来一定会有出息。果然，孩子长大后成了美国政坛的风云人物，他就是后来当了美国总统的里根。通过此事，也让我想起了一句名言：世界上最伟大、最坚强、最有影响的人就是独立自主的人。

生2：请同学看课文第16和第20自然段。（学生读这几个自然段。）第16自然段"正是，我咬着牙说，生怕自己会改变主意"。第20自然段"我的心立刻软了，是啊，孩子毕竟是孩子，而且是病中的孩子"。这两个自然段中的这两句话有强烈的对比，一开始还是想让孩子自己去看病，可此时，心理发生了很大的变化。

生3：同样是生2所读的这两个自然段的相同句子。这两个句子让我想起了一句关于母爱的名言：爱是一种巨大的火焰。（罗曼·罗兰）也让我想起了曾读过的一篇文章，故事写的是一位母亲抱着自己的孩子，被压在倒塌的废墟底下，为了救孩子，那位母亲割断自己的动脉，把血给孩子喝，为此，母亲死去了，而孩子得以存活，足见母爱的伟大。

生4：请同学们看课文第22自然段，"时间艰涩地流动着，像沙漏坠入我忐忑不安的心房……但我的心还是疼痛地收缩成一团"。从这句话我体会到母亲的那种后悔和自责及心理的矛盾。

生5：请同学们看课文第21自然段，"儿子摇摇晃晃地走了。从他出门的那一分钟起，我就开始后悔。我想我一定是世界上最狠心的母亲，在孩子有病的时候，不但不帮助他，还给他雪上加霜"。从以上这句话我体会到此时的母亲在等候儿子回来时非常后悔和自责，爱子情深可见一斑。有这么一句名言：人呀还是靠自己的力量吧！（贝多芬）我也想起了一个关于自立的故事。爱迪生小时候被人说是傻瓜，但他坚持不放弃，靠个人努力和奋斗，成为世界伟大的发明家。

生6：请同学们看第23自然段。（学生读整个自然段。）从这个自然段我体会到了作者一方面想锻炼儿子，做一个尽责的母亲，另一方面对儿子也非常担心，这两种情感交织在一起，让我感受到母亲那种特殊的爱。让我想到一句名言：滴自己的汗，吃自己的饭，自己的事情自己干，靠人靠地靠天不是好汉。

生7：请同学们看第21自然段，"儿子摇摇晃晃地走了。从他出门的那一分钟起，我就开始后悔。我想我一定是世界上最狠心的母亲，在孩子有病的时候，不但不帮助他，还给他雪上加霜"。这句话用了心理和动作描写，表现了母亲让儿子独自去看病的自责和后悔，让我想起一句名言：路要靠自己走，才能越走越宽。

……

师：小结，刚才听了不少同学的发言，大家都谈到了对母亲语言和心理的描写，这些描写，主要突出了母亲既关心儿子，又担心儿子的矛盾心理。不管"给儿子"还是"带儿子"去看病，又或是"让儿子"或"放儿子"独自去看病，都是母亲对儿子的爱。对母亲这种矛盾的爱，你是怎样理解的？你支持哪一种？或者，你对这两种爱，有什么看法？

生1：这两种都是爱，只是表达的方式不同而已，一种表面一点，另一种深沉一些。

生2：这两种矛盾的爱是根据孩子不同的年龄的爱，小时候会帮他，孩子长大了，作者要锻炼他，这两种都是爱。

师：文中有句话表现出作者应该让孩子自己去看病，是哪句？

生（齐答）：儿子长得比我高了，儿子长大了。

师：既然儿子长大了，就应培养他独立面对生活的能力，所以，文中母亲让儿子独自去看病的做法是正确的。文章写的是毕淑敏发自内心对孩子的爱，但不是溺爱，我们每位同学都需要爱，但也不是溺爱。需要母亲的放手，这种爱才是最深沉的。

五、感悟课文，以读引写

师：请你以毕淑敏的身份，用以下的词语，给你的儿子写一段话，表露你的心声。

（从课文中找到提供给同学的相关词语：触摸、残忍、虚弱、滚烫、后悔、狠心、雪上加霜、锻炼、痕迹、来日方长、疼痛、毫无疑义、谴责、熟悉、麻烦、骄傲、磨炼、埋怨、冷漠、聊胜于无。）

六、自信展示，以读引说

同学们写好后，给予他们展示的机会。

七、课堂小结，强调学法

师：语文课堂学习不仅是同学们语言文字学习的过程，更重要的是语言文字训练和实践的过程，听、说、读、写是语文教学主要训练的四大板块，而通过《学会看病》一文的学习，通过"以读引思""以读引写""以读引说"几项内容的训练，希望同学们在掌握课文学习内容的同时，也能掌握语文学习的方法，提高自身语文的综合素养。

▶▶▶ 我的教学主张 ▶

博学致用　知行合一

一、确立教学主张之原理

从字的结构看，"教"是让人行之以孝，行之以文，做一个既有文化，也懂孝道的人；"育"是培养和化解；而"学"则是接受熏陶、影响与自我内化。"教"是手段、过程和目的的三者统一，而"学"是方法与过程。两者而言，没有孰重孰轻。

世界之大，宇宙之美，极其深邃，世界宇宙中蕴藏着无穷，是人的一辈子无法领略其一二的，可人们不会因此而放弃，必须去了解，在以往所知晓的那个小小的世界之外，还存在着更为广阔的天地，必须亲自去领略它的乐趣，充分汲取知识的营养，以支撑自己去征服那片要穿越的知识荒漠。虽然相对于世界而言人极其渺小，可我们应有"愚公移山""精卫填海"之精神，不管老师还是学生，都需要以科研的态度去研究学问，落实我们这一代人的历史责任。因此，教育和教学既需拆开单独理解，也必须结合在一起思考。此外，努力学习为何？当然是学以致用。如果学之不用，则学而无益。学不仅为考核检查，更为重要的是用以解决实际问题和困难，如此学则大有益处。

我国语言文字学家王国维认为：教育，在于使人为完全之人。何为教？何为使人为完全之人？仅对学者说教，施教者则不立且无功，这并不符合逻辑。不管"教"与"育"还是"教"与"学"，必须是双方和双向的过程。因此，博学的、学以致用的不仅是学生，老师更应如此，以身作则，以身示范。要求学生努力学习，老师首先要树榜样，带好头；要求学生多读书，老师也首先是一个热爱读书的人。只有在"施"与"授"的过程中亲历，才能感受"教"与"学"需要结合实际。也只有不断丰富自身的知识和阅历，才明白如何育人，要做怎样的人，如此，"教"才会更精彩，"学"才会更出彩。

二、践行教学主张之策略

1. 老师的要求

（1）努力学习。教学是研究，作为老师应该是积极研究的倡导者和参与者，因此，要积极学习，更深入地掌握生本理念，了解课程改革标准和要求，多阅读提高自身理论水平，不仅为更好地开展研究服务，也以身作则，为学生积极参与学习、开展大量阅读，树立榜样。

（2）深入研究。要使自身教学主张得以实现，除了理念更新和理论学习外，更重要的是有实际扎实的研究行动。课堂教学如何落实"以生为本"？既需要理念支撑，更需要在实践中检验。在发现问题、研究问题和解决问题的过程中提升研究的层次和效果，只有如此，教学主张方能体现，教书育人工作才能更好地实现。

2. 学习的要求

（1）组织开展大量阅读。语文学习的根本是大量阅读。语文教学也只有解决了大量阅读才能激发兴趣、提高质量。通过结合学习内容向学生推荐好书，定期组织学生阅读，开展读书会、阅读沙龙等形式，让学生博览群书。只有推进学生大量阅读，才能更好地打通课内外，更好地提高教学效率。大量阅读是学生美好的学习生活，也只有组织开展大量阅读，学生才会读中感、读中悟、明道理、辨是非，懂得学习的真谛、做人的道理。

（2）落实课前自主学习。"万事预则立"的道理学生是懂的，"做好先学是提高学习质量的保证"的道理学生也很明白，既然如此，为更好地开展学习，提高课堂教学效率，就应严格要求学生课前先学。这不仅是学生良好学习习惯的形成，也是高效课堂学习的前提，必须抓落实。

（3）坚持小组合作学习。我的教学中落实课改提出的"自主、合作、探究"的小组合作学习方式，课堂教学中精简教学过程，精练导学问题，给予学生更多展示学习的机会和空间，真正体现简约的生本课堂，让教学回归生本、简单和自然。

明代大儒王阳明所提出的"知行合一"，我是十分赞赏和支持的，也是我开展教育教学的其中一项主张。教与学既然是双向活动，师生双方就应不断寻求未知，使自己的知识更丰富，也使自己更无知，还要将已知和所想所思付之于实践和行动，只有如此，教学才能更实效与高效。

他人眼中的我

一节生动的《钓鱼的启示》语文教学课,让我感受了廖老师"以生为本"的精彩课堂教学魅力,廖老师之前给学生的先学设计简单而不失层次,有深度而不失丰富,在教学环节上看,他是有自己独特思考的,这就是有思想的老师,其中一项佐证;一场《语文教改——需要以为生本》的精彩讲座让人再次感受其思想的内涵。讲座中所提到的"大量阅读是语文教学的关键""语文不仅是学生语言文字实践能力的培养,更是汉语文化的熏陶""学生的精彩才是课堂的精彩"等话语极富教育哲理,也是廖老师对语文教育教学的深度思考和高度提炼,这不也是他的思想之所在吗?

(澳门培华学校校长　阮宇华)

新会尚雅学校廖祖权主任的名字其实早有所闻,知其专心教育且教育教学成果丰富,是一位热爱教育工作,善于学习和钻研的模范老师。今天听了由其指导的一节现场作文教学,让我大开眼界,概括讲就是五个字"简约而不简单"。三年级小小的孩子不仅随时接受现场命题,还能在较短的时间内写出作品,且作品言之有序、言之有物。看到孩子的自信乐观、积极向上,足见平时学校和老师在生本语文教学上所花的精力和工夫。作为学校负责教研工作的廖主任,成果中应有其一笔功劳。

(广州市越秀区教研室　周莲清)

廖祖权老师"深刻理解生本教育,课堂体现以生为本"。如他所上的《扫大街的父亲》一文,在给予学生充足的时间多读后,直奔课文中心主题:课文写了什么?你从课文内容中感受到什么?这就是生本理念语文教学所讲的"读懂课文"。随后给予学生时间,根据自己的喜欢,引导学生自行理解课文中的重点语句。这就是生本语文教学所讲的"人人有点,点点有思"的提法,最后引导学生落实"以读引读",把课外相关篇章和内容引到学习中来,这就是生本语文教学所提的"思思有文,文文有道"的要求。廖祖权老师除他自己对生本教育理念理解到位以外,他还是帮助老师成长的老师。首先,他是学校的教研处主任,负责学校100多位老师的教研指导工作。多年来,在他的组织帮助下,他们学校不少年轻的老师成长得很快,成为省市区级课堂教学能手和骨干。此外,廖主任也是广东省教育系统"百千万人才培养工程"第四期(4)班的班长,在班里,他也常为"生本教育"鼓与呼,给学员介绍理念与做法,如此一来,他自己不深入理解,没有具体可靠的有效实践,能行吗?

(生本语文教学专家、广东省"百千万人才培养工程"指导老师　余行秀)

廖老师，我很喜欢您，也喜欢您上的语文课。因为您让我的语文成绩提高了，与此同时，提高的还有我的学习自信。您想想，一个成绩常在及格和不及格边缘转来转去的学生，对学习还有什么信心呢？自从上了五年级，您当我们五（1）班的语文老师以来，不知什么原因，我不再害怕语文了，您布置的语文先学、作业和练习，我都能认真去做；您推荐的好书，我都去买来看；您所讲的话，我都记在心里。不管怎样，我现在的语文成绩也常稳定在 B 等，有时也能拿 A 等，妈妈说这是多大的进步呀！妈妈在家里多次说我幸运，遇到了您这样关心下层生学习，又有教学方法的好老师。她也常说我对您的言行是走火入魔了，有时她还吃醋，说我只听您的话，根本就不像她的儿子。（孩子的妈妈是当地一所中学的老师。）

〔五（1）班学生　李源德〕

我不知道他有多少时间是自己的？他常常与家长联系沟通，常常与孩子们谈心。

我不知道他有多少收入？他不知给孩子们送去了多少本书，鼓励他们好好学习。

我不知道他花了多少心血？孩子的本子批改得特别细，作文修改特别认真。

……

我有太多的不了解，也有太多的不知情，但我知道，也十分相信，这一定是一位热爱教育、喜欢孩子的好老师。

〔六（4）班　张静慈的爸爸〕

真实 简约 有效

● 江门市新会圭峰小学　胡务娟（小学语文）

● **个人简介**

胡务娟，女，小学语文高级教师，1995年参加工作，是广东省骨干教师第二批培养对象、江门市首批教育专家培养对象、江门市第四批名教师培养对象、新会区第四批名教师、江门市和新会区两级学科带头人、新会区最美教师。曾获"广东省先进工作者""广东省阅读之师""江门市优秀教师""江门市阅读之师"等称号，以及区优秀教师特等奖、区教坛新秀等奖项。此外，还曾获全国小学语文发展与创新教育南方研讨会教学展示二等奖，新会市青年教师读写结合观摩课比赛一等奖。发表教育教学论文10多篇，指导学生发表文章超过100篇，先后带出冯艺红、梁柏腾等10位青年教师在各级教学比赛中获一等奖。主持了省级课题"小学批注式阅读教学的有效模式研究"。

▶ 我的教学风格 ▶

从教22年，我在语文教学中不断探索、实践、反思、总结，逐渐形成"真实·简约·有效"的教学风格。

一、真实——教学过程真讲真学真评

倡导语文教学要立足课堂，以人为本，真正做到真讲、真学、真评、真对话，促进学生学习能力和语文素养的真提高。

二、简约——教学设计力求简单实在

追求语文教学设计的简洁干净，教学过程的简单平实，教育语言的简朴真实，使语文课的教学过程切实成为语言文字训练与运用的过程。

三、有效——教学过程的探索与实效

"有效课堂"就是立足40分钟，要变传授知识为能力训练，变个别精彩为整体关注，变廉价表扬为真实评价，变静态预设为动态生成，变放任自主学习为有效"话题"引导，重视教学过程的探索，重视师生的交往与对话，重视"教"与"学"的和谐状态，兼顾知识的传授、情感的交流、能力的培养和个性的塑造的过程。

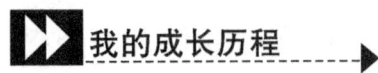
我的成长历程

撑着"求真"的长篙，在语文课堂中漫溯

怀着对教育事业的无比崇敬，1995 年我从师范学校毕业踏上讲台，开始了我作为一名小学语文教师的教育人生。22 年来，我以初生牛犊不怕虎的干劲，在三尺讲台上默默坚守着，成长着。从一开始的模仿学习，到后来的自觉反思摸索，再到如今的教研一体，我在日常教学中撑着一支"求真"的长篙，在教研活动的探索课上，在各级赛课舞台上，朝着语文教师专业化成长的道路深耕前行，漫溯追寻，收获着教育带给我的青春激情和精彩人生。

一、《我爱故乡的杨梅》：语文课要上得真实

初为人师，学校安排我担任一年级语文老师兼班主任的工作。我以为，凭着中师三年、大学三年的学习积淀，要教好一年级的小孩子应该不是难事。谁知，教导主任黄玉屏老师听我的第一节语文课，我却上得一塌糊涂，孩子们跟我一点也不来电，整堂课几乎都是我自己在唱独角戏。下课后，还没等黄老师找我评课，我就忍不住哭了。那一次的失败给了我很痛的教训，我太轻视小孩子了，太不了解小孩子的心思了。低年级的语文教学，调动孩子课堂学习的兴趣，吸引孩子的学习注意力，适时把握和调控课堂节奏，在轻松活跃的课堂氛围中教会他们听说读写的能力，比一门心思钻研教材教法更重要。于是我开始拜师学艺，向前辈学习，请教他们一些专业的语文知识和课堂教学经验。我还通过各种渠道，向当时最有名的教育专家——丁有宽老师学习，钻研他开创的读写结合教学法。记不清多少个夜晚，在备好第二天的课后，我一个人待在办公室里观看读写结合法的课例录像。

三年磨一剑，终于迎来了 1998 年新会市青年教师小学语文"读写结合"教学观摩大赛，我很荣幸代表学校参加这次比赛，并获得了一等奖第一名。当年执教的《我爱故乡的杨梅》一课，我采用的就是读写结合的教学方法，模仿作者介绍杨梅的方法，迁移到家乡熟悉的芒果，课堂上创设情景，把芒果的成熟变化带到课堂上，让孩子们看、摸、尝，再模仿文本段落结构，用"先……再……最后……"等关联词语进行随堂仿写。孩子们在我的引导点拨下，兴趣盎然，跃跃欲试，课堂教学效果非常好，学生的读写能力训练特别扎实到位。这是我人生中第一堂备受肯定的语文课，让我从中领悟到：语文教学要立足课堂，要上得扎实有效。模仿名师，可以使我们青年教师少走弯路，快速成长。那一年，我不但收获了人生的第一次成功的赛课，还被评为"新会市优秀教师"。

二、《小狐狸卖空气》：语文课要上得简约

因为在教学上取得了一点成绩，1998 年 9 月，梁雅祥校长便把我调到师范学

校，担任中师教学。三年后，师范学校停办，莫志明校长让我重新抉择去向。其时，《小学语文新课程标准（实验稿）》正式颁布，全国正在掀起一场前所未有的课改浪潮。再三思考，我最终选择了回归小学，并且强烈要求从一年级教起，投身于课改实验。就这样，我又一次回到了教学的原点！但我相信，只要爱岗敬业，孜孜不倦，定会有所收获。

2002年秋，重回附小的第二年，陈校长选派我代表学校到深圳参加全国小学语文发展与创新教育观摩课比赛。因为适逢新课改，我们特别挑选了教教材中新增的篇目《小狐狸卖空气》。为了备好这节课，我们还邀请了师范学校的老师来指导，磨课不下10次，教案不断更改、完善。考虑是低年级的阅读，因而重在激发学生的阅读兴趣，着重创设情境，寓教于乐，通过演一演、读一读的方法引导学生理解课文。但由于内容安排过多，对学生预设不足，整个课堂亮点不突出，缺乏精彩生成，最终只获得了二等奖。但我很庆幸，这个课改的大舞台让我明白：课堂教学的内容不一定要面面俱到，简约才是语文课上得更有实效的关键。

于是，我又沉下心来，埋头于专家对课标的解读，专注于名师的成长历程，伏案于各种展示课堂的反思。在这个过程中，我还不忘把这些心得体会写成文字，形成论文。没想到几年下来，竟小有收获，我撰写的《千淘万沥虽辛苦，吹尽黄沙始到金——浅谈〈金钱的魔力〉备课心得》《山重水复疑无路，柳暗花明又一村——浅谈有效的文言文教学模式》《忽如一夜春风来，千树万树梨花开——执教〈卖火柴的小女孩〉一课模仿所得》等多篇论文先后在《语文教学通讯》《生活教育》等各级刊物中发表。这对我来说是一种巨大的鼓励和鞭策，我一鼓作气，铆足劲头投身于课题研究，努力构建自己"真实、简约、有效"的教学特色。我针对当前语文课堂教学中"多读多讲""高耗低效"的现象，以"阅读批注"为切入点，着重从课堂教学和课外实践相结合来探讨其有效的模式，让学生自主参与到阅读实践中，实实在在地触摸语言、感受语言、理解语言、运用语言，有效地提高学生的语文能力。2013年12月，我申报的省级课题"小学批注式阅读教学的有效模式研究"成功立项，这又是我教学的一个新起点。

三、《山中访友》：语文课要上得有效

近些年来，小学语文课堂教学的新名词、新策略、新艺术、新花样如雨后春笋般层出不穷，着实令广大一线老师眼花缭乱。当沉下心来观照和反思这一课改现象时，我发现不少语文课不以教材为凭借，不以学生的知识与能力为基础，任由学生无边想象、高谈阔论，课堂表面上热热闹闹，学生实际上毫无收益。反思有了，但突破口在哪里呢？我一时惘然，多次与同事在教研活动中争论得面红耳赤却仍没有达成共识。

2011年是课改的第一个十年，随着《语文课程标准（2011版）》的颁布实施，小学语文界对前十年的课改有了更多理性反思的声音，也让我躁动的心渐渐平静下来。于是，我开始有意识地搜集学习崔峦、陈先云、吴忠豪等专家有关课改10年及2011版课标解读的文章，同时，我也更加专注于常规课堂教学的探索，大胆抛弃公开课中的华丽桥段和非语文因素的干扰，努力追求崔峦老师所倡导的"简简单单教语文，本本分分为学生，扎扎实实求发展"。

2015年，我的徒弟梁柏腾老师经过层层选拔，踏上广东省第六届小学语文素养大赛的舞台。作为这次比赛的备战成员，我全程参与了抽签后的备课磨课。素养大赛的课堂教学只有30分钟，梁老师抽中的是人教版课标实验教材六年级上册第一单元的《山中访友》。考虑到文章字字珠玑，句句含情，但在教学中不可能面面俱到的问题，备战团队经过再三讨论，一致认为最有效的课堂教学不是"贪大求全"，而是一节课能够训练好一个句式，一课一得，踏踏实实。所以，我们决定把品味文章清新优美的语言为教学重点，把学习本文独特的写景表达技巧，感受自然之美作为本课的难点突破，确定以第五自然段为范本，以"你好！（山中的）朋友，……"为教学线索，贯穿全文，教会学生用这种句式进行表达运用的训练。整个设计力求环节简约，在课堂教学中点拨生成，相机深化。课堂上，梁老师的教学语言平实、自然，点拨评价恰到好处，充分调动了学生学习的积极性，学生课堂上精彩的生成，处处闪现着智慧的语言和诗意的表达。最终，梁老师以扎实有效的课堂夺得了大赛特等奖。

2018年8月，我有机会参加全国真语文系列活动湖南张家界站暨全国真语文微课大赛（华中分赛区）。在为期两天的活动中，我有幸聆听了语文出版社王旭明社长、著名特级教师贾志敏等专家名师的讲座和课例。对于"真语文"的研究，很多专家、名师都有自己的独特见解。语文出版社社长、"真语文"的倡导者王旭明老师说："教师要真讲、学生要真学、评价者要真评；在真语文的旗帜下，教真语文，教实语文，教好语文。"著名特级教师黄厚江老师说："'真语文'就是'本色语文'，把语文课上成语文课，用语文的方法教语文。"著名特级教师贾志敏老师则用生动的课例告诉我们，"真语文"就是"没有炫目的课件、音乐和视频，唯有一支粉笔、一块黑板，一个教室的学生全神贯注地朗读和争先恐后地举手"。这次湖南的"真语文"之行，让我们再一次坚定了"语文的根在听、说、读、写内的挖掘与创新（帮助学生识字、写字、听话、说话、读书、作文，从而使学生获得一种终身受益的能力），而不是听说读写之外的花样翻新（即把语文上成思想品德课、历史知识课、地理常识课、手工制作课……）"，同时也让我对真语文有了自己的思考和理解，主要体现在6个字：真实、简约、有效。

在"真语文"理念的指导下，我带领我校语文老师在课堂教学中不断探索求真，语文教学观念也在慢慢地转变，努力构建起"真实、简约、有效"的语文课堂，初步形成了"三主"（学生为主体，教师为主导，训练为主线）、"四重"（重语言积累、重合作探究、重迁移运用、重习惯养成）、"五读"（初读感知—品读感悟—诵读想象—读写运用—延读拓展）的教学模式。

从教22年，我一直是且行且思。如今，我已步入中年，但我坚信教学无止境，课改无休止。今年，我又主动申请从一年级开始带班，并已得到校长的大力支持。我相信：这将又是我一次新的教学尝试。虽然前路漫漫，但是我会以一种"在路上"的姿态上下求索，在语文课改与自身专业成长的道路上书写自己精彩的教育人生。

我的教学实录

从《卖火柴的小女孩》看课堂教学的"真实、简约、有效"

一、情景导入，感受"可怜"

师（配乐朗读）：妈妈给我两块蛋糕，我悄悄地留下了一个。你别问，这是为什么？

生：（师指一名学生朗读。）

爸爸给我穿上棉衣，我一定不把它弄破。你别问，这是为什么？哥哥给我一盒歌片，我选出了最美丽的一页。你别问，这是为什么？晚上，我把它们放在床头边，让梦儿赶快飞出我的被窝。你别问，这是为什么？我要把蛋糕送给她吃，把棉衣给她去挡风雪。在一块儿唱那最美丽的歌。你想知道她是谁吗？请问问安徒生爷爷——她就是卖火柴的那位小姐姐。

师：这是当年9岁的刘倩倩读了《卖火柴的小女孩》写下的诗。今天，我们就走进这个卖火柴的小女孩，读完这个故事，你觉得用哪个词来形容这个小女孩，最合适？

二、引出不幸，凸显"可怜"

（一）自然环境的恶劣，凸显"可怜"

师：小女孩有多可怜？继续读课文。

（出示：天冷极了，下着雪，又快黑了。）

师：同学们读读第一句话。

生（齐读）：第一句——天冷极了，下着雪，又快黑了。

师：瞧，读到一个"冷"字（课件突出"冷"），就自然会想到这个"冷"字背后的信息，这是告诉我们——

生：天气冷极了，"冷"字，交代了天气。

生：再往下读我们会发现还有一个字——"雪"（课件突出"雪"），它也告诉我们一个信息——季节。

师：这是什么季节？（学生说冬天。）

师：那"黑"呢？

生：这个"黑"字交代了故事发生的时间。

师：瞧，当你细读每句话，读到重点词的时候，你就会发现词后面传递给我们的信息。现在，再读这句话，味道就不一样了，来读读。

师：现在我们回过头来再看，这句没有写小女孩，去掉可以吗？

生：不成，这是环境描写，很重要。通过细读，我们感觉故事发生的环境如此恶劣，预示着故事的悲惨，小女孩的不幸。

师：对呀，我们就这样慢慢地读、细细地品，就能读到文字背后的信息。小女孩在如此恶劣的自然环境中让我们觉得她非常可怜。阅读的时候，抓住一个词、一句话，把你阅读的信息或者感受写在文字的旁边，不就是我们常说的批注吗？批注就这么简单。下面就请你再读读第1～4自然段，哪个词、哪句话触动你，你就把读到的信息、感受，以及其他批注在旁边。

（二）社会环境的冷酷，凸显"可怜"

让学生划出相关的句子分享他们批注的感受。

生："小女孩只好赤着脚走路，一双小脚冻得红一块青一块的。她的旧围裙里兜着许多火柴，手里还拿着一把。这一整天，谁也没有买过她一根火柴，谁也没有给过她一个钱。"

师（引读）：这一整天，谁也——（学生接读：没有买过她一根火柴），谁也——（学生接读：没有给过她一个钱）。

师：想象这里的谁，都会是哪些人？（沉静一会儿，不让学生答。）作为高年级同学，我们一定浮想联翩。那么，我们把你们想象的这些"谁"去掉，看看句子表达效果有什么不同。（课件出示去掉"谁"的句子。）

生：我认为用上两个"谁"，我眼前就浮现了那些形形色色的、衣冠楚楚的人，他们根本没有注意到这个小女孩，可见，课文的句子体现的是大人们的冷漠。

生："谁"指每一个人，"没有人"指一批人，范围很广泛，没有第一句的程度严重。"谁"字特别强调没有一个人买过她一根火柴，没给一个人给过她一个钱。更能看出社会的冷漠、人们的无情。

师：还是这句话，这句话的言外之意是——（变换了角度的句子，引导学生完成：这一整天，小女孩_____，小女孩_____。）

生：这一整天，小女孩没有卖出过一根火柴，没有挣到一个钱。

师：不是写卖火柴的小女孩吗？既然如此，安徒生为什么偏偏不从女孩的角度来写？

生："谁"是站在别人的角度说没有人买她一根火柴，没有人给过她一个钱。而第二句话是站在小女孩的角度来说的。我觉得站在别人的角度比站在小女孩的角度更有强调的力量。

生：也就是说，第二句话只交代了结果，你不知道小女孩做了怎样的努力，就好像小女孩很笨，努力了一天也没有卖出一根火柴。可是，课文的这句中是说，小女孩辛辛苦苦卖了一整天，也没有一个人同情她，这样更加强调了这个人世间的冷漠无情！

师：好一个冷漠无情！回过头来再联系第一自然段的寒冷，这仅仅是自然环境的寒冷吗？

生：我觉得这不仅是自然环境的寒冷，还有社会环境的冷漠。可以说，小女孩从头冷到脚，从外冷到内，从身体冷到内心！（掌声。）

师：此刻，自然环境的寒冷，加上社会环境的冷漠恐惧，用一个成语来概括，这对小女孩来说那可真是——[生：（齐说）雪上加霜！]

（三）家庭环境的冷漠，凸显"可怜"

生读："她从家里出来的时候还穿着一双拖鞋，但是有什么用呢？那是一双很大的拖鞋——那么大，一向是她妈妈穿的。"她穿着一双很大的拖鞋。说明她家里很穷，连双鞋都没有。我觉得小女孩很可怜。

生读："她在一座房子的墙角里坐下来，蜷着腿缩成一团。她觉得更冷了。她不敢回家，因为她没卖掉一根火柴，没挣到一个钱，爸爸一定会打她的。再说，家里跟街上一样冷。他们头上只有个房顶，虽然最大的裂缝已经用草和破布堵住了，风还是可以灌进来。"家里跟街道没什么两样，家境贫苦，穷困潦倒。

生读："雪花落在她的金黄的长头发上，那头发打成卷儿披在肩上，看上去很美丽，不过她没注意这些。每个窗子里都透出灯光来，街上飘着一股烤鹅的香味，因为这是大年夜——她可忘不了这个。"家里连填肚子的东西都没有，只能在街上闻鹅香止饿。

主要让学生从这些句子的品读中感受小女孩家庭的冷漠，从而感受小女孩的可怜，唤起学生的同情和怜悯之心。

三、质疑"幸福"，体会悲惨

师：课文第1～4自然段，写出了小女孩苦难的现实生活。这个小女孩，在寒冷的大年夜，还不得不在街上卖火柴，这叫可怜；走了一整天，没卖掉一根火柴，没得到一个钱，这叫可怜；后来快饿死了冻死了也不敢回家，这叫可怜。可怜的小女孩，可怜的卖火柴的小女孩！最后的结局是在大年夜冻死的。课文最后写道：

（出示：谁也不知道她曾经看到过多么美丽的东西，她曾经多么幸福，跟着她奶奶一起走向新年的幸福中去。）

生：她那么可怜，哪来的幸福？

师：两个幸福指什么？

生：后面一个意思是小女孩冻死了。前面一个意思是幻象中的幸福。

师：快速浏览第5～10自然段。小女孩看到哪些美丽的东西，让她感到幸福？

请你在旁边写上你的批注。

（引导学生理解小女孩追求的幸福就是吃饱穿暖，有亲人的疼爱！即使是昙花一现，小女孩也很满足，并且觉得很幸福！）

师：为什么最后她要擦着一大把火柴？（要把奶奶给留住。）

"我知道，火柴一灭，您就会不见的，像那暖和的火炉，喷香的烤鹅，美丽的圣诞树一个样，就会不见的！"（读出了恳求——哀求——祈求的语气变化，内心哭泣，引导学生感受小女孩的内心世界。）理解第二个幸福的含义。

这样的幸福她能得到吗？随着火柴的熄灭，一切都消失了。幻想和现实又一次强烈对比，幻想越幸福，说明现实越悲惨！等待她的结局只有一个。

四、改写"结局"，升华情感

师："她死了　在旧年的大年夜冻死了。"（出示这句话，句子的空白处为下一步让学生加标点。）

师：如果请你为小女孩的死加上你心中的标点，你会怎么加？

生：可以加上两个感叹号，小女孩没有得到关爱，在大年夜死了，没有人关心同情，我非常愤恨，我觉得可以加上感叹号。（该生朗读出语气，略。）

生：我觉得中间可以加上逗号和句号。逗号表示没有说完，后面的句号表示小女孩的死跟别人没有关系，就这样死了，句号就是故事沉痛的结局，表现人们的冷漠无情。

师：你和课文的一样，生命的戛然而止，如此脆弱，小小的句号也就是生命的终结，更是表明一个残酷的现实，惊醒那些冷漠的人们。（指导朗读。）

生：这句话让我觉得非常沉闷、沉痛，我会给它加上逗号和省略号，小女孩会到哪里去呢？生命就这样死去了吗？有一种忧愁的感觉没有诉说完，给我留下无限回味的余地。（掌声。）

生：我也是，读了这个故事，我的心中有一种忧伤、有一种回味、有一种思考、有一种难过没有停止，所以，我也用了省略号，我读给你们听——"她死了，在旧年的大年夜冻死了……"

生：我觉得中间还可以用破折号，这样更突出了小女孩是在大年夜死去的，更突出了大年夜，正说明了小女孩的凄惨。（该生朗读，略。）

师：你和叶君健爷爷用的一样，他也用的破折号呢。

生：我也认为中间加破折号更突出小女孩的凄惨。因为悲惨地死去和本是充满快乐的大年夜形成鲜明的对比。

师：看来，批注的时候，不仅是一个词、一句话，甚至一个小小的标点，都会给我们带来丰富的理解，这就创造了教材。因你们的创造，让我们感受到，一个美丽的天使死去，嘴角还挂着微笑。原来，弱小生命定格于狂欢的圣诞夜，定格于绝望的呼喊，定格于令人心碎的死亡的微笑！

师：我不禁要问，你们为什么能读到这么多的信息和感受呢？

生：因为我们细细地读，慢慢地品味了这篇课文，才读到了这么多感受。

师：是的，这是因为你们内心有着对文字的敏感。我还发现，之所以你们阅读到这么多，也是因为在阅读文字后面，还藏着你们那颗富于同情、怜悯的心。这篇文章作者采用强烈的对比手法凸显小女孩的悲惨命运，其实文章还有很多奇特的写作方法值得我们去学习，例如第5～10自然段采用了虚实结合的方法，下节课我们继续探讨。

五、教学反思

1. 简约而不简单

每一篇课文要讲的知识点很多，如篇章结构、字词句段、修辞手法等，但不可以面面俱到，一节课能落实一个知识点，让学生做到一课一得、扎扎实实就很好。因此，在本课教学的时候抓住小女孩的"可怜"，从她所处的自然环境、社会环境和家庭环境，引领学生在文中找重点词、句、段，以读代讲，通过读让学生真正体会到小女孩的生活是无比痛苦的。正因为无比的痛苦，小女孩才会幻想幸福，从这种幻想的幸福更反衬出小女孩的悲惨命运。教学设计力求简洁、精炼，但是对文本的理解却是厚重的，使课堂简约而不简单。

2. 真实而有实效

课堂真实而有实效。学生掌握了学习方法，通过批注式阅读，一边读文，一边感悟，一边批注。在交流的过程中做到师生互动、生生互动、文本互动，使学生主动参与、乐于探究、勤于动手、敢于表达，纷纷说出了自己的独特感受。课堂上引导学生读文章要细细地品，慢慢地读，读出文字背后的信息，品出文章蕴含的情感。通过自读、悟中读、重点读，使学生对小女孩由怜生爱，由爱生悲，感情不断升华，达到人文升华。

▶ 我的教学主张

孩子们的快乐成长是我幸福的源泉

从教22年来，我爱生如子，尊重他们的个性，呵护他们的好奇心，赏识他们的才能。所以孩子们也非常爱我，我们的情缘已超越了师生关系，因此自然会亲其师，信其道。我重视课堂教学改革，着眼于孩子们的全面发展，着力于孩子们的语文素养的提高。为了让孩子们喜欢语文，爱上阅读，爱上写作，我努力改革课堂，用心经营课堂，致力于创设"真实、简约、有效"的语文课堂。我坚持开展"课前五分钟"口语训练，让每一个学生在课堂上敢说、想说、会说、乐说。我针对当前语文课堂教学中"多读多讲""高耗低效"的现象，以"阅读批注"为切入点，着重以课堂教学和课外实践相结合来探讨其有效的模式，让学生自主参与到阅读实践中，实实在在地触摸语言、感受语言、理解语言、运用语言，有效地提高学生的语文能力。我尊重他们的天性，让他们快乐地学语文，经常带他们去"玩"，在生活中快乐地学语文，校园的每一个角落都有我们快乐、幸福的足迹！我们共同感受冬日阳光的温暖，春雨的滋润，夏花的灿烂，秋叶的无私，蝌蚪的可爱，蜗牛的勤劳，蚂蚁的团结，小鸟的自由……我们唱响了童年多姿多彩的乐曲：朗诵、阅读、写字、辩论……在不知不觉中我们有了默契，有了生活的感悟，孩子们的灵感与智慧悄然间流泻于笔端，变成一篇篇佳作，化作一个个铅字刊登在各种报纸杂志上，我指导学生近百篇文章分别在《少先队员》《第二课堂》《江门日报——青苹果》《作文大王》《快乐作文与阅读》等报纸杂志中发表，语文滋养孩子们美好的童年，他们变得自信能干。从教22年，桃李芬芳，他们都在各行各业中发挥自己的职能，为社会做贡献……我的幸福之感油然而生，从孩子们那里获得一种满足、收获一份感动、收藏一份纯真。原来孩子们的快乐成长是我最大的幸福。

▶▶▶ 他人眼中的我 ▶

一、学生眼中的我

她独特的教学方式俘获了我们每一个同学的心。我最喜欢她的作文课，别班的同学都是在课堂上靠回忆完成写作任务，而她却不一样，在每次写景色的作文的时候，她都会带给我们身临其境，学校的植物园、池塘和假山都留下了我们观察和探索的足迹；学校春天盛开的小花，漫天飞舞的蝴蝶，勤劳嗡嗡的蜜蜂都是我们观察的对象。每一样新奇的发现都带给我们独特的灵感。这种新奇特别的教学方式，每次写作的内容都源于我们真实的观察，源于我们内心真实的感受。我们不再觉得语文是枯燥的，反而都热烈盼着语文课的到来。

虽然与她相伴仅仅只有一年光阴，但是她已走进我们的心田。她那犹如天使一般的笑容和眼神，那句"无规矩不成方圆"，那教人求真的形象，也会一直陪伴着我，陪我在人生的道路上走得更远、更好。

[澳大利亚威弗利山中学高三（2）班 赵廷轩]

二、家长眼中的我

我很荣幸参加了前天的家长会，您精彩的讲话，使我获益良多、感悟深刻。您不仅是孩子的老师，也是我的老师。会上您的"四抓"，给我在教育孩子如何学习上明确的指引。书写要求工整，让我的孩子明白了凡事要从细节做起，点点滴滴，养成良好的习惯，态度决定成败。你那颗视学生如自己孩子的爱心，更令我万分感动。"关注孩子的心灵成长"是家庭教育中的一个难点和重点，您在这方面做的系统性解说，让我发现自己在教育孩子方面存有许多不足之处，同时我要求自己也要持续改进，和孩子一起成长。正因您对学生们的爱，让我的孩子充满热情、充满自信。真心感恩老师！

[2015届（4）班　陈煜辉的家长]

三、同事眼中的我

我有幸与胡务娟老师共事已经16年了。16年来，她从胡老师到胡主任到胡校长，身份实现了华丽升级，但我还是习惯称她"阿胡"。跟着阿胡在教学上探索求真，感受着她平凡而又不凡的人格魅力，我深深感受到自己的幸运，也深深被她对教育、对语文的执着与热衷所感动、所折服。

阿胡是青年教师专业成长路上的"接引道人"。在圭峰小学，很多语文青年骨干教师都是她的徒弟，而且个个在教学上技艺过人，在赛课舞台上成绩辉煌。冯艺红、冯倩霞、刘齐欢、郭广龙、李焕珠、刘燕宜……这些经她指导和培养的年轻教师，已然成为圭峰小学语文教学的骨干和中坚力量，甚至走上了广东省和全国的教学活动舞台。

（江门市新会圭峰小学教师　梁柏腾）

四、领导眼中的我

胡务娟老师是个有情怀的老师，无论是教学管理工作，还是教学水平，她都做到极致，她是我们学校语文教学的"灵魂人物"。

（江门市新会圭峰小学校长　冯家传）

互动　高效

● 鹤山市沙坪街道第一小学　冯婉霞（小学语文）

● **个人简介**

　　冯婉霞，女，鹤山市沙坪街道第一小学教师，小学高级（副高级）教师，广东省特级教师，广东省"百千万人才培养工程"第二批小学名教师培养对象，江门教育专家培养对象，鹤山市名教师、学科带头人，鹤山市十大教学能手。曾获全国电视教学比赛一等奖、江门市首届青年教师教学比赛二等奖，多次获鹤山市教学比赛第一名。主持省级课题"构建小学语文幸福课堂的实践研究"和江门市级课题"中华传统文化在小学的设计与运用"，参与国家级课题"小组合作学习，构建高效课堂的研究"，被聘为课题秘书，并把这一课题研究成果推广到农村，获得成功。10多篇论文获省、市奖项。

▶ 我的教学风格

　　课堂教学作为教学的一种基本形式，无论是现在还是将来，都是实施素质教育的主要阵地。高效的课堂是每一位老师的追求。什么是高效的课堂？高效课堂，是高效型课堂或高效性课堂的简称，顾名思义是指教育教学效率或效果有相当高的目标达成的课堂，具体而言是指在有效课堂的基础上，完成教学任务和达成教学目标的效率较高、效果较好并且取得教育教学的较高影响力和社会效益的课堂。课堂教学高效性是指在常态的课堂教学中，通过教师正确有效的指导和学生积极主动的学，在一节课高效率、高质量地完成教学任务，促进学生获得高效发展。新课程标准明确指出，语文课上应以教师为主导，学生为主体，要让学生成为课堂的主人。要打造高效语文课堂就要以学生为本，将课堂还给学生，让学生成为课堂的主人，充分发挥学生的积极性、主动性。课堂上的"互动"，包括"师生互动"和"生生互动"，目的就是让学生真正地活动起来，主动参与教学，在"互动"课堂教学中，培养学生的创新精神，让学生各方面的能力得以发展和提高，从而达到"高效"的课堂。我一直追求这样的课堂，认为只有以生为本，通过学生小组的合作，提高他们的自主学习的积极性，才能达到高效的课堂。

▶ **我的成长历程** ▶

探究"高效课堂"永不止步

一、初尝甜头,确定方向

从当老师的第一天开始,我就在思考:我怎么做才能吸引孩子,怎么教才能让他们达到学习的目标。课堂教学一直是我最感兴趣、最想研究的领域。从工作第二年开始,我就有意识地探索高效的课堂,那时就开始承担各类型的公开课和研讨课。1997年,我们这里电化教学兴起不久,我承担了面向全市的电化教学研讨课,课例《飞夺泸定桥》赢得了大家一致的好评。这次的尝试让我这"初生牛犊"朝着高效课堂研究进发。通过一段时间的研究,很快我把自己的做法写成了论文《运用电教媒体,创设情景,提高课效》,并在《广东电教》发表了。

二、不断学习,坚定步伐

在成长的过程中,我通过不同的形式进行学习,不断提高自己的业务水平。2008年左右,我到我市的宅梧镇去听课,当时他们使用的是生本教材,在课堂上学生的精彩表现令我震惊,那是一个相对比较落后的山区小学啊,但学生的表现如此出色。当时就引起我的思考,这前置的学习对于学生来讲是多么的重要,这不就是提高课效的一种有效途径吗?我马上进入了实验研究,并做文字总结,2009年,我所撰写的教学论文《浅谈如何培养学生良好的预习习惯》在鹤山市中小学教育教学论文评比中荣获一等奖,且此论文在沙坪镇全镇语文老师培训中被宣读。之后我还撰写了论文《高效课堂从预习开始》,并在《新课程》上发表。这些实验,让我更坚定了朝"高效"课堂研究的步伐。

三、实践研究,成果推广

2012年,我校承担了国家级课题"小组合作学习,打造高效课堂的研究",鉴于平时对课堂研究的积极性以及对课题研究的一些经验,我校聘我为该课题的秘书。在研究中,我不断学习,用理论指导实践,在全校、全市都开展公开课或研讨课。在学校上"新型玻璃""小学生如何写研究报告"等课题,使学校老师对小组合作学习课堂有了较深的认识。面向全市上《少年闰土》一课,获鹤山市高效课堂评比一等奖。2013年面向全市上《赵州桥》一课,荣获"鹤山市十大教学能手"称号。2012—2013学年度,我在鹤城镇中心小学(农村学校)支教,支教期间,我把小组合作的课题带到任教的班级进行试验,面向全镇老师上《地震中的父与子》一课,并做了"利用小组合作,打造高效课堂"的讲座,得到了大家的认可和高度评价。所任教的班级,7周后形成了良好的小组学习氛围,第11周已经可以面向全镇老师展示这"合作、高效"的教学风格了。第二学期,已经有好几位组长起到很好的作用,任教的班级成绩由原来的镇排名倒数第二跃升到全镇的第一名。这一次次的成功,这一项项的奖项使我坚定了探索的脚步,使我在探索高效的课堂中不断创新。

 我的教学实录

《草船借箭》(片段)课堂实录

研读"神机妙算"。

师:刚才这位同学把故事的起因、经过、结果讲述得很具体。故事的起因是周瑜妒忌诸葛亮有才干,但结果却是周瑜长叹一声说(生读:"诸葛亮神机妙算,我真比不上他!")。为什么会有这样的结果?这节课,我们就重点来体会诸葛亮这个人的形象,研究一下诸葛亮的"神机妙算"。

出示课件:请同学们默读课文借箭的经过这部分,把你认为最能表现诸葛亮神机妙算的句子划出来,再用心体会,诸葛亮到底神在哪里,妙在何处?

一、自主研读

学生默读。

二、小组交流

师:带着你的思考跟小组内的同学交流。

(学生小组交流,巡视相机点拨。)

师:诸葛亮草船借箭——

生:满载而归。(学生停止讨论,坐端正。)

三、全班汇报

师:哪一个小组先来汇报?只有一个小组,两个小组举手,这边呢?没有人举手,那我就专门提问你们。黄嘉雯你们组来。

生1:诸葛亮神机妙算,他早就算好了三天后有大雾。我们从这些句子体现出来。周瑜问他十天做得好吗?诸葛亮说:"既然要交战,十天造得好,必然误了大事。"周瑜问:"先生估计几天正好?"诸葛亮说:"只要三天。"从这里可以看出诸葛亮算好了三天之内必有大雾。第7自然段写到,这时候大雾漫天,江上连面对面都看不清。这果然三天后有大雾。

生2:第9自然段。曹操知道上了当,可这边的船顺风顺水,追也来不及了。说明诸葛亮已经知道这样驶回去,就很顺畅、很快回到营地。

师:顺风,是吗?

生3:诸葛亮还算到了周瑜派鲁肃来探听他的消息。诸葛亮不但没有让周瑜来探听他的消息,还借到20条船,插满了草把子。

师:刚才这个小组主要说,诸葛亮算准了什么?

生齐答:天气。

师：前面是他估计的，后面是他猜到的，果然是这个结果，果然有大雾。理解不错，请坐下。光理解还不行，我们学语文还得要去领悟。我们看看这场大雾，鲁肃和诸葛亮都看到了吗？鲁肃看到这场大雾会怎么样？

生：吃惊，他会很吃惊。

师：那你来当当鲁肃来读一读。

生读："这时候大雾漫天，江上连面对面都看不清。"

师：除了吃惊还有什么？

生：害怕。

生读："这时候大雾漫天，江上连面对面都看不清楚。"

师：不要太紧张啊。在这样的大雾里，而离曹营这么近，鲁肃什么都不知道，这时候他肯定会怎么样？

生：害怕。

师：诸葛亮呢？他又是怎么样的？通过你们的朗读，告诉我他的心情怎么样？

生：自由读。

师：你来读一读诸葛亮。

生1读："这时候大雾漫天，江上连面对面都看不清。"

师：你来，转过来让大家看看表情。大家看着她读，猜猜他这时候是什么样的心情？

生2读："这时候大雾漫天，江上连面对面都看不清。"

师：诸葛亮的心情是怎么样的？

生：高兴。

师：为什么呀？因为这场大雾我三天前就算到了。鲁肃啊鲁肃，你什么都不知道啊！你看周瑜跟诸葛亮比谁聪明？

生齐答：诸葛亮。

师：难怪鲁肃把这一切告诉周瑜的时候，周瑜长叹一声说——

生齐读："诸葛亮神机妙算，我真比不上他。"

师：还有哪些地方体现诸葛亮的神机妙算呢？请你们这个小组来吧。

组长：下面由我们组为大家汇报诸葛亮他算到了什么。第一点由冯钰妍来说。

生2：诸葛亮神机妙算，他算到了周瑜表面客气、心胸狭窄、阴险狡诈的性格。

组长：第二点由陈静维来说。

生3：诸葛亮算到了周瑜是故意陷害他的。大家请跟我看第96页的第3自然段，周瑜说的那句话，"是他自己说的，我可没逼他。我得吩咐军匠们，叫他们故意迟延，造箭用的材料不给他准备齐全，到时候三天后找不到就定他的罪，他就没话可说了。还叫鲁肃去探听探听，看他怎么打算，回来报告我"。从这句话体现周瑜内心邪恶，暗藏杀机。

组长：下面有请扶晓祺同学来为我们汇报第三点。

生4：诸葛亮还算到了鲁肃的忠厚老实、言而有信。从第97页的第5自然段，鲁肃答应了，他不知道诸葛亮借船有什么用，回来报告周瑜，果然不提借船的事。从这里可以体现出来。

组长：下面由我来说第四点。诸葛亮还算到了曹操是一个谨慎多疑的人。从第98页的第8自然段，曹操听到鼓声和呐喊声就下令说："江上雾很大，敌人忽然来攻，我们看不清虚实，只叫弓弩手放箭。"我们小组的汇报完毕，请需要补充的同学举手。请陆家俊。

生：请同学们看书本第98页的第7自然段的最后一句。诸葛亮笑着说："雾这样大，曹操肯定不敢派兵出来。我们只管饮酒取乐，天亮了就回去。"这里，诸葛亮是笑着说的。笑的是鲁肃的那种厚道，笑的还有曹操的生性多疑、谨慎派兵、自以为了不起，这说明了诸葛亮看人十分准确。

师：就是他们刚才分析的，他看准了这三位人物，是吗？很好，请坐下。请把刚才你们总结的这三位人物的特点写在他们的名字旁边。

生板书。

师小结：你们说曹操有什么性格特点？

生：谨慎多疑。

师：鲁肃呢？

生：忠厚老实。

师：还有周瑜呢？

生：心胸狭窄、阴险狡诈。

师：对呀，刚才同学们找到了课文的句子去说明他们的性格。咱们来看一看课文前面的第2、3自然段。请同学们分角色来读一读周瑜、诸葛亮和鲁肃的话。从他们的语言当中来体会一下他们的性格。周瑜谁来读？请黄嘉雯。诸葛亮，请俞孟观来读。鲁肃就请你来读。

学生分角色朗读课文第2、3自然段。

师：谢谢。三位同学读得怎么样？

生：他们读的语气都是很好的。

师：特别是黄嘉雯，通过他们的朗读让我们感受到这三位人物的特点。刚才陆家俊同学还讲到诸葛亮的笑。《草船借箭》这篇课文中，写诸葛亮说话的地方有11处之多，前面的都是写诸葛亮说，但只有这个地方写到了诸葛亮笑着说。你们说，诸葛亮在笑谁？

生1：诸葛亮笑鲁肃不知情，还以为被曹兵打。

师：他是一种怎样的笑？

生：嘲笑。

师：嘲笑吗？他是一种宽厚的笑，或者是幽默的笑。你来读一读，"如果曹兵出来怎么办？"

生1读："雾这样大，曹操一定不敢派兵出来。我们只管饮酒取乐，天亮了就回去。"

师：他还会笑谁？

生2：他还会笑曹操，笑曹操的谨慎多疑。料到他不敢派兵出来。

师：那是一种怎么样的笑？

生：嘲笑。

师：你来读读。

生2读："雾这样大，曹操一定不敢派兵出来。我们只管饮酒取乐，天亮了就回去。"

师：真是一个小诸葛亮。他还笑谁？

生3：还笑周瑜，笑他自以为了不起。

师：他的阴谋诡计现在失败了。这是一种什么样的笑啊？

生：取笑。

师：还是一种胜利的笑。

生3读："雾这样大，曹操一定不敢派兵出来。我们只管饮酒取乐，天亮了就回去。"

师：有笑了吗？谁来笑着再读一读？

生3读："雾这样大，曹操一定不敢派兵出来。我们只管饮酒取乐，天亮了就回去。"

师：读得很有自信，请坐下。咱们齐读一次。

生齐读：诸葛亮笑着说："雾这样大，曹操一定不敢派兵出来。我们只管饮酒取乐，天亮了就回去。"

师：是啊！诸葛亮这一笑，笑出了诸葛亮的自信，笑出了诸葛亮的运筹帷幄，笑出了诸葛亮的神机妙算，笑出了英雄本色。

师：诸葛亮算得多么准确啊！他说曹操不敢派兵出来，曹操果然不敢派兵出来，但是曹操又是一位军事家，他怎么可能轻易地让敌人攻打自己的营寨呢？一定会叫弓弩手放箭，一定会箭如雨下，一定会借到十万支箭。你们说，诸葛亮神不神？妙不妙？难怪周瑜听了鲁肃的回答之后，长长地叹了一口气说——

生齐读："诸葛亮神机妙算，我真比不上他！"

师：你们还从哪些词句中体会到诸葛亮的神机妙算？请你们小组汇报。

组长：我们小组汇报的是诸葛亮借箭的方法。下面由李剑菁同学介绍第一步。

生2：诸葛亮草船借箭的第一步是：诸葛亮吩咐士兵把20条船用绳索连接起

来。这是为了使船在大雾中不容易走散。诸葛亮草船借箭的第二步由胡宇希同学来汇报。

生3：诸葛亮借箭的第二步是，诸葛亮吩咐士兵把船头朝西，船尾朝东，一字摆开，又叫船上的军士一边擂鼓，一边大声呐喊。一字摆开的作用是使船统一行动，受箭面积更大。又叫船上的军士一边擂鼓一边大声呐喊，是为了虚张声势，制造进攻的假象，引出曹军射箭。第三步由冯韵姿来说。

生4：借箭的第三步是诸葛亮吩咐把船调过来，船头朝东，船尾朝西，仍然擂鼓呐喊，逼近曹营水寨受箭。这样就使箭的数量越来越多。回去时又省了掉头的时间。借箭的第四步由杨洪亮同学说。

组长：第四步是诸葛亮带领团队顺风顺水地回到南岸，这样既节省时间又不让曹军追上。我们组汇报完毕，请要补充的同学举手。请冯楷杨同学来补充。

生1：诸葛亮吩咐把20条船用绳索连接起来，朝北岸开去。这样既便于行动又不容易走散。

组长：下面由陆家俊同学补充。

生2：我要补充杨洪亮同学说的那一句。请看书本的第99页。曹操知道上了当，可是这边的船顺风顺水，船驶出了20多里，要追也来不及了。这里说出了诸葛亮的神机妙算。

师：也就是说，他会懂得什么？

生：他识天象。

师：还懂地理。对，补充得真好！请坐下。谢谢你们小组。组长安排得很好。既说出了借箭的方法，又讲出了这样做的作用。一起读读这几句话，了解一下借箭的经过。

（生齐读借箭的有关句子。）

句子1：诸葛亮吩咐把20条船用绳索连接起来，朝北岸开去。

句子2：诸葛亮下令把船头朝西，船尾朝东，一字摆开，又叫船上的军士一边擂鼓，一边大声呐喊。

句子3：诸葛亮又下令把船掉过来，船头朝东，船尾朝西，仍旧擂鼓呐喊，逼近曹军水寨受箭。

句子4：曹操知道上了当，可是这边的船顺风顺水，已经驶出20多里，要追也来不及了。

师：你看诸葛亮考虑得多么周到啊！多么成熟啊！方方面面都考虑到，可以说是滴水不漏啊！难怪鲁肃把这一切告诉周瑜的时候，周瑜长叹一声说——

生读："诸葛亮神机妙算，我真比不上他！"

师：上一节课，我们学习第一部分的内容时，还为诸葛亮立下军令状的做法捏了一把汗。这可是杀头的事啊！但是，我们现在已经知道原来他在三天前立下军令状的时候已经想好了什么，想到了什么。谁来说一说？

生1：三天前他已经算好了借箭的方法。

生2：他已经想好了曹操一定不敢派兵出来，只叫弓弩手射箭。

师：还想到了什么？

生3：他还想到了天气的状况是对他有利的。

师：也就是说他已经算到了天气，也算好了借箭的方法，同时已经算好了这几个人的性格特点，所以，这一切造就了他借箭的成功。难怪周瑜长叹一声说——

生齐读："诸葛亮神机妙算，我真比不上他！"

师：这个"比不上"是他什么比不上？周瑜的什么比不上诸葛亮？

生：周瑜想的是造箭，而诸葛亮想的是借箭。

生2：周瑜心胸狭窄，而诸葛亮很会宽容别人。

生3：诸葛亮识天象懂地理，周瑜这一点也比不上他。

《走遍天下书为侣》（片段）课堂实录

一、概括课文中作者读书的方法

师：请同学们默读课文，思考作者一遍又一遍地读那本书的方法是什么？

（学生默读课文后回答问题。）

生1：作者先思考问题，然后继续编写，接着欣赏回味、寻找新知，最后列清单总结概括。

师：还有没有谁可以再说一说？

生2：作者一遍又一遍地读那本书的方法是：一是思考内容，二是编写内容，三是品味欣赏，四是寻找新知，五是总结收获，六是想象回味。

师：这位同学用小标题的方法来概括，老师也来概括一下。一是作者思考内容，也可以说是揣摩写作目的；二是编故事，也可以说是创编故事；三是品味欣赏；四是寻找新知，也可以说是查漏补缺；五是寻找新知，也可以说总结收获；六是联想作者，也可以说是想象回味。在这些方法当中，你曾经用过哪些方法呢？结合你的阅读实际想一想。除了这些方法以外，你在平时的阅读当中，还有哪些好方法？向同学们推荐一下。下面是小组交流。

二、小组交流学习

（略）

三、分享读书方法

师：读书有三到。

生：谓心到、眼到、口到。

师：读书破万卷。

生：下笔如有神。（小组合作学习结束，利用名言组织课堂。）

师：谁先分享？

生：我尝试过品味欣赏。比如在读林海音的《城南旧事》的时候，描写母亲带她们三姐妹非常辛苦，作品语句优美，令我十分感动。我会把它摘抄下来，再用在写作上。

师：讲得真好，她不但讲到一个积累，还讲到一个运用，把好的词句运用在写作上。正像第二课写的那样，季羡林先生跟苗苗谈话中讲到要写好作文就要大量的阅读，还要会运用。还有谁来说说。

生：我读书的方法是先读编导的话，例如我读《绿山墙的安妮》，我先读导读就知道大概写的是什么内容。

师：先读编导的话，或者说是前言，很好，先大概了解书的内容。

生：我看书的时候会先看目录，然后把我喜欢的文章多读几遍，把那些好词好句摘抄下来。

师：这位同学是有选择地读，有时候一本书的内容很多，那么我们可以先看目录，然后感兴趣的先看，这方法也不错，还有吗？

生：我看作文的时候，先看写什么，然后想如果让我写，我会写什么？到底该怎么写？

师：你是学习它的写作方法。

生：我在看书时，会边看边想，我边看内容会边想象当时的画面是怎么样的？还会积累一些词语，运用到写作上。

师：非常好，而且回答问题很完整，还有谁呢？

生：我在看作文的时候，先看题目，我会思考如果给我写，我会怎么写？接着看作者是怎么写的，如果跟我想的不一样，我就向他学习。

师：俞孟观同学是先思考，然后再跟作者的写法进行对比。

生：我在看作文的时候，先看一遍，然后把文章分段再理解段意，这样对我的写作有帮助。

师：这位同学针对写作方法来看，针对性很强。

生：我读书的方法是把书多读几遍。我刚才讲的那本书我已经读了两遍了。读第一遍时我就觉得主人公的命运很悲惨。读第二遍的时候我发现不是这样的，我觉得这个人的命运虽然很悲惨，但是他不向困难低头，勇敢地去面对困难，去解决困难。

师：老师真佩服你。不只是认真去阅读，还会去思考问题，真是了不起。我们就分享到这里，大家都说得非常好，老师觉得作者的省略号也许就是同学们刚才所分享的方法。作者就这样一遍一遍地读，就好像带着朋友、家人一起旅游那样。

生："这真像与另一个人同船而行。"（生齐读课文句子。）

我的教学主张

把握教材　超越教材　超越老师

高效的课堂，是每一位老师都追求的。通过什么方式实现呢？我认为主要通过老师"把握教材""以生为本"，充分发挥学生参与课堂的积极性，那么我们将真正成为高效课堂的践行者，让语文课堂走向务实、创新和高效。

一、"把握教材"，明确教学重点，精心备课

精心备课，是高效课堂的先决条件。教师有丰富的知识储备，对教学内容烂熟于心，对教学环节精心设计，这是备课的要求。备课是教师实施教学的一个重要环节，要实施高效课堂必须备好每节课。在钻研教材、理解教材，梳理教学的重、难点，了解学生的实际情况，根据学生的认知规律选择课堂教学的"切入点"，合理设计教学过程上下足功夫。仔细考虑课堂教学中的细节问题，对于课堂上学生可能出现的认知偏差要有充分的考虑，确保课堂教学的顺利进行。要实施高效课堂，主要应体现语文教育的人文性，加强实践性，要尊重学生的个人体验，鼓励学生发表富有个性的见解。

二、"超越教材"，让学生打开经典阅读之门

窦桂梅老师在《回到教育的原点——窦桂梅教育教学管理精华》中谈到语文教改的三个超越。教育是培育生命的事业，语文教学要冲破以教材为中心的樊篱。学好教材，又要超越教材。一篇篇经典的文章，一部部经典的书籍，是人类文明的结晶，是前人创造的积淀，它涵咏着人性的华彩，提纯着人类的灵魂，同时也是语言艺术的典范。这些积淀了人类精神的有效载体，应该成为学生基本的阅读教材。我们在教好原有教材的基础上，由一篇带多篇，或由一篇带一本，让孩子走进阅读的宽天阔地。

三、"超越老师"，让学生成为课堂的主人

如何使课堂效果达到最佳，怎样的课堂才是务实高效的课堂？只有学生感兴趣、学得轻松、学得深入、学得自主的课堂才是有效的课堂。由此看来，课堂上运用灵活的方法手段进行教学尤为重要。

1. 创设宽松的学习氛围

心理学认为，愉快的环境可以使人感到自由、安全和可以依赖。在这样的氛围下学习，更有利于知识的生成。因此，老师要运用语言、课件、音乐等各种手段创设一个宽松的学习氛围，激发学生的学习热情，从而使学生以一种自由、放松的心态投入学习中。然后再通过一系列的问题，把学生逐步引入课文深处，让他们不知不觉进入深层次的学习之中。让他们在宽松、和谐的氛围中探索知识，把精力集中到所要研究的问题中来，为实现高效课堂提供一个良好的学习环境。

2. 将小组学习落实到位

小组合作学习作为现如今课堂上主要的学习方式，已为广大教师所喜用。"小组合作学习，打造高效课堂的研究"乃是我校的实验课题，在这项研究中，我校有较完善的小组建设，课堂上能熟练地进行操作。小组学习中的讨论不是为了活跃气氛，而是通过学生之间思想的碰撞，真正达到解决问题的目的。因此，设计怎样的问题成了合作学习的关键所在。我们认为讨论的问题必须是高质量、有探究价值的。老师提出问题，让学生小组内进行讨论解决，实在解决不了再放到全班和老师一起讨论。这样在课堂上建立起一个师生交流、生生交流的模式。在小组学习中获得的知识无疑比通过老师讲解获得的印象更为深刻！因而为高效课堂提供了有效的手段。

3. 训练有序的小组汇报形式

小组合作学习后，有的老师在小组汇报时过于随意，随便问一些同学，最后没有把小组交流后的结果完整地呈现出来，就达不到高效。老师应该训练孩子有序地汇报，由组长安排，可以选取一人为代表进行汇报，或选取全组有顺序地进行汇报。通过小组长的组织，由组员的汇报到其他小组的补充，都很有条理地、很完整地呈现出来，达到了高效的目标。

这样，通过"把握教材"，精心地进行教学设计，"超越教材"的前置作业的设计和课后的拓展，以及在课堂上，让学生"超越老师"，成为课堂的主人，一切"以生为本"，打造出"高效"的语文课堂。

▶▶▶ 他人眼中的我 ▶

冯婉霞老师是省骨干教师，省"百千万人才培养工程"名师培养对象，市学科带头人。她师德高尚，对教育教学工作充满热情与真诚。该老师业务水平高，教学教研能力强，在教育、教学、教研各方面成效显著：教育上注重营造一个积极、乐观、向上的班集体，培养了学生良好的品性行为；教学上堪称能手，开展形式多样的教学活动，形成了启迪、互动的教学特色，学生参与度高，重视读写能力的培养，方法指导得当，课堂高效。

（广东省特级教师　余妙霞）

冯婉霞的语文课堂特色：情智相生，老师用自己的智慧，点燃学生的智慧，使语文教学散发出浓郁的语文味，演绎出一种精神与言语同构、情感与智慧共舞的大气课堂。简单的课堂，充分发挥孩子的能动性，在课堂上推动大阅读，是高效的课堂。

（鹤山市小学语文教研员　郑碧筠）

冯婉霞是广东省小学语文特级教师，是我市语文教学界的名家，多少年来，她致力于"小学语文高效的幸福课堂"研究，注意学生主体意识、主体能力的培养，形成了简约而灵动的教学风格，给我们做出了很好的表率。她为学生打开语文世界的窗口，教给学生语文学习的方法、策略，让学生在语文课堂得法，在课外获益，让学生学会学习。她执教《草船借箭》一课，完完全全把自己放在一个引领者的角色上，从不以老师的形象主宰课堂，学生则在老师指导下，有方法地学习、思考、研究，并展示他们的学习成果。课堂上，学生的确站在课堂中心，成了语文学习主体、语文课堂主角：自主思考、小组交流、全班汇报、大胆质疑、及时补充、互相评价等，充分展示了学生自主学习能力和水平。

冯婉霞老师从教 20 年，与时俱进，以孜孜不倦的求索精神，积极探索课堂教学改革的策略。她提倡简单地教学语文，轻松地学习语文。课堂教学彰显扎实、灵活、创新的艺术风格，教中有情，课中有智：凭借文本——积累语言，掌握规律；超越文本——延伸拓展，形成能力。她在课堂上用知识和智慧点燃的精彩，照亮了学生的心灵，让语文因朴素而优雅。她不断尝试着语文教学的新领域，一次又一次地让老师们感叹：原来语文还可以这样教！

（鹤山市沙坪街道第一小学副校长　冯建玲）

亦庄亦谐　趣实相兼

● 黄佩华（小学语文）

● 个人简介

黄佩华，女，小学语文高级（副高级）教师，广东省"百千万人才培养工程"名教师培养对象（优秀学员），江门市首批教育专家培养对象，江门市名教师，江门市教育局教研室特约教研员，蓬江区教育局教研室兼职教研员。先后获得"全国教育科研先进个人""南粤优秀教师""江门市优秀班主任""蓬江区十位最受欢迎的教师"等称号。

▶ 我的教学风格 ▶

孔圣人"因材施教""有教无类"的理念深植我心，多年来，我以生为本，关注班级学习氛围创建和学生家庭和睦氛围调和，注重课程资源的开拓利用，主动创新求变教育教学模式，把每一节课都当成是"教育教学的实验场"，在三尺讲台享受传承知识、创造未来的快乐，也慢慢形成了"亦庄亦谐，趣实相兼"的教学风格。

对于小学生来说，我认为教师传的道、授的业、解的惑不应只是有用的，还应该是有趣的。教师应激发他们学习的兴趣，点燃他们主动学习的欲望，虽然比直接告知他们某些知识稍费一点周章，但是整个学习的过程以及产生的深远影响，是后者无法企及的。所以，我总是努力让孩子们感受到知识的趣味性和实用性，在时而幽默风趣、时而庄严肃穆，在亦师亦友、亦严亦慈的师生共生的课堂中，快乐高效地学习。

▶ 我的成长历程 ▶

成长随想曲

一、序曲：天性如此

我在广东的贫穷落后偏僻的农村长大，小时候读书成绩还算不错，没有考过年级第三名以后的名次（当年还是排名的）。也许是过于一帆风顺，缺少了生活的打磨的缘故，小时候的我对学困同学少了份理解，总是简单地认为"可怜之人必有可恨之处"是造成落后的唯一真理。妈妈让我辅导弟弟功课,我往往没说几句,就丢下一句"这么容易都不会,你没有听课吗?"就不耐烦地跑了。这时,妈妈总是摇摇头说:"你这样的脾气,可别去当老师啊。"没有读过多少书的妈妈也知道——没有爱,就没有教育。

但是,我天生也许就是要当老师的。其一,印象中从一年级有考试这个"活动"开始,我就懂得去"押题"——考试前一周,我的小脑袋就会想出一套试卷,第一题会怎么考,第二题怎么考……然后等到真的领到试卷的时候,我会非常得意,因为我的"模拟卷"往往和真卷八九不离十。其二,从小学到中学到师范,我都有一个小癖好——课堂上快速弄懂当节课的知识点以后,我的思想就开始"天马行空"并且在教科书上"奋笔疾书":还有没有比老师讲得更好更高效的讲法?这个内容如果我来教,我会这样设计……

还记得小学毕业考试,老师领着全级同学,行走一个小时山路到达考场,考数学时,有一道题卡住了。我做完其他题目后,回头再略加思考,然后很自信地写下"此题无解,除非把'×××'改为'×××0',扩大十倍后,此题这样解……"最后事实印证了我的自信。

三年后,我还是考进了师范学校;又三年后,我以优秀的毕业成绩留城任教了。

二、第一乐章:两个"真理"

生活并不一帆风顺,然而生活又如此慷慨。从教第一年,我就以"惨痛的跌倒"换取了两个在教学生涯中终身受用的真理。

1. 理论与实践之间,需要个人思想作为桥梁

初生牛犊不怕虎,可我费尽九牛二虎之力,一个月过去了,得到的是狼狈不堪的现实——课堂纪律无法调控!同班拍档老师兼领导石主任来帮扶我,一问缘由,她大笑我的天真幼稚——你真的以为有"微笑教学"?你以为"微笑教学"就是微笑到底?书本上的理论,你以为可以照搬进现实?……如今的我,对调控课堂早已游刃有余,但是,"理论与实践之间不是简单地画等号,要有个人的实践智慧",确实是给了我极其深刻的影响。20多年来,我没有停止过阅读和实践的步伐,没有忽略过批判性思维的自我锻炼,使自己逐渐成长为一个不人云亦云的人。

2. 道与术之间,要有胸襟智慧作为梯子

"道"乃规律,只有掌握规律,做事情才能简便,才能成功。"术"乃方法,只有掌握方法,才能行其道,将理想变成现实。这也是从教第一年的事:一个男生总是不做作业,无计可施之际我把家长请来,一是当面了解沟通孩子的作业情况,二是来商量对策。谁知家长一来,孩子当即改口说作业都是有交的,是老师弄丢了他的作业本而已……自己人生字典里没有"被冤枉""撒谎"这些名词,当时我才18岁,血气方刚,对于"体罚"的认识也不够深刻,气愤难当之际,一个兰花掌就"印"过去了……26年前的一个巴掌,也是不得了的体罚事件。最后的结局是,学校买了水果,校长、主任领着我,登门道歉,求得了家长的原谅。所有的经历,都不会毫无意义,这次沉痛的教训,让我的教学生涯快速成长、成熟。

"太刚易折,至柔无损。"上善若水,需要技巧,需要艺术,需要智慧,需要修炼。没有这些经历,不会有今天能与任何类型家长、任何类型学生无障碍沟通的我。"爱在左,同情在右,走在生命的两旁,随时撒种,随时开花,将这一径长途,点缀得香花弥漫,使穿枝拂叶的行人,踏着荆棘,不觉得痛苦,有泪可落,却不是悲凉。"这是我从教心路历程的最佳写照。所以拥有了患小儿麻痹症仍能考上重点大学的冯同学的念念不忘;所以拥有了创业成功的寒门学子黎同学的深深感念;所以拥有了职中毕业能在社会大展拳脚的陈同学的时时铭记……怀着一颗同理心,我不断学习、修炼,用智慧架设教育的"道"与"术"之间的梯子。

工作的前五年,在新会这一所百年名校任教,在各种各样的机会与压力"锻打"下,我站稳了讲台,取得了一点成绩,完成了第一阶段的成长——"建立起最基本的教学模型"。

三、第二乐章:我的"巴学园"

工作第六年,我调动到一所新建不久的小学,最高的年级是四年级。在这里,百"业"待兴,一切都是新的,对于一个有职业自觉和职业追求的人来说,这里简直就是中国的"巴学园",就是"北京亦庄"的"雏形"——"我们把统一要求的东西降到最低限度,不考勤,不检查教案,开会不必签到(把全校性的行政会议减少到最低),甚至不要求老师交各种材料——这一切的目的就是给老师提供尽可能大的空间,全力以赴研究孩子,研究教学。"① 我们虽然不至于拥有"亦庄"这么大的自由度,但在这里的第一个十年,我一边读书学习,一边实践研究,纵情在自己的三尺讲台上经营自己的"巴学园"。这个阶段,我跟着前辈们做课题研究,以课堂为实验室,从"九五"计划课题"课堂教学素质化的研究"到自己开始独立主持"十五"规划课题"大量读写 双轨并行",到"十一五"规划课题"审美化教学语言的研究""教师教学语言技能的研究",从课堂教学模式到读写到语言研究,我在课题研究中、在课堂教学实践中、在班级管理艺术研究中成长,自由而快乐地完成了第二阶段的成长——"在不断建构与解构中摸索、前行"。

四、第三乐章:好风凭借力

如果说第一、第二阶段的成长,更多的是靠自身的自觉和努力完成的话,那么,第三阶段的成长,则结合了个人与时代发展的结果。新一轮课程改革与教育均

---

① 曹奕:《北京亦庄实验小学:资源最大限度向师生倾斜,校长在最不起眼的"角落"里》,载《当代教育家》2015年第8期,第50页。

衡发展政策的推行，让更多的老师在专业发展的道路上得到更多的资源与机会，我便是其中的幸运儿之一。从成为广东省新课程骨干教师到市、区兼职教研员，从省校长工作室主持人助理到区、市名教师，从省"百千万人才培养工程"名教师培养对象（优秀学员）到江门市教育专家培养对象，它们印证了一个热爱教育的青年教师的成长历程。随着培训学习的不断提升，这些年，我一直在思考，我有没有自己的教学风格？如果有，是怎么样的风格？答案，似乎一直不唯一。

在对的时候遇到对的人，是多么的幸运。参加广东第二师范学院策划的专业培训，有幸聆听到上海洵阳路小学朱乃楣校长的发言，"一节课是无法穷尽老师的课堂智慧的……教育，不仅仅是上一节公开课的事……比赛课能不能拿奖，关乎的要素有很多……教育的成功最终是指向学生的成长"。朱校长要做大教育，洵阳路小学要从课堂变革到课程改革。然后，机缘巧合，我涉猎"全语文"研究，这种20世纪70年代已开始在加拿大、美国、英国、澳大利亚、新西兰、中国台湾、中国香港等国家和地区施行的语文教学理念，虽然至今在国内（大陆）的研究仍然为数不多，虽然在施行的国家、地区也是百家争鸣，但是，细读其中阐述的理论，我找到了自己20多年来一直处于原生态的本真的教学行为的最真实、最写实的理论鉴证版本——提供更多的机会，让学生参与学习，让他们成为教室的主人；提供整体学习的模式，解决语文学习中出现的支离破碎的现象；修订及增补学习内容，使学习与生活相衔接；提供多样化的语文活动，以激发学生学习语文的动机，让学生主动学习语文，多读多写；等等。① 我提炼出"文本赏识法"的阅读教学方法及"扫视朗读法""放声朗读法"等提高语文素养的阅读教学手段。在小学阶段开展"先学后教"教学模式，不断调试、设计科学的"先学后教"导学流程。让学生课前充分预习，课堂上教师主导，生生互学，以学定教，使学生的学力得到不断提高。我尝试"小老师站讲台"的课堂教学模式，通过辅导全班学生如何阅读分析讲解课文的方法，选取单元中的略读文章，选取学优生率先"站讲台"讲课，我做好"伴航"的指导工作。在作文教学方面，形成"体验式"作文教学与构建"线索性"写作提纲相结合之路。通过对生活中的各种资源的发掘，生成作文的课程资源；通过创设特定的情景让学生体验，提供写作资源；通过指导学生将生活经历、生活体验梳理出一条或者两条线索，然后在线索两旁丰富材料，形成写作提纲。我开设"小助教"执教、干部负责制以及开展各种综合性活动，让各种类型的学生都有所发展……

在参与"江门市教育专家培养对象名教师培养项目"的这一年中，我挂职交流到农村小学任教。在农村小学这个平台上，面对跟以往有所不同的教学对象、教学环境，我借助项目组的培训任务以及专家组和同伴的帮助指引，把以往的经验做

---

① 郭懿芬：《"全语文"是什么》，载《课程　教材　教法》1999年第1期，第55－58页。

法结合本地实际,在"全语文"理念的指导下,坚定地、愉快地、满怀信心地在横江小学这块农村土地上开始了我的新一轮"土改"行动。课堂上,我逐步"淡出舞台",不拘泥于字字句句的严丝缝合,不纠缠于分分秒秒的准确调配,不着眼"万众瞩目"的我说你记,我在明确的教学目标之下,以亦庄亦谐的语言和孩子们遨游知识的海洋,以趣实相兼的知识运用让孩子们懂得学习即生活。从《推介校园美景》到去年的《毛主席在花山》再到今年的《威尼斯的小艇》,可以看到理念对一个人的影响。"全语文"理念让我把精力和研究方向定格在"让语文教学更有趣、更有用"。

过去,我在"全语文"之外践行着"全语文";未来,我以"全语文"之理念,指导实践,并尝试丰富其理论。

我的教学实录

《推介校园美景》课堂实录

一、激发兴趣,导入新课

师:同学们好,今天,我们一起上一节综合性学习课。(板书:综合性学习,提醒"提笔即练字"时,邀请愿意把字写好的同学帮助完成课堂板书。)这一年来我们学校增加了很多新的建设,校园面貌焕然一新。前段时间,我们围绕校园十景举行过两次投票活动,还记得吗?

生:校园十景海选活动、校园十景征名活动。

师:我们邀请来宾们一起看看经过我们广大师生评选出来的校园新十景吧。(PPT展示校园十景:英语文化广场、风雨运动场、运动场、教学楼、江华赋、大堂、白沙文化广场、网球场、游泳池、击剑广场。)咦,你听。(课件:广播站播报征集校园小导游活动。)(板书:校园小导游。)这是一次难得的锻炼机会,同学们想不想玩一玩?

生:略。

(点评:教师善于在身边挖掘课程资源,并灵活运用多种空间平台提供更多的机会,形式生动活泼,让学生参与学习,使学习与生活衔接,瞬间激发起学生学习语文的动机。)

二、指导导游词的写法

师:导游身上都有两大绝活。大家猜猜有啥绝活?

生:略。

师:导游身上的第一个绝活,那就是"手会写"!(板书。)导游词该怎么写呢?我们先来听一听导游的讲解好吗?(好。)

(播放十七孔桥的导游的讲解:各位游客大家好!欢迎来到十七孔桥。大家猜猜这座桥的名字为什么叫"十七孔桥"呢？猜对了！大家数数看，这些石柱和石狮子，您能不能数得清呢？现在我们来看看这些石狮子，这一组母子相抱，非常温馨；这一组呢，在玩耍嬉闹，相当顽皮；这一组呢，你追我赶，好像在比赛。大家发现，这些石狮子有没有哪两只是一样的呢？是的，没有！好了，大家数好了吗？告诉大家吧，总共有128根石柱，大小石狮子共544只，真数不过来吧？接下来自由观光，请注意保护文物，不要乱涂乱画。）

师：这位导游介绍的是哪里的景观？

生：颐和园的十七孔桥。

师：四年级的时候，我们学过课文《颐和园》。课文是这样描写十七孔桥的。（出示课文内容：这座石桥有十七个桥洞，叫十七孔桥；桥栏杆上有上百根石柱，柱子上都雕刻着小狮子。这么多的狮子，姿态不一，没有哪两只是相同的。）请同学们一起读一读这段话。

生：略。

师：请大家比较比较，导游词的写法和课文的写法，有哪些相同的地方？

生：我觉得课文和导游词的相同点都描写了十七孔桥名字的来历和柱子多、狮子多的特点。

师：嗯，真会比较。请你在黑板上写"特点"两个字。

师：导游词和课文不同的地方有哪些？

生：我认为导游词和课文不同的地方是导游词前面有开场白。

师：你也很会发现，还发现了什么？

生：还有导游词上面加上了警示语、欢迎词。

师：好的，请你在黑板上板书"互动"两个字。欢迎是互动的一种方式。导游和游客互动交流有很多地方，我们找一找好不好？哪些地方是互动？

生：略。

师：这些是单个景点的介绍，如果是多个景点的介绍，同学们还需要注意这些。（出示：走完长廊，就来到了万寿山脚下。）这个句子在文章里起到什么作用呢？如果换成导游词的话，可以怎么说？

生1：大家好，走完长廊，这里就是万寿山脚下了。

生2：欣赏完美丽的长廊，不知不觉，看，我们来到万寿山脚下了。

生3：美景一波连一波，长廊游览完了，各位游客，我们现在已经来到万寿山脚下啦。

师：你们都是未来的小导游，口才真好，出口成章，给游客带来无限乐趣。接下来，我们就要根据自己做的景点调查资料，独立为自己最想推荐的校园十景中的一景写导游词。

生写导游词，师巡堂指导。

（点评："授人以鱼不如授人以渔"，关于如何写导游词，教师让学生自己去"发现"，去领略自我学习的乐趣，作为引导者，教师用生动的语言引领学习的主方向，课堂的教学任务始终紧紧围绕着主题进行。）

三、点评指导

师：现在，我们来看看这位同学他是怎么介绍校园景点的。（展示巡视中发现的存在共性问题的作品。）咱们班哪位同学朗读最好听？（班长推荐。）请你为我们读这一段景点的导游词好吗？

生：略。

师：谁来点评一下这份导游词？我们再请一位写字又快又好的小助手在旁边做笔记。

生：我觉得他还没有把这个景点的特点写清楚，比如：这里有14根柱子，每根柱子上面还有同学们和老师们活动的照片；这里还有羽毛球场和击剑道，可以很好地发挥场地的作用。（学生记录"14根柱子""照片""球场"。）

师：你用数据说话，这样会让人感觉特别真实。

生：我觉得还可以加上一些互动的语句。比如：各位老师好，看完充满异国风情的英语文化广场，欢迎您来到我们的风雨运动场。（学生记录"看完""来到"。）

师：这样过渡确实听起来非常流畅舒服。

生：我觉得他基本能写出风雨运动场的特点了，但是如果还能引用一些用途就好了，比如：太阳太猛烈的时候，刮风下雨的时候，我们照样可以在这里上体育课。每天放学以后，如果爸爸妈妈没能及时来接，我们都会集中在这里安静地看课外书。（学生记录"上体育课""放学后看书"。）

师：听了你的补充，我由衷地要说一句：这个风雨运动场用途真大啊！我们再来看看这一份介绍英语文化广场的作品。（展示，浏览。）

生：我觉得他的导游词有互动，也写出了景点的一些特点，但是，观察得还不够仔细。比如：文化广场边上的围墙是由四个英文字母组成的，可以问游客："大家好，请问大家留意到我们的围墙上写着的是什么单词呢？"（学生记录"围墙单词"。）

生：我觉得他还可以描述一下每个卡通人物。比如：这个大家认识吗？对，他就是变形金刚擎天柱！他的见义勇为、除暴安良、行侠仗义深得人心，是我们很多男同学非常崇拜的卡通偶像。（学生记录"变形金刚"。）

生：我觉得他还可以再说说那个字母雕塑。比如：大家看，这个字母雕塑是由26个字母组成的，造型别具一格。它告诉我们，所有的英文单词，都是由这26个字母组成的；所有的知识都离不开打好基础。（学生记录"字母""打基础"。）

师：海纳百川，所以称其为大海。现在，我把这份凝聚了全班同学智慧的稿子还给你，祝你不断进步！

生：谢谢老师，谢谢同学们。

师：现在，相信大家都受到启发了吧，请大家再来修改自己的导游词吧，相信你一定能越改越好。

（点评：看似信手拈来，实则蕴含了老师丰富的教学智慧和文化修养，体现了教师对全体学生学情的把控了解，以及即时反馈、处理典型问题的能力。教师的教学语言浅白易懂，富有儿童生活气息。）

四、修改导游词

师：自己修改完了，就开始和同桌交流吧，轮流念给对方听，再请对方给自己提修改意见。

生：略。

五、专家支招

师：导游身上的第二个绝活是什么呢？（教师板书：口会说。）眼看江华十景小导游面试的日子马上就要到了，老师特意为大家请来了一位专家，教授当众讲话的技巧，请大家留心听。（出示殷亚敏教授照片，讲述：同学们，面试一定要淡定，怎么才能做到呢？送你两个词——"三定"和"双舞"。"三定"就是"站定、看定、笑定"，这样你的心就会定；"双舞"就是讲话时尽量有肢体动作，是"眉飞色舞"和"手舞足蹈"，当然，要恰到好处，不要过分做作。）

师：站定，就是我们说话的时候，脚底像生根一样，要站稳站好；看定，就是用眼神和观众交流，眼神虚中有实；笑定，就是面对观众，通过自然的微笑，使情绪得到放松。来吧，拿起我们的导游词，试着练一练，说一说。（学生练习。）

（点评：教师用形象生动的语言，以稍带舞台夸张的肢体动作，示范讲解抽象的知识，使之形象化、可视化。学生的学习兴致高涨。）

六、小导游面试

过渡：江华小学征集小导游面试现在开始（音乐）。

师：面试马上开始，老师已经为你们准备好背景音乐和图片了。谁能脱颖而出呢？

生1：英语文化广场……

师：掌声已经说明你的实力，祝贺你！江华小导游！

生2：风雨运动场……

师：娓娓道来，介绍得生动传神，祝贺你，又一位江华小导游！

生3：运动场很大，可以打篮球、打羽毛球、跑步。每天有很多同学喜欢在这里玩。

师：掌声不是很多，说明你进步的空间比前两位同学要大！谁来再提一提可以在哪些地方努力呢？

生4：我建议他说说运动场到底有多大，比如说"有200米环形跑道"，还可以说球场里有多少个篮球场、羽毛球场。

师：这是列具体数字来说明球场的大了，这个建议好！（转身对原学生。）这张导游证我先保管着，等你修改好了我们再当小导游好吗？

生5：白沙文化广场……

师：祝贺你成为江华小学小导游！真光荣啊！看同学们玩得这么开心，老师也想参与一份，同学们欢迎我参加面试吗？那么就请同学们现场给老师们当评委吧！（欢迎各位来宾到我们江华小学指导工作，大家现在的位置是我们学校的网球场。我们学校是网球特色学校，一共有两个标准的网球场。中国网坛的"五朵金花"都来过我们学校指导工作呢。看，这一幅照片，就是她们来我们学校时的合影。我们的胡老师就是专门教网球的，她打网球可厉害啦。来宾们有兴趣的话，可以来一场友谊赛哟。好，请大家继续往前参观，小心路面的鹅卵石哟。）

生：略。

师：谢谢同学们的厚爱！青出于蓝而胜于蓝，我相信还有更多的同学说得比我好。

（点评：教师的聆听，是做出及时有效反馈的首要条件，这一点上，黄老师充分地把学生放在了课堂的主人的位置上，教学生不懂的，导学生迷惘的，赞需要强化的，点需要升华的。教师的每一个点评语言，都体现出导向与激励的作用，教师的示范演绎，既为学生做出了提升的示范，也拉近了师生之间的距离，使师生关系更为融洽。）

七、课堂总结，拓展延伸

师：感谢同学们为推介母校贡献了这么多智慧。生活处处皆语文，用敏锐的双眼去发现，用勤奋的态度去学习吧，你们的本领将愈来愈多，愈来愈大。

推荐阅读：

（1）余秋雨《行者无疆》。

（2）迪斯尼的路线设计。

八、同行点评

广东省外语艺术职业学院公共管理学院张燕教授点评：这节综合性学习课目标明确、环节清晰、课堂气氛融洽和谐、富有特色。教师不只是单纯传授书本知识，而是学生活动的指导者和帮助者；学生不再被动地接受知识，他们主动地选择感兴趣的内容进行学习，并在实践中学会了学习。

1. 把课堂还给学生

在这节课中，老师的话语不多，寥寥数语起到衬托、引导、画龙点睛的作用。

整堂课孩子们学得主动，说得高兴。我耳畔回响的不是老师富有激情、高亢的声音，而是孩子们欢乐、稚嫩的话语，学生真正成了课堂的主人。当一个小组汇报完活动方案时，教师适时引导学生评价、交流、讨论，体现了教师是学生学习活动的组织者、引导者、合作者的角色转变。

2. 活动评价贯穿始终

教师灵活地根据活动的形式和内容，使用多种评价方式，使评价及时、有效，起到引领教学的作用。

3. 方法指导润物无声

黄老师执教的这节课除了了解学生在课外了解到的情况外，还对学生进行了润物无声式的方法指导。比如在课中教师向学生展示了一段学生介绍的音频作为范例。这一教学环节的设计一来激发了学生的兴趣，音频是学生最感兴趣的；二来也向学生介绍了活动的开展情况，最重要的是在不露痕迹之中向学生介绍了另一种研究的方法。

4. 着眼学生长远发展

创新精神和实践能力的培养是综合性活动的一大价值。而今天的课就很好地体现了这一点。形式多样的活动设计与安排，不仅丰富了学生学习的内容，培养了学生的各种能力，更让学生感受到学习不是痛苦的，而是快乐的、幸福的，从这点来讲，这样的课堂也发展着学生终身学习的愿望。我们很清晰地看到四年级的孩子在老师的带领下，各种能力得到提升。

我的教学主张

"'三·全'语文"

正如某位名校长所言，一两节课是无法体现学科老师的整体教书育人水平的，语文学科尤甚。语文教师需要建立大语文观，我非常清楚，课堂的主人，是学生。一切的教学活动，都应围绕学生进行；一切的教学活动，都应以学生的成长为出发点和归宿。而语文是一门工具性很强的学科，所有学科都以语文为基础。一位教育大家曾经说过，数学是所有科学的基础，而语文则是这个基础的基础。文字、词汇、语感、逻辑、思维、色彩、审美等，莫不与语文有着千丝万缕的联系。在从教26年的教学历程中，我提出"'三·全'语文"的教学主张，并在自己的教学中落实。

我主张，语文教学要在大语文视野下，将"'三·全'语文"落实到每一个教学细节、每一个教学情景中。其中，"三"是目标，"全"是手段。"三"，即语文教师在学科教学中，应时时处处着眼学生的未来，从长远发展出发，着力培养学生的三种能力（三个"会"）：会自主学习、会互助分享、会做事做人。"全"，是指以"全语文"理论（手段）为最优途径，达到这样的教学目标，通过"全语文"

教学，把这三种能力的培养渗透到语文教学的每一个环节中。"'三·全'语文"结构如图1所示：

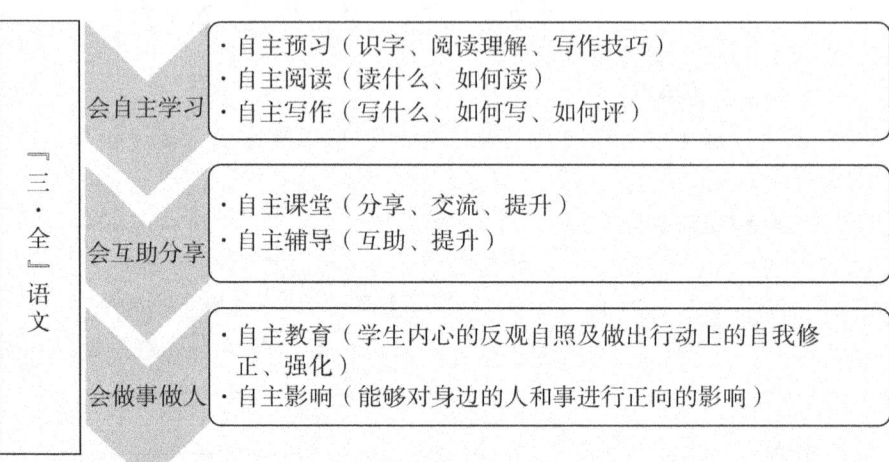

图1 "三·全"语文结构

我的全语文观认为，语言学习和教学要尊重学习者的兴趣和个性，是个别化的。语文教学的范畴应从语文课堂推广到与学生生活有关的各个方面。教师的教学要和文化、社区相结合，教师和学生是教和学的整体。语文教学要尽量使儿童在真正的沟通环境中学习，实际应用的文字就是各种文字资料，包括故事和资讯的资料，真正的沟通就是有真实的听众或对象。语言应完整地、在一定语境中学习，而不是孤立地学某些部分或项目。比如孤立地练习转述句和直述句，反问句和陈述句的互换，是枯燥且没有意义的，有智慧的老师应该让学生明白掌握这些技能有何用，在现实生活中如何用，也就是要帮助学生把知识生活化。

我认为语文教学不应局限在语文课上的训练，应渗透在学校生活的任何一个范畴。如，写作和艺术相结合，让学生用文字表达自己在欣赏音乐中的感受，以弥补学生艺术技巧的不足。教学《月光曲》时，我就把盲姑娘聆听贝多芬弹琴的那部分描写进行生活化的写作训练——再次听早操前的《进行曲》，写写自己的感受。

概而言之，我主张语文教学应把语文学习落实到学生的整个生活中。语文教师需要建立大语文观，一切的教学活动，都应围绕学生进行；一切的教学活动，都应以学生的成长为出发点和归宿。

▶▶ **他人眼中的我**

黄佩华老师的课堂，非常重视以生为本，所有的教学行为，都源自对课程和对学生的熟知。她的课堂具有鲜明的综合性、实践性、语文性，在教学设计中切实落实语用训练,是语文学科工具性与人文性和谐融合的体现。课堂中所展现出来的教师教学风格亲切自然,大气有爱,轻松活泼。她的理论研究水平也不断得到提高,培训期间历时近三年完成的广东省教育科学"十二五"规划课题研究成果,获得广东省教育创新成果三等奖。在她的身上,"天道酬勤"得到最好的注释。

(广东省外语艺术职业学院公共管理学院院长、教授　张燕)

　　佩华在教育科研方面真抓实干,近年主持的高规格省级课题,均取得广东省中小学教育创新成果奖,并且积极推荐其经验做法,多次应邀在全市介绍教科研经验和取得的成果。她的教学风格更是在其教学科研的过程中日臻成熟,每一个立项课题研究,她都以自己的课堂为实验室,以每一节课为实验课,不断打磨,日渐成熟、成型、成风格。她的教学与生活息息相关,生动的语言,随时能够把课堂与生活打通成接地气的教学风格,诙谐有趣而又自带师道威严的气质融于一身,使其课堂既庄重又活泼,既灵动又扎实。她是一位有朝气,有活力,且做事认真,有魄力,肯钻研,效率高的年轻人。

(江门市教育局教研室副主任　陈育庭)

　　黄老师教书非常认真,而且特别有想法。她针对小学生写作文下笔难的问题,先是让大家写见闻录,类似于记日记,把一天的见闻记下来。之后又开设了"一字悟"练习,要求学生每天提炼一字写感悟,字数不限,但是写的必须是自己的所思所感。再后来,为了破解写应用文的难题,她组织本班学生与乡村的一所小学同龄人交友,让学生与结对的同学经常通信。最让我记忆深刻的是,为了让大家写作文有真情实感,她倡导亲身体验,更时时注重在生活中寻找写作灵感与题材。听我的孩子说,那次新学期他们班分了新的公区打扫任务,黄老师去看他们公区值日,看到有很多同学东划一下,西拨几招,没有方法,效率低下。她就拿着扫把给一帮学生示范如何把地扫好,并即兴组织了扫地比赛。回到班里,黄老师又让受过"培训"的那批值日生对其他同学进行"全员培训",还布置了题为《扫地》的作文。记得孩子回来滔滔不绝地说这个事情,以至于我这个家长也恍如身临其中了。

　　这班孩子毕业时,她组织全体学生和热心家长参与编辑了《住在彩虹桥上的童年》的作文集,给学生和家长留作纪念。我翻阅之后发现,有三四十篇作文竟是在报纸和杂志上公开发表过的,一个区区50人的小学教学班,能取得这样的成果实属不易。黄老师是一个想干、肯干、不干则已、干则干好的人。

(广东省江门市文广新局副局长　刘利元)

　　黄老师真是个卓越的"CEO"呀!你看,她也不急着讲课,上课就是给我们讲规矩,有作业本的规格,有作业的格式,有上课的要求,还有各种各样的奖励方案，听得台下的我们心里痒痒的。黄老师还让我们竞争工作岗位呢，为了保持讲台的清洁美观，她让我们竞岗"讲台美容师"；为了激活发作业本的速度，她让我们竞岗"快递员"，还说做得好的升职当"快递公司"的经理；还有先锋官、口令员、财务总监等，光听名字就让我们跃跃欲试了。

  11月份，她外出学习9天，出发前，她专门培养了我们9个小组长，给我们安排"教学任务"，教我们怎么当"小老师"。我们在老师的精心策划下，出色地完成了"小老师站讲台"。看班的老师都对我们佩服得五体投地呢。这个学期黄老师给我们上公开课《毛主席在花山》，老师几乎把整个课堂都交给我们来发挥了，她只是当"导演"，抛出问题，在她的"如来神掌"上，我们可以尽情"翻跟斗"、练功夫。听课的老师们惊讶得都顾不得记笔记了。大家都说，黄老师是魔法师，把农村的孩子教育得这么会学习。

（学生 黄浩山）

数学思维冲浪：理性与激情

● 江门市第一中学景贤学校　商庆平（初中数学）

● 个人简介

商庆平，男，江门市第一中学景贤学校副校长，中学数学特级教师，教育部"中小学教师信息技术应用能力提升工程"专家库成员，广东省中小学名师工作室主持人。主持过多项国家重点课题及省、市课题的研究工作；多次组队参加联合国或教育部组办的教育信息技术应用展，受到省教育厅通报表扬；发表过论文30多篇，出版过1本论著，参编过2本教材，多次获得省市级以上的哲学社会科学奖及教育科研成果奖。代表作《中学数学教学中的问题支架设计研究》发表于教育类核心刊物《中学数学教学参考》，并转载于中国人民大学书报复印中心。所提倡的数学学习支架教学法在十几所学校及多个市、区级层面得到推广应用，取得了较好的教学效益。

▶ 我的教学风格 ▶

我追求的教学风格是：以问题为载体，在学习支架的帮助下，把数学学习变成一种思维冲浪运动，在争辩与反思形成的交响曲中，点燃学生学习的激情，形成数学的理性认识。

众所周知，数学是一门锻炼思维、拓展思维空间、提高思维能力的基础性学科，但是长期以来人们在认识上存在一定的误区，几乎把思维训练推向了极端，如在课堂教学上的"满堂灌"，课后练习的"题海战术"。这也造成了相当多的学生对数学的误解："数学的用处是解别人编好的题"，"学好数学是为了考试"，等等。数学的本真就是一种机械化的训练吗？学数学就不应有思辨与激情的体验吗？我通过设置学习支架，构建层层递进的问题"海浪"，引发了课堂激辩，达成了思辨、激情的课堂气氛。一问一答、一论一辩恰似高潮迭现而又井然有序的"冲浪运动"，既提升了思维的品质又还原了数学的本真，这其实应是我所提的"数学思维冲浪"的意义。

我所主张的"数学思维冲浪"的路线图大体设计如下，要说明的是，图1表示的仅是一种理想状态，当情景问题较复杂时，一如我在后文附加的我的教学实录中那种中考压轴题讲解，往往是通过多次冲浪、多浪叠加才能达成图中最后一步的理性认识。

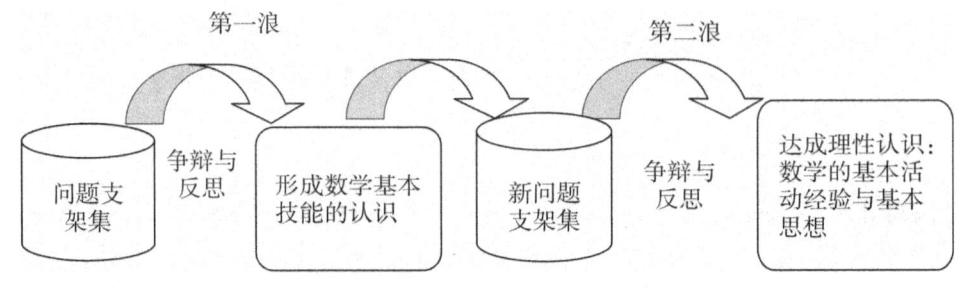

图1　数学"思维冲浪"

以问题为载体的数学学习支架教学形成的"思维冲浪"，其与传统的数学思维训练的首要区别在于前者更加关注人的发展，关注人的本质因素的巩固与提高；另一个重要区别在于前者更注意学习激情的能动作用，非常强调教学中要通过问题的提出与表述，给学生留下充分的"自由度"。没有"自由度"就没有激情，而"自由度"往往源于支架性问题设计的灵活性、机动性与可变性，我认为，不关注人的发展及学生思考的自由度，就很难达成数学的理性认识。

▶▶ 我的成长历程 ▶

一、评书带来的思考

我小时候各家各户很少有电视机，也没有现在多种多样的玩具，连书店也很少，打开收音机听评书连播是比较流行的消遣活动，比如当初听过的《西游记》《三国演义》《杨家将》等到现在还记忆犹新。听评书的最大感受是，每一次听完后总是恋恋不舍，恨不得一连听上十几段，每一天最重要的事情是早早地守在收音机旁，整个人都被评书抓得死死的。大学毕业从教后，我一直在思考，为什么我们的数学教学就不能像评书一样抓住学生的心呢？1995年我去成都出差，偶尔与朋友在九眼桥附近见到一个盲人在说书。准备开讲的是《西游记》，这我在小时候可听了十几次了，长大了自己买小说又看了很多次，还看过相关的电视剧，所以认为没什么可听的了。正准备离开，突然听到盲人评说道：话说西天取经这样的大事，派谁合适是要慎而又慎的，可是观音菩萨为什么要选没什么能耐的沙和尚？功夫稀松、满身小毛病的猪八戒为什么能进观音菩萨的法眼？在取经队伍中，白龙马是不是可有可无？能挑大梁、能干实事的孙悟空一个人能把经取回来吗？胆小怕事、是非不分的唐僧真的一无是处吗？要解其中缘故，且听我细细分解。盲人一席导入话竟然让我在不知不觉中坐下听了两个多小时。第二天反思这个经历，我深刻地认识到，巧妙地设置问题是教学的灵魂所在，而对人性的关注是教学的引力所在。我为什么会被盲人的话所打动？因为盲人所设的一系列问题就把我从关注情节的惯性中带了出来，引向了对人性的理性思考。盲人通过一个个问题的解答让我形成了富有理性的认识：做大事者需要团队，包容力就是生产力——要包容愚气，要包容傲气，要包容俗气，甚至还要包容妖气。2003 年，我把这些思考融入数学教学中，形成了对问题化教学的思考，并把这种思考写成了文章《以问题为载体开展数学学习策略指导初探》，发表在了数学核心期刊《数学教学通讯》上。

二、"五何"问题化教学模式的形成

其实 2010 年以前，我的问题化教学意识一直是一种自发的感性认识，并没有在教学实践中形成一种稳定的、可操作的教学方法，也没有形成这方面的教学风格。2010 年，我认识了华南师范大学的胡小勇博士，胡博士向我介绍了"五何"教学理论，供我在问题化教学模式上的思考上借力。联想起 2008 年我所参加的英特尔未来教育主讲教师培训中学到的有关支架的概念，我尝试着将两者统一研究，作为一种教学策略、教学模式意义上的探讨。至此，我的"五何"问题化教学模式开始形成，并开始恒久地应用于课堂教学实践中。

所谓"五何"，是指"是何、为何、如何、若何、由何"，具体意义详见我发表在《中学数学研究》上的《"五何"问题支架在中学数学问题设计中的应用研究》一文。现简单介绍如表 1 所示：

表1 "五何"教学理论内涵

问题模型	数学教学的问题内涵
是何（事实性）	揭示定义、定理、规则、公式等内容。
为何（推理性）	通常对应着获取真命题性的知识。
如何（应用性）	定理、规则等的应用，它的解决通常对应着获取解题策略。
若何（探究性）	表示命题或规则的条件发生变化时，可能产生的新结果。这类问题常以摄取规律性为目的，起拓广或推广的作用。
由何（创造性）	表示条件依赖的情境发生变化时可能产生的新结果，为创造性学习之母，它的解决有利于根植学生的数学思想。

从课堂教学应用的角度，例如人教版九年级数学上册第 105 页，绝大多数教师会照本宣科地依教科书中介绍的方式，先分别介绍正多边形的中心、半径、边心距、中心角等，再讲清怎么求例题中的正六边形的面积，可谓大费周章，而学生听完后则一头雾水，成了以良构问题的方式进行灌输性教学，不但缺少探究性和趣味性，也无法取得应有的教学效益。而用我的"五何"问题支架的教学方式适当地

增设劣构问题，不但建构性地关注了基础知识的教学，也大大地拓展了探究空间，如表2所示。

表2 "五何"问题支架的教学方式

五何	是何	为何	如何	若何	由何
设计方向	事实性	推理性	应用性	探究性	创造性
设计办法	计算正六边形的面积需要用到哪些量？如何为这些量命名？	如何计算正六边形的面积？	如何计算正n边形的面积？	如何求不规则的曲边图形面积？	如何求曲面图形的面积？如何求曲面图形的周长？

当表格中所有的问题得以解决时，学生早就把正多边形的中心、半径、边心距、中心角等概念有趣有味地建构起来了，以直代曲，化曲为直，化整为零，积零为整的理性认识（微积分思想）在学生的探讨与互帮互学中，在学生的边争论边反思的行动中潜移默化地根植下了。

三、追求形成思维冲浪效果的问题设计

近两年，在广东省第二师范学院举办的教育家培训及华南师范大学举办的名师工作室主持人的培训中，我认识到，我所追求的问题化设计过于关注学科本身、过于喜欢模式化。而教学的最高境界其实更应关注学生，也就是关注人本身。要更注重人性与人文，要始于核心素养、终于核心素养，正如冲浪运动，始于心灵感受，终于心灵感受。从此，我的教学设计开始具备别具一格的风采了。例如在谈到勾股定理时，我会利用数学家华罗庚的话来形成问题：一旦人类遇到了"外星人"，应该如何沟通？在讲无理数时，我会要全班起立，为无理数的发现者希帕斯默哀，并以"无理数的发现，为什么要以教师杀死自己的学生为代价？"这个问题作为支架引入。2011—2014年，我以问题化支架教学法的理论讲授及实践中的操作演示为主题，分别为江门市蓬江区教育局、恩平市教育局、广东省第二师范学院等培训了2000多位数学教师。2012年，我在为省项目办开设的21世纪教学技能培训及基于项目的学习两个专题的远程教学培训中，渗透了问题化支架教学法的内涵及实践，为此荣获省教厅2013年英特尔未来教育项目专题课程PBA"优秀助学导师"等称号。2013年，我的关于支架教学法的论文《中学数学教学中的问题支架设计研究》发表于教育类核心刊物《中学数学教学参考》，引起众多好评后被10多家媒体刊物转载。该论文与我前后发表的其他3篇论文《"五何"问题支架在中学数学问题设计中的应用研究》《让数学基本思想与基本活动经验生长在学习支架上》《基于思维导图支架的数学概念可视化研究》构成了我个人的支架教学的完整体系，受

到了不少专家、教授的大力推崇。

2015年12月，经省教育厅批准，广东省商庆平教师工作室正式成立，以问题化支架教学法为切入点，开展有系统的面向全省骨干教师的培训。至此，我的问题化教学支架的教学风格开始趋于成熟，并得到一定程度的认可。

我的教学实录

"2012年广东省中考题第21题" 教学实录

一、教学实录的背景

2011版数学新课标把实验稿中的"双基"（基础知识、基本技能）改成了"四基"，增加了数学基本思想与基本活动经验两个新"双基"，不仅可以更好地促进学生发展，而且也更加突出了数学的学科性质。但在"磨刀阶段"的毕业年级的数学教学中，如何通过新"双基"的落实带来实实在在的教学效益，是一个对一线教师很有实际意义的研究课题。笔者以2012年广东省中考题第21题（以下简称"第21题"）为载体，采用学习支架设计来引导教学流程，形成了中考题讲解的一种教学实操方法，从多个班级与不同教师的实践运用的效度检验来看，学生的接受能力与举一反三的能力有明显的提高。

试题再现：如图1，在矩形纸片 $ABCD$ 中，$AB=6$，$BC=8$。把 $\triangle BCD$ 沿对角线 BD 折叠，使点 C 落在 C' 处，BC' 交 AD 于点 G；E、F 分别是 $C'D$ 和 BD 上的点，线段 EF 交 AD 于点 H，把 $\triangle FDE$ 沿 EF 折叠，使点 D 落在 D' 处，点 D' 恰好与点 A 重合。

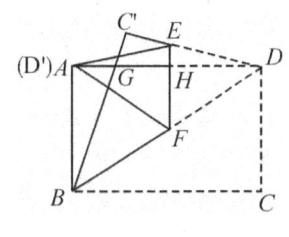

图1

(1) 求证：$\triangle ABG \cong \triangle C'DG$；

(2) 求 $\tan\angle ABG$ 的值；

(3) 求 EF 的长。

二、学习支架的构建与教学实录

1. 常规讲解的局限性分析

依现行初中数学毕业班备考阶段的通行做法，第21题讲解的一般思路是：考点分析→解题分析→解题过程讲解→方法总结，选择这种习题讲授法的教师占多数，主要原因在于心理上所承受的中考应试压力，理念上所受到的双基影响及行为上对满堂灌式的保险感。但依伍德、布鲁纳和罗斯（Wood、Bruner & Ross，1976）的学习支架理论来进行教学诊断，这种讲解方法属于支架过度：教师代替并束缚了学生的思维，就算学生听懂了也只是达成了一个短期的记忆效果，并没有让大多数学生形成一种解决类似数学问题的经验，或让大多数学生获得某种数学思想上的认知或收获。还有一些教师选择的是先学后教的方式，让学生以合作探究或独立思考的方式先进行自我尝试，然后再进行全面讲解。但由于线条众多、图形复杂又涉及两次折叠问题，所隐藏的折叠规律不易察觉，学生的"已知区"与"最近发展区"之间的鸿沟过大，多数学生一看见本题就会产生繁琐感甚至厌恶感。这种情况下，教师不提供学习支架的支持，要达成教学目标是很困难的。

2. 学习支架的构建理念

数学学习支架是指学生在解决数学问题的过程中教师所给予的、让学生顺利地跨越"已知区"到"最近发展区"甚至"未知区"的支持，具有过渡性与支撑性两个特点，是学生能否顺利地实现"区"与"区"之间学习飞跃的关键。具体到本题的教学，其支架构建的要旨应是分两步以庖丁解牛的方式简化图形并导引数学思维：先通过设置具有开放性的学习支架来暴露数学的本质要素，引发学生的"想象实验"（极少数想象能力差的学生可动手实验），引发学生对虚拟的动态点线进行追踪或以动态的观点来进行图形观察，促使学生形成必要的几何直观与数学悟性；然后再利用指南支架让学生自我形成解题的基本活动经验，以小结的形式即时归纳经验性的认识与思想性的认识。

3. 学习支架的递进构建与教学实录

支架性问题1：如图2，在矩形纸片 $ABCD$ 中，$AB = 6$，$BC = 8$。把 $\triangle BCD$ 沿对角线 BD 折叠，使点 C 落在 C' 处，在折叠过程中你能得到什么结论？

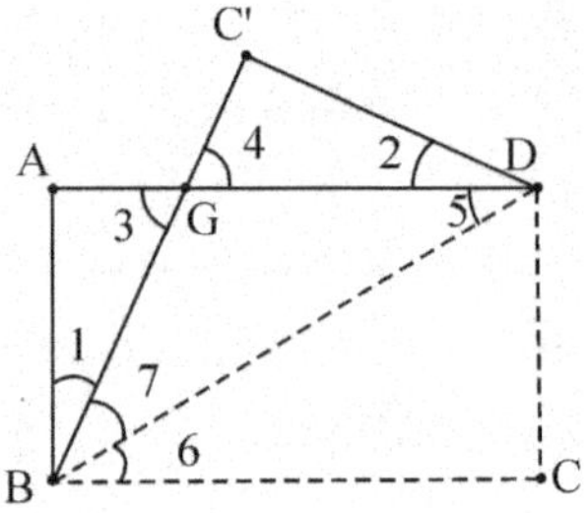

设计意图：通过简化第21题的图形，去除第二次折叠形成的点与线的干扰，从一次折叠入手，打开一个开放式的、可以让学生进行想象实验的空间，有利于化解学生对第21题可能存在的繁琐感甚至厌恶感。

图2

师：谁来说说你所能直观感受到的答案？（学生纷纷举手。）

生1：$\angle 3 = \angle 4$，$\angle 6 = \angle 7$，$\angle C' = 90°$……

师：很好，这些结论是可以根据题目或图形直接感悟到的，如果要证明也是可以的。同学们再看看还有哪些间接的结论？并说明一下得到这些结论的理由。

生2：$\angle 5 = \angle 7$，$\angle 1 = \angle 2$，$BG = GD$……

师：不错！好！你很熟练地掌握了简单的逻辑推理及符号化的换元思想和概括方法。

生3：我感觉到折叠后所有的点和线段都固定了，按道理所有的角、线段都可以求出来。

师：很好，敢于根据自己的直观感悟大胆猜想，请哪位同学为他的感觉找点依据？

生4：关键是求出 AG，求出后其他所有线段都迎刃而解了，易证 $BG = GD$，$\triangle BDG$ 是等腰三角形。设 $AG = x$，则 $DG = 8 - x$，即 $BG = 8 - x$，在 $Rt\triangle ABG$ 中，

$(AB)^2 + (AG)^2 = (BG)^2$,

即 $36 + x^2 = (8-x)^2$,$x = \dfrac{7}{4}$。

师：很好，你引入了方程的思想来解决问题，你告诉了我们一个基本经验：折叠中求线段的难题，很可能涉及了勾股定理。

生5：我会求∠1了，在 $Rt\triangle ABG$ 中，$\tan\angle 1 = \dfrac{AG}{AB} = \dfrac{7}{24}$，再通过查三角函数表求出∠1。

师：很好，你引入了三角函数来解决问题，你的经验是：折叠中求角或线段可能会涉及三角函数。

生6：这样一来，折叠后得到的两个实线三角形即△ABG及△C′DG的周长与面积也可以求出来了。

师：很好，中考中经常会出现求周长与面积的题，你做了很好的迁移！如果不允许求出线段的长，有哪位同学能求出△ABG及△C′DG的周长？

生7：∵ $BG + C'G = BC' = BC = 8$，$AG + DG = AD = 6$，$C'D = AB = 6$

∴ △ABG 的周长 + △C′DG 的周长 =28

∵ △ABG≌△C′DG，∴ △ABG 的周长 = △C′DG 的周长 =14。

师：很好，你利用了整体思想来解决问题，并利用了全等的性质来化简计算，这一经验很有用。看看同学们对本题还有哪些可以挖掘的结论。如果没有的话，试试变换已知条件，看看是否可以得到一些让我们感到意外的结论。

生8：如果不沿对角线折叠，新图形中的未知线段及所得到的三角形周长是否还可以求出？

师：不沿对角线折叠，可分为哪几种情况？

生9：折叠线两端点在相邻边与对边两种情况。

师：你使用了分类思想来回答我的问题。先探讨第一个问题：折叠线两端点在相邻边的情况。

支架性问题2：如图3，矩形纸片 ABCD 中，$AB = 6$，$BC = 8$，把△AEF 沿直线 EF 折叠，使点 A 落在边 BC 上的 G 点处，试求出 AF 及图中所得的三角形的周长？

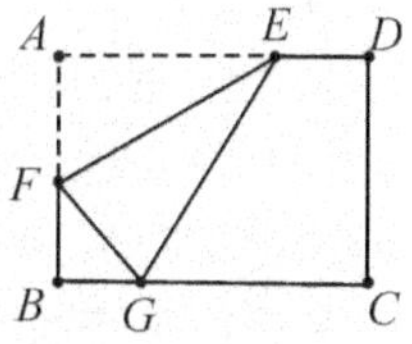

设计意图：进一步强化折叠中的几何直观，强化分类思想，熟悉用动态的观点来研究静态问题，熟练掌握列方程的方法在几何题中的运用。

图3

生10：条件不足，因为线 EF 都是动点。

师：很好，你会用动态的观点来研究问题。我们现在来规定 G 点恰好是 BC 的中点，如何求 AF。

生11：设 $AF = x$，则 $BF = 6 - x$，$FG = AF = x$，$BG = \frac{1}{2}BC = 4$，在 $Rt\triangle FBG$ 中，由勾股定理得 $(6-x)^2 + 4^2 = x^2$，$x = \frac{13}{3}$，求出 AF 后所有的线段均可求出，易得所有三角形的周长。

师：很好，变换背景后，你也会使用方程思想来解决问题了，再次验证了折叠中求线段的难题，很可能会涉及勾股定理这一经验。可以看出，本题很难用整体思想来求图中所得的三角形的周长。现在再来看折叠线在对边的情况，由于在矩形中这样做，往往会出现各种需讨论的情况，使问题过于复杂，先将问题的背景简化，在正方形中考虑一下这个问题：

支架问题3：如图4，将边长为 8cm 的正方形沿 EF 对折，求图中①②③④四个三角形的周长和为多少？

设计意图：让分类更为完备，逐步增大对折叠动作的想象难度，培养学生的整体思想。

生12：图中①②③④四个三角形的周长和为：

$D'E + D'C' + AE + C'F + AB + BF$
$= (D'E + AE) + (C'F + BF) + AB + D'C'$
$= AD + BC + AB + DC$
$= 32$

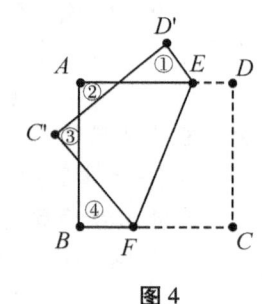

图 4

师：好，在更为复杂的背景中，你也会使用整体思想探究问题。本题中各三角形的边长能求出来吗？

生13：无法求出，因为 E、F 是动点，使得所有三角形的形成都是动态的。

师：好，会动态看问题。如果规定折叠线 EF 必须垂直于对角线，情况又会怎样呢，让我们继续回到矩形中来看一看：

支架性问题4：如图5，矩形纸片 $ABCD$ 中，$AD = 4cm$，$AB = 8cm$，按如图方式折叠，使点 B 与点 D 重合，折痕为 EF，求 DE 的长。

设计意图：逐步过渡到第21题中的第3问，让学生回忆并初步运用化整为零的思想。

生13：……（略，同生11的做法）

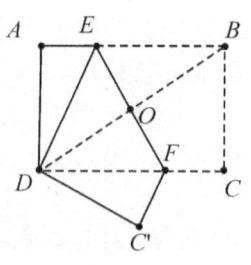

图 5

师：能否求出 EF 的长？

生14：设 $AE = x$，则 $BE = 8 - x$，根据勾股定理列方程有，$(AD)^2 + (AE)^2 = (DE)^2$，即 $16 + x^2 = (8-x)^2$，$x = 3$，$\therefore DE = BE = 3$，易得 $BD = 4\sqrt{5}$，由于 B、D 是对称点，所以，EF 是线段 BD 的垂直平分线。在 $\triangle ODE$ 中使用勾股定理得 $EO = \sqrt{5}$，$\therefore EF = 2\sqrt{5}$。

师：你运用了化整为零的思想，把 EF 这条线段分为 EO 与 FO 两部分。如果 EF 的位置更为特殊些，例如垂直于矩形的一条边，又如何呢？

支架性问题 5：如图 6，在问题 1 中，在 $C'D$ 和 BD 上分别取点 E、F，线段 EF 交 AD 于点 H，把 $\triangle FDE$ 沿 EF 折叠，使点 D 落在 D' 处，点 D' 恰好与点 A 重合，求 EF 的长。

设计意图：此为第 21 题收官之战，意在培养学生的总结概括能力，但注意适时撤除支架，避免禁锢了学生的思维。

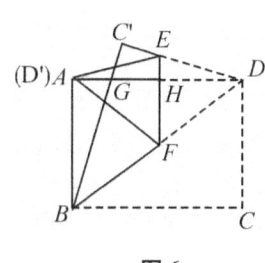

图 6

生 15：由 $\triangle AEF$ 是 $\triangle DEF$ 翻折而成可知，EF 垂直平分 AD，故 $HD = \dfrac{1}{2}AD = 4$，由问题 1 知 $\tan\angle ABG = \dfrac{7}{24}$，$\therefore \tan\angle EDH = \dfrac{7}{24}$，$EH = HD \times \tan\angle EDH = 4 \times \dfrac{7}{24} = \dfrac{7}{6}$，$\because HF$ 是 $\triangle ABD$ 的中位线，$\therefore HF = \dfrac{1}{2}AB = 3$，$EF = EH + HF = \dfrac{7}{6} + 3 = \dfrac{25}{6}$。

师：好，你的综合能力与概括能力很不错。一定要把 EF 化整为零分成两段吗？看看还有其他的解决办法没有？

生 16：如图 7，可以延长 DE，交 BA 的延长线于 M，$AM = AD \times \tan\angle EDH = 8 \times \dfrac{7}{24} = \dfrac{7}{3}$，$BM = AB + AM = 6 + \dfrac{7}{3} = \dfrac{25}{3}$，

$\because EF$ 是 $\triangle BMD$ 的中位线，$\therefore EF = \dfrac{1}{2}BM = \dfrac{25}{6}$。

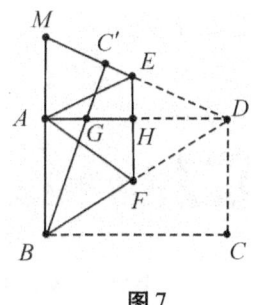

图 7

师：很好，这是一种取零补整的做法，根据局部还原整体求得了问题的完美解决。到现在为此，我们已经完成了对第 21 题解题思路的破解（教师出示题目）。下面请大家说一说在破解过程中，我们获得了关于折叠的哪些解题经验呢？

生 17：无论是在三角形中折叠还是在矩形中折叠的问题，都有可能会与勾股定理有关。

生 18：还可能与三角函数、相似、全等有关。

师：这种经验可以拓展吗？

生 19：我认为可以拓展到所有求线段长度的问题中。

师：大家总结得很好，希望大家记住本节课中形成的基本经验与所用过的数学思想，并在今后的解题活动中进一步验证和总结，下面请大家选择你喜欢的方法在

练习本上再详细地把第 21 题解答一遍。

4. 教学效能评析

也许有教师会说，像第 21 题这样一个中考压轴题，用 5～8 分钟讲解就结束了，用得着这样大动干戈吗？好像付出与收益不成正比。事实上，以上过程串联了多个中考压轴题，如问题 2 为 2010 年山东泰安的中考压轴题，问题 3 为 2010 年江苏宿迁的中考压轴题等。不仅如此，通过这些学习支架还厘清了图形折叠的一般规律，总结了图形折叠的经验及其所蕴含的数学思想。缘于此，学生的发散性思维找到了发挥的平台，教师提供的学习支架的枝节上挂满了学生从直观感悟中、从活动经验中形成的分类思想，割补思想，整体思想，化整为零、取零补整、函数及方程的思想。从课堂的教学评价来看，学生显然做到了举一反三，形成了解决所有类似问题的技能。从另一个与之作对比的实验班的情况来看，其所采用的传统讲授，多数学生也能听懂，但一检测就发现，除非是一模一样的题目，否则大多数学生还是显得一头雾水，方法与推理上只能机械照搬。

三、结语

"四基"理念的落实暂时还没有较为系统的操作模式，特别是"四基"中的基本数学活动经验，操作上容易单纯地理解成解题的经验，片面地把学生的练当作数学活动，把老师的讲当作经验构建的不二法宝。从我们开展的两种教学方式的对比试验来看，一味重复确实能达到一定的短期记忆效果，但很难将一时的体会转换成持久不衰的活动经验。看来，基本活动经验中更重要的是思维的经验，是在数学活动中思考的经验，学生的这些基本活动经验只有升华成数学的基本思想，解起题来才能得心应手。

▶▶ **我的教学主张** ▶

高品质的教学是让学生享受挑战、享受学习

1. 倡导培养学生享受磨难、勇于挑战的精神

自然科学的发展与进步从来就是在披荆斩棘、历经九九八十一难的过程中取得的，学习这种历经披荆斩棘得以发展的自然科学，是要有挫折、失败、沮丧、悲伤、痛苦的历练的。发明家爱迪生说，"天才就是百分之九十九的汗水加百分之一的灵感"；生物学家、进化论之父达尔文也说过，"我在科学方面所做出的任何成绩，都只是由于长期思索、忍耐和勤奋而获得的"。尽管如此，我还是不太喜欢苦学、苦干几个字，因为它容易让人产生想蛮干的心理，而可持续性的学习与发展，往往绝缘于毫无方向、不讲策略的蛮学、苦学。但苦学中有一种享受磨难、享受挑战的心态却又是十分需要提倡的，因为苦中寻乐然后成乐，是成就大事者的品质。这正如 2000 多年前的孔子提过的"知之者不如好之者，好之者不如乐之者"一样，许多教师在教学实践中就不太关注这种辩证关系，过于注重"苦"而忽视

"乐",以"苦"字为先,加班加点,布置大量的作业,牺牲了大量的个人休息时间,把学生当机器人来训练,迫不及待地逼着学生往脑袋里塞知识。这种精神很难让人敬佩,就算短期收效甚大,也会把学习与生活推入一种枯燥无味、被动接受的境地,也无法达成长期性的、富有战略性的效果,对学生的长期学习及一生未必有多大的作用。有一年,我在广东省第二师范学院培训省骨干教师时,有老师向我反映,他们学校有的教师的应试教学成绩经常在全校排第一,其经验是强迫学生背诵数学试卷,抄写例题,我惊讶得要晕过去了。当然,还有一种相反的情况是教师过于注重"乐",怕学生辛苦怕学生累,上课内容过于简单、过于细致,或者为了让学生少动脑少费劲,经常把答案直接告诉学生,试图把学生可能犯的错误全预防在先,这对于独生子女或少子化的时代极易恃宠生娇的一代来说更是可悲的,反而把肉体上的"乐"转化成了学生精神世界的苦与累。

所以,我提倡真正的高品质学习有如冲浪,教师应把要训练的东西转化成问题之浪,掺进探究之花,吸引及提升学生的征服欲,这样就会形成冲浪运动的态势:虽然大海中海浪重重、困难重重、风险重重,冲浪者却享受着浪尖上的舞蹈,在无限的心理刺激中享受着心灵的洗礼,享受着征服者的快乐,这种情况下,"苦"又算得了什么呢?

2. 构建直接通往"享受学习"的教学支架

既然学习过程是有着辩证法的苦与乐的矛盾体,我们就应当设法创造条件让矛盾的双方相互转化,让苦顺利地向乐的方向去发展。通过巧设支架,促进学生有意义地学习,避免机械学习,使学习材料本身具备逻辑意义。奥苏贝尔认为,关键是学习内容不是以定论的方式呈现给学生的。布鲁纳也认为,要让学生通过参与探究活动发现基本的原理或规则,使学生像科学家那样思考问题。我认为,具体到战术层面,就是创设问题支架来引导教学的进程,通过问题的解决而引导学习,在问题支架的帮助下培养学生乐于求知、求新、求美的行为习惯。例如,在学习无理数这一章时,我做了个实验,看看上述做法下我所刻意布置的大量作业及练习,其带来的是否一定是痛苦。我告诉学生无理数的发现者希帕斯被杀的原因是无法用数据或几何办法来证明无理数是存在的,所以,我就以"我们能救希帕斯"为主题,设计了如下问题支架引导学生学习:①我能像希帕斯一样发现无理数吗?②你能计算出$\sqrt{2}$到底等于多少吗?③你能精确地用数轴表示出$\sqrt{2}$ cm 的线段有多长吗?④无理数的作用有多大?结果发现,学生在学习本章的过程中,并没有被作业及练习之苦所困惑,相反,不想下课、课外激情争辩的事情时有发生。几天后,不少自发形成的学习小组已自主地形成了学习报告,详细论证了他们救希帕斯的办法,要求我在全班公布,还有两个学生在家长的支持下谱写了无理数之歌,让人听后不禁潸然泪下。看来,学习的苦在本章已转化成乐了,在问题支架的帮助下,"享受学习"的目标已达成。

3. 为"享受学习"营造充满个性的课堂环境

要达成享受学习的学习境界，只靠巧搭一下学习支架类的教学技能是不够的，还缺少一种文化。近几年来，衡水中学、杜郎口中学、洋思中学、昌乐二中等学校在这方面做了不少有益的探索，他们从课堂这个教育教学改革的主阵地出发，选择了以课堂导学案、课堂小组合作学习为突破口的教改方向，在课堂教学组织形式方面形成了富有自己特点的课堂文化，特别是这种文化达成了或多或少的有意义学习的心向，是最值得我们深思与借鉴的。所谓有意义学习的心向，奥苏贝尔认为是指学习者能积极主动地在新知识与已有适当观念之间建立联系的倾向性。学习者是否具有意义学习的心向，决定了他所进行的是否是有意义学习，是否通过有意义学习使学习材料的潜在意义转化为实际意义即获得心理意义。缺乏有意义学习心向的学生，常常会面对有逻辑意义或潜在意义的材料也不会主动地寻求新旧知识间的联系，而是机械地按字面的表述死记硬背。依奥苏贝尔所说的境界，要真正地养成享受学习的心理倾向，就必须重视营造充满个性、充满人性、充满人情的课堂环境，必须注重培养学生民主的性格，使学生成长在乐于分享、善于沟通、服膺真理、勇于承担、敢于创新的优秀课堂文化中，从而成为积极的生活者，最终形成有意义学习的心向。猥琐、胆怯、懦弱、无担当意识都是有意义学习心向的天敌，"享受学习"只有在人与人心灵距离最短的时刻最易达到。我在课堂上大多数时候也会选择上述各校的成功做法，即以课堂导学案、课堂小组合作学习的方式来达成有意义学习的心向的，但数学是一门自然科学，有些知识点有时更需要独立思考，需要通过制作一些课堂文化的规则或者通过信息化的教学手段来越过学生的实际能力，形成更高层次的有意义学习的心向。

［实例］在学习三角形的三条角平分线（三条中线、三条高或高的延长线、三边的垂直平分线）相交于一点时，传统教学方式都是让学生作图、观察、得出结论，但每个学生在作图中总会出现种种误差，有些同学所画的三条线没有相交于一点，而有些同学所画的三条线交在了一点，教师设置问题：交于一点是否是偶然现象？你要规定学生只能在是与否两个答案中选择，并对自己的选择寻找至少一个伙伴互相补充。接着提出第二个问题：能否用你所掌握的信息技术手段来解决这一问题？引导学生进入小组互帮互教的学习。教师最后总结，凡是与度量有关的问题，都可以使用几何画板，在几何画板里，只要画出一个三角形，用菜单命令画出相应的三条线，就能观察到三线交于一点的事实，然后任意拖动三角形的顶点，改变三角形的形状和大小，但三线交于一点的事实总是不会改变。

［课堂文化环境设计分析］这里设计了两个问题支架，对于第一个问题支架，成绩优秀的学生会联系学科知识来分析，而学困生可以使用本能来猜想，这样就起到开启"人人皆有话语权"的作用，有效地规避了话语权垄断的现象，起到了有意义学习的心向的效果。第二个支架起了指南作用，为合作学习提供了方向。这里

的信息技术拓展了学生的现有水平，也就是拓展了独立活动时所能达到的解决问题的水平，大大地拉近了学生的实际水平与学生可能的发展水平之间的差距，学生互教互帮、人人动手、亲身经历，再次增强了学生有意义学习的心向的效果。可以断言，多一些这样的教学活动，充满个性、充满人性、充满人情的课堂环境是指日可待的。

他人眼中的我

商庆平老师能自如、深度地带领学生遨游在数学的知识、思维、思想的海洋里；课程设计高度严谨，逻辑性强，具有规划性。总能进行大胆的预设，进行规划式的推进发展，能淋漓尽致地推动学生思维生态式地发展；课程设计非常顺畅，能建立认知的支架，让学生自然地成长，促进学生思维的深层次发展。商老师的课堂思维含量往往较大，对学生挑战性大，对学生的长远发展起到至关重要的推动作用。

（市级数学名师、江门市第一中学景贤学校教导主任　冯海燕）

我是商庆平老师成长的见证人。共事 11 年，他从中学数学高级教师到正高级教师、从普通教师到特级教师，再到省名师工作室的主持人，每一次优雅的转身，无一不彰显出他过人的毅力、扎实的专业理论知识、优秀的人格魅力和追求卓越的品质。尽管身兼副校长职务，仍始终深入课改的第一线，对青年教师不遗余力地进行专业引领，校内校外、市内市外，处处留下他讲学、讲座、送教、指导的足迹。他在我眼中，就是一位精力充沛、业务精湛、业绩突出、教研能力强的教育专家。

（市级数学名师、江门市第一中学景贤学校数学科组长　屈文芝）

商庆平老师是一位知识型、学者型、专家型的名师，治学严谨、要求严格、积极进取、施教有方、成绩显著。他的课堂教学体现了"学生为主体、教师为主导、训练为主线"的教学理念，形成了高效的数学课堂教学模式，整个数学课堂教学充满生机、充满激情、充满笑声，让人充满留恋。

（数学高级教师、广东省恩平市年乐夫人学校副校长　冯春威）

商庆平老师是一位"高人"。在教学中，总是能用一两句话，让人产生醍醐灌顶、豁然开朗之感；总能找到办法给学生一个"支架"，让学生站在原有基础上轻松面对难题或新知，并在挑战自我的时空中找到思维迸发的一刻。商老师是"名师"，更是一位"文人"，博学多思，精准的概括、激昂的文笔总能让人感受到他的激情和才华。商庆平老师也是一位"好玩的人"，他的数学课堂中，手绘动画、教学配音以及"大圣闹肠""独孤九剑"……嬉笑玩闹中尽显睿智和深深的教育情怀!

(新会葵城中学教导处主任、跟岗学员、省骨干教师　朱雄威)

　　有幸跟从商校学习,感受了商校长宽厚博大、甘为人梯的教育家胸怀和智慧。对人姿态低、温和从容,做事要求高、充满激情。学识渊博,见识广博,经验丰富,好学善学敢创新,无论是教育教学方法,还是教学辅助手段——信息技术,都敢为人先做尝试并收到很好的效果。对同行倾其所有进行指导,知无不言。对学生耐心设置各种支架进行引导,不紧不慢,循循善诱,真正做到了"不愤不启,不悱不发"。课堂上淡定自如,有一种"一切尽在掌控中"的大气,授课流畅如行云流水,不知不觉间学生自主建构了知识网络;教学中重视知识间的横向和纵向的联系,刻意培养学生探究数学问题和研究问题的方法;特别注重数学思想的渗透和问题解决的思路方法的引导。

(中山市第一中学数学科组长、跟岗学员、省骨干教师　吴群)

严谨　条理　简洁

● 江门市鹤山市第一中学　叶　炼（高中数学）

● 个人简介

叶炼，男，汉族，1968年10月出生，中共党员，中学数学高级教师，鹤山市第一中学副校长。广东教育学院数学专业本科毕业，北京师范大学教育经济与管理研究生课程班结业。自1990年从教以来，一直担任高中数学教学工作，曾兼任学校团委副书记、教工团支书、级组长、教导处副主任。曾任教育部首都师范大学基础教育课程研究中心"北师大版高中数学教材实验指导委员会"委员。2003年被评为"江门市优秀教育科研工作者""江门市优秀教育工作者"。2008年被评为"首批江门市学科带头人"，2015年被评为"首批鹤山市名校长"，2015年被认定为"首批江门教育专家培养对象"。有10多篇论文发表在《中学数学》等省级刊物，参编书籍共5本，其中主（副）编4本；指导学生的研究性学习成果《对十字路口红绿灯时间的探索》发表在《中学生数学》。曾主持2个省级课题，现正主持江门市教育科学"十三五"规划课题。

▶ 我的教学风格 ▶

严谨是形容态度严肃谨慎，细致、周全、完善，追求完美。它出自宋代欧阳修《尚书工部郎中欧阳公墓志铭》："君讳载，字则之，性方直严谨。"

条理是指事物的规矩性，条条是理（讲究章法、法则），条条是道（讲道理）。它出自清代梁启超《谭嗣同传》："语以南海讲学之宗旨，经世之条理，则感动大喜跃。"

简洁是指（说话、行为等）简明扼要，没有多余的内容，出自宋代苏辙《商论》："商人之诗骏发而严厉，其书简洁而明肃。"

严谨、条理、简洁是分别从态度、逻辑、表现三个方面阐述我的教学风格的，其具体表现为：课堂教学主线明确、环节清晰、节奏和谐、设计新颖，通过教师的激情创设良好的课堂氛围，通过扎实的训练，达成高效课堂！课堂上，将条理分明、简明扼要的板书展示给学生，以方便学生做笔记；在阐述知识生成时，科学严谨、简洁精练的语言贯穿始终，并努力追求抑扬顿挫的语调，将题型及解题方法进行归纳提炼，方便学生掌握；创设探究情景，给学生展示的机会，实现了从"如何教得好"向"如何让学生学得好"的转变。治学严谨，追求完美。

▶▶ 我的成长历程 ▶

一、初登教坛，回报优厚

1988年6月，从阳江师范学校毕业的我，被学校和阳西县教育局推荐到广东教育学院数学系读书。两年后，我带着一张数学专业专科毕业证回到母校——阳江市程村中学工作。

程村中学，曾是农村完全中学，在我读初中的时候，撤销了高中，只办初中，是原阳江县教学质量最好的两所初中学校之一。在我大学毕业的时候，学校复办高中，开设了两个班。于是，我成了学校唯一的高中数学教师，还兼任一个班的班主任。没读过高中的我要教高中（注：中师的数学比高中的数学内容多，但深度严重不够），而且没有"师傅"，甚至连教学参考书都没有。在煎熬了一个月后，终于弄到一本教学参考书，情况稍有好转。但课本的难度，根本不足以应对高考。于是，我将每月工资的大部分用来购买教学资料书，将每天的绝大部分时间用于备课，几乎每天都在晚上11点后才放下教学资料书。就这样，我挺过了一个学期，意想不到的是，学生很喜欢我，我的教学成绩也不错。学校领导由原来喜欢学生时代的我，变成也喜欢我这位青年教师了。我悬着的心终于放了下来！紧接而来的5个学期，我同样是购买了大量的资料书，用了绝大部分的时间钻研教学。就这样，我完成了教学生涯的前三年即第一个高中循环教学工作。在程村中学这3年，学生喜欢我的课、喜欢我，其中一位学生模仿我的字，达到形神俱备的境界，也不知是不是因我的缘故，这两个班的学生后来有十多人当了教师。这3年，同事夸赞我，其中公开课《点到直线的距离》几乎成了学校数学科的精品课、样板课；这3年，领导肯定我，给我优秀班主任的荣誉，给我团委副书记的岗位。我觉得：辛勤的付出，定能得到优厚的回报。

二、初进县城，褒贬不一

1993年7月，因家庭的原因，我调到鹤山市鹤华中学（鹤华中学是鹤山市排名第二的中学）。此时的我，怀有程村中学优秀教师证书，而且，在应聘试教时就被学校一位权威数学老师认为是试教者中最好的，甚至说出"想不到竟然可以这样处理教材"的话。所以，虽然是到了县城中学，但我并没有一点"刘姥姥进大观园"的感觉。相反，我很自信，相信自己完全能胜任"大观园"的工作。

学校给我安排了高二两个理科班的课，兼重点班的班主任（注：当时高二仅一个文科班与两个理科班）。当时的我，除了感觉到学校的重视之外，好像还有点别的。但我也一如既往地认真工作，对课堂教学有更高的追求，其间上过几节甚得同事"吹捧"的公开课。我每次都负责学校大考的命题，被誉为上课好、能命题的好教师。科组长曾调查一位补习生对我的评价，他说我比上一任老师好多了，而这个上一任老师是刚被提拔为教导主任的一位非常优秀的权威老师。于是我有点飘飘然了，不过，我从没放松对优质课堂教学的追求。

在鹤华中学的这两年，这班主任当得很不容易。我接手的班被喻为双差届。经过我的努力，虽然各方面进步不少，但终究没达到学校领导的要求。在鹤华中学的这两年，我的课堂教学得到进一步的肯定，虽然班主任工作却受到质疑，但我觉得是在进步中。

三、调往新校，锋芒初露

1995年7月，我带着郁闷的心情来到鹤山撤县设市新办的一所完全中学——纪元中学。此时的我，对工作没有一点儿热情，只是在应付着。不知是有"优秀教师"的特质，还是其他什么原因，学生挺喜欢我，虽然我只是任务式地工作着，但担任班主任的班级却几乎每月都获"文明班级"称号，学生考试成绩明显优于其他班。就这样，一个学期过后，我觉得我是当老师的料，而且能当好老师。我又恢复了往日的工作热情！

1996年春，我以《等比数列的前n项和》一课参加鹤山市中小学优质课比赛，获得中学组第一名，这对我影响非常大，坚定了我能当优秀教师的心。其实，我的课堂教学屡有光荣的历史：在广州铁路一中实习时上了一节受到广东教育学院数学系领导和实习学校教师好评的课——《轴对称图形》，在程村中学和鹤华中学的公开课都可圈可点，有的堪称精品。

这一次优质课比赛获得第一名，再一次证明了我的实力，奠定了我在鹤山市课堂教学中的"江湖地位"。后来，我参加过江门市、广东省相关的比赛，都获得比较好的成绩。我摸索出"巧妙导入新课·精心探析知识生成·深入挖掘教材潜能"的课堂教学模式和"析例—归类—变式"的例题教学法，在鹤山市有着良好的反响！当然，这也归功于市教研室李炳源老师的肯定与欣赏！

课堂教学只能成就骨干教师，要想当名师，肯定要在论文和课题等方面努力。于是，我开始尝试。涉足后，收获喜人：多篇论文获县、市和省级奖励，课题"分层教学 分类指导 提高素质"获第三届教育教学科研优秀成果一等奖、"数学素质教育的理论与实践研究"获市第四届教育教学科研优秀成果二等奖。也正因如此，我被聘为鹤山市第二、三届中学数学学科带头人，江门市中学数学理事会理事，广东省教育学会会员。

被鹤华中学领导背地里认为"班主任工作不行"的我，在纪元中学的7年中当了6年班主任和1年级组长。担任班主任的班级几乎每月都是"文明班级"，每个学期必定是"文明标兵班"。我也多次被评为"鹤山市优秀班主任""鹤山市先进德育工作者""鹤山市先进教育工作者"等，是2000年广东省优秀中小学班主任鹤山市两名候选人之一。

在纪元中学这7年，锋芒初露，可以说是奠定了我在鹤山市课堂教学的"江湖地位"，甚至是中学数学学科教科研的位置。我的班级管理工作进一步成熟，得到学生的肯定、家长的认同、同事的赞赏，我开始涉足级组管理工作，并获校领导肯定。

四、南山沃土，才华初展

2002年7月，踌躇满志的我来到坐落在南山上的鹤山市第一中学，带着一种挑战。我要挑战自我，我要挑战权威。

在课堂教学方面，凭着我的实力，通过几节公开课，我的课堂教学能力很快就得到大家的肯定。我刚调到一中不久，学校一名颇有名气的老师要参加鹤山市课堂教学比赛，教导处主任介绍他找我帮忙，这应该算是一种官方的肯定。

多年来，我任教班级的成绩在平均分和高分方面均表现突出。2008年任教的高三（13）、高三（14）班高考数学平均分分别是江门市所在科类的第一、二名。更难得的是，在江门市理科数学前10名中，我任教班级的学生就占了7人。2008年，我被江门市教育局授予"高考工作先进工作者"称号。

我认真指导数学课外兴趣小组，学生参加数学竞赛成绩优异。在2008年全国中学生数学竞赛中，麦锦鹏、林江顺、李醒民、冯俊杰等同学获省级以上奖励。我在指导学生开展研究性学习方面成绩突出，其中有2个案例获江门表彰，5个案例获鹤山奖励，在市内产生积极影响。

调到一中后，在论文撰写和课题研究方面我倾注了不少的精力。我撰写的论文，除了获县、市级奖励外，还有些公开发表或获更高级别的奖励，其中《"是否存在型"探索性问题的解题策略》《例谈用法向量解高考题》和《舍本逐末不可取——带而过实可惜——对未发挥课本例题功能课例的随想》等十多篇论文发表在《中学数学研究》《中学数学》《中学数学杂志》和《广东招生报》等省级刊物上，获省级奖3篇；2002年8月，经鹤山市教研室推荐的论文《谈数学素质教育》获《中国教育报》组织的征文大赛一等奖。

我积极参加教辅资料的编写工作，其中参加了《新课程复习与提高》《中学教材讲义〈高中数学〉必修⑤》《〈活学巧练〉高中数学必修①》《〈活学巧练〉高中数学必修②》《高考红皮书·专题复习卷·数学（理）》的编写工作。

此外，我还指导学生写小论文，其中唐静文等同学的《对彩票分析可靠性的研究》获广东省第19届青少年科技创新大赛科技论文铜奖；温建华等同学的《对十字路口红绿灯时间的探索》发表在《中学生数学》（2004年7月）。

在课题研究方面，我曾主持广东教育学会规划课题"新课程背景下数学教学评价的研究"和教育部北京师范大学课程中心课题"高中数学'互动-发生'式教学的研究与实践"的研究工作，其中"高中数学'互动-发生'式教学的研究与实践"于 2013 年 12 月结题。

由于我在课堂教学的教改探讨、论文的撰写和课题的研究等方面都取得了一定的成绩，2003 年，我被评为"江门市优秀教育科研工作者"。2006 年 5 月，我被教育部首都师范大学基础教育课程研究中心、北师大版高中数学教材编委会和北京师范大学出版社聘为"北师大版高中数学教材实验指导委员会"委员。2008 年，我被聘为首批江门市学科带头人。至此，我在江门数学科的名师地位基本确立了。

曾经在两所学校的级组长岗位上历练过的我，在 2008 年 8 月被提拔为学校教导处副主任，开始了我的学校行政工作。

也许是一种机遇，分管教学工作的副校长要参加岗位培训两个多月，他主管的高一年级的所有工作由我接手，级组长出身的我对级组管理可谓是驾轻就熟，只不过角色有点儿变化：由级组长变成分管行政。同时，我接手他分管的全校的教学工作，这是一个非常大的挑战！后来副校长回来，我也仍然做了不少原来属于他的工作，这使我相当于得到了几乎是两个岗位的历练，或者说是比一般主任更多的锻炼。这一时期，我小心翼翼地对待每一项工作，有条不紊地开展每一项工作，认真反思每一项工作，功夫不负有心人！我的工作受到普遍好评。特别是规范了考试，使原本杂乱无章的学校考试井然有序，几乎达到中高考的要求，令人刮目相看。教学常规检查反馈评价会上，信息准确，褒贬到位又不失公允，简明扼要的文字与言简意赅的口头表达深入人心！工作务实、讲话简洁成了我的标签。

由于学校 2009 年中考成绩不理想，没教过初中，更没有初中毕业班管理经验的我，只凭"工作务实"四字，便被推上初三分管行政的岗位。当时，颇有诸葛亮《出师表》所言"受任于败军之际，奉命于危难之间"的感觉。受命以后，分析学情，制定计划，确立师生忧患意识和必胜的信心，通过优化班级管理，落实分类分层、强化辅导等措施。真所谓功夫不负有心人，2010 年中考创学校历史纪录！

2011 年高考，我校意外地出现过本科重点线人数非江门市第一的结果，我校被别校学生网上调侃，出现了触动高层的言辞，我校调兵遣将，准备扭转乾坤。也不知是因为 2010 年的中考成绩，还是因为我当了副校长，2011 年 9 月，我的工作调整为分管高二年级工作。这意味着我要为 2013 年的高考买单！这虽然是作为行政第一次分管高考工作，但指导高考是我熟悉的工作，又有 2010 年分管初中毕业班的经历，况且还有两年时间，我也并不紧张。但 2012 年高考又一次出现与 2011 年同样的意外，令我不紧张都不行！

我们充分发挥高考领导小组作用，主动加强与各级领导的沟通联系，并将重要指示落到实处；建设好备考团队，并努力提升团队的战斗力；坚持严明的纪律作风，有效促进严谨学风的形成；坚持精密部署，通过抓好常规、抓严细节、抓实过程，将每一项工作落实到位。

通过全体师生的共同拼搏，2013 年的高考成绩在我校历届高考光荣榜上添上了浓墨重彩的一笔。通过这一年的高考，我也成为江门市优秀教育工作者。我后来负责的2016年的高考工作，再创辉煌。

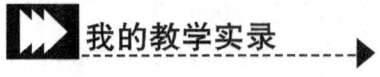

《椭圆》教学实录

说明：这是一节高三复习课，主要通过知识回顾达到巩固基础知识的目的，通过高考题进行强化训练落实掌握，通过归纳总结、拓展深化提高能力，从而达成教学目标。

一、知识回顾，巩固基础

1. 椭圆的定义

师：我们知道椭圆有两个定义。第一定义：平面内，一个点到两个定点的距离之和是一个常数$2a$，即$|PF_1|+|PF_2|=2a$，这说明是什么？

生：$2a>|F_1F_2|$。

师：如果等于，其轨迹是什么？

生：线段$|F_1F_2|$。

师：如果小于呢？

生：其轨迹不存在。

师：第二定义：动点到定点的距离比到定直线的距离等于常数e，如果$e\in(0,1)$，那么这个动点的轨迹是椭圆。如果这个常数越大，椭圆越圆，越小，越扁。

2. 方程

（1）椭圆的标准方程。

师：我们通常认为$\dfrac{x^2}{a^2}+\dfrac{y^2}{b^2}=1$焦点在$x$轴上，$\dfrac{y^2}{a^2}+\dfrac{x^2}{b^2}=1$焦点在$y$轴上，这样说行吗？

生：不行。

师生：一定要注意：$a>b>0$。

师：那么在这个标准方程中，我们要搞清楚三个问题。第一，a、b、c有什么关系？

师生：$a^2=b^2+c^2$。

师：第二个问题，焦点所在轴怎么判定？如随便给出一个方程$\dfrac{x^2}{3}+\dfrac{y^2}{13}=1$，焦点在哪个轴上？

生：y轴。

师生：我们是看x^2、y^2下的分母哪个大，那么焦点就在哪个轴上。

师：如 $3x^2+4y^2=1$，焦点在哪个轴上？

生：x 轴。

师：也可以说看它的系数哪一个小，焦点就在哪条轴上。

师：第三个问题，我们平时怎么设方程？如果我们知道焦点在 x 轴上，就设方程为 $\frac{x^2}{a^2}+\frac{y^2}{b^2}=1$，如果焦点在 y 轴上，就设为 $\frac{y^2}{a^2}+\frac{x^2}{b^2}=1$，一定要在后面注明 $a>b>0$。

师：如果不知道焦点所在轴，应该怎么设？

师生：应设为 $\frac{x^2}{m^2}+\frac{y^2}{n^2}=1$，同时限定 $m>0$，$n>0$；或者可以设为 $Ax^2+By^2=1(A>0,B>0)$。

师：我们在这里要注意两个问题。① $Ax^2+By^2=C$ 表示椭圆的条件？

师生：A、B、C 同号。

师：这样就行了吗？

师生：还要加一个条件是：$A\neq B$。

师：② $\frac{x^2}{a^2}+\frac{y^2}{b^2}=\lambda$ 与 $\frac{x^2}{a^2}+\frac{y^2}{b^2}=1$ 有共同的什么？

师：双曲线中，$\frac{x^2}{a^2}-\frac{y^2}{b^2}=\lambda>0$ 与 $\frac{x^2}{a^2}-\frac{y^2}{b^2}=1$ 有共同的渐近线，那么这里有共同的什么呢？

生 1：不知道。

生 2：离心率。

师：对了，它们有共同的离心率。因为 $e^2=\frac{c^2}{a^2}=1-\frac{b^2}{a^2}$，前面的 $e^2=\frac{a^2\lambda}{b^2\lambda}=\frac{a^2}{b^2}$。

（2）椭圆的参数方程。

师：其实我们知道椭圆的参数方程是不要求掌握的，但在后面的变换里，我们经常用三角代换的方法，实际上就利用了椭圆的参数方程 $\begin{cases}x=a\cos\theta\\y=b\sin\theta\end{cases}$（$\theta$ 为参数），这个方程在三角代换中用得较多。

3. 常用的性质

师：常用的性质有三点：①四线：两条对称轴和两条准线：$x=\pm\frac{a^2}{c}$，$y=\pm\frac{a^2}{c}$；②六点：两个焦点和四个顶点；③焦半径：由第二定义得到，$a\pm ex_0$ 或 $a\pm ey_0$；焦半径存在最值 $a\pm c$。

4. 点与椭圆

师：第一个是点与椭圆的位置关系，点在椭圆上我们掌握得比较好。怎么判断点在椭圆内？

师生：$\Leftrightarrow \dfrac{x_0^2}{a^2} + \dfrac{y_0^2}{b^2} < 1$。

师：第二个，我们要注意这样一个题目：已知椭圆 $\dfrac{x^2}{16} + \dfrac{y^2}{12} = 1$，椭圆内一点 $A(2, \sqrt{3})$，椭圆上的一动点 M，求 $|MA| + 2|MF|$ 的最小值。

师：我们经常强调这个问题，因为椭圆有，双曲线有，抛物线也有。

师：我们见到这个式子 $|MA| + 2|MF|$ 应该会想到椭圆的离心率是多少？

师生：$\dfrac{1}{2}$。

师：$|MF|$ 的 2 倍实际上是 M 到准线的距离，那么，$|MA|$ 加上这个距离的最小值，也就是点 A 到准线的距离，我们很容易就求出来了。

师：此时，我们怎么求点 M 的坐标？

师生：点 M 的纵坐标是 $\sqrt{3}$，横坐标代入方程计算。

5. 直线与椭圆

师：直线与椭圆，我们要注意六个方面的内容。①位置关系的判定：联立两个方程，根据 Δ 判定。

师：②弦长公式 $|AB| = \sqrt{1+k^2}\,|x_1 - x_2| = \sqrt{1 + \dfrac{1}{k^2}}\,|y_1 - y_2|$，其中 k 是直线的斜率。

师：③通径的长 $= 2\dfrac{b^2}{a}$。

师：④ $\triangle ABF_2$ 的周长 $= 4a$。

师：⑤ $\triangle AF_1F_2$ 的面积 $= b^2 \tan\dfrac{A}{2}$，当 $A = 90°$，面积为 b^2。

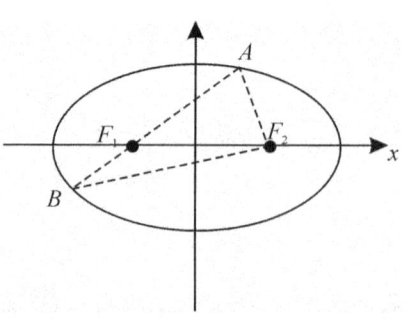

师：⑥椭圆上存在 A 点，使 $\angle F_1AF_2 = 90°$ 的条件是什么？只要看什么？

师生：主要 $c \geq b$。

师：如果等于有几个点？

生：两个。

师：如果大于呢？

生：四个。

师：此时，离心率 e 的范围是多少？

生：$\left[\dfrac{\sqrt{2}}{2}, 1\right)$。

师：对了。因为 $c \geq b$，即 $c^2 \geq b^2$，$c^2 \geq a^2 - c^2$，$2c^2 \geq a^2$，即可求。

二、强化训练，落实掌握

[高考试题回顾]

(1)（2016年高考浙江卷理数）已知椭圆 $C_1: \dfrac{x^2}{m^2} + y^2 = 1$（$m > 1$）与双曲线 $C_2: \dfrac{x^2}{n^2} - y^2 = 1$（$n > 0$）的焦点重合，$e_1$、$e_2$ 分别为 C_1、C_2 的离心率，则（　　）。

A. $m > n$ 且 $e_1 e_2 > 1$ B. $m > n$ 且 $e_1 e_2 < 1$
C. $m < n$ 且 $e_1 e_2 > 1$ D. $m < n$ 且 $e_1 e_2 < 1$

【解析】

试题分析：由题意知 $m^2 - 1 = n^2 + 1$，即 $m^2 = n^2 + 2$，$(e_1 e_2)^2 = \dfrac{m^2 - 1}{m^2} \cdot \dfrac{n^2 + 1}{n^2} = (1 - \dfrac{1}{m^2})(1 + \dfrac{1}{n^2})$，代入 $m^2 = n^2 + 2$，得 $m > n, e_1 e_2 > 1$，故选A。

【易错点睛】计算椭圆 C_1 的焦点时，要注意 $c^2 = a^2 - b^2$；计算双曲线 C_2 的焦点时，要注意 $c^2 = a^2 + b^2$，否则很容易出现错误。

(2)（2016年高考新课标Ⅲ卷文理）已知 O 为坐标原点，F 是椭圆 $C: \dfrac{x^2}{a^2} + \dfrac{y^2}{b^2} = 1(a > b > 0)$ 的左焦点，A、B 分别为 C 的左、右顶点，P 为 C 上一点，且 $PF \perp x$ 轴，过点 A 的直线 l 与线段 PF 交于点 M，与 y 轴交于点 E，若直线 BM 经过 OE 的中点，则 C 的离心率为（　　）。

A. $\dfrac{1}{3}$ B. $\dfrac{1}{2}$ C. $\dfrac{2}{3}$ D. $\dfrac{3}{4}$

【解析】

试题分析：由题意设直线 l 的方程为 $y = k(x + a)$，分别令 $x = -c$ 与 $x = 0$ 得点 $|FM| = k(a - c)$，$|OE| = ka$，由 $\triangle OBE \sim \triangle CBM$，得 $\dfrac{\frac{1}{2}|OE|}{|FM|} = \dfrac{|OB|}{|BC|}$，即 $\dfrac{ka}{2k(a-c)} = \dfrac{a}{a+c}$，整理，得 $\dfrac{c}{a} = \dfrac{1}{3}$，所以椭圆离心率为 $e = \dfrac{1}{3}$，故选A。

【思路点拨】求解椭圆的离心率问题主要有三种方法：①直接求得 a, c 的值，进而求得 e 的值；②建立 a, b, c 的齐次等式，求得 $\dfrac{b}{a}$ 或转化为关于 e 的等式求解；

③通过特殊值或特殊位置，求出 e。

(3)（2015年高考新课标Ⅰ卷理数）一个圆经过椭圆 $\frac{x^2}{16}+\frac{y^2}{4}=1$ 的三个顶点，且圆心在 x 轴的正半轴上，则该圆的标准方程为_____。

【解析】设圆心为 $(a, 0)$，则半径为 $4-a$，则 $(4-a)^2 = a^2 + 2^2$，解得 $a = \frac{3}{2}$，故圆的方程为 $(x-\frac{3}{2})^2 + y^2 = \frac{25}{4}$。

(4)（2014年全国卷）已知椭圆 C：$\frac{x^2}{a^2}+\frac{y^2}{b^2}=1(a>b>0)$ 的左、右焦点为 F_1、F_2，离心率为 $\frac{\sqrt{3}}{3}$，过 F_2 的直线 l 交 C 于 A、B 两点，若 $\triangle AF_1B$ 的周长为 $4\sqrt{3}$，则 C 的方程为（   ）。

A. $\frac{x^2}{3}+\frac{y^2}{2}=1$ 　　　　B. $\frac{x^2}{3}+y^2=1$

C. $\frac{x^2}{12}+\frac{y^2}{8}=1$ 　　　　D. $\frac{x^2}{12}+\frac{y^2}{4}=1$

【解析】根据题意，因为 $\triangle AF_1B$ 的周长为 $4\sqrt{3}$，所以 $|AF_1|+|AB|+|BF_1| = |AF_1|+|AF_2|+|BF_1|+|BF_2| = 4a = 4\sqrt{3}$，所以 $a = \sqrt{3}$。又因为椭圆的离心率 $e = \frac{c}{a} = \frac{\sqrt{3}}{3}$，所以 $c = 1$，$b^2 = a^2 - c^2 = 3 - 1 = 2$，因此，椭圆 C 的方程为 $\frac{x^2}{3}+\frac{y^2}{2}=1$，故选 A。

(5)（2014年辽宁卷）已知椭圆 C：$\frac{x^2}{9}+\frac{y^2}{4}=1$，点 M 与 C 的焦点不重合，若 M 关于 C 的焦点的对称点分别为 A、B，线段 MN 的中点在 C 上，则 $|AN|+|BN| =$ _____。

【解析】设 MN 的中点为 G，则点 G 在椭圆 C 上，设点 M 关于 C 的焦点 F_1 的对称点为 A，点 M 关于 C 的焦点 F_2 的对称点为 B，则有 $|GF_1| = \frac{1}{2} \cdot |AN|$，$|GF_2| = \frac{1}{2}|BN|$，所以 $|AN|+|BN| = 2(|GF_1|+|GF_2|) = 4a = 12$。

(6)（2013年大纲版全国卷高考文科）已知 $F_1(-1,0)$，$F_2(1,0)$ 是椭圆 C 的两个焦点，过 F_2 且垂直于 x 轴的直线交 C 于 A,B 两点，且 $|AB|=3$，则 C 的方程为（   ）。

A. $\frac{x^2}{2}+y^2=1$　　B. $\frac{x^2}{3}+\frac{y^2}{2}=1$　　C. $\frac{x^2}{4}+\frac{y^2}{3}=1$　　D. $\frac{x^2}{5}+\frac{y^2}{4}=1$

【解析】选 C。设椭圆的方程为 $\dfrac{x^2}{a^2}+\dfrac{y^2}{b^2}=1(a>b>0)$，由题意知 $\dfrac{b^2}{a}=\dfrac{3}{2}$，又 $c^2=a^2-b^2=1$，解得 $a=2$ 或 $a=-\dfrac{1}{2}$（舍去），而 $b^2=3$，故椭圆得方程为 $\dfrac{x^2}{4}+\dfrac{y^2}{3}=1$。

(7)（2012年四川卷）椭圆 $\dfrac{x^2}{4}+\dfrac{y^2}{3}=1$ 的左焦点为 F，直线 $x=m$ 与椭圆相交于点 A、B，当 $\triangle FAB$ 的周长最大时，$\triangle FAB$ 的面积是_____。

【解析】如图，设椭圆右焦点为 F'，直线 $x=m$ 与 x 轴相交于 C，由椭圆第一定义，$|AF|+|AF'|=|BF|+|BF'|=2a=4$，

而 $|AB|=|AC|+|BC|\leqslant|AF'|+|BF'|$，

∴ 当且仅当 AB 过 F' 时，$\triangle ABF$ 周长最大，

此时，由 $c=1$，得 $A\left(1,\dfrac{3}{2}\right)$，$B\left(1,-\dfrac{3}{2}\right)$，即

$|AB|=3$，

∴ $S_{\triangle ABF}=\dfrac{1}{2}|AB||FF'|=3$。

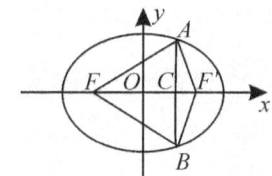

三、归纳总结，拓展深化

知识上：回顾了与椭圆有关的知识点及常用结论。

题型上：联系考纲要求，回顾历年高考题中有关椭圆的填空题与选择题的考法，明确备考方向。

方法上：体会数形结合的思想方法。

教学反思

一、成功之处

1. 知识点的总结归纳

在高三的第一轮复习课中，对知识点的复习回顾是必要的，这样的做法有利于中下层学生巩固基础，对学生的灵活解题也有一定的帮助。而如何对有关知识点进行综合重组、归纳，这会直接影响到我们的课堂效率及教学效果。在本节课当中，我除了回顾一些基本的知识点外，还引导学生在习题中提炼出了一些重要的结论。如：在课堂中我引导学生推导出 $\dfrac{x^2}{a^2}+\dfrac{y^2}{b^2}=k(k>0)$ 与 $\dfrac{x^2}{a^2}+\dfrac{y^2}{b^2}=1$ 具有相同的离心率，这个结论在一些求椭圆方程的习题中可以帮助学生大大地节省解题时间；又

如，在直线与椭圆的有关知识点中，我针对学生课前的习题补充了这个结论：椭圆上存在 A 点，使 $\angle F_1AF_2=90°$ 的条件，$c \geq b$，此时 $e \in \left[\dfrac{\sqrt{2}}{2},1\right)$，当 $c>b$ 时，有四点，当 $c=b$ 时，有两点。这个结论在一些填空题、选择题中也可以帮助学生快速地解题。其实，在复习课的知识总结回顾方面，作为教师的我们不应该单纯地拘泥于课本给出的现有的知识点，我们应该善于引导学生在解题中总结、提炼，这样不但有利于提高学生的解题速度，同时也可以培养学生良好的学习习惯，激发他们的求知欲，提高他们自主探索、自主学习的能力，而这也正是新课标所要求的，也是高考改革的趋向。

2. 习题的选取与讲解

提高课堂效率的另一个重要的因素是习题的选取。无论在新授课还是复习课中，习题的选取必须要有针对性，因为习题是我们帮助学生巩固知识点的重要载体。在高三的复习中，学生最关注、最感兴趣是高考试题，因此在本节课当中，针对自己的教学目标，我选取了一组高考题作为习题。这样大大地提高了学生的学习兴趣。同时我将这些习题以阶梯式的方式展现，并且每一题都设置了变式题，从易到难，便于学生理解接受，也提高了他们的应变能力及灵活运用知识的能力。在本节课的习题讲解过程中，我适当地引导学生运用数形结合的方法解题，使他们养成作图的习惯。在平时的教学中，教师要在传授基础知识的同时，有意识地、恰当地在讲解中渗透基本的数学思想和方法，帮助学生掌握科学的方法，从而达到传授知识、培养能力的目的，只有这样，学生才能灵活运用和综合运用所学的知识。

3. 板书设计

在数学的课堂中，尤其是在高三的复习课中，板书是非常重要的。板书其实是课堂内容的浓缩、精华，好的板书可以给学生美的享受，同时也可以帮助学生快速地整理，很好地接受、巩固所学的知识。因此，在课堂中我非常注意板书的设计，把一些重要的知识点有条理地罗列出来，易错的地方，我往往用不同颜色的粉笔加以区分、提醒，一些关键的解题步骤清楚地写出来，这样，一节课下来，课堂上的重点内容全可以在黑板上找到，同时，学生对所学的知识也有非常深刻的印象。

二、不足之处

1. 没有充分关注学生、给他们展现自我的机会

由于是高三复习课，课堂容量安排较大，因此没有充足的时间去关注所有学生，也没有给学生充足的时间展现自己的解题思路。如：在第二题的变式中求离心率，其实很多学生有不同的方法，但由于时间关系，我只是在黑板上提供了自己的解题过程，这样可能会给一些学生造成思维定式，没有很好地发散他们的思维，同时也没有很好地抓住时机，让学生展现自我，提高他们的信心及学习数学的兴趣。

2. 没有充分利用多媒体辅助教学

其实在教学中的一些地方，适当地运用多媒体，可以更加形象动态地演示，提高教学的直观性和趣味性，从而提高课堂效率。如，推导结论：椭圆上存在点 P，使 $\angle F_1PF_2 = 90°$ 的条件是 $c \geq b$，此时 $e \in \left[\dfrac{\sqrt{2}}{2}, 1\right)$，当 $c > b$ 有四点，当 $c = b$ 时，有两点。也许利用多媒体展现以 F_1F_2 为直径的圆与椭圆有公共点的变化过程会更直观，学生也更容易理解。

以上是我课后的一些思考，总之，在教学中还有很多不足，在以后的教学中要继续努力，不断总结经验教训，迈上新的台阶，为高中数学教育做出贡献。

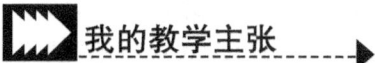

我的教学主张

严谨治学　简洁课堂　课后延伸

一、严谨的治学态度、和谐的师生关系是成功教育教学的基础

古语云，亲其师信其道，意思是学生只有和老师亲近了才会相信老师所说，接受老师的教育。一语道破了良好的师生关系对于当前教育背景下构建高效课堂的重要性。而老师严谨的治学态度是影响老师威信关键之所在。我始终认为，在学生为主体、教师为主导的教育理念的指导下，教师应该构建平等、宽容的课堂环境，构建相互尊重、相互配合的和谐师生关系。和谐的师生关系，它不仅有利于教学活动的有效进行，还有利于学生的心理健康，有利于学生个性的发展，有利于人际交往能力的发展。因此，在重视核心素养的今天，和谐的师生关系尤为重要，它是成功教育教学的基础。

二、条理简洁的课堂教学是教学质量的保证

课堂是教学的主阵地，课堂教学的优劣，直接决定了教学效果。我始终坚持向课堂要质量、要素质，努力提高课堂效益。反对堂上不足堂下补、忽视课堂教学的做法。

使课堂效益最大化，应该是我们每一位教育工作者毕生的追求！台上三分钟，台下十年功。这不仅说明教师自身素养对课堂教学的影响，更是对备课工作的强调！只有课前认真、精心地备课，才能有课堂的高效展示。在教学工作中，我探索出"巧妙导入新课·精心探析知识生成·深入挖掘教材潜能"的课堂教学模式和"析例—归类—变式"的例题教学法。

巧妙导入新课：注重巧妙，强调实在，突出简约。精心探析知识生成：重视生成，不死搬教案，不搞结论教学，使之循序渐进，条理分明。深入挖掘教材潜能：用教材教，不是教教材，重视一题多解、一题多变，强调归类和拓展，用简洁的语言加以提炼，简单易记。

三、重视课后延伸，拓展学生思维的广度和深度

《数学课程标准》指出：数学教学不仅要从学生的生活经验和已有的知识背景出发，使学生真正理解和掌握基本的数学知识和技能、数学思想与方法，同时还要培养学生的创新精神和实践能力。一堂好的数学课不仅要留给学生无穷的回味，而且要留给学生广阔的思维空间。课后延伸正是课堂教学的继续和发展，是培养学生将书本知识应用于解决实际问题，提高学生创新思维和实践能力的重要途径。

课后延伸不是简单地完成几道数学习题，而应该是课堂教学的延续和纵深发展，是使学生灵活运用课堂知识解决实际问题，拓展学生思维的广度和深度的第二课堂。我们应该照顾学生个体差异，分层设计不同的作业及要求；我们应该根据不同课题，设置生动有趣的课外实践作业；我们应该注重挖掘学生潜能，指导学生做好更正、改错、归类、拓展等工作。

他人眼中的我

近三十年的教学经历早已使叶老师形成了自己独特的教学风格与教学魅力，教学成绩常年处于领先位置。作为数学科组一名资深前辈，他时刻关注青年教师的成长。他严谨、细心，要求青年教师治学要严谨，一定不要犯知识性的错误；细心是他对青年教师的指导态度，他既能准确地点出青年教师的不足，又能不伤害青年教师自尊，甚至使他们愉快地接受意见。我们学校数学科组的很多青年教师在他的培养与指导下现已成为学校的骨干教师。

（鹤山市第一中学级组长　冈小梅）

叶炼校长是一位德才兼备的专家型领导，他教育教学理论功底深厚，出版多部专著，发表多篇论文；他知识渊博，教学功底扎实，课堂深受学生喜欢，教学成绩优异，深受同行好评，是江门市的学科带头人，在学生和家长中享有良好声誉，广受社会各界好评。叶炼校长也是我参加工作的第一位人生导师。

他是一位极具人格魅力的老师。叶老师非常关心年轻教师的成长，对自己的徒弟尽心尽力地指导。指导不讲空话套话，每每切中要害。譬如叶校听了我一节《三角函数》公开课，他会告诉我这节课怎样上会更好，并且告诉我公开课该如何教学。叶校为人非常谦和，语速不快不慢，讲话非常有条理，而且所讲内容都能给人以启迪。

他是一位享有盛名的学科带头人。作为江门市首批学科带头人，他带领鹤山一中连续多年高考和竞赛数学成绩在江门市遥遥领先。叶老师多次给科组老师上示范课，其精彩的讲解、精炼的提问、全面的归纳、完美的板书堪称我们学习的榜样，深受学生好评。叶老师还动员科组老师相互听课评课，为了大家的共同进步，叶老

师率先垂范,每次评课不做"好好先生",对所听之课提出自己独到且令人信服的点评。

他是一位享有盛名的教育行家。叶老师作为鹤山市名校长、江门市教育专家,他不仅有教育情怀,而且还身体力行。其本人教育管理水平高,管理能力强。他的讲话思路清晰,极具条理,还有很强的可操作性,每学期初他便将一个学期的工作计划、要点、重点、注意事项都和老师们交个底,让老师们明白每一个阶段自己要做什么事,怎样去做。叶老师在计划制定方面表现出的良好的前瞻性、可操作性和预见性,往往让人惊叹。

(鹤山市第一中学数学教师　李伟)

儒雅 严谨 发展

● 江门市新会第一中学 钟烙华（高中数学）

● 个人简介

钟烙华，男，1969年8月出生，广东新会人，1991年华南师范大学本科毕业，毕业后一直在江门市新会第一中学从事高中数学教学工作，数学科组长，中学数学高级教师。2010年被评为"广东省中小学特级教师"，2004年被评为"全国模范教师""全国中小学优秀班主任""新会区十大杰出青年"，2007年被授予"江门市第四批优秀中青年专家和拔尖人才"，2009年被评为"江门市基础教育系统名教师"，2008年被聘为全国高考广东省数学科高考命题人员，2012年担任新会区高中数学名师工作室主持人。在各级各类学科重要教研期刊发表论文4篇，主持广东省课题1项，参与广东省课题4项。

▶ 我的教学风格 ▶

儒雅：上课时面带微笑，信心满满，穿着大方得体，语言文明，谦恭和蔼，尊重学生。提问学生时，认真倾听，等学生讲完后再发表意见。课外跟学生交流时，要么一起坐，要么一起站。路上遇见学生主动打招呼，公正、平等对待每一位学生，用敬业、博爱、儒雅成就每一位学生，用人格塑造人格。

严谨：对待工作严肃认真，严谨治学，在科研和学术问题上具有实事求是的态度和精神，在传授知识过程中，严密谨慎、严格细致，对重点、难点拿捏准确，重视知识的发生过程，准确把握知识讲授的深度和广度，语言表述准确、专业，板书清楚、工整。对学生严格要求，言传身教，让学生明白道理，循序渐进，强化要求，巩固发展。

发展：教学中根据学生的"最近发展区"，让学生"跳一跳"摘到"桃子"。利用题组把知识之间联系密切、题目形式相似、解题方法相近的题目串联在一起，通过一题多解和一题多变，发展学生的逻辑思维能力、运算能力、空间想象能力以及分析和解决问题的能力。

▶▶ **我的成长历程** ▶

小舞台　大天地

一、虚心求教，初露锋芒

1991年9月，22岁的我大学毕业分配到新会一中担任高一（5）班、高一（6）班两个班的数学教学工作，并担任高一（6）班的班主任。数学科副组长何宝汉老师是我教学和班主任工作的师傅，他言传身教，我虚心好学，三年如一日地坚持每天早晚与学生同步到校，检查学生的出勤、值日、早晚读和晚自修纪律等，晚上到学校检查纪律或做学生的思想工作或为学生答疑，几乎成为我每天的"必修课"。我热爱教育教学工作，能当一名人民教师，是我的福分，我愿意一辈子干这一行、钻这一行。爱生敬业是推动我工作的动力，我经常告诫自己：作为一名教师，要教好书，育好人，才对得起学生。

虽然教学和教育经验匮乏，但在何宝汉老师的指导下，凭着热情和干劲，我较快站稳了讲台，赢得了领导、老师和学生的信任，我把高一（6）班从高一年级一直带到高三毕业。高一（6）班三年中每学期都被评为"三优"班，高考有42人超过省大专线，是全年级入线人数最多的两个班之一，任教的高三（5）、高三（6）班高考数学平均成绩为572分、585分，分列年级第四名、第二名。虽然无论是数学单科成绩还是总分，高一（6）班的尖子人数都偏少，但对第一次带高三的新人来说，是一个非常好的成绩，这个成绩弥足珍贵，是我继续努力工作的动力。

二、潜心钻研，收获甚丰

送走1994届学生后，我认真反思，教育教学工作单凭热情还不够，需要理论指导实践，科研促教。教育着眼于未来，教学工作是一种创造性的劳动。相应的知识结构、文化素养、业务能力是一个教师成长的强大支撑。我给自己规定"四学"：修身知识勤学，基本理论笃学，本职业务深学，急需知识爱学。

我请教学校教研室主任黄锡宁主任，他指导我阅读苏联教育科学院院士、著名心理学家、教育家赞可夫的书籍，在教学工作中，尝试根据赞可夫"教学与发展"的理论作为指导思想，结合高中数学新课程的理念和要求，构建"发展教学模式"改革课堂教学。赞可夫的"教学与发展"理论的核心思想是：教学过程既要使学生掌握应有的知识、技能，又要使学生得到理想的一般发展；在学生的一般发展得到进展的基础上，使学生真正高质量地领会知识、掌握技巧。学生的发展对他们将来的活动有着非常重要的意义！不管教学大纲编得多么好，毕业后不可避免地要碰到他们不懂的科学发现和新技术。他们必须独立且迅速地弄懂不熟悉的并掌握它，只有具备一定的品质，有较高的发展水平的人，才能更好地应付这种情况。

课堂学习是学生掌握知识的主渠道，为了运用课堂教学中的"载体"来发展学生的逻辑思维能力、运算能力、空间想象能力以及分析和解决问题的能力，我探讨"发展教学模式"的构建及其实践。经过10多年的实践探讨，我创立了"发展教学模式"教学程式：出示基本知识（内容）—观察、分析、迁移—解决"最近发展区"—编构发展的网络—归纳领悟，形成能力。用"发展教学模式"实践高中数学新课程，改革课堂教学，是行之有效的，它具有以下四个方面的优点：

（1）创设"发现"情境，重视知识的发生过程，不只是使学生获得数学知识，更重要的是通过知识的获得过程来发展学生的数学能力。

（2）能从学生的实际水平出发，教学内容不会太容易使学生失去兴趣，也不会太难让学生无从入手，而是恰当地设置"最近发展区"，让学生"跳起来摘到苹果"。

（3）能通过例题，引导学生自己将新、旧知识纵横联系，形成知识的网络，归纳领悟，形成能力。

（4）在解决知识难度较高、跨度较大和容量较多的课题特别有效。

在教学工作中，我担任班主任，教两个班的数学，还要给奥赛班、固本班辅导，组织科组教研活动，白天的时间忙得团团转，于是，备课、学习、写论文都只好放在晚上，有时教学灵感涌现，那又将是一个不眠之夜。担任1997届、2000届、2003届共三届学生的毕业级工作，高考数学班平均分分别达592分、600分和614分，比当年全年级平均分分别高12分、22分、33分，在学校名列前茅；总共培养高考总分700分以上的学生38人，800分以上的学生2人，其中，1997届学生邝怡以总分875分获广东省外语类总分状元；高考数学单科700分以上的学生49人，800分以上的学生3人，其中2003届学生李德泉以900分获广东省数学单科状元。实验论文《"发展教学模式"的探讨与实践》获广东省1999年优秀论文二等奖，并在《广东教育》2003年第8期上发表。

我讲求教学互动，鼓励学生对教学提出质疑，鼓励学生将自己的好想法、好思路，甚至是一本好书、一道好题拿出来师生共享。善于发现学生头脑中创新的智慧火花，指导2003届学生高国林在《中学生数学》2002年第9期上发表《黄同学的一把斧头——恒等变换》等文章。

1997届学生邝怡夺得广东省外语类总分状元，可以说是我在班主任培优工作方面成功的例子。在培优工作中，我善于点面结合。一方面，我治班科学有序，严爱相济，我带的班纪律严明、人际关系融洽、你追我赶的学习气氛浓厚，容易形成尖子生群体；另一方面，我密切联系科任老师，充分发挥班主任的纽带作用，为学生开设针对性的"辅导"。如邝怡的中考成绩是595分，列年级第50名。我通过家访和个别谈心，了解到邝怡虽然聪明、勤奋，但在小升初考试以及中考等重大考试中都是因为心理原因而发挥不出自己的水平后，每隔一个月，我就会同其余四位科任老师，一起为邝怡"把脉"，开列心理辅导和五科扬长补短的"处方"，并指导邝怡落实"处方"。经过两年的指导和训练，邝怡的心理素质提高了，薄弱的科目加强了。在高考中，邝怡镇定自若，充分发挥自己的水平，以总分875分勇夺广东省外语类状元。

三、追求卓越，完善自我

2002年我参加广东省首批中学数学骨干教师的培训，以优异成绩结业；2004年我参加高中数学新课程标准国家级研修班学习，以优异成绩结业。从2006年至2009年我参加广东省基础教育系统"百千万人才培养工程"名教师培养对象培训，2008年我被聘请为普通高等学校全国统一考试广东省数学学科命题教师，2012—2015年我担任新会区高中数学名师工作室主持人。通过培训学习，我的视野开阔了，我进一步充实和完善"发展教学模式"教学，推广经验。2013年12月，我代表江门市在"珠中江"三市高中数学同课异构活动中，运用"发展教学模式"上课，受到三市领导和老师的高度好评，现在，"发展教学模式"教学在江门市有重要的影响，发挥辐射作用。我担任2007届、2010届、2013届、2016届四届理科实验班教学工作，承传新会一中历届的经验，创造性地开展教学工作，效果显著。我先后参加广东省教育教学科研课题"加强学法指导，提高学生学习能力的研究"，广东省"十五"规划教育教学科研课题"培养学生数学实践应用能力的研究"、"学科教学模式的研究与实践"，全国教育科学"十五"规划教育部重点课题"数学教学综合评价的方法与策略"等的研究，是这些课题的骨干成员，主持省级课题"高中新课程理念下培养学生数学素质的研究"。撰写《巧用圆锥曲线定义解高考试题》《从2009年三角函数试题谈备考策略》等4篇论文在《广东教育（高中版）》上发表；撰写论文《对数学教师课堂教学评价的探讨与实践》《在课堂教学中培养学生的数学应用能力》分别获广东省一、二等奖；2008年被聘为全国高考广东省数学科高考命题人员、江门市高中数学特约教研员。

我的教学实录

《圆的标准方程》教学实录及反思

课题：圆的标准方程。

教学目标：

知识与技能目标：掌握圆的标准方程及其推导过程，会用待定系数法、几何法求圆的标准方程。

过程与方法目标：培养学生用解析法研究几何问题的能力，渗透数形结合思想，培养学生观察问题、发现问题和解决问题的能力。

情感态度与价值观目标：通过一题多解、一题多变激发学生学习数学的热情和兴趣。

教学重点、难点：灵活运用待定系数法、几何法求圆的标准方程。

教学模式、程序：

"发展教学模式"的教学程式：出示基本知识（内容）—观察、分析、迁移—解决"最近发展区"—编构发展的网络—归纳领悟，形成能力。

教学辅助手段：多媒体课件。

教学内容、过程，板书设计：

一、出示基本知识（内容），观察、分析、迁移

师：我们看校园里风采堂、博士楼等建筑物的照片，你们发现装饰图形主要是什么图形？

生：圆。

师：初中时圆的定义是怎样的？

生：在平面内到一个定点的距离等于定长的点的轨迹。

师：从定义知道，确定一个圆最基本的要素是圆心和半径。解析几何的本质是用代数方法研究几何图形问题，比如用方程表示直线，请你们回顾直线方程的推导过程，有哪些步骤？

生：①设动点 $M(x,y)$；②建立 x,y 的关系式（方程）；③检验两方面：一是直线上的每一点的坐标 (x,y) 都满足方程；二是满足方程的任意一组解作为坐标的点都在直线上。

师：类比直线，我们想办法用方程来表示圆，实现代数化。如果已知圆 C 的圆心坐标为 $C(a,b)$，半径长为 r，你们能推导圆 C 的方程吗？

师生共同完成推导过程。

设 $M(x,y)$ 为圆 C 上任意一点，那么该点满足的条件是 $|MC|=r$，由两点间的距离公式得 $|MC|=\sqrt{(x-a)^2+(y-b)^2}$，

∴ $\sqrt{(x-a)^2+(y-b)^2}=r$，

化简可得：$(x-a)^2+(y-b)^2=r^2$。

师：根据"曲线与方程"的意义，坐标满足方程的点在曲线上，坐标不满足方程的点不在曲线上，我们来判断 $(x-a)^2+(y-b)^2=r^2$ 是不是圆的方程。首先由推导过程可知，点 M 的坐标 (x,y) 满足方程 $(x-a)^2+(y-b)^2=r^2$；然后我们设 $\begin{cases}x=x_1\\y=y_1\end{cases}$ 是方程 $(x-a)^2+(y-b)^2=r^2$ 的任意一组解，则 $(x_1-a)^2+(y_1-b)^2=r^2$，因为 $r>0$，所以 $\sqrt{(x_1-a)^2+(y_1-b)^2}=r$，即点 $N(x_1,y_1)$ 到点 $C(a,b)$ 的距离等于 r，故点 $N(x_1,y_1)$ 在以 $C(a,b)$ 为圆心，半径长为 r 的圆上。综上所述，圆心坐标为 $C(a,b)$，半径长为 r 的圆的方程为 $(x-a)^2+(y-b)^2=r^2$。

师：以后我们在求曲线方程时，要注意检验方程的纯粹性和完备性。

二、编构发展的网络、解决"最近发展区"

题组一

求下列各圆的圆心坐标和半径长：

(1) $(x-1)^2 + (y-2)^2 = 5^2$； (2) $(x-2)^2 + (y+3)^2 = 25$；
(3) $x^2 + (y-2)^2 = 3$； (4) $(x+a)^2 + (y-b)^2 = r^2 (r \neq 0)$。

学生练习，教师循堂指导。本题组是让学生正向理解圆的标准方程，由特殊到一般。

题组一答案

(1) 圆心坐标为 $(1,2)$，半径长为 5；

(2) 圆心坐标为 $(2,-3)$，半径长为 5；

(3) 圆心坐标为 $(0,2)$，半径长为 $\sqrt{3}$；

(4) 圆心坐标为 (a,b)，半径长为 $|r|$。

题组二

(1) 写出圆心为 $C(2,-3)$，半径长为 5 的圆 C 的方程，并判断点 $A(5,-7)$，点 $B(3,2)$ 是否在这个圆 C 上，若不在圆 C 上，请指出是在圆 C 内还是在圆 C 外。

(2) 已知点 $M(x_0, y_0)$，圆 $C: (x-a)^2 + (y-b)^2 = r^2 (r > 0)$。

①当点 M 在圆 C 内时，写出满足的条件；
②当点 M 在圆 C 外时，写出满足的条件。

(3) 已知点 $P(a,4)$ 在圆 $x^2 + y^2 = 25$ 的内部，求 a 的取值范围。

学生练习，教师循堂指导，评讲突出问题。本题组是让学生逆向理解圆的标准方程，由特殊到一般。

题组二答案

(1) 圆 C 的方程为 $(x-2)^2 + (y+3)^2 = 25$；

由于点 $A(5,-7)$ 的坐标满足方程 $(x-2)^2 + (y+3)^2 = 25$，

所以点 $A(5,7)$ 在圆 C 上；

由于点 $B(3,2)$ 的坐标不满足方程 $(x-2)^2 + (y+3)^2 = 25$，

所以点 $B(3,2)$ 不在圆 C 上。

由于 $|BC| = \sqrt{(2-3)^2 + (-3-2)^2} = \sqrt{26} > \sqrt{25} = 5$，

所以点 $B(3,2)$ 在圆 C 外。

(2) ①当点 M 在圆 C 内时，$(x-a)^2 + (y-b)^2 < r^2$；
②当点 M 在圆 C 外时，$(x-a)^2 + (y-b)^2 > r^2$。

(3) 因为点 $P(a,4)$ 在圆 $x^2 + y^2 = 25$ 的内部，

所以 $a^2 + 4^2 < 25$，即 $a^2 - 9 < 0$，

解得 $-3 < a < 3$，

故 a 的取值范围是 $(-3,3)$。

以上两个题组是根据学生的认知规律，先正向后逆向，先特殊后一般，根据学生的"最近发展区"，通过观察、迁移，最终解决"最近发展区"。

题组三

(1) 已知 $\triangle ABC$ 的三个顶点的坐标分别为 $A(4,0)$、$B(0,2)$、$C(0,0)$，求它的外接圆的方程。

(2) 已知圆心为 C 的圆经过点 $A(4,0)$ 和 $O(0,0)$，且圆心 C 在直线 $l: 2x+y-5=0$ 上，求圆 C 的标准方程。

(3) 已知圆心为 C 的圆经过点 $O(0,0)$，且圆心 C 在直线 $l: 2x+y-5=0$ 上，当圆的半径长最小时，求圆 C 的标准方程。

教师讲解第1题，引导学生解决第2、3题。

师：求直线方程是用待定系数法求解，我们类比求直线方程，设所求圆 C 的方程是 $(x-a)^2+(y-b)^2=r^2(r>0)$，

因为圆 C 经过三个点 $A(4,0)$、$B(0,2)$、$O(0,0)$，

所以它们的坐标都满足方程 $(x-a)^2+(y-b)^2=r^2$，

于是 $\begin{cases}(4-a)^2+(0-b)^2=r^2\\(0-a)^2+(2-b)^2=r^2\\(0-a)^2+(0-b)^2=r^2\end{cases}$，解得 $\begin{cases}a=2\\b=1\\r=\sqrt{5}\end{cases}$，

故所求圆 C 的方程是 $(x-2)^2+(y-1)^2=5$。

生：点头认同。

师：数学上"数"与"形"形影不离，在坐标系里标出 $A(4,0)$、$B(0,2)$、$C(0,0)$ 三点，发现 $AC \perp BC$，即 $\triangle ABC$ 是直角三角形，那么，线段 AB 就是 $\triangle ABC$ 外接圆的直径。

利用中点坐标公式得 $\triangle ABC$ 外接圆的圆心坐标是 $(\frac{4+0}{2},\frac{0+2}{2})$，即 $(2,1)$，利用两点距离公式就可以得出半径长是 $\frac{|AB|}{2}=\frac{\sqrt{(4-0)^2+(0-2)^2}}{2}=\sqrt{5}$，

故所求 $\triangle ABC$ 外接圆的方程是 $(x-2)^2+(y-1)^2=5$。

生：点头认同，再次体会数形结合解题的威力。

师：方法一这种解题方法以前学习过，是待定系数法。方法二这种解题方法是数形结合，能更快找到圆心坐标和半径长，从而顺利求出圆的标准方程，这种方法称作几何法。以后在解题中灵活运用这两种方法。请第1、2组同学用待定系数法，第3、4组同学用几何法做第2题。

生：（待定系数法。）

解：设所求圆 C 的方程是 $(x-a)^2+(y-b)^2=r^2(r>0)$，
因为圆 C 经过两个点 $A(4,0)$，$B(0,2)$，
所以它们的坐标都满足方程 $(x-a)^2+(y-b)^2=r^2$，
于是 $\begin{cases}(4-a)^2+(0-b)^2=r^2\\(0-a)^2+(2-b)^2=r^2\end{cases}$，
因为圆心 C 在直线 $l: 2x+y-5=0$ 上，
所以 $2a+b-5=0$，
由 $\begin{cases}(4-a)^2+(0-b)^2=r^2\\(0-a)^2+(2-b)^2=r^2\\2a+b-5=0\end{cases}$ 解得 $\begin{cases}a=2\\b=1\\r=\sqrt{5}\end{cases}$，
故所求圆 C 的方程是 $(x-2)^2+(y-1)^2=5$。

生：（几何法。）

解：因为圆经过点 $A(4,0)$ 和 $O(0,0)$，
所以线段 AO 的中点 D 的坐标为 $(2,0)$，直线 AO 的斜率不存在，
因此线段 AO 的垂直平分线 l 的方程是 $x=2$，
圆心 C 的坐标是方程组 $\begin{cases}x=2\\2x+y-5=0\end{cases}$ 的解。

解此方程组得 $\begin{cases}x=2\\y=1\end{cases}$，
所以圆心 C 的坐标是 $(2,1)$。
圆心为 C 的圆的半径长 $r=|CO|=\sqrt{(2-0)^2+(1-0)^2}=\sqrt{5}$。
所以圆心为 C 的圆的标准方程是 $(x-2)^2+(y-1)^2=5$。

师：第 2 题答案与第 1 题一样，其实我们只是把第 1 题的条件"圆经过点 $B(0,2)$"改为第 2 题的条件"圆心 C 在直线 $l: 2x+y-5=0$ 上"，其他条件没变。

生：（点头，兴奋。）

师：第 3 题是把第 2 题的条件"圆经过点 $A(4,0)$"改为第 3 题的条件"圆的半径长最小"，其他条件没变。由于涉及最值，我们看看"几何画板"演示，什么时候圆的半径长最小？

生：当 $OC \perp l$ 时圆的半径长最小，此时 $r=\dfrac{|2\times0+1\times0-5|}{\sqrt{2^2+1^2}}=\sqrt{5}$，

直线 OC 的方程为 $y-0=\dfrac{1}{2}(x-0)$，即 $x-2y=0$，

解方程组 $\begin{cases}x-2y=0\\2x+y-5=0\end{cases}$ 得 $\begin{cases}x=2\\y=1\end{cases}$，

所以圆心 C 的坐标是 $(2,1)$。

故所求圆 C 的方程是 $(x-2)^2+(y-1)^2=5$。

师：本题组题目是把课本第 119 页例 2、第 120 页例 3 和第 121 页练习题第 4 题改编而成，通过"包装"形成难度不同的 3 道题，但结果一样，这是"一题多变"，同一道题可以用待定系数法或几何法，这是"一题多解"。

生：（激动、兴奋、成功的喜悦。）

三、归纳领悟，形成能力

师生共同完成课堂小结：

(1) 确定圆的两个几何要素是圆心的位置和半径的大小，当圆 C 的圆心坐标为 $C(a,b)$，半径长为 r 时，圆 C 的标准方程为 $(x-a)^2+(y-b)^2=r^2(r>0)$。

(2) 点与圆的位置关系的判断方法。

已知点 $M(x_0,y_0)$，圆 $C:(x-a)^2+(y-b)^2=r^2(r>0)$，则

①点 M 在圆 C 上 $\Leftrightarrow (x-a)^2+(y-b)^2=r^2 \Leftrightarrow |MC|=r$；

②点 M 在圆 C 内 $\Leftrightarrow (x-a)^2+(y-b)^2<r^2 \Leftrightarrow |MC|<r$；

③点 M 在圆 C 外 $\Leftrightarrow (x-a)^2+(y-b)^2>r^2 \Leftrightarrow |MC|>r$。

(3) 求圆的标准方程有两种方法。

①待定系数法：由三个独立条件得到三个方程，解方程组后得到三个参数 a、b、r 的值，从而确定圆的标准方程。其一般步骤是设方程，列式，求解，代入。

②几何法：利用圆的几何性质，数形结合，求出圆的圆心坐标和半径长，代入圆的标准方程，从而得到圆的标准方程。

(4) 利用题组把知识之间联系密切、题目形式相似、解题方法相近的题目串联在一起。在这些问题的解决过程中，通过前后联系，灵活运用类比、待定系数、数形结合等数学思想方法解决问题，顺利突破难点和重点内容。

教学反思

圆是学生比较熟悉的曲线，初中通过平面几何章节对圆的基本性质做了比较系统的研究，因此，这节课的重点确定为用解析法研究圆的标准方程。因此，在教学设计中我有五个方面的思考。

(1) 从风采堂、博士楼等学生熟悉的建筑物引入课题，让学生感觉数学是自然的、有用的。

(2) 运用"发展教学模式"开展教学。首先与学生回顾圆的定义、直线方程的推导步骤，然后引导学生观察、分析、迁移，运用类比方法推导圆的标准方程，根据学生的认知规律，确定学生的"最近发展区"。在教师的启发引导下、学生的思考交流中，解决"最近发展区"，学生在解题中反思、领悟，形成能力，顺利突

破本节课的重点和难点。

（3）利用一题多解的探究，纵向挖掘知识深度，横向加强知识间的联系，培养学生的创新精神，加大学生的有效思维量。

（4）利用题组把知识之间联系密切、题目形式相似、解题方法相近的题目串联在一起。在这些问题的解决过程中，通过前后联系，掌握待定系数法、几何法求圆的标准方程的本质，顺利突破难点和重点内容，形成一种更高层次的思维方法。

（5）对作业进行分层布置，体现分层施教，为学有余力的学生提供进一步发展的空间。

我的教学主张

根据学生的"最近发展区"，让学生"跳一跳"摘到"桃子"

中学数学课堂教学要根据学生思维、智力的发展水平，为学生提供相应的学习活动情境，使他们自主地进行数学学习活动，通过学生的思维活动获取数学知识，发展数学能力。因此，教学活动不但要适合学生现有的思维水平，而且要考虑到促进学生的思维向下一个思维阶段发展，即既要考虑学生思维能力的限度，又要考虑学生思维发展的潜力，从而使学生的理解水平不断提高，认知结构不断发展和完善。

学生的发展有两种水平，第一种是现有发展水平，第二种是尚处在形成状态的发展水平，也称"最近发展区"，学生要超常发展，就不能停留在现有的发展区，必须进入"最近发展区"。让学生"跳一跳"摘到"桃子"，含有丰富的教育思想。"让"是强调教师的"设计"和"诱导"，"跳"是强调学生的"努力"，"摘"是强调学生的"自主"。教学要求教师根据学生的知识结构和认知水平，精心设计内容，在教师的启发和诱导下，学生经过努力，自主地获得知识的过程。这个"桃子"是学生自己摘到的，而不是教师摘下来塞给学生，学生自然就得到了锻炼，获得了知识，形成了能力。学生只有跳起来，才能进入"最近发展区"，只有一跳再跳，才能形成一个又一个"最近发展区"。

利用一题多解的探究，纵向挖掘知识深度，横向加强知识间的联系，培养学生的创新精神，加大学生的有效思维量。通过一题多变，形成发展的网络。在教师的启发引导下、学生的思考交流中，解决"最近发展区"，学生在解题中反思、领悟，形成能力，顺利突破课堂重点和难点。学生不仅能掌握应有的知识、技能，而且能领悟其中的数学思想方法，运用所学的知识解决"最近发展区"，学会"数学的思维"，从而发展数学能力。

他人眼中的我

钟老师对知识理解深刻，上课淡定、儒雅，有学者风范，总能根据学生情况设置"最近发展区",教学效果好。

(江门市教研室副主任、数学教研员　李义仁)

只要是上过钟老师的课的人,都必然被他折服过。为什么呢?首先,老师非常擅长多角度看问题,他从不拘泥于一个标准答案,对问题常常有自己独到的见解,为此,在课堂上,他赢得了我们不少掌声。其次,钟老师非常幽默,针对大家的问题,他总能适时地发出幽默而精辟的"惊人言论",在带给我们欢乐的同时提醒我们,引导我们走回正确的道路。

(2016届学生　程剑锋)

钟老师是一位兢兢业业、勤奋、有责任心的好老师。他的课堂重视对基础知识的探讨,着眼于数学基本能力的培养,而不拘泥于应试教育。他关心学生的成长,课堂上调动学生积极参与,常叫同学上黑板写解题过程,分析其存在的不足之处。课后找成绩波动较大的学生一起分析原因,寻找提高分数的方法,可谓是尽职尽责。进,有坚实的数学功底,独特有效的数学方法助其育人有方;退,儒雅之风,和学生的倾心交谈让他和学生打成一片。他绝对称得上是一位有能力、有责任心的好老师。

(2016届学生　廖俊源)

情智共生　趣效双赢

● 江门市教育研究院　丁玉华　（小学数学）

● 个人简介

丁玉华，女，江门市教育研究院小学数学教研员，小学数学高级（副高级）教师，广东省特级教师，广东省中小学教师工作室主持人，广东省"百千万人才培养工程"名教师培养项目"优秀学员"，江门市首批"教育专家"培养对象。参加全国、省、市教学评优课，论文评比等获奖20多次。先后主持1项国家级、4项省级立项课题，1项广东省"十二五"规划立项课题成果荣获广东省中小学教育创新成果一等奖、1项广东省教育研究院立项课题成果荣获江门市普通教育成果一等奖等。在《小学数学教育》《中小学数学》等刊物发表论文42篇，在汕头大学出版社出版个人专著《追寻智慧课堂——我的小学数学教学探索之路》，在广东音像教材出版社主编出版三—六年级《三维导学案》共4册。

▶ 我的教学风格 ▶

教学风格是指教师在长期教学实践中形成的教育价值追求，在该教育价值观的指导下，逐渐形成的、较为稳定的教学风貌。"情智共生，趣效双赢"，是我对数学教学风格的一种追求。在我的教学实践与探索过程中，我深深体会到"情智共生，趣效双赢"的课堂是一种彰显数学本色的课堂，是充满生命活力的课堂，是师生共成长的课堂。

情智共生："情"与"智"是教育教学的两个基本元素，是教育教学需求的两种力量，这种力量既来自内部，又依存于外部，是一种具有生长性、支撑性和引领性的力量。"情"即情商——情绪、情感等心理状态；"智"既指智商——观察、记忆、想象、分析判断、思维、应变能力以及运用知识解决实际问题的能力，又指智慧——分析判断、发明创造、解决问题的能力。具体表现在教师讲课要用真情、有激情，学生学得有兴趣、有热情。教学有了情趣，就能吸引学生产生一种孜孜不倦、锲而不舍的学习愿望，才能产生实效，而效果又会促使智慧的产生和发展。

趣效双赢："趣"——数学教学应该有趣，让学生学得有兴趣，不断体验成功的乐趣，培养高尚的志趣；"效"——学生数学素养的提高，一定要扎扎实实。教学中只要做到趣得有度、效得有法，就可以实现双赢。因为融入了"情"和"智"的数学课堂，同时重视课堂的"情感"与"智慧"品质，教师善于把控"情"和"智"，先情后智、情中有智、智中有情，以情促智、以智塑情，最终实现学生在数学课上自然灵动地成长、和谐而饱满地发展。同时，师生在问、答、讲、评、导、练等过程中自然互动，以情促情、以智启智，师生的情感、智慧得以升华，教学的三维目标（即知识与技能、过程与方法、情感态度与价值观）得以顺利达成。

▶▶ 我的成长历程 ▶

做一名幸福的"耕读"者

幸福驿站之一：山不过来，我过去

18岁，从广西第二民族师范学校毕业的我，满怀理想与憧憬，分配到广西家乡的镇中心小学任教。当时学校安排我担任一年级两个班的数学教学兼一个班的班主任工作，还担任一年级两个班的音乐和二年级两个班的美术教学工作。现在想来，如此大的工作量，不知我那稚嫩的肩膀是如何扛过来的。但是，初登讲台的我豪情万丈、雄心勃勃。我坚信，不管在哪个单位，从事哪门科目的教学，只要埋下头来，任劳任怨，必能做出成绩，成为业务骨干，显示存在的价值。那种油然而生的责任感，那种对完美的执着和追求，可真是初生牛犊不怕虎呀！

凭借在中师三年练就的扎实的基本功，上音乐、美术课还算顺利，工作第一年就代表镇参加全县音乐教师优质课评比并喜获一等奖。可就是很自信能轻松完成的数学课，教起来并不是那么简单，按照学校发的参考教案备课、上课，经常是与学情"两张皮"，顾此失彼；按照自己的思路方法教学生，除了少数学生理解外，多数学生是干瞪眼，思想开小差。我后悔、懊丧不已，甚至埋怨自己身处在这样的环境。可是，不服输的我努力寻求解决问题的办法，我清楚问题反映在孩子身上，根源出在教师身上。像遇到所有的难题时一样，我开始求助于专业书。从此，我像一心想练出名堂的武林人士刻苦钻研武林秘籍一样，每天课余都拿出学校订的《广西教育》《小学教学参考》《小学数学教师》等仔细研读、勾画、批注、摘抄。渐渐地，数学知识的前世今生，数学教材的编排体系，我了然于胸；数学知识的内在结构、过程结构，我也有了一定的把握和认识；数学知识内蕴的思想方法，我也有了一定的理解。我从最初的手足无措到读懂后的平静，再到果断地分析、判断，这正是教师专业底气逐渐壮大的过程。再后来，我对于备课该怎样"深"，上课该怎样"实"，作业该怎样"精"，教学该怎样"活"，手段该怎样"新"，辅导孩子该怎样"细"，质量该怎样"高"，更是游刃有余。课越上越精彩，我受到了学生的好评，也得到了领导和老师的认可，推选我当教导处副主任，并获得了参加全县数学教师基本功大赛的资格，取得了全能一等奖的好成绩！

回想那三年的时光，真的留下了我年少的满腔热忱。"山不过来，我过去"，有些事就像大山一样无法改变，那我们就要改变自己，从阅读到悦读，向青草更青处进发！

幸福驿站之二：开垦方田种文字

21岁，我来到广东省江门市白沙小学工作，这是地处城乡接合部的一所省一级学校，也是一所给了我很多养分、很多美好回忆的学校。

在这里，我度过了9年教学时光，其中有这样6年"静悄悄的革命"是难以忘怀的。2003年8月31日，我成了新世纪版教材的课改实验教师，有幸经历了一——六年级大循环教学。然而，就是这一个6年的大循环，是我与新课程共同成长的6年，为我的成长之路抹上了最为浓重的一笔。在这6年里，我乘着新课程改革的翅膀，努力构建适合儿童各个年龄阶段特点的数学课堂，尽心尽力创编适合儿童的数学课程，创设多姿多彩的数学活动，为孩子打造"数学童年"，让他们拥有丰富的数学活动、刻骨铭心的数学经验、可持续发展的数学素养。因此，也练就了自己无所畏惧的本领——遇到事情敢想敢做。

在这里，我还上了第一节公开课并首战告捷。崭露头角之后，很多赛课的机会更是接踵而至，从蓬江区到江门市的小学数学优质课大比武，我的成绩均名列前茅，并作为江门市唯一代表参加省级优质课评比……一路走来，不曾停歇，最后获得广东省优质课比赛二等奖。获得这样的成绩，我并没有像许多获得省赛一等奖选手那样拥有一种船到码头车到站的感觉，我始终没有松懈。我告诫自己：今后还得在课堂中继续下真功夫、硬功夫。我渴望成长，渴望在新课程河流的岸边成长为一棵参天的白杨树，根植大地深处。

成功，始于心动，更始于行动。优秀的专业刊物是教师专业成长的"推动器"，是教师从平庸走向优秀乃至卓越的"幕后英雄"。我怀着对数学教育平静的坚守和不变的初衷，用"明灯相伴过午夜"的"板凳功"，选择与优秀的专业刊物为友。在与优秀专业刊物"零距离"接触中，我不断地超越自己，享受着专业成长的快乐，找到了精神家园。时而在他人热火朝天、肆意飞扬的议论前驻足；时而在他人充满理性、启迪心智的抒情中游弋；时而在他人行云流水、娓娓而谈的叙述中醒悟……我更敏于思考，学会了反思教育生活，对自己每天在教育生活中说的、做的、想的点点滴滴，扪心自问：为何得意？为何失意？为何困惑？为何争议？反复琢磨：有效吗？合理吗？还可以更好吗？并且，勤于动笔，用文字记录自己的实践，给日渐贫瘠的心灵以丰富温暖的慰藉，给平淡无奇的日子以清新明亮的色彩。不断的思考和不懈的笔耕使自己的更多思考变成了铅字，在各级刊物上公开发表，记录下了教育教学的热点问题，发出了一线教师的声音。

"世界以痛吻我，要我报之以歌。"今天看来，当年拿不到省赛的一等奖，也不见得是坏事。这个"意外"让我懂得：以纯真美好和宠辱不惊的心境去经营事业,保持纯真、朴实、圣洁的生命本色,这样度过教育生涯是一种大幸福。同时,"乐思方有思涌泉"——提炼主题、梳理思考、挖掘细节、经营文字,让我的教育生活多了激情,多了智慧,多了艺术,多了创造。

幸福驿站之三:梦在哪里,智慧就在哪里

我30岁时调到广东省江门市紫茶小学工作,这是一所有着百年历史的名校,务实的教研氛围和催人奋进的教学环境,激励着我"不待扬鞭自奋蹄",我开始了又一段教育的幸福旅程。

1. 专业成长——保持激情梦想,争做"三好老师"

2009年,我有幸被广东省教育厅教研室推荐,入选了全国新世纪小学数学杰出人才首届高级研修班。正如新世纪小学《数学》教材主编刘坚教授所说的,这是国内少有的面向优秀教师的高端学术培训,可能是我们这辈子不会再有的学习机会。他还常常勉励我们,不要总把期待依赖别人,只有自己有欲望、有愿望,才能成就自己。两年间,我们先后在武夷山、北京、茂名、金华、上海、沈阳等地进行集中学习和研讨活动。我们不仅聆听了国内著名学者郑毓信、李士锜、孙晓天等教授内蕴深刻、精彩纷呈的学术报告,而且还特别邀请了美国特拉华大学的蔡金法教授以及鲍建生、马立平、孔企平、张丹、陶文中等教授,分别在北京、上海举办两届"我们一起做研究"主题研修活动。一点不假,走进全国高级研修班,让我结识了来自全国各地有名的专家学者以及优秀教师,我不仅收获了卓越的数学教育智慧、执着的学术追求精神,还发现了一个崭新的天地,走进了一片生命的林子,给黑暗中摸索的我开启了一扇窗。这段宝贵的学习经历,为我的专业发展储备了振翅冲天的正能量。

两年的时间,我保持着学生的心态、怀揣着学者的虔诚,用心阅读了专家教授们推荐的近30本专业书籍,接触了国内外小学数学教育的最前沿理论,原有的思维方式受到了强烈的冲击。2011年3月,我代表广东省在"全国第十届新世纪小学数学课程与教学系列研讨会"上执教《乘法分配律》一课荣获一等奖。由于表现突出,被评为"优秀学员"。此段学习经历,让我的教育教学工作潜能得到了更大的挖掘和发挥,成长为同行们眼中"干得好、讲得好、写得好"的"三好"老师!

2. 问题研究——仰望星空,脚踏实地,贵在坚持

教师与教师的差别,不在于学历,不在于教龄,不在于水平,而是在于教师有没有研究的精神。2012年9月,经过层层选拔与激烈角逐,我幸运地拥有了"双重身份":既成了广东省教师工作室主持人,也成了省"百千万人才培养工程"小学名师班年龄最小的一员。

这三年期间,我结合省工作室主持人的带岗任务及江门市小学数学兼职教研员工作,扎实高效、出色地完成了"五个一"任务。经过三年的锤炼,我形成了鲜

明的课堂教学风格，探索出了"基于适宜儿童的情智数学教学"的操作范式。2016年12月，我代表广东省，执教《乘法分配律》一课，荣获中南、华北、西南十省区市第八届小学数学优质课观摩评比一等奖。同时，在导师们的引领下，我从自己做研究到带领工作室学员做研究，最终实现了从"草根研究"的"践行者"到教育科研的"领跑者"，从研究的"受益者"到受益的"共享者"的转变，我努力地用研究来服务学校的发展和教师的专业成长，形成了一系列成果并荣获省、市教育成果一等奖等。

3. 团队精神——平实中有创新，反思中促提升

广东省丁玉华工作室是江门市唯一一个小学数学省级工作室，自2012年9月工作室成立以来，在培养、指导青年教师提高业务水平和教育教学能力方面成效显著。工作室提出"能胜任、挑重担、成骨干"三个不同层次的培训目标和"压重担、扬其长、请专家、上档次"的培训方针，在课堂研磨上对跟岗教师提出"对、懂、通、透、精"的五字要求，尽力指导并和他们一起研究教法，努力造就一批有思想、有作为的"优质课老师""风格课老师""特色课老师"。先后培养了近50名省骨干教师、省"百千万人才培养工程"名教师培养对象、汕尾市名教师培养对象以及多名江门市各市区城乡骨干教师。指导多名教师在各级各类比赛中荣获一等奖，多名教师成长为"省骨干教师"、省"百千万人才培养工程"名教师培养对象第二批学员等。2015年，广东省丁玉华教师工作室在广东省教育厅对全省中小学教师工作室考核工作中被评为"优秀"等级。一分耕耘，一分收获；一种荣耀，一份动力。2016年，我被广东省政府授予"特级教师"荣誉称号。

而今，自己在事业上获得一些成功固然是幸福的，但作为江门市首家省级小学数学教师工作室主持人及小学数学教研员，对我来说，最幸福的莫过于把自身的价值放大、延续、辐射到更多的青年教师身上，帮助他们尽快地成长起来。在实际工作中如何开展教育教学的深度研究，发挥自身的指导、示范和辐射作用，使工作室成为教师研修的集聚地，优秀教师培养的发源地，未来名师的孵化地，是我需要不断深入思考的问题。

我的教学实录

《乘法分配律》课堂实录

授课内容：人教版《义务教育教科书·数学》四年级下册《乘法分配律》。

课前活动：

1. 学生考老师。

学生随便说一个两位数乘101，老师快速说出得数。

2. 学生尝试解释老师算得快的原因。

课堂活动：

一、探索新知，发现规律

1. 根据算式，提出问题——引出乘法分配律的"雏形"

把全班分成两大组，第1、2组的同学请根据"算式1"，第3、4组则根据"算式2"，来提出现实生活中的数学问题，并清楚地记录下来。（老师故意把两个算式隐藏起来，不让第1、2组和第3、4组的同学分别知道对方的算式。）

学生活动：第1、2组编（5+7）×4　　　第3、4组编5×4+7×4

2. 分组展示，互猜说理——建立乘法分配律的"形"

(1) 展示第3、4组根据5×4+7×4编的部分数学问题。

1）一瓶普通牛奶5元，一瓶脱脂牛奶7元，各买4瓶，要多少元？

2）一套书上册每本5元，我买4本，下册每本7元，我也买4本，一共花了几元？

3）一个环保小组有5名男生、7名女生，每人要捡4个易拉罐，一共要捡多少个易拉罐？

4）梁老师一天用了5支白色粉笔、7支黄色粉笔，梁老师4天共用了多少支粉笔？

① 请第1、2组的同学来猜算式。

② 学生辨析说理。

③ 达成共识：这两个算式都可以解决刚才这些小组编的数学问题，这两个算式的得数也是相同的。

(2) 展示第1、2组根据（5+7）×4编的部分数学问题。

1）游乐园的门票是：大人7元1张票，小孩5元1张票。如果各买4张，一共要几元？

2）妈妈去超市买衣服，1件衣服5元，1条裤子7元，妈妈买了4套，一共用了多少钱？

3）一套书上册5元，下册7元，小明买了四套，一共花了几元？

4）一本软皮抄5元，一本作文本7元，这两种本子各买4本，一共要多少钱？

① 反过来请第3、4组的同学来猜算式。

② 学生辨析说理。

③ 达成共识：虽然这两个算式"长"得不一样，但都可以同时解决这些数学问题。

3. 数形结合，凸显本质——理解乘法分配律的"魂"

师：哇！看来这两个算式真的很神奇。丁老师有一个图更神奇，它可以把大家编的数学问题全部都表示出来，信不信？（学生半信半疑。）

(1) 出示点子图1，沟通与算式5×4+7×4的联系。

① 观察点子图1，结合刚才编的数学问题，你会联想到什么？

情智共生　趣效双赢

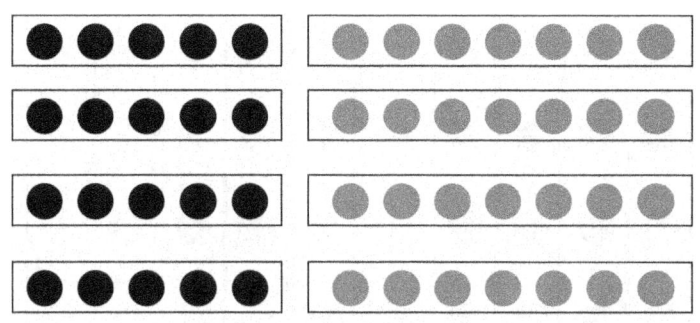

算式 5×4+7×4

图1

②学生说算理。
③小结：这个点子图是先算出左边的部分和右边的部分，再把两部分的积加起来。

（2）出示点子图2，沟通与算式（5+7）×4的联系。

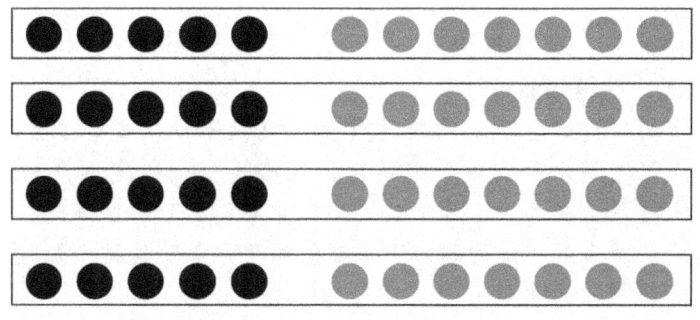

算式（5+7）×4

图2

①继续观察点子图2，结合刚才编的数学问题，你会联想到什么？
②学生说算理。
③小结：刚才的点子图是先算两部分的数量，再把两个积相加，而这个点子图则是先算出一横排的数量，再乘4排。

（3）竖着观察，凸显乘法意义的本质。
①换个角度，竖着观察会发现什么？
生：黑点子有5个4，灰点子有7个4，合起来一共有12个4。
师板书：　　　（5+7）×4 = 5×4 + 7×4
　　　　　　　12个4 = 5个4 + 7个4

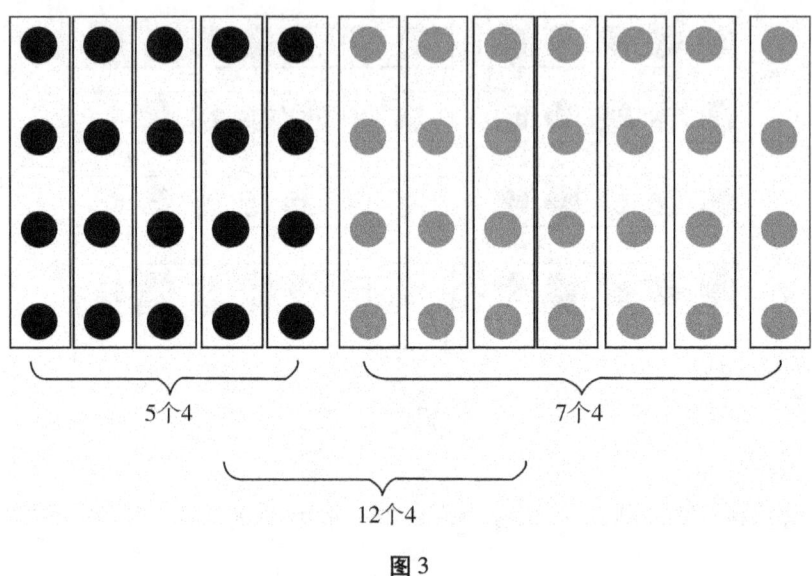

图3

②两个算式可以用等号进行连接。

二、举例验证，归纳结论

1. 观察算式，理解内涵

师：刚才我们通过编生活中的数学题和观察点子图，得到了黑板上的这组等式。可是，画上等号不是我们学习的结束，恰恰是我们研究的开始，老师在寻思着，这两道算式结果是相等了，那它们之间究竟有没有什么联系呢？

让学生明确：两个数相加的和乘一个数的结果，等于这两个加数分别与这个数相乘，再把两个积相加的结果。

师：这样的现象是巧合吗？

2. 完善模型，主动建构

（1）师分别板书 _____ $=72\times5+28\times5$ 和 $(100+2)\times7=$ _____ 。

（2）学生补充完整，验证结果是否相等？

3. 举例验证，揭示课题

（1）学生试着写出等式，再验证两边的结果是否相等，最后在小组内交流自己写的等式，教师指名汇报。

（2）感悟这样的等式有无数个。

（3）引出字母 $(a+b)\times c=a\times c+b\times c$ 来表示这个规律。（板书课题。）

三、灵活运用，感受魅力

1. 猜一猜

师：聪聪在学习乘法分配律时也写了几组等式，可是不小心被墨水弄脏了，猜一猜他写的等式的左右两边原来是怎样的？

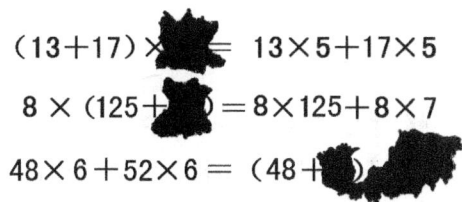

(13＋17)× ■ ＝ 13×5＋17×5

8×(125＋■)＝8×125＋8×7

48×6＋52×6＝(48＋■)×■

2. 选一选

师：聪聪和明明要参加口算抢答比赛，聪明的你知道谁算得快吗？为什么？

第一轮：

聪聪：(13＋17)×5　　　明明：13×5＋17×5

第二轮：

聪聪：8×(125＋7)　　　明明：8×125＋8×7

四、回顾旧知识，总结激励

1. 说一说

对照开头，解释老师算得快的道理。

2. 找一找（回顾提升）

师：对于乘法分配律，同学们其实并不陌生，我们在以前的学习中就已经接触了，还记得吗？在三年级学习的"长方形的周长的计算"以及口算乘法和笔算乘法中，都可以寻找到"乘法分配律"的影子。课件出示：

①长方形的周长　　　　　　　②笔算乘法和口算乘法

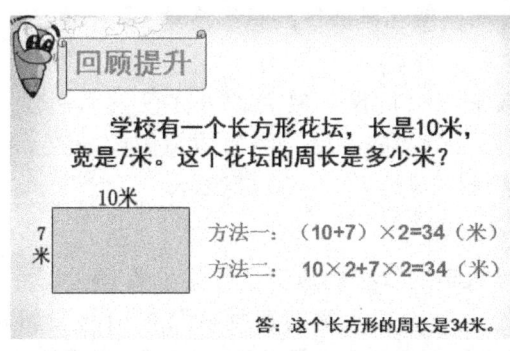

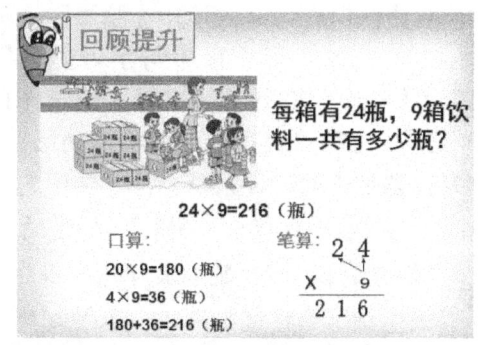

师：今天这节课，我们探索发现了什么规律？（生：乘法分配律。）运用乘法分配律可以使原本复杂的计算变得简便。关于乘法分配律还有许多知识，等待着大家去学习呢！

（全班学生依依不舍地离开教室。）

我的教学主张

追寻适宜儿童的情智课堂

一、融情入境——情智发展的"点火器"

苏霍姆林斯基曾说过："情感如同肥沃的土壤，知识的种子就播种在这个土壤上，种子会萌发幼芽来。"

情感是活动效率的催化剂，当人的情感处于积极兴奋状态，思维活动越发活跃，思如泉涌，灵感迸发。因此，我们的数学课堂不应该天天都是摆小棒，苹果加梨头，更不应该从抽象到抽象，虚无缥缈，雾里看花。

数学课堂中，我们教师要营造一片情感的芳草地，以情激情，以情唤情，进而以智启智，以思启思。课堂导入常被称为"黄金三分钟"，是提升学生兴奋度的"第一炮"，如能打响将使教学事半功倍。在数学课堂教学中融情入境，可以使抽象的知识具体化、形象化，让学生的思考呈螺旋形上升，激发学生的内在学习动机，使学生在有趣、有疑、有乐、有情、有劲的前提下进入新课的学习。

在教学《乘法分配律》这一课时，针对学生不会自觉地从"乘法的意义"的角度来分析和解释乘法分配律左右两边式子是相等的现状，为了让学生试图用已经存在的图式（乘法的意义）解释乘法分配律，将新的知识纳入原有的知识体系当中，我大胆创设让学生根据算式提出现实生活中的数学问题的情境，让学生通过分组根据"（5+7）×4和5×4+7×4"这两个算式来提出现实生活中的数学问题，把乘法分配律还原到自身喜闻乐见的生活问题当中，让学生充分感知大量的例证，吸引思维的深度参与，从而展示知识源头，立足问题背景和生活原型展开教学，让学生将乘法分配律有效地印在脑海中。极富神秘感和挑战性的思维活动，不仅能让学生以饱满的热情积极参与学习，而且达到了把简单的素材用好、用足，发挥"四两拨千斤"的效应。可见，教学中的数学课引例设计要突破以往仅仅为激发"兴趣"、立足"直观"和源于"生活"而创设情境的思路，突出情境创设与数学本身在教学中的辩证关系，使教学中的"情境"与"数学"高度融合。

二、玩好数学——情智共生的"加油站"

"数学好玩"，是数学大师陈省身先生对数学的赞美，道出了数学的真谛。"玩好数学"是中国科学院院士、数学家田刚先生对少年儿童的勉励以及提出的殷切期待。如何让学生觉得"数学好玩"，从而"玩好数学"？我以为，"情"与"智"是必不可少的两大元素，以情促智，智能怡情，情智共生，很好地诠释着"情智课堂"的核心内涵。

1. 挖掘"好玩数学"

在课堂教学中除了要考虑学科的自身特点外，还要根据学生的年龄特点和心理特征，走进儿童的生活，关注儿童的生命体验，为学生提供思维的素材和空间，让学生在这种氛围中参与探索、发现，才能唤起儿童的情感，激发儿童的智慧，才能真正建立数学情智课堂。在教学《乘法分配律》课始，我以让"学生考老师"的方式，引起孩子极大的学习兴趣，吊起学生的"胃口"，启发孩子思考："为什么老师能迅速地算出一个两位数乘101的积？"一个恰当而好玩的问题悬念让学生产生"愤悱"的心理，使学生处于求解心切、欲罢不能的境界中。虽然是短短的几分钟，但正是这"磨刀不误砍柴工"的几分钟，不仅为突破教学难点点燃了"导火线"，而且为后继学习提供了内驱力并贯穿整堂课学习始终。

此外，数学教材里好玩的素材很多，可谓俯拾即是，包括综合与实践及数学广角、数学游戏、数学趣题、数学应用等内容，旨在激发学生数学学习的兴趣，体会数学思想，锻炼思维能力，积累思考经验，开阔眼界；而数学具有的简洁美、和谐美、奇异美、对称美等，数学学习与研究过程可以说是数学美的鉴赏过程，就像欣赏艺术品一样，在其过程中让人得到精神的愉悦。

2. 激活联结之趣

数学是一门理性的学科，数学课堂也是情理交融的，体现在其中蕴含着丰富的数理与学理。数学具有极强的抽象性和严肃性，数学中的知识体系不是孤立封闭的，而是互相联系、互为融合，其主要在于发展智力，提升智能。

"乘法分配律"是乘法三大运算律之一，与乘法交换律、结合律只包含单一运算相比，乘法分配律含有乘法与加法两种运算，思维含量较高，是一种非常重要的数学模型。然而，我在长期的教学实践中发现，不管是学生还是教师，都觉得运用乘法分配律很难，差错很多，因此，有许多学生很怕简便运算。实践表明，让学生在问题提出中经历"乘法分配律"知识的形成过程，可以有效突破学生只重视乘法分配律的"形"（受到乘法分配律外部结构形式的强烈刺激干扰）而忽略乘法分配律的"神"（对乘法分配律最本质意义上的理解）的教学缺憾，牢固而清晰地理解乘法分配律的本质内涵。学生不仅发现每一个问题都有两种解题思路"（5+7）×4 和 5×4+7×4"，并在解决问题和说明缘由的过程中感受两种不同方法之间的联系与区别，体会乘法分配律的客观存在，其实这两种解题思路的算式表达都是"先求和，再相乘"或"先分别乘，再相加"，强化了学生的结构意识，使他们对乘法分配律的结构印象深刻，也为学生理解乘法分配律提供了"事理"支撑。可见，教师只要善于引导学生梳理、理清知识体系间的关系，巧妙链接，就可以实现有意义的建构，激活数学的联结之趣，启迪智慧，积极开展学理迁移。

3. 探寻数学神趣

"智"是情智数学之魂，如果说形式"好玩"能如磁铁般吸引孩子，那么，思维"好玩"则一定是磁铁上磁性最强的部分——磁极，它使学生从表象深入内容，从具体升格抽象，享受数学学习，真正感受"数学好玩"。数学是有思想的，数学思想是数学的灵魂，在小学数学中蕴含着丰富的数学思想，每种数学思想都有其本质的内涵和相应的价值。

在"乘法分配律"的教学中，需要对感知素材进行数学化地思考，也就是进行数学意义的诠释，学生才能建立表象，为抽象的数学概念奠定基础。"（5+7）×4"和"5×4+7×4"两个算式相等的本质到底是什么？追根溯源，是乘法的意义！如果以问题中的"事理"逻辑当作乘法分配律本质意义分析的终点，显然是不够深刻的。因此，引入能把复杂的结构具体化、给予乘法分配律几何直观的点子图更显必要。点子图在比较两个结构不同但得数相等的算式去解决同一问题时提出来，更是水到渠成地把两个算式的一致性呈现出来。只有从运算意义的角度追根溯源、深入思考，才能发现一般化的规律，真正把握定律的内在实质；也只有植根于定律的意义理解，对算式结构特点的把握才能水到渠成。再让学生举例、交流，进而借助多组算式的分析凸显算式的特征和其中隐藏的规律，并用字母式子抽象、概括出规律，最后利用乘法分配律完成相关练习。这样教学，让学生在心理上组织起适当的、有效的认知结构，并让学生结合点子图类比推理，再到建立模型、解释模型的过程，充分感受数形结合思想和模型思想。

可见，我们要在数学教学中创造情理交融、情智共生的数学课堂，有机渗透，精心诱导，让学生在探究过程中提炼数学思想方法，感悟数学思想，升华数学思想精神，引导学生透过外在的"形"捕捉内在的"神"，探寻数学的神趣，让数学课堂迸发火热、生动的情愫，绽放神圣而理性的光芒。

三、实践应用——情智飞扬的"驱动器"

当前多数教师比较重视课堂教学的改革与创新，却对如何利用数学作业培养学生的学习能力、增长学生的智慧关注不够。而"智慧生成型作业"则可根据教学目标及重难点的要求，更加敏锐地把握各种学习之间的接合点，以关注学生全面、和谐、可持续的发展作为设计的出发点，以生成学生的智慧为目标指向，从培养"知识人"转为培养"智慧者"，逐步达到"开启智慧→生成智慧→内化智慧→升华智慧"的教学效果。

根据心理学系列位置效应理论，乘法分配律与乘法结合律在形式上较相似，为了避免学生混淆二者，在本课练习环节中不宜过早地将乘法分配律与乘法结合律的相关题目同时呈现让学生进行辨析。因此，在"乘法分配律"练习的设计上，结合学生的实际，主张为理解而练、为发展而练，倡导科学地练，分三个层次设计行之有效的、有弹性、有梯度的练习：第一层次让学生在经历了猜想—验证之后，灵活运用乘法分配律，培养思维的灵活性，学生对乘法分配律的理解由最初的形象理解上升为抽象层面的数学模型理解；第二层次避开将"乘法分配律"与"乘法结合律"的相关题目同时呈现，让学生真切地体验"恰当地运用乘法分配律能够使运算简便"，有效地预防学生形成（a+b）×c这类算式计算必定比较简便的错误思维定式，从而让学生感悟数学的价值与学习的价值；第三层次增加回顾与交流，让学生感受乘法分配律的真实存在，同时强化了学生乐于数学探索的兴趣，激发了孩子们后继学习的无穷动力。

此外，情智课堂在实践应用部分不仅注重因势利导、启发智慧，主张让学生在更为自主、更加自信的氛围中进行练习运用，掌握知识，提升能力，而且十分关注学生的知识掌握、知识迁移和知识创造这三个维度的数学实践，合理利用，打造精彩的情智课堂。

我相信，通过站在儿童的立场研究教材，挖掘数学内生性的资源，还原数学生长的本质属性，探寻知识和智慧的生长点，打造有趣、有序、有生命力的"情智教学"，定能实现让学生真正成为数学学习的主体，在主动学习的过程中获得对数学的理解，获得"真正的人的发展"的教育目标。

他人眼中的我

丁玉华老师是新世纪小学数学杰出人才发展培养工程首届高级研修班的"优秀学员"，也是我的学生。提起她，有三个印象呈现在我的眼前。

印象一：她热衷探讨教学问题

作为高研班的首席导师，我与她有两年的接触。记得在2010年，为了更为深入地了解学员，我做了一些调查，其中有一个问题是关于"什么是理解"，因为在数学教学中，理解是一件非常重要的事情。当时，丁老师把一线教师心目中对"什么是理解"这一问题剖析得很深刻，因为只有把问题剖析得清楚后，才能更容易来探讨解决问题的教学方式。在这方面，她给我留下了很深的印象。

印象二：她对事业的追求坚持不懈

2016年8月，在银川举行的第三次人教版小学数学培训者培训及团队研修活动上，听说她被评为"广东省特级教师"，真为她感到高兴与自豪，她是我所认识的成为特级教师的最年轻小学数学教师。她在思考教学问题的同时，一直坚持探索教学和写作。有的小学数学老师，很愿意探索教学问题，但是很害怕写作，而她既愿意探索又乐于写作，因为写作对每个人来说都不容易，需要把自己的想法放在纸上，组织起来，这是一个创造性的过程。由此，可以看出丁老师在教学和科研上的执着和坚持。

印象三：她在繁忙中享受教育人生

在平时，丁老师除了担任学校的教学工作外，还经常外出学习培训、上示范课、开讲座等。记得她和我分享过一件小事：作为市兼职教研员，要去广州参加省小学数学教学专业委员会常务理事会议，因为临行时孩子们不约而同的一句："丁老师，您出差要早点回来哦！"为此，她不辞辛苦来回奔波，上午会议一结束，就早早赶回学校，给学生们上下午的最后一堂课。可见，她的学生非常喜欢她,她也非常热爱她的学生和教学,在繁忙的工作中,其乐融融地享受着属于自己的教育人生。

我希望能有更多的老师,像丁老师那样,善于研究、勇于实践、乐于奉献……

(美国特拉华大学数学系和教育学院终身教授、数学教育研究主任 蔡金法)

明代,江门有个大思想家陈白沙,为了教导学生重视学习与生产劳动相结合,写了一首歌谣曰:"二五八,江门圩,既买锄头又买书。田可耕兮书可读,半为农者半为儒。"这首歌谣体现了当时的耕读文化。今天,江门市紫茶小学的丁玉华老师以自己的教学成长经历自喻为一个怡然自得的"耕读者",很有意思。多年前刚认识丁老师时,恰巧她就在白沙小学任教,她给我的第一印象是聪明伶俐、好学好问、认真执着,我问她陈白沙对教育提出过什么重要思想时,她说"学贵知疑,大疑则大进;小疑则小进。疑而能问,已得知识之半",再次给我留下深刻的印象。

近十年过去了,她孜孜不倦,通过不断学习、研究提升自己的教学思想,通过课堂教学的不断实践、探索新的教学理论,知疑促进,不断提高自己的教学水平,以"且耕且读,以研究者的角色登讲台,用课堂行走诠释自己的思想和理想",更深入演绎了耕读文化的内涵,更好地体现知行合一的思想,走出一条自我的专业成长之路,值得学习借鉴,愿大家都成为"幸福的'耕读'者"。

(摘自曾令鹏主任为丁玉华老师的专著《追寻智慧课堂——我的小学数学教学探索之路》写的序。)

(广东省教育研究院教研室主任 曾令鹏)

读——丁玉华老师"幸福耕读"的书稿,
吟——脍炙人口的诗句"小荷喜露尖尖角"!
品——丁玉华老师"追寻智慧课堂"的才情,
诵——教师人生的追求"三尺讲台写春秋"!
领——丁玉华老师"小学数学教学探索之路"的风光,
歌——教育专业发展的境界"不用扬鞭自奋蹄"!

(摘自黄甫全教授为丁玉华老师的专著《追寻智慧课堂——我的小学数学教学探索之路》写的序。)

(华南师范大学小学教育专业创办者与负责人 黄甫全教授)

"先善利器石琢玉,广植华桐凤满林。"

诗意优雅,兼有澄净无瑕的笑意,足以温馨感人——丁玉华老师给人的第一印象就是这样。20天的跟岗学习,使我们走近丁老师的同时也走进了教育教学的殿堂。有感于她工作室学员的人才济济，遂以其名拆字成一联。

（广东省骨干教师学员　顾群）

  我眼中的丁老师是一位多才多艺的美女教师，也是一位对工作认真负责、态度严谨的老师。在各级各类的教研活动上，她总能妙语连珠，抽丝剥茧，层层深入，直击问题的核心。她更是我专业成长的引路人，丁老师"零距离"地指导我参加广东省第九届小学数学优质课比赛并荣获一等奖。赛前，她会抓住一切可以利用的时间来与我一起探讨每一个字、每一句话、每一个动作、每一个表情，会跟我一起分析课堂上可能发生的突发情况以及应对方法……让我深深地感受到了丁老师那份对教育事业的追求和热爱。一提到上课，她总有说不完的话题，展现她教学机智的精彩片段时常会迸发而出，让我感受到特级教师的魅力。

  成长中有迷惘，有思考；有执着，有收获……这就是她，一个钟情于小学数学教育事业的工作者。她是我最佩服的美女教师，没有之一。

（广东省第九届小学数学优质课观摩比赛一等奖获得者　易亚辉）

精准高效　智趣相长

● 江门市新会区会城城郊小学　容宏新（小学数学）

● 个人简介

容宏新，男，1972年出生，大学本科学历，小学数学高级老师（副高级），从事数学教学工作20多年，先后获得"全国课程改革优秀教师""全国小学数学学会先进工作者""南粤优秀教师"等荣誉称号，是江门市首批教育专家培养对象，有30多篇论文获奖或发表。其中，论文《回到原点，看课改的未来——对小学数学课程改革十年的思考》和《农村薄弱学校教学质量问题的思考与对策》等在《广东教育》发表。

▶ 我的教学风格

"精准高效，智趣相长"是我向往的数学课堂。精准，就是非常准确和精确，指的是教材解读精确，学情把握准确，选择有效的教学方法与手段；高效，就是指在相同或更短的时间里完成比其他课堂更多的教学任务，而且质量与其他课堂一样或者更好，也就是高效能、高效率的课堂，简称高效课堂。没有精准的数学理解，就没有精准的课堂教学。智趣相长，就是要启发智慧和增进兴趣，引导学生高动机、有浓厚兴趣地投入学习。学生在课堂上学得好不好、快不快和牢不牢固，关键取决于教师教学预设和课堂把握的精准度，教学流程、教学导问、巩固练习和师生互动等预设得越精准，教学效果就越好，课堂教学就越高效。我始终追求精准高效的课堂，促进学生智趣相长，提升学生的数学综合素质和能力。

▶▶ 我的成长历程

一、在学习中传承

文懿家庙，明朝尚书何熊祥及其家族的祠堂，后改为文懿学堂，现在是江门市新会实验小学校址。这里，因历史而改名，新会实验小学就坐落在"尚书坊"里面。1994年9月，在农村工作了4年后，我怀着青春的梦想走进这所历史悠久、人才辈出的百年名校，感受到它深厚的文化底蕴和浓郁的读书氛围。初进实验小学，因自己教学水平有限，与实验小学众多优秀教师对比，有一定的差距，所教班级考试成绩下降……那时候的自己遇到了不少困难、碰了不少壁，也感受到了前所未有的压力。但是，我没有气馁，反而更努力地工作。幸运的是，在实验小学这所百年名校里，有陈慧娟、张德顺等老一辈特级教师，他们有高超的教学技能和精湛的授课技艺，他们一心育人，无私奉献，寓教于乐，在他们的指导下，我从他们身上不仅学到了教学和教研本领，也传承了百年实小的优良师德师风。在这所具有肥沃的教育土壤的实验小学里，我把青春献给了教育，把热情洒向了讲台，把爱心献给了学生，我成长了，我的教育教学本领也不断提高。

二、在课改中成长

美国作家、哲学家亨利·戴维·梭罗说："只有执着追求并从中得到最大快乐的人，才是成功者。"我一直把这句话作为座右铭。2003年9月，我接过了传承实小教学管理的"接力棒"，负责全校数学教学及教研工作。在我的指导下，先后有十多位青年教师参加各级课堂教学比赛，成绩优异。在连续多年举行校内外公开课或参加各级教学比赛的历程中，我在磨砺中成长，在历练中成功。记得在2005年，我指导我校屈艳萍老师执教《对称图形》一节课参加广东省小学数学课堂教学优质课竞赛。刚好临近春节，备课组设计一个"过新年"的新课引入情境，我亲自做导演，编写剧本，录制教学情境视频。这一个视频时间虽只有1分7秒，但为了精益求精，在一名学生家中先后拍摄了十多次，反复修改才定稿。屈老师是刚从教音乐转教数学，对数学课堂教学不熟悉，为了让她熟悉教案，我带着她到十多所学校试教和磨课，前前后后共试教了30多遍，不断地磨课，面对不同的学生遇到不同的问题，让屈老师学会课堂随机应变……结果，屈老师执教的这节课代表江门市参加广东省第四届小学数学优质课评比大赛，课堂教学效果好，荣获一等奖。俗话说："台上一分钟，台下十年功。"成绩的背后，是艰辛的努力。这次活动，让我加深了对新课程数学教学的理解，明白到设计有效且有趣的教学情境在新课教学中有着重要的奠基作用。

我一直重视钻研教材，专注教学方法的创新设计。无论上哪一个年级的哪一节课，我都认真研读教材，精心设计教学预案，制作生动的课件。如《图形的旋转》《方向与位置》《圆环的面积》《激情奥运》等众多课例，都是经过数十次的修改、试教和磨课，努力把教学效果发挥到极致。在钻研教材的过程中，我对小学数学教学的理解从片面到全面、从肤浅到深入。多年来，我一直坚守着这样的信念：我设计的课不一定是最优秀的，但我会努力把它设计成"范例"，让学生喜欢，也让更多的同行认可和使用。通过多年的摸索和改革，我总结出"现代教育技术和课堂教学相结合""生活游戏与数学游戏相结合""在课堂教学中进行即时激励性评价"等教学经验，并在全校、全区公开课展示，推广运用。

三、在变革中成熟

在实验小学工作了 21 年,我对教育有着一颗赤子之心,更有着一份炽热的感情。2007 年 7 月,为扩大优质办学效应,实验小学实行"两校分离"和"三校合并"的政策,民办学校尚雅学校从实验小学分离出去,把邻近的会城向阳小学和城东小学并入实验小学,组成新的实验小学。新的实验小学因重新组建,原实验小学的大部分师生都转到尚雅学校去了,学校遇到了前所未有的困难。面对困难和变局,我作为教学管理的具体负责人,与教导处的同事们共同奋战、同心协力,分析实小的实际状况和困难,寻找新思路,带领全体教师在全校开展了一系列的教学改革。例如,提出以"当学生喜欢的老师"为教师工作追求,以创建"轻负担、高质量的快乐课堂"为质量目标,开展了"学习'三A'生"评选、新"三好学生"评价改革、创建书香校园、小组合作学习等一系列教学改革,通过 3 年多的努力,学校逐渐走出困境,全校教学沿着高效化、优质化和特色化的方向发展,使实验小学的教学质量继续保持在新会区的前茅。合并后的实验小学在冲破无数困难和阻力的过程中取得显著的成绩,这离不开我对教育工作的执着追求和顽强的拼搏精神所付出一分力量。在务实的教学改革和教学管理中,我在如何创建"轻负担、高质量的快乐课堂"中积累了丰富的实践经验。2015 年 9 月,我服从区教育局的工作安排,到会城薄弱学校城郊小学交流任教,发挥我所能,为促进城郊小学教育教学水平的提高,我又走上了新的征程……

我的教学实录

《位置与方向(二)》课堂实录

教学内容:人教版六年级数学下册第 19、20 页,位置与方向(二)。

教学过程:

一、课前互动,复习旧知

师:同学们!从课件中你们能猜出我姓什么吗?(课件出现标题:"数学真容易"。)

生:姓易。

……

生:姓容。

师:对了!你真聪明!我姓容,"容易"的"容",数学真容易。记住这句话,你就会记住我的姓。

师:你们知道我来自哪里吗?

师:我来自广东省江门市新会实验小学。你们想知道江门市新会实验小学在广东省的什么位置吗?

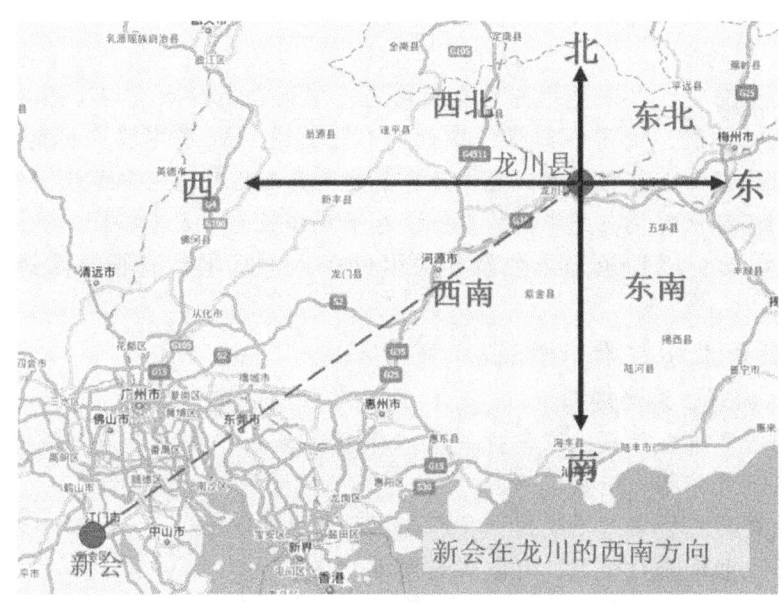

图1

生：想。（教师出示广东省地图。）

师：我们以你们龙川县为观测点，你们能用学过的方向词，表述出新会在龙川的什么方向吗？

师：在回答这个问题前，我们先来复习一下8个方向词。

师（师生齐答）：在地图上，一般是左西右东，上北下南，还有东南、东北、西北、西南共8个方向。（教师一边引导学生一边演示课件。）

生：新会在龙川的西南方向。（教师演示课件。）

[设计意图] 利用课前与学生互动，师生互相了解，沟通感情，为上课做好铺垫。同时结合自我介绍，复习旧知，设计巧妙。

二、情境引入，激趣生情

以钓鱼岛美丽景色及相关事件引入，渗透爱国教育，并设计"保卫钓鱼岛"军事演习，引导学生参与游戏学习中去。

师：同学们，你们知道这是哪里吗？

生：钓鱼岛。

师：钓鱼岛在中国的哪个位置？

……

师：来，看一下地图，钓鱼岛在福建省的东面，如果以我国台湾地区为观测点，它就在我国台湾地区的东北面。

师：你们知道近期，钓鱼岛发生了什么事件？

……

师：钓鱼岛自古以来是中国固有的领土，但近期，日本政府上演了一场"购买"钓鱼岛的闹剧，试图分割我们中国的领土，这引起了中国人民的强烈抗议，同学们，以我们的年龄和能力，无法亲自前往钓鱼岛维护国土与主权，但是身为中国人，我们应牢记钓鱼岛是中国的领土，绝不允许任何外人染指！

[设计意图] 以钓鱼岛景色及相关事件引入，既生动有趣又渗透爱国主义教育。

三、新课教学，紧张激烈

1. 引入游戏，讲清规则

师：解放军准备带领大家举行一次"保卫钓鱼岛"的军事演习游戏学习。我来当指挥官，大家都当炮兵。

师：我先讲一讲演习的规则：我们在钓鱼岛附近海域进行一次军事演习，模拟有敌军侵略，我们进行防卫，对敌舰进行还击。

在这次学习中，凡答正确或做正确的同学，由小组长颁发"立功勋章"。获三枚勋章的升为"排长"，获四枚的升为"连长"……最高级别为"司令"。（播放课件。）

师：你们有没有信心当司令？

生：有信心！

师：大声一点！

师：拿破仑说过，不当元帅的士兵不是一个好士兵，看来，在座的都是好士兵。准备好了没有，开始游戏。

2. 模拟演练，学习新知

以生动激烈的"保卫钓鱼岛"教学情境，以开炮射击"敌舰"为主线，分四个故事情节引导学生理解"确定位置"的四要素：观测点、方向、角度和距离。学会运用以上知识用完整的一句话描述事物的准确位置。

（1）第一炮：方向不对。

师：不错，现在我们驻守在钓鱼岛附近的海域，在海域的附近发现了一艘敌舰，我们对着它，怎样？

生：开炮。

师：我是指挥官，先来第一炮。（开炮。）打中了没？

生：没有。

师：为什么没有打中呢？

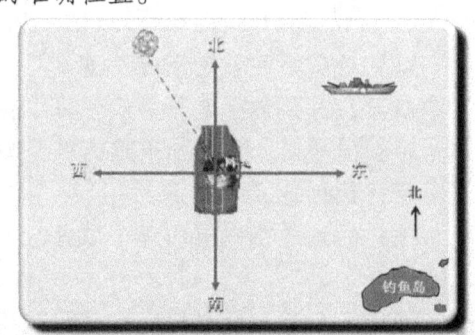

图2

生：没有瞄准。

师：方向不对，应该打哪个方向？

生：东北方向。

师：我们站在阵地上观察，就是把阵地作为观测点。（板书：观测点。）

（2）第二炮：角度不对。

师：我们确定了敌舰在阵地的东北方向，我们再打一炮。（开炮。）打中了没有？（演示动画。）

生：没有。

师：为什么没有打中？

生：……

师：原来是角度不准，没有打中，那么，应该量哪一个角？谁能指出这个角来！

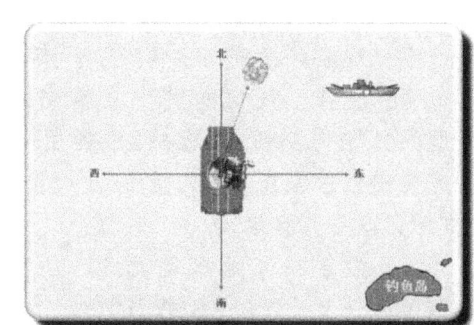

图3

生：……（学生上台指出。）

师：把阵地中心点和敌舰中心点两点连线，这条线段与一条方向轴两条线段之间就形成了一个夹角，就是我们发射的这个角。

师：我们用什么来量角？

生：量角器。

师：对。（播放课件。）

（3）第三炮：距离不对。

师：打中了没有？

生：没有。

师：为什么还是没有打中呢？

生：不够远，长度不对。

师：原来是距离不对。

师：应该测量哪一段距离呢？谁能指出这段距离来！

生：（上台指出。）

师：（演示动画。）

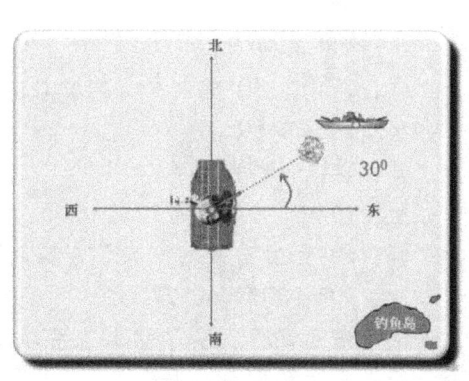

图4

（4）第四炮：精确打中。

师：通过测量，阵地到敌舰的距离是1千米。

师：现在找到了观测点，又知道了角度是东偏北30°，距离是1千米。我们再来发炮，同学们猜一猜打中没有，见证奇迹的时刻到了。

生：中。

师：打中了，我们一起祝贺一下。（鼓掌。）奖励这位同学一枚勋章。

师：我们打中了敌舰，需要哪些条件？四人小组讨论一下。

（课件演示：出示之前四炮的图。）

生：观测点、方向、角度、距离。

师：现在，我们知道了准确地说出敌舰的位置需要四个条件，谁能用一句话完整说出敌舰在我们阵地的什么位置？（提示，报告指挥官。）

生：敌舰在阵地东偏北30°的方向上，距离是1千米。（板书。）

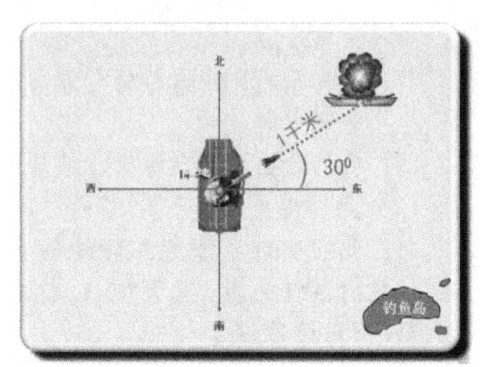

图 5

师：东偏北30°的方向上，是从东到北30°还是从北到东30°？

生：东偏北30°是从东到北30°。

生：北偏东30°是从北到东30°。

师：你真棒！奖励你一枚勋章。

（学生个别说。）

板书：

描述一：敌舰在阵地东偏北30°的方向上，距离是1千米。

师：会说的同学一起说一次。

生：（齐读。）

师：东偏北30°的这个方向，还有别的说法吗？

生：北偏东60°。

师：你是怎样想到？

生：略。

师：60°是怎么来的？为什么？

生：90°−30°=60°。

教师演示课件，引导学生用手势模仿动作。

师：会说的同学一起说一次。

生：（齐读。）

板书：

描述二：敌舰在阵地北偏东60°的方向上，距离是1千米。

3. 对比联系，加深理解

开展小组讨论，引导学生找出以上两种描述的相同点和不同点，重点讲清"东偏北30°"和"北偏东60°"的区别。

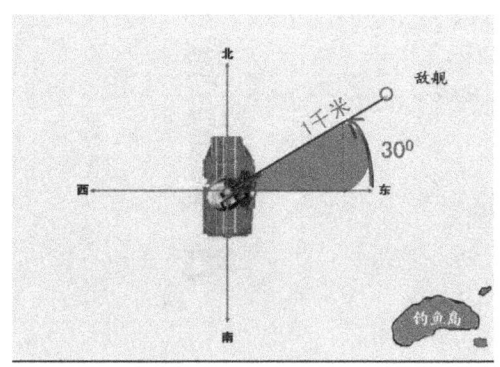

图6　　　　　　　　　　　　　图7

（1）导学。

师：敌舰在同一个位置，但有两种说法，大家仔细对比这两句话，这两种说法有什么相同的地方？有什么不同的地方？请同学们讨论后回答。

生：观测点、距离都相同。

师：两个角合起来是90°，30°角是从东开始，偏向北30°，60°角是从北开始，偏向东60°，北、东两个字位置调换，距离不变。

（2）小结。

师：像今天这样，要把敌舰位置清晰地表述出来。(板书：确定位置，需要的条件是观测点、方向、角度、距离。)

4. 小试牛刀，学以致用

模仿例1内容，让学生用准确的数学语言描述"敌舰"的准确位置。

师：你看，另一艘敌舰出现了，哪个炮兵向指挥官汇报它的具体位置？

生：敌舰在阵地西偏南40°的方向，距离是2千米。

师：你们说，正确吗？

生（齐答）：正确。

师：你学得真好，看来你已经掌握了方法。

生（齐答）：开炮。(演示课件，打中"敌舰"，全班欢呼。)

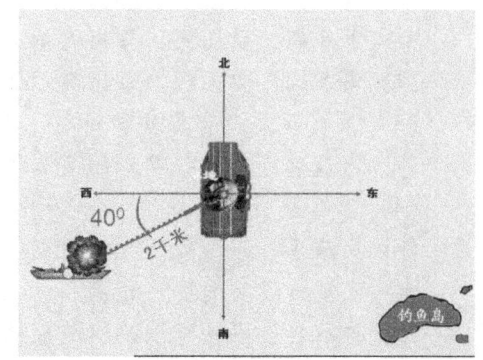

图8

四、巩固练习，逐层提高

继续以"保卫钓鱼岛"演习为教学情境，分四关进行巩固练习。

第一关：摸清阵地。

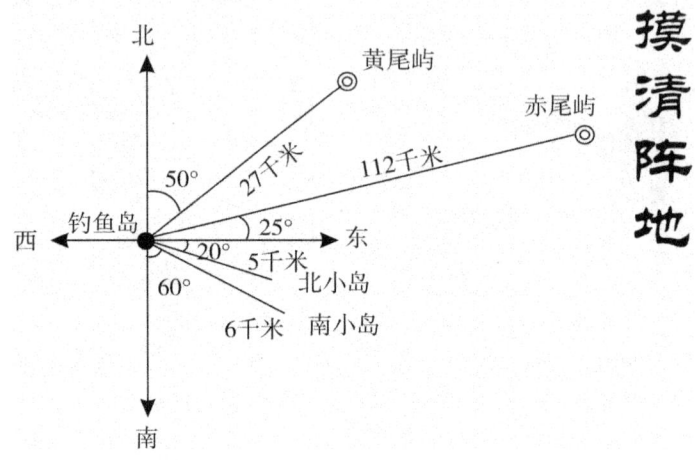

图9

(1) 北小岛在钓鱼岛_____偏_____的方向上，距离约_____千米。
(2) _____在钓鱼岛_____偏_____的方向上，距离约_____千米。

第二关：百发百中。

共6题，练习内容均为看图描述位置。邀请一名学生上台当"小指挥官"提问其他同学，老师当助手。

(1) 第1、2、3题是基础练习。
(2) 第4、5题是变化练习。

师：第4题，看图例，每格表示1千米。3格表示3千米。

师：第5题，看图例，每格表示2千米。4格表示8千米。

(3) 第6题，没有角度和距离，要求学生自己寻找和计算，重点评讲。

师：这题有点难度，答对的奖2枚勋章。

(4) 第6题引导小结。

师：又来了一艘敌舰，大家看图，你能汇报敌舰的位置吗？为什么？

生：不能，没有角度、距离。

师：你有什么办法可以确定敌舰的位置呢？

生：敌舰在阵地的东偏南30°，距离是10千米。

师（奖勋章）：请看第三关。

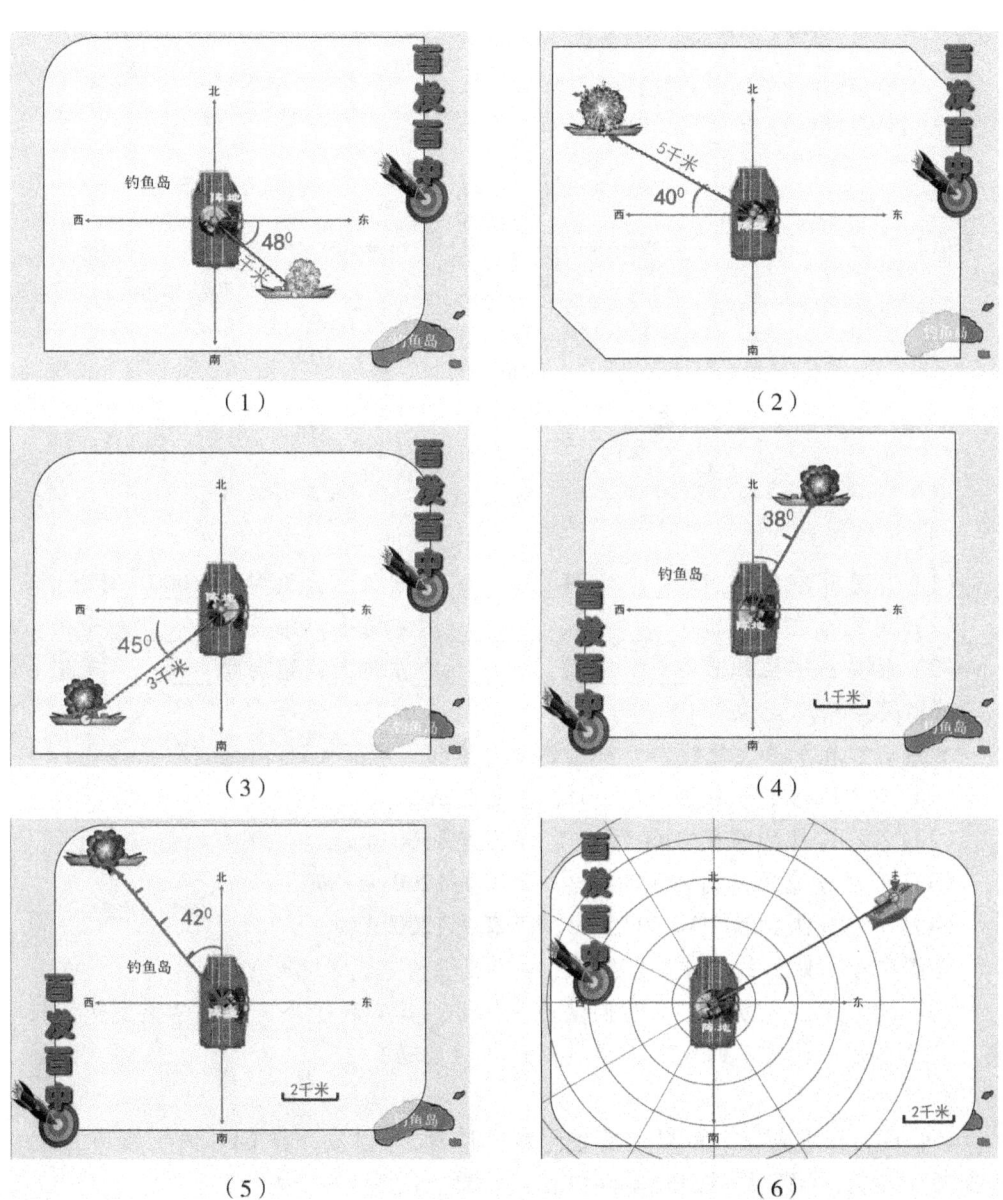

图10

第三关：勇破难关。

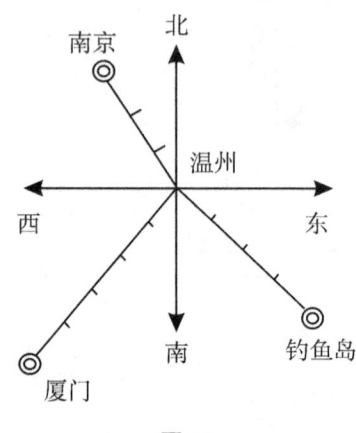

图11

(1) 南京市在温州市_____偏_____的方向上，距离约__600__千米。
(2) 厦门市在温州市_____偏_____的方向上，距离约_____千米。
(3) 钓鱼岛在温州市_____偏_____的方向上，距离约_____千米。

第四关：精准定位。

有四名解放军从飞机跳伞空降到钓鱼岛增援，根据GPS卫星定位，得出：
(1) 甲在阵地的北偏西60°方向，距离是900米。
(2) 乙在阵地的东偏南60°方向，距离是1500米。
(3) 丙在阵地的南偏西30°方向，距离是1200米。
(4) 丁在阵地的西偏南30°方向，距离是1200米。

在图中标出他们的位置。（注：图中的圆平均分成12份。）

师：刚才定位的方法，同学们觉得麻烦吗？其实到了今天，科学很发达，科学家已经发明了一种很好的仪器，你们知道是什么吗？

生：……

师：GPS卫星导航，GPS有哪些用途，请看。（播放介绍GPS的视频。）

师：其实，GPS最早用在军事方面，你看。（出示第四关。）

[设计意图] 继续以保卫钓鱼岛军事演习为主题，以不同形式展示练习，让学生熟练掌握用准确语言描述物体的位置。

五、课堂小结，论功嘉奖

对本堂课表现出色的学生进行表扬嘉奖，并回顾和小结本课学习的收获，重点强调确定位置的"四要素"和相关需要注意的知识点。

师：获得1枚勋章的同学请举手……

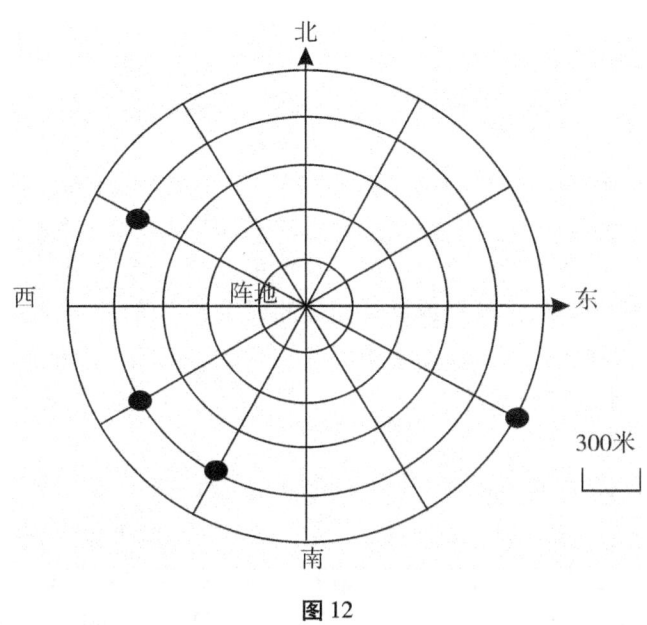

图 12

师：请说说这节课的收获。

师：其实，方向与位置还可以应用到生活中更多的方面，例如台风的预报。请同学们再做一做书本第23页的练习。

六、教后反思

一节好的数学课，教师预设精准，课堂教学才有可能高效。1992年4月，发生了日本"购买"钓鱼岛侵犯我国领土的事件，刚好我也在准备上这一节课，于是，我充分运用"位置与方向"的知识，设计一个"保卫钓鱼岛"军事演习的数学游戏，寓新课于游戏之中，既学习新课，又进行爱国主义教育，努力展现"精准高效、智趣相长"的数学课堂。

《位置与方向》一课是四年级下册的学习内容，属于"空间与图形"里的"图形与位置"。这一节课是让学生通过解决实际问题，体会确定位置在生活中的应用，学习根据方向、角度和距离三个条件确定物体的准确位置。这一节课，充分体现了我所向往"精准高效、智趣相长"的教学风格。我以保卫钓鱼岛军事演习为主题，炮击敌舰，寓学习于游戏中，生动有趣，激烈递进，学生在我的精心引导下，掌握准确确定事物的位置需要知道观测点、方向、角度和距离四个要素。通过学习，学生初步能从方位的角度，更全面地感知、体验周围的事物，发展空间观念。

我的教学主张

构建精准高效、智趣相长的数学课堂

长期以来，不少学生不喜欢学数学，学不好数学，除了学生自身原因和家庭教育滞后的原因外，还归咎于教师的"教不好"。因为教师设计的内容乏味，采取的教学方法单一，数学作业繁多，使学生越来越不喜欢数学，成绩越来越差，这难道不是教师的问题吗？怎样教数学，才能让学生既学得有趣又学得好呢？从教多年，我发现教师在课堂上，如果能采取精准高效的课堂教学方法和手段，就可以促进学生的智慧和兴趣的增长，从而提高学生的数学素养。因此，近年来，我朝着这个方向努力和实践，努力构建精准高效、智趣相长的数学课堂，逐渐形成我的教学风格。

一、建立和谐的师生关系

《学记》中说："亲其师，信其道。"在课堂上，教师的首要任务是与学生建立良好的沟通关系。首先，我的数学课努力营造愉悦和谐、轻松幽默的学习氛围。上数学课时，我一般先和学生互动交流，有时浅谈近日发生的新闻时事，有时分享自己的童年趣事，有时以学生身边事例感化学生……这些都让学生在一种平等、和谐的氛围中学习，体验到学习是一件开心的事情，为师生的双边活动铺上了重要的情感基础。每一节课，我都给自己定下一个标准：我上的课，必须要有笑声，如果那节课没有学生的欢声笑语，这节课就是一节失败的课。总之，我努力为学生打造一个活泼多样的、轻松愉快的课堂学习过程，不仅让学生"品尝"在课堂生活中的趣味，还要让学生体验学习数学成功的乐趣。

课堂，也是生活的一部分。在课堂上，我经常与学生在情感、学习、生活等多方面进行多渠道的交流沟通。通过沟通，及时了解每一位学生的思想动向、学习状况，知学生所想，达学生所愿，要让每一位学生都能从内心深处感悟到教师的真诚与信任，营造欢快的课堂环境。

二、教会学生充分自学

自学，可以培养学生主动学习的习惯，提高学生的自学能力。上课前，如果学生能提前自学新课，将对课堂学习有较大的促进作用。每逢接任新班，我必先教给学生自学的方法，引导他们养成先自学后上课的好习惯。

自学新课，有的教师喜欢让学生把书本例题和练习题抄在本子进行自学，我不赞成这种做法，现在的学生学业负担不轻、作业多，如果这样做，无疑会加重学生负担。要提高自学的效果，须完成"感悟新知—理解方法—尝试练习"三个步骤，学生在书本上完成，以书本为纲，不脱离书本，也更容易完成自学任务。当然，有些内容，确实需要自学提纲的，教师有时可以向学生提供自学提纲和要求，引导学

生正确进行自学新课。例如,以人教版五年级下册《2、5的倍数的特征》一课的内容为例,我是这样布置学生自学新课的:

《2、5的倍数的特征》自学要求:

(1) 自学理解例1的内容,根据新课提示,用铅笔分别圈出"5的倍数"和"2的倍数",你发现了什么?

(2) 是"2、5的倍数"的特征是什么?什么叫偶数?什么叫奇数?

(3) 在书本尝试完成例题后的"做一做"。

(4) 理解例题的重要概念,熟读和加强理解。

(5) 把自学遇到的疑问写在书本上,在上课时问老师或同学。

学生在课前自学新课,上课时学生就能既迅速又容易地理解"2、5的倍数的特征",节省不必要的讲解和做书本"做一做"的时间,提高了课堂教学的效率,教师可以加快教学进度,增加练习量,适度提高练习难度,如可以增加练习"既是2的倍数又是5的倍数"的题型练习,提高教学质量。

三、教师要精准备课

传统备课要求教师"六备",即备课标、备教材、备学生、备教法、备学法、备教具和课件。一些教学预案表面上是完美的,但实际上课时因突发诸多问题,教学效果就会大打折扣。为什么会出现这种情况呢?就是因为教师备课不充分、考虑问题不周全。而我的备课,侧重在"我怎样教得好"和"学生怎样学得好"两方面深入思考。一些数学教师在备课时,往往是备过程,而忽视备教法;备习题,而忽视备学法。因此,要想课堂教学效率高,教师必须要精准备课。在上课前,我会深研教材,"吃透"教材的重点和难点,结合学生的具体情况,选择最合适的教学方法,以保证学生有效地学习。以新课教学为例,我要精心设计好在课堂上提出的问题,估计学生的回答可能会有哪几种情况?教师将如何应对?学生哪些问题最容易出错?……还要在教学过程中,根据学生出现的情况,灵活选择教育时机,及时调整教学策略,确保教学任务顺利完成。

从教多年来,我深深体会到,"和谐的师生关系"是高效课堂的基石,"学生充分自学"是高效课堂的根源,而"教师精准备课"则是高效课堂成败的保证。愉悦课堂、学生自学和教师备课三者缺一不可,是高效课堂的坚实基础。

四、构建精准的课堂教学策略体系

1. 精心设计巧妙的教法

有教无类,教无定法。常用的教学方法有讲授法、谈论法、演示法、练习法、实验法等,不管老师采取哪种方法,只要能让学生更容易、更快地接受新知的,就是好教法。在教学中,我一直在寻找既能使学生较快掌握知识、又具创意的"特别教法"。

优秀的教学方法可以称之为教学"金点子",这往往是教师博学多才的见识、深研教材体会和多年积蓄经验的集中表现,正因为这些优秀的"经典"教法,才会使课堂变得生动有趣,吸引学生学习,启发学生思考,提升学生能力。

2. 构筑有趣的学习历程

(1) 发掘数学本身的魅力以吸引学生。

18世纪法国伟大的启蒙思想家让-雅克·卢梭在其所著的《爱弥儿》一书中说过:"教学的艺术是使学生喜欢你所教的东西。"所以,兴趣是学习的动机和动力,兴趣程度不同,将决定学生学习的好坏优劣。我作为数学老师,如何让我的数学课变得更有趣,吸引学生去学好数学呢?我一直围绕一个"趣"字进行研究,精心设计教学过程,发掘数学本身的魅力吸引学生,用多样的教学手段去激发学生的学习兴趣,用巧妙的教学方法去调动学生的学习积极性,把有趣的数学贯彻整个学习过程。例如,教学《对称图形》一课,把中国传统节日"春节"的对称图案引入教学,体现数学的生活性;教学《方向与位置》一课,我详细分析上海世界博览会各场馆的方向与位置,把这一课与上海世界博览会各场馆的方向与位置有机结合,展现数学的时代性。在每一节课,我努力使课堂变得如彩虹般多姿多彩,如乐园一样丰富多彩,引导学生"乐中学""玩中学"和"做中学",吸引他们不知不觉地喜欢上了数学,让学生体会到数学是多么的奇妙、多么的美!

(2) 把握好每节课的"黄金十分钟"。

根据小学生的身心发育特点,心理学家研究发现,每节课第5~10分钟,是课堂最重要的时段。在这个时段,学生的注意力最集中,精力高度旺盛,通常是教师精心讲解和学生理解新知的"精华部分",可以称为每一节课的"黄金十分钟"。为了提高课堂教学的有效性,我十分注重这"黄金十分钟"。我会精心处理好教学预设,达到"三个理清"——理清核心问题、理清思路方法、理清疑点和难点,引导学生以最快的时间领悟新课知识,达到最好的教学效果。教师教学时,语言要精练,目标要明确,教法要适当,数理要明了,重点要鲜明,易错点要突出,难点要妥善分散。在"黄金十分钟"里,学生学得好与差,将直接影响每节课的成败。因为一节课剩下的20多分钟里,以巩固练习为主,学生在前面学得不好,后面的巩固练习环节也将练得不好,如练习速度慢、接连出错等,教师会忙于"亡羊补牢",降低了课堂教学的效果。

3. 采取有效的小组合作学习方式

新课程倡导在教学中开展小组合作探究的学习方式。《周易·系辞上》曰:"二人同心,其利断金;同心之言,其臭如兰。"比喻只要两个人一条心,就能发挥很大的力量,实质是突出了"合作"的重要性。在课堂教学中,我会根据教学需要,根据学生个性、认知能力、思维类型等差异,灵活运用小组合作学习的教学方式进行教学,实行分层设计、分层教学、分层指导和分层训练,努力使每一个学生都在原有基础上获得提升。如五年级数学下册有这样一道练习题："两个相同的小正方体拼成一个大长方体，长方体的棱长和比原来两个小正方体的棱长和少了24厘米，求原来小正方体的棱长是多少厘米？"如何计算出"小正方体的棱长"，学生认为这个问题比较抽象，我及时地组织学生展开小组合作学习，以小正方体木块为学具，尝试用两个小正方体拼成一个长方体（见下图），观察棱长数量的变化，通过"探究—发现—讨论—归纳"，总结出拼成的大长方体的棱长（以原小正方体的棱长为基本单位），比原小正方体少了8条棱长，这"消失了"的8条棱长的和就等于24厘米，小正方体的棱长的计算方法就是"24÷（4×2）=3（厘米）"。

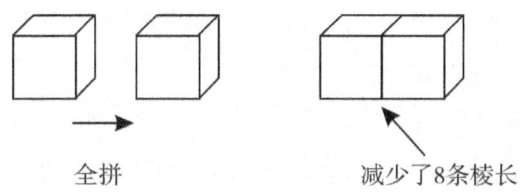

图 13

开展小组合作学习，可以发挥如下五种功能：一是研讨与探究功能，从小培养学生动手操作、自主探究的能力，提升学生学习质量；二是管理与组织功能，逐步建立良好的课堂教学秩序，提高课堂教学效率；三是汇报与展示功能，训练学生的数理表达能力，提升学生综合素质；四是评价与反馈功能，训练学生评价他人的能力，检查课堂教学效果，调动学生学习的积极性；五是助教与帮学功能，可以克服班级授课制下教师不能面向全体学生的弊端，既照顾全体，又关注个体，尤其能促进"学困生"学习能力的提升。

4. 开展及时的激励性评价

我注重教师激励与教学过程同步，提高课堂评价的实效性。"教育，就是激扬生命。"在教学中，我实施以不同的激励形式和手段，进行"边教边评"。在学生参与学习的每一环节及时开展激励性的评价，既巩固了对知识的掌握程度，又提高了学生的言语表达能力，更培养了学生对数学学习的情感与价值观。

我注重教师激励与教学内容紧密结合，增加课堂评价的趣味性。例如，教学《长方形和正方形》一课，我通过小组教学，把全班分成六个小组，当小组同学表现较佳时，我不但对个人进行鼓励，还对所在小组进行奖励。小组每表扬一次，我就奖励一个小正方形，最后看哪一个小组获得的正方形多。

如第2小组获得如下的"小正方形"奖励，我在课堂小结时提问："这个小组共获奖了多少个小正方形？（8个）你们能用今天所学的知识，数一数，第2小组共获奖了几个正方形？"（11个）

我这一巧妙的提问，把课堂评价与所学的知识紧密结合起来。当一名学生能回答出有 11 个时，我继续问："明明是 8 个正方形，怎么会有 11 个呢？"学生回答："因为每 4 个小正方形又可以组成一个大正方形……"这一教学环节，其巧妙之处是教学内容与课堂学习结合，既评价了哪个小组这一节课表现最好，又检查了学生学习"正方形、长方形知识"的掌握情况，进行拓展性提高。

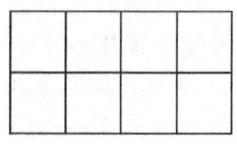

图 14

实践证明，激励性评价是学生课堂学习的有效"催化剂"和"兴奋剂"，可以调动学生学习的积极性，诱发潜能。教师在教学过程中，进行及时的激励性评价，是一个双向激发的愉悦交往过程，它不仅能充分调动学生的学习积极性，还让课堂充满生机，有时还会产生令人意想不到的教学效果。

他人眼中的我

在课堂上，容老师善于引导学生自主学习、交流研讨和探索发现数学知识和规律，他总是能发挥他的教学特长，精心设计生动的教学课件，把学生难以理解的知识以直观生动的动画演绎出来，学生很容易地理解新知。如教学《位置与方向》一课，展现了容老师研读、理解和使用教材的水平，以及娴熟的使用信息技术的能力，收到较好的课堂效果。他上的数学课生动有趣，具有启发性，且蕴含数学思想，体现了他对课程标准的理解有深度，对教材教法有见解，教学风格鲜明，深受师生和家长喜欢。

（新会区中小学教学研究室副主任、区小学数学教研员　李发开）

容宏新老师是我校的教导处主任，他热爱教育，真诚待人，严谨从教。他在数学教学方面，有独特的思维，他设计的课例，总是令人耳目一新，巧妙之处体现别具匠心，令我佩服，我校老师称他为"实小的张艺谋"，他是一位大家公认的、实干而且有能力的优秀教师。

（新会实验小学教师、数学教研组组长　甘秀萍）

听了学员容宏新老师的课，我受益匪浅，他在课堂上的智慧让我佩服。容老师教学功底扎实，课堂上显示出了较好的教学素养，在教学中能注重创设情境，课件制作精美，渗透数学思想，引发学生思考，使学生兴趣盎然，思维处于欲罢不能的状态。

（广东省和平县阳明镇第一小学教师、省骨干教师培训班学员　梁运霞）

激情优教　智趣相生

● 江门市第九中学　蒋青（初中英语）

● 个人简介

蒋青，女，1990年参加工作，任教于江门市第九中学，全国模范教师、全国十佳初中班主任、广东省英语特级教师、广东省名班主任、首批广东省名班主任工作室主持人、江门市名教师，并获得"全国五一劳动奖章""全国三八红旗手""2008年北京奥运火炬手""南粤优秀班主任""江门市首届十大杰出教师""江门市十佳青年""首届'爱在江门'十佳人物（道德模范）"等国家、省、市级殊荣。自2010年以来，她被授予江门市蓬江区名班主任工作室、广东省名班主任工作室、江门市劳模创新工作室、广东省女职工创新工作室的主持人，为各市区培养了一大批高素质、有特色的品牌班主任和优秀教师。

▶ 我的教学风格 ▶

教学是一门艺术，教师、学生、课堂是必不可少的三要素。教师的性格影响着其所教科目的风格，我的性格中的激情奋进、青春向上、宽容有爱、勇于担当的特点早已不知不觉融入了我的课堂。我的英语教学从"心"开始，"激情"是动力，"优教"是着力点，"智趣相生"是优教的特色。基于学情，我从情感认知切入，关注学生的最近发展区，包容有爱，赏识激励，用激情感染学生，点燃课堂，让英语发挥育人的最大功能。我用"三激"（课前激励、课堂激趣、课后激活）搭建活动平台，注入激情，充分挖掘和激发学生潜能，智趣相生，寓教于乐。我优化教与学两个环节，优化教学方式，优化学生学习习惯和学习方法，创设高效课堂，追求智趣相生的效果。我以学生为主体，引导他们自主学习，敢于展示风采，享受解决问题的乐趣，感受英语的魅力，体会学英语的重要性，逐渐培养学生独立思考问题与解决问题的能力。激情优教让学生的能力悄然提升，我的教学智慧亦得到丰富和发展。

回首来时路，我追寻的教学风格刻满了我的性格与喜好，浸润着我对教育的热爱，它如同我思想的血液，时刻流淌着，愿为之终生求索。

▶▶ 我的成长历程

教书育人从"心"开始

一、童年心中梦，初为人师不怕苦

我的教师梦始于幼时。由于父母参加上山下乡运动，我自小便在农场长大。当时条件不好，所谓的"学校"，只是一间破旧的农舍。老师是一位刚刚毕业的高中生，虽教学经验尚浅，但她热情、温柔、辛勤耕耘，赢得了我们的尊重。为此，老师的美好形象深深地烙印在脑海里，我感到当教师是如此美好的一件事。童年，教师梦播种心间，我立志要成为一名受人爱戴的人民教师。

1990年大学毕业后，我实现了童年的愿望，来到江门市第九中学成为一名英语教师，登上讲台我激动不已。虽然万事开头难，我却有种初生牛犊不怕虎的精神。曾记得，为了提高学生学英语的兴趣，我积极学简笔画，没有绘画功底，我一笔一画的学，美丽小花、活泼的人物，起初在我笔下变形得让人啼笑皆非，当我的手臂酸痛难忍，我依然坚持着，只为在授课中利用简笔画描述人物，创设情境，点燃学生的热情，学生也为我这项新技能感到新奇不已，上课互动的程度提高不少。之后，我尝试教学生学英文绕口令，听英文指令做动作等，在班上开展英语话剧表演、口语朗读竞赛。在课余，我教学生英文歌，聆听优美旋律。为了提高学生的书写质量，我还在班里开展英文书写比赛，让学生领略书写之美。这样，我把英语的美多角度展示给学生，让学生感受到学英语是一件很美的事情。

不断地钻研，是我的性格使然，不仅提高了我的教学技巧，更提升了我的教学魅力。为此，我很快地站稳了讲台，并取得了不错的教学成绩。1992年，我获得市普教系统"青年教学积极分子"称号。1993年10月，我被学校选派参加市直英语优质课比赛。我深深明白，没有人随随便便就能获得成功，但我相信两年来的努力，打下的基础，会让我在比赛中有很好的发挥。最终我荣获市直二等奖，这个好成绩大大地激励了我。1994年，我再接再厉，英语录像课获得了市直二等奖。同年，我勇攀高峰，所教的第一届毕业班的中考英语成绩比同年级的第二名高出15分，大大地提高了学校的中考英语总成绩，我任教毕业班的整体水平都在年级之上，我也因此获得同行们的高度评价，同时获得了市直普教系统"巾帼建功"先进个人的荣誉。这些实践的收获让我的教学风格有了雏形。1995年，我在之前独自进行的沿海版（乙种本）教材的实验之后又继续进行沿海版（甲种本）的教材试用，参与科研项目，不断学习研究，不断更新教学方法。

初为人师不怕苦，成绩让我得到莫大的鼓励，自己也越发喜爱这教书育人的伟大事业。

二、从"心"开始，辛勤探索名师路

记得1998年教师节，我荣获"江门市优秀教师"称号，这已让我激动不已，但最让我激动的是，我作为全市骨干英语教师参加了全市第一个由市教育局举行的1998年暑假美国访问学习之行。这次难得的40天学习之旅，走出国门，眼界大开，我的心态也发生了变化。我体会到：眼界决定宽度，观念决定高度，脚步决定速度，思想决定未来。美国学习之行后，我把课题研究作为英语教学提升的途径。"心"，不只是我职业生涯的向上之心，更是我教书育人的初心，我要成为一名学习型、研究型教师，不管是班级管理，还是英语教学，我都是从"心"开始，不断钻研，让它更具科学性，通过组织参与一系列与科技、多媒体、德育有关的科研课题，让我把握了时代的脉搏，发掘和总结了一系列方法理论，使我的理论和实践双双提高，使学生的课堂学习更为有效和深刻。这也成就了我的名师路。班级管理、英语教学、课题研究是我这一时期努力的方向。

英语教学，从"心"开始。在英语教学中，我遵循"以情""以趣"的原则，慢慢进行"激情优教，智趣相生"的风格探索。我用"三激"（课前激励、课堂激趣、课后激活）搭建活动平台，注入激情，充分挖掘和激发学生潜能，智趣相生，寓教于乐。在英语教学中，我不仅重视学生学习能力的培养，而且想方设法帮助他们养成良好的学习习惯和自学能力。如：指导学生制定学习英语的长期计划和短期安排，认真做好"堂上专心听讲—按时完成作业—及时复习知识—延伸课外阅读—整理归类要点"五部曲。我注重培养学生良好的自学能力，注重课外阅读，要求学生每天搜集20个新单词，学会分类笔记，如美文欣赏本、课堂笔记本、课外阅读摘抄本、错题汇聚本等，让同学们相互交流评比，优秀者获得加分奖励。我重视英语活动的开展，切实提高学生运用语言的能力。每天采用轮值制度，学生每天按学号作"daily report"（每日汇报）。我要求学生每天主动与同桌对话不少于5句英文。每学期每小组共同制作一期手抄报，主题有节日、爱好、校园生活、家庭生活等。课堂上也开展"oral practice show"口语实践秀、小组英文话剧表演、"小老师示范课"等活动。"优教"让师生共同收获了知识，收获了幸福。从教27年，我带了9届学生，每届毕业班考上省重点高中的人数比例都在50%以上，指导学生参加英语竞赛共182人获全国奖励，其中全国一、二等奖115人次。每届毕业班的英语成绩都超出市平均分30多分，甚至40多分，平均分曾高达142分（150分制）、114分（120分制）。2017届严家添同学考入广东省实验中学南山班（全省前80名才能进入），他的英语中考成绩获得了120分满分。工作至今，我担任备课组组长18年，一直带领我的备课组老师同心协力，提高课堂教学质量，致力培优辅差，有效地提高课堂教学效率，全面提高了整个年级的教学质量，为每届英语中考平均分位于市直、区直的第一、二名做出了有力的保障。

在教学研究方面，从1999年开始，我参加了第一个课题研究"中小学英语教材衔接"。研究论文《试用英语甲种本解决衔接问题》获2000年度江门市教学论文一等奖，并发表于《广东省中小学教材教法》。2005年我参与了国家级"二十一世纪报刊阅读教学方法探索"课题研究,让我从一个更宏观的角度来看待英语教学。论文《如何提高英语阅读技能》荣获江门市教学论文二等奖。2007年我作为课题主持人,开展全国课题"课程资源促进有效教学的研究与实验"重点子课题"开发利用课程资源,提高英语教学效能的研究与实验"的研究,课题成果《运用信息化手段打造高效英语课堂》发表在《课程教育研究》专业学术期刊上。此外,我参与国家级2009—2010年度第二批全国基础教育外语教学研究资助金项目课题"任务前准备在口语学习中的成效及应用研究"和市级课题"江门市幼儿园教师专业化发展研究与实践"的研究。2017年我又开展了省级课题"微课视域下的初中高效英语课堂教学模式的探索与研究"的研究。

班主任管理,从"心"开始。我深知,注重班级管理,打造有特色的班级文化有助于每位教学者取得成功。从教27年,我已担任班主任26年,始终把学生自主管理作为班级的核心理念,真正地让学生用心管理自己的学习与生活。班级有自己的博客,有自己的班刊,有自己的成长记忆。学生态度端正,思想重视了,行动起来了,那么班级整体成绩也会攀升,出现良性循环。为了更理性地探索,2012年和2014年我分别主持的省级德育课题"班集体活动中对初中生自我教育能力培养的研究"和"中学生自主管理能力和合作能力培养研究"相继结题。2016年我又开展了省级德育重点课题"家校携手促进学生积极心理发展的策略研究"的研究。

2000—2013年期间,我先后荣获"南粤优秀班主任""江门市十佳青年""首届'爱在江门'十佳人物""江门市道德模范""江门市劳动模范""广东省五一劳动奖章""全国三八红旗手""全国五一劳动奖章""江门市名教师""广东省名班主任"等荣誉称号,这些荣誉鞭策我要更加努力,方能走得更远。

三、辐射引领,用心当好"领头雁"

2009年12月,我被江门市蓬江区教育局授予"首批名班主任工作室主持人"称号,2012年2月,我被广东省教育厅授予"首批广东省名班主任工作室主持人"称号。广东省名班主任蒋青工作室于2012年12月正式启动,它以"率先垂范 敏思笃行"为理念,工作室聘请了广东省中小学德育研究与指导中心首席专家李季教授为指导专家,努力成为研究的平台、成长的阶梯、辐射的中心。

作为"领头雁",我从2010年起,每年都为蓬江区新教师做班主任专题培训,还先后为江门市中小学第一、二、三期农村骨干班主任以及新会区初中班主任,五邑大学、江门职业技术学院师生,紫茶小学、启明小学、江门一中景贤学校、蓬江区潮连中心学校、江门第一职业学校等学校教师做班级艺术管理以及德育专题讲座。另外,我还为开平市中小学130名校长、广州市第二批名师培养对象200人、广州市花都区培新中学班主任、花都区培新中学名班主任工作室等做专题培训、指导。我在2015年12月举办的"中国班主任大会暨世界教育家雷夫中国行之草根教育家高峰论坛"上展示了一节主题班会课，获得了 1000 多位来自省内外观摩老师的好评。

工作室第一期成员中有 6 人分别获得"蓬江区名班主任""蓬江区名师工作室主持人""首批江门市名班主任"的称号。第二期成员学员共 45 人。我积极带领工作室团队深入蓬江区、新会区 10 所学校进行校园文化建设专题交流，研讨德育和班主任工作，举行了 2 场学习成长汇报会，5 场德育专题讲座，18 堂主题班会展示课、汇报课和同课异构班会课。工作室 11 人分别获得"江门市首批名班主任工作室主持人""第二届江门市十大杰出教师"，以及各县市区"名班主任主持人"等称号，6 人参加第六届江门市、区的班主任技能大赛表现出色，2 人代表市、区参加学科课堂大比武并获得省一等奖、区一等奖。工作室成员在 2015—2016 年获得区级以上荣誉共 157 项。工作室考核被省教育厅评为"优秀"等次。

在开启了广东省名班主任蒋青工作室后，2013 年我被评选为"首届江门市十大杰出教师"；2014 年获得"全国模范教师"称号；2016 年被广东省教育厅授予"广东省英语特级教师"荣誉称号。蒋青工作室在 2013 年 11 月也荣获了"全国名班主任工作室"的称号。

这些荣誉给了我极大鼓励，让我始终不忘初心。2014 年我被蓬江区总工会授予"劳模创新工作室主持人"称号，2015 年我又带领省名班主任工作室第二期的团队开展工作，2017 年我被选拔为广东省女职工创新工作室和江门市劳模创新工作室的主持人，积极向上带领团队继续走向优秀。

我的教学实录

外研版八年级英语下册

Unit 2　"We have played football for a year now.
Reading—Healthy living"

Ⅰ. Teaching Aims

1. Knowledge objectives

（1）Key vocabulary

① *n.* — heart, exercise, pet, member, condition, illness.

② *adj.* — well, active, sleepy, weak, awful.

③ *adv.* — perhaps.

④ *phrases* — need more exercise, get/do exercise, daily exercise, take part in, in excellent condition, feel awful, all over.

（2）Key structures

A. The present perfect tense.

① I <u>have never been</u> very active.

② I have always wanted a pet.

③ I have had him for three months now.

④ We have played football for a year now.

⑤ Since then, it has become part of my life.

B. I get exercise by taking him for a walk every day.

2. Ability objectives

(1) To get information about healthy living.

(2) To master the present perfect tense.

(3) To enable the students to communicate by using the vocabulary and structures they have just learned.

3. Moral objective: To know about other people's health problems and give some advice to them.

Ⅱ. Teaching aids: computer, video, tape, PPT.

Ⅲ. Teaching method: group competition. (Each group will get some points after they finish their tasks correctly.)

Ⅳ. Teaching Procedures

Step 1　Warming up

(Background music: the Rabbit's Game)

T: Good morning, boys and girls. Do you enjoy the music? Would you like to dance together with me?

S: Yes.

T: Well, let's begin. (One minute later) Well done. Did you enjoy the dance?

S: Yes.

T: Do you feel tired after the dance?

S: (Some may answer) Yes. / (Some may answer) No.

T: If you don't feel tired but happy after the dance, that means you are healthy and like to live an active (本课生词) life. That's good! But if you feel tired, that means you are weak (本课生词) and need more exercise (本课生词). Do you agree?

S: (Some may answer) Yes. / (Some may answer) No.

T: If you don't know whether you have a healthy living or not, let's learn a new lesson and then you will have a clearer idea. (引出课题：M4 Unit 2 Reading—Healthy living.)

(设计意图：以兔子舞开场，吸引学生注意，调动学生兴趣，并通过与学生对话自然引出本课课题。)

Step 2　Presentation

T：This class I'd like to divide you into seven groups because we are going to have a game. Are you ready? Go!

T：At first, please watch a video and try to find out what happened to the boy.

T（One minute later）：Can you tell me what happened to the boy? Why?

S：He got fatter and fatter because he had much junk food.

T：Look at the picture (Picture 1). Can you tell me more about the boy with the given new words (heart, daily, perhaps, illness)?

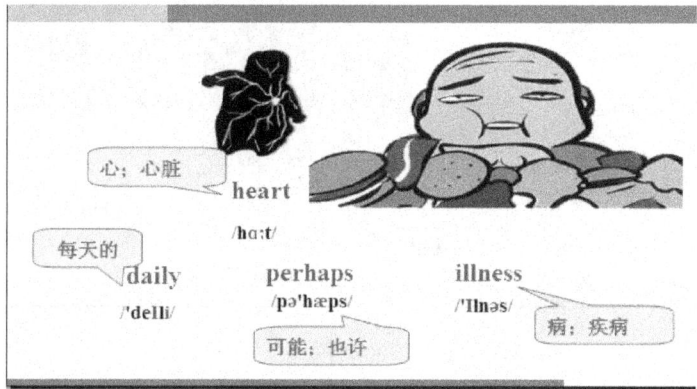

Picture 1

S：Yes. The boy had a terrible <u>heart</u> trouble because he had much junk food. And junk food is his <u>daily</u> food and he didn't take exercise. <u>Perhaps</u> it caused a lot of <u>illness</u>.

T：Look at Picture 2. What is the boy doing?

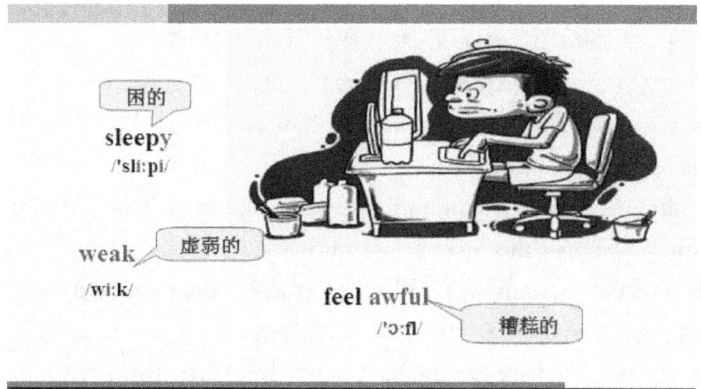

Picture 2

S：He is playing computer games.

T：Can you tell me more about the boy with these new words (sleepy, weak, awful)?

S：Yes. The boy plays computer games day and night. He is <u>sleepy</u> and <u>weak</u>. He feels <u>awful</u>.

T：Look at Picture 3. What are the boys doing?

Picture 3

S：They are playing football and taking exercise.

T：Right. The boys are <u>members</u> of the football team. They often take <u>exercise</u>. They are ready to <u>take part in</u> the football training. They are <u>active</u> . So they are <u>in excellent condition</u> and feel <u>well</u>.

T：Who wants to repeat what I said?

S：…

(设计意图：在老师与学生的对话中自然地引出重点词汇：heart, perhaps, illness, daily, sleepy, awful, exercise, member, active 等生词。)

T：Just now we learned some new words. Now let's finish Part 4 on Page 29 to complete the sentences with the words.

T (Three minutes later)：Which group would like to tell us your answers?

S：(Group ____ finish the task.)

T：Now let's check the answers and see how many points Group ____ can get.

(设计意图：检测学生学习生词的掌握程度。)

Step 3 Listening — four people's stories about healthy living

Look at the picture. Here are four people. Do they have a healthy living? Now let's listen to the tape and try to finish the exercises on the PPT.

Complete the sentences with the words in the box.
(Part 4 on Page 29)

active awful condition daily member Perhaps

1. Tom runs six miles every morning, so he is in very good _____ .
2. Jill is a very _____ girl and plays lots of sports.
3. I had a very bad headache yesterday, and I felt _____ .
4. Ben is a(n) _____ of the school football team.
5. You do not look very well. _____ you should see a doctor.
6. I saw your grandfather taking his _____ walk this morning.

Picture 4

(1) Paragraph 1—Anna

T (After the listening): Now which group will do the task first? (Ask students to put up their hands and choose one group to finish the task and give them points.)

S: (Group ____ finish the task and get their points.)

Anna's story
1. What was the problem with Anna?
   She was not feeling very _____ .
2. What suggestions did the doctor give her?
   The doctor checked her _____ and said she needed more _____ .
3. What happened next?
   Her parents gave her a _____ _____ for her birthday.
   Now she gets exercise by _____ him for a _____ every day.
4. How does she feel now?
   She feels really _____ .

(2) Paragraph 2—Wang Wei

T (After the listening): Now please try to finish the exercises on the PPT. Which group will do the task? (Ask students to put up their hands and choose a second group to finish the task and give them points.)

S: (Group ____ finish the task and get their points.)

Wang Wei's story
1. What's special with Wang Wei?
   She was the _____ member of a girl's _____ team.

2. How long has she played football?

   She has played football _____ now.
3. How does she feel now?

   She feels very _____ .

(3) Paragraph 3—Thomas

T (After the listening): Now please try to finish the exercises on the PPT. Which group will do the task? (Ask students to put up their hands and choose a third group to finish the task and give them points.)

S: (Group ____ finish the task and get their points.)

Thomas' story
1. What was the problem with Thomas?

   He went to work by _____ . When he got to work, he always felt very _____ and he was not _____ .
2. What happened next?

   He bought a _____ in January. Since then, it _____ part of his life. Now he _____ to work every day. It is his daily _____ .
3. How does he feel now?

   He arrives at work with a _____ on his face.

(4) Paragraph 4—Richard

T (After the listening): Now please try to finish the exercises on the PPT. Which group will do the task? (Ask a fourth group to finish the task and give them points.)

S: (Group ____ finish the task and get their points.)

Richard's story
1. What was the problem with Richard?

   He felt _____ after a long _____ .
2. What suggestions did his friend give him?

   His friend suggested that they should go for a _____ before school.
3. What happened next?

   They started running _____ ago. But Richard does not _____ running.
4. How does he feel now?

   When he gets to school, he feels _____ . His legs hurt and he is hot ____ ____ . He thinks _____ he is too _____ to do any _____ .

(设计意图：改编课本练习，让学生快速阅读并完成课文信息卡，初步了解课文，并提高学生的提取信息的能力。)

Step 4　Further Reading—Healthy living

Now let's learn more about the text.

(1) Word study

T: Please read the text together while listening to the tape. Please take up your pens and try to underline useful words and expressions as many as possible.

★Language Points:

If you are going to talk about healthy living, what words and expressions will you use? Try to underline useful words and expressions in the reading text while listening to the tape.

① *n.* _____

② *adj.* _____

③ *adv.* _____

④ *phrases* _____

(设计意图：训练听力的同时，让学生对课文的重点生词与词组有更系统的总结学习。)

T: Now which group would like to tell us the answers?

S: (Group ____ finish the task.)

T: Well done! Group ____ have almost found out all the new words and expressions in this reading text. (Give the group points.)

(2) Sentence structures—the present perfect tense

T: Now try to find out the sentences with the present perfect tense in the reading text. The group who have found out the sentences first can raise your hands and stand up to tell us your answers. OK, Group ____, please. Good job! Let's see how many sentences you have found out and how many points you can get.

S: (Group ____ finish the task and get their points.)

T: Now let's read the sentences together on the PPT.

★Key Structures:

A. The present perfect tense

① I *have never been* very active.

② I *have always wanted* a pet.

③ I *have had* him *for* three months now.

> ④ We *have played* football *for* a year now.
> ⑤ *Since then*, it *has become* part of my life.

T: Which group can tell us when we have to use the present perfect tense?

S: (Group ____ finish the task.)

T: Wonderful! Group ____ is right. Normally we use the present perfect tense when we use "for + a period of time" or "since + the past time". (板书。) (Give Group ____ their points.)

(3) Sentence structures—get exercise by doing…

T: Do you remember how Anna get exercise? Which group can tell us the answer?

S: (Group ____ finish the task.)

T: Very good. Anna *gets exercise by taking* her pet dog for a walk every day. (Give Group ____ their points.)

T: Which group would like to complete the following sentences on the PPT?

How do they get exercise?

Anna gets exercise by taking a walk with the dog .

Wang Wei gets exercise by playing football .

Thomas gets exercise by riding to work .

Richard gets exercise by running .

B. get exercise by doing…表示"通过某方式"锻炼

Picture 5

S: (Group ____ finish the task.)

T: Amazing! All are correct. (Give Group ____ their points.)

(设计意图:与学生一起总结本课现在完成时句子,并操练 by doing 的用法。)

Step 5 Oral Practice

T: Do you think you have a healthy living?

S: (Some say) Yes. / (Some say) No.

T: Why do you think so? If you think you have a healthy living, please tell us how you keep fit. If you don't think you have a healthy living, please try to answer the following questions.

> - What was / is your problem?
> - What suggestions did / will the doctor (or: your friend) give you?
> - What happened next? / What will happen next?
> - How do you feel now? / How will you feel?

T: Discuss in groups. Please tell us one story about your healthy or unhealthy living. Which group would like to share your story with us first?

S: (Groups finish the task one by one.)

T: (Assess students' work and give them points.)

(设计意图：培养学生的口语表达能力和合作能力。)

Step 6　Consolidation

T: After learning the passage, we all know it is important to keep healthy. But besides exercise, we also have to pay attention to something else. What do you think is also important to our health?

S: (All kinds of possible answers.)

T: Perhaps you are right. But health experts think three things are the most important.

T: Look at the PPT, please.

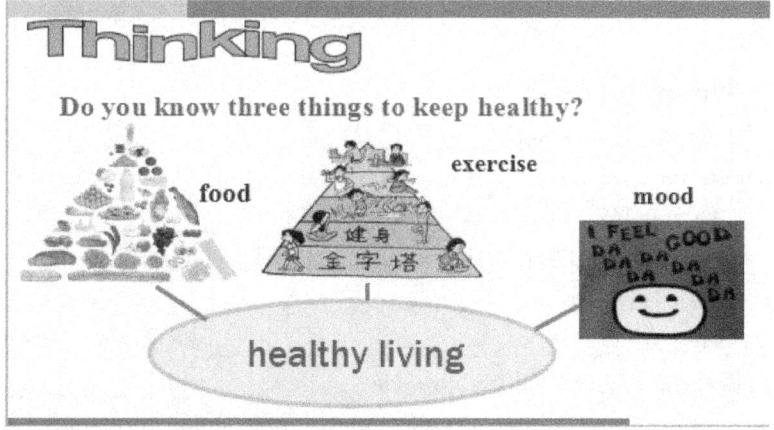

Picture 6

T: The first is food. The second is exercise. The third is feeling/mood. If you have too much junk food, you will surely get fat. If you are too fat and want to keep fit, what will you do? Now work in groups and get more ideas of how to keep fit. When you are talking, try to use these structures.

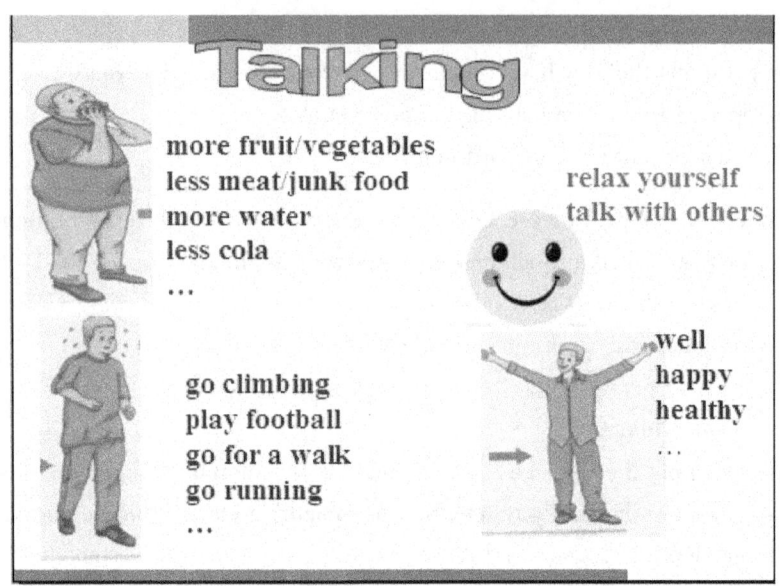

Picture 7

T: Do you want to keep fit? Do you have any trouble keeping fit?

S: ……（学生讨论。）

（设计意图：学生根据图片与所给的短语，说出减肥的建议。进一步培养学生的口语表达能力。）

Step 7　Writing Practice

How to have a healthy living?

It's important for us to have a healthy living. Firstly, we should have a balanced diet（均衡饮食）. We should ＿＿＿＿. We shouldn't ＿＿＿＿. We had better ＿＿＿＿. Besides having a balanced diet, enough sleep is necessary. So we should go to bed early and get up early to ＿＿＿＿. Secondly, we should take exercise, such as ＿＿＿, ＿＿＿, ＿＿＿ and so on. As we all know, feelings can affect our health. Thirdly, we can ＿＿＿ and ＿＿＿ in our free time. And we can also ＿＿＿ when we are in trouble. In a word, we'll have a healthy living if we do all of the above.

（设计意图：从口头的讨论练习升华到笔头写作，提高学生的写作能力。）

Step 8　Sum up

T: Let's have a summary about this lesson.

★New words and expressions in the reading text:
① *n.* — heart, exercise, pet, member, condition, illness
② *adj.* — well, active, sleepy, weak, awful
③ *adv.* — perhaps
④ *phrases* — need more exercise, get/do exercise, daily exercise, take part in, in excellent condition, feel awful, all over

★Key structures
A. The present perfect tense
① I *have never been* very active.
② I *have always wanted* a pet.
③ I *have had* him *for* three months now.
④ We *have played* football *for* a year now
⑤ *Since then*, it *has become* part of my life.
B. get exercise by doing…
　Anna *gets exercise by taking* her pet dog for a walk every day.

T: Taking exercise is very important for us to have a healthy living. More and more people take an active part in outdoor activities.

Good advice on healthy living

- Having a good eating habit is important.
- Taking exercise every day is a good way to keep healthy.
- Look at everything with a happy heart.

Picture 8

T: Please remember "Exercise an hour a day, live happily forever." "Take an active part in outdoor activities."

Step 9　Homework

Write a passage about healthy living. (Part 6 on Page 29)
● What was the problem?

- What suggestions did the doctor give you?
- What happened next?
- How do you feel now?

教学反思

这节课选自外研版教材八年级英语下册。在教材的处理上，我根据学生的最近发展区，设置好课程，对教授内容做了适当而巧妙的调整，使本课内容的安排显得更为有序合理，让学生有效学习。另外，本课需要掌握的单词编排也比较零乱，于是，我通过图片呈现，智趣相生，引导学生谈论有关本课主题内容的句子，把新单词巧妙地穿插在句子中，使学生在不知不觉中掌握新单词，符合学生学习实际，有梯度地深入课堂。在小段落处理环节里，通过改编课本练习，让学生听段落完成课文信息卡，达到初步了解课文的要求。训练听力的同时，让学生对课文的重点生词与词组有更系统的归纳总结。让学生加深理解段落内容的同时，从文中总结现在完成时的句型。整节课做到由词到句，再由句到篇，引导学生逐步深入学习，有效提升。

在教学形式上，我还是以"激情优教，智趣相生"为着力点，采用小组合作的形式，运用视频、歌曲，增加课堂趣味性，激发了学生的学习热情，提升了学生的课堂参与度，提高了学习的效果。

在情感目标方面，我选取的是有关保持健康的话题，而且在文末升华了本课的情感目标，呼吁学生每天应多锻炼，提高全民运动意识。

我的教学主张

以德促智，以情优教

一、以德促智，德智相长，培养良好人格

1. 巧抓契机，渗透人文教育

教育最终是为了培养人，让人拥有健康人格，为此，德、智怎能分离？培养学生良好的人生观、价值观，是传道，是学生成长中的头等大事。我在处理教学内容时，注重挖掘课文来渗透人文教育，以德促智。如一篇英语文章，讲述了主人公被朋友伤害时，把这件事写在沙子上，但当他受到朋友帮助时，却把事情刻在石头上。这时我就巧抓契机，有意识地让学生讨论这个故事揭示的道理，让学生结合自己的类似经历，谈谈自己的处理方式，借此引导学生正确看待问题，解决问题，学会做人。当父亲节、母亲节、感恩节来临时，我鼓励并要求学生挑选一种方式向长辈表达感恩之情。随后，在课堂上用英语分享任务过程中的所思所想。这种融合人文教育的英语教学，不仅提高了学生的语言技能，也培养了他们的健康人格，使其终身受益。

2. 见贤思齐，善歌者让人续其歌

榜样的力量是巨大的，学习英语离不开成功的例子，激励学生见贤思齐。作为英语教师一样也要"善歌者让人续其歌"。在每一届我所带的毕业生中总能有一些英语学习方面的佼佼者，我盛情邀请这些学生回校在新一届学生面前展示自己，介绍经验，以此激励师弟师妹们学好英语。在英语教学中，我会经常找一些激励学生的句子，如：Practice makes perfect.（熟能生巧）Where there is a will, there is a way.（有志者事竟成）等，翻译成英文，在课堂上时时提起，让学生无意识地自然记住，坚毅的信念随之入脑入心。另外，我也会抽出时间给学生播放一些演讲视频，例如，美国前第一夫人米歇尔·奥巴马在白宫做的最后一次演讲，鼓励学生树立自信，踏实学习，创造未来；马云在德国汉诺威发表的演讲，阐述了互联网对人类社会的影响和未来的发展趋势；彭丽媛在出席联合国会议全程英文演讲，给大家一个很有说服力的学习榜样。观看了这些富有趣味的视频后，让学生找出十个生词，即兴教学，这一方法有效保持了知识的鲜活，既练好英语，又渗透德育，树立了学生的三观。

二、以情促学，优化教法，打造高效课堂

1. 倾注真情，建立良好的师生情谊

英语教学中，取得成功都是以师生之间相互理解与信任为基础的。如果教师具有强大的感染力，教师提出的要求就很容易转化为学生的内在需求。例如，在平时的课堂中，我总以微笑面对学生，以话语激励学生，如"Well done!""Good job!""Never give up!"等，使学生尊其师，而信其道，使教学效果事半功倍。又如，在创新课堂活动中，我结合学生的性格特点，设计并积极开展丰富的课堂活动，吸引学生积极参与，让学生快乐地学以致用，如通过举办英文歌曲音乐节、改编课文表演舞台剧等形式，充分提高学生学习英语的积极性。

2. 以趣导学，打开兴趣之门

（1）巧设课前学习任务，点燃学生预习的激情。我设定一个主题，然后将课堂交给学生，教师只做适当点拨。最常见的形式是：学生担当小老师，做课堂的主角。让有一定能力的学生按自由组合的方式进行课前预习，教师指导和审核学生制作的PPT课件等，再让他们在课堂上展示。形式多样：排演话剧，扮演角色，制作小视频，撰写小故事等。这种有趣的活动形式极受学生欢迎，大大地激发了学生学习的热情，增强了学生主动预习、自主学习的动力。

（2）巧设"生活化情景"，点燃学生学习的激情。我通过创设生活情境、创设悬念两种创设情境的方式让学生更好地代入。第一种创设生活情境是由教师抛出一个生活场景，让学生借助思维导图的方式进行联想，培养学生的发散性思维和创新思维。学生根据教师提供的生活场景提供多样的问题和答案。例如抛出"在商场"的情境，学生就需要分别从顾客、售货员、收银员等角度进行思考，既让学生熟练

掌握日常生活用语，很快地学以致用，也培养了他们多角度思考的能力。第二种创设悬念是由教师设置线索和问题，让学生进行头脑风暴，在活跃的氛围中迸发出更多富有创造性的主意。例如，一节关于球类运动的课，老师抛出一个问题："今天的主题是关于一样圆形的事物，你们猜是什么？"学生会想出很多有趣的答案：月亮、球、头……学生在轻松的环境中"脑洞大开"，对本节课抱有极大的好奇心，在老师的指引下，不知不觉融入课堂。

（3）巧设社会实践作业，点燃学生探索的激情。从2015年暑假开始，我要求学生把假期的见与闻通过科技与语言展现，确定一个主题，录制3分钟的视频。第一次用这种形式完成作业，学生不太乐意且视频形式较单一，但是通过老师展示、点评之后，同学们明白这不仅是一项作业更是一份珍贵的回忆。经过榜样示范，同学们学到了有趣的视频录制与编辑的技能，大家的积极性与创意性得到提升。经过一次次的训练，学生大方地面对镜头，自信地展示自己的英语，迸发有趣的想法，甚至会邀请自己的家长参与其中。如录制有关江门特色的英语视频时，有些学生特意亲自跑遍江门的特色景点，视频也从原来要求的3分钟加长到9分钟。从学生们的巧妙心思中可以看出，这项作业学生不再是被动接受，而是主动参与，乐在其中。视频作品也成为学生成长的见证。

3. 因材施教，优化教学方式

（1）利用信息化技术手段优化组合教学方式。在英语课堂上利用信息化手段创设情景，通过微课、视频、音乐、投影等实现可视化教学，使教学内容更加新颖、引人入胜。

（2）根据学生的学习能力优化作业的布置。在布置作业时，我会留出让学生自由选择完成的部分，并分为听、说、读、写四份，学生可以选择完成任意一份或几份作业，实行同类组合，自由组成学习小组共同学习。长此以往，学生巩固原有知识的同时，也极大地提升了个人的沟通与协作能力。另外，我还实行分类指导，因材施教。对于优生提出更高要求，使他们更加出类拔萃；对于中等生给予更多关注，使他们从中获得成长的动力；对于潜能生帮助他们发掘优势，让他们在不断的进步中体验成功的喜悦，建立自信。在实践中我根据不同班的学生不同的能力，布置不一样的任务与练习，以促进每班力争上游。

（3）重视课堂延伸，突出语言运用。语言能力的发展依赖于语言实践，在教学过程中，我重视拓展教学的空间，引导学生通过制作生活小视频，如"my weekend""my holiday""my family"……，制作英语手抄报、卡片等方式，在实践中学习；通过课堂上交流分享，提高学生的学习积极性，培养学生的综合素质。

（4）提倡合作学习，自主探究。通过组间同质、组内异质，强弱搭配进行分组，在课前预习、课中学习、课后拓展中合作学习、自主探究。通过优化评价的方式，调动小组学习的积极性，互相促进，共同提高。既有效地达成了学习的目标，又培养了团队合作的精神。

他人眼中的我

我眼中的蒋青老师，是一位乐观开朗，对工作始终洋溢着激情、富有魅力的老师。

她醉心于班主任工作，从教27年当了26年班主任，珍惜与学生相处的时光，用心享受学生的成长！

她倾心于教学实践，善于把中华传统美德教育与学科教学有机融合，精于课堂教学设计，突出英语学科教学特点，课堂活力迸发，教学效果显著，深受各界人士赞赏。

她全心扶掖青年教师，坚守教育教学第一线深耕细作，乐于与同行分享教育教学经验体会，毫无保留地给他人传经送宝，成为青年教师的良师益友。

也许，在蒋青老师心中，当教师是幸运的，当英语老师是快乐的，当班主任是幸福的。

（江门市教育局中小学教研室主任、广东省英语特级教师　吕锦文）

我眼中的蒋青老师，是一位富有激情、感染力强的阳光美女教师。她擅长做学生的思想工作，与学生交往时宽容中有严谨，严谨中有幽默，幽默中有沉稳，沉稳中有激情，营造宽松、民主、和谐的教学氛围。

蒋青老师的英语课堂充满智慧。她注重创设英语教学情境，英语课堂常常不落俗套，课堂上活动多、学生参与广，学生学习积极性特别高，收获良多。

所以，学生特别喜欢蒋青老师，特别喜欢上蒋青老师的英语课。蒋青老师的英语教学成绩特别优秀。

（江门市蓬江区教研室英语教研员　王琳琳）

蒋青老师是同行们的师德模范。她是一个永远有着无穷精力，为工作而生的人。作为学生的引路人，她时时以人格魅力感染学生，以赏识教育激励学生，以点滴行动帮助学生。她上课认真严谨，教法独特，总像一块磁石吸引着学生的注意力。作为我教学上的师傅，她常常主动帮助我逐渐走出迷茫、困惑的境地。蒋青老师担任两个班的英语教学与班主任工作，同时还要兼顾广东省名班主任工作室的工作。尽管工作繁忙，她仍然耐心地帮我分析教学上出现的问题，同时传授我班级管理的办法，让我的班主任工作更加得心应手。

（江门市第九中学英语教师　林安怡）

蒋青老师是一位对教育、对学生有着深深热爱的老师，因为这份热爱，她对工作和生活总是保持着高度的热情，像小太阳似的为身边的每个人带来光和热。对教学，她花心思钻研，讲课深入浅出、妙趣横生。对学生成长，她毫不吝惜爱心和精力，她特别热爱当班主任，细心关注班上每个学生的学习和心理状况，因材施教。

（江门市第九中学1998届毕业生　区江）

蒋青老师的神情、动作无一不闪烁着青春向上的光辉，深深地影响着她一届又一届的学生。蒋青老师观察入微，善于交流。她从没落下对每个学生的观察与思想教育。我也曾有过这样的经历，被点名时脑子一片空白，只剩慌张与不安。听着蒋青老师将我这段时间的表现娓娓道来后，恍然大悟，对着如母亲般温暖细致的她，我不禁惭愧自责。幸好有她及时的提醒与建议，幸好成长路上有她，她就如灰暗迷茫的前路上的那盏明灯，为我照亮了前路，指明了努力的方向。感恩有蒋青老师！

[江门第九中学2017届（7）班　赵颖琛]

自然习得　体验生成

● 江华小学　陈晓琼（小学英语）

● **个人简介**

　　陈晓琼，中共党员，小学英语高级教师（副高级），广东省特级教师，全国小学十佳外语教师，广东省陈晓琼教师工作室主持人，江门市名师，江门市优秀教师，蓬江区名师，蓬江区普教系统学科带头人，蓬江区教坛新秀，蓬江区先进教育科研工作者。自2000年7月工作以来一直任职于江门市江华小学，现为教导处副主任，主管英语教学、教育科研、英语品牌推广、国际交流、"江华教育联盟"常务管理等工作。近年，她被评为"国家教育部教师司'国培计划'专家"，已承担市级以上培训任务50多项。她还被聘为广东省校本培训示范校网络研修试点项目学科指导专家，广州市"百千万人才培养工程"英语学科实践导师，广东省《开心学英语》教材特约培训员，广东省、江门市、蓬江区各级小学英语教学专业委员会理事，蓬江区英语兼职教研员等。教龄17年。

▶ **我的教学风格** ▶

　　学校里，师生间的相互关系是融洽、愉快而自然的。课堂上，师生就是在愉悦的情感交流中进行教与学、导和悟的互动。英语教师面对学生时坚持使用英语交流，孩子们逐渐习惯并适应，为了能与老师沟通交流，完成学习任务，孩子们有了听说读写英语的需求，在这个学习过程中，不需要中介语言，孩子们像学习母语一样在直接的语言环境中自然地习得目标语言——英语。因为不能用母语进行目标语言的翻译，为了让学生理解抽象的语言，英语教师需要想尽办法用多种不同的形式解释语言的意义，如动作、手势、图片、视频、或所有的总和，并提供多种语言体验活动让孩子们探索、实践、参与、合作与交流。语言体验活动内容涵盖各学科元素，在多样化的任务活动中使用目标语言，用目标语言学习学科内容。为孩子们提供充足的空间和时间，让他们体验、回味、内化再生成。

▶▶ 我的成长历程 ▶

注重提高自身教学水平，践行独特优质双语教学

2000年7月，我毕业分配到江门市江华小学，8月，我跟随校内英语教师到华南师范大学接受一个月的培训。那一个月，我接受了中加合作项目浸入式英语课题的理论、实际教学技能的培训，并通过了严格的英语口语、笔试、教案撰写和课堂教学展示等项目的考核，成了一名中加合作项目浸入式英语实验研究课题的实验教师。9月开学，在浓厚的教研氛围中，反思研究已成为我的一种生活方式。我几乎每天都会跟同伴交流教学当中的反思与收获，几乎每月都接受课题组专家的随堂听课。从那时开始，我就要求自己每节课都要像公开课那样上出精彩、上出实效。

那时，我是一名用英语作为教学语言的全科教师。在美术课上，我学会如何用手掌描画手套，再在手套上设计花纹；在体育课上，我学会如何撰写英语的体育教案、如何发布口令；在科学课上，我就曾经从学校的生物园借来小兔子、小鹦鹉，在课堂上让孩子们观察小动物，也曾使用地球仪让孩子们熟悉地理知识；在音乐课上，我为多种动物单词配上不同的旋律，让孩子们读起来琅琅上口；在数学课上，我在听取中文数学课的基础上再迁移回英文数学课堂，发觉孩子们更易理解和接受。

2002年，年轻的我已经成为江华小学分管英语教学的主任，逐渐成长为英语学科的"领头羊"。此时的浸入式英语实验研究项目也发展成为综合英语教学实验研究项目。由于没有符合课题理念的教材，在专家的指导下，我带领团队编写综合英语课程教材，直接以主题为划分，统整不同学科的内容，形成英语综合课程。这个时候我依然是用英语教学的全科教师，只是在教材内容上淡化了学科间的壁垒。为了给孩子们提供一个全英语的学习环境，英语教师要充当"假洋人"，假装只会讲英语不会讲中文，希望孩子们见到老师能有讲英语的需求。但毕竟是中文环境占主导的地方，英语教师在学校里还是少数，每当我跟其他学科教师用中文沟通时往往被孩子们识破真面目，这对我来讲是个莫大的挑战。

在学校浓厚的英语研讨氛围下，我这位年轻教师快速成长。2001年，我崭露头角，在"中加合作项目英语浸入式实验前期汇报"中发言，在2002年"基础教育改革与双语教学国际研讨会"，2004年"江门市小学综合英语研讨会""江港双语教学研讨会""珠中江双语教学研讨会""蓬江区特色学校建设推进会"中我承担了重要的交流任务，多次代表学校在江门、惠州、广州、深圳、澳门等地上示范课和做经验介绍。协助学校成功申报为"广东省中小学英语示范教研组优秀成果学校""广东省优秀双语实验学校""江门市英语特色学校""蓬江区英语特色学校""中国特色教育理念与实践项目学校""五邑大学外语教学研究基地"及加拿大尼皮辛大学教师实践基地。

由于参与实验的教师的英语素养并未达到英语为母语的语言水平，缺少词汇量，使用英语教授学科的专业能力不强，加上教学资源配套不足，历经9年的实验研究项目在2009年画上了句号。但时至今天，在英语课堂教学中你依然会感受到跨学科整合的全英语理念，因为它早已融入我们的教学精粹中，一直指导着全体英语教师前行。

外语教学改革方兴未艾，完结了的综合英语实验研究并没有阻挡英语教学改革的步伐。2009年秋季，我带领英语教师团队综合港式的双语教学模式，进一步优化教材组合，改革课程设置，更新教学模式，形成了独特的江华小学"4C优质双语教学模式"。（即本地教材与校本教材相结合，英语课程与双语课程相结合，课内学习与课外活动相结合，国内交流与国际交流相结合。）我注重不断地提高自身的教学水平，形成独特的优质双语教学风格，倡导学生在师生愉悦的情感交流中和全英语学习环境中习得综合语言运用能力。我"自然习得，体验生成"的教学风格深受家长和学生的喜爱。为了追求更好的教学效益，我除了承担教导处副主任的行政管理工作以外，还作为班级英语班主任的角色参与到学生的德育教育中。为了让家长参与、支持学校的教育教学工作，形成家校合力的格局，我成立了江华小学家长教师联合会。每年新生入学都会召开全员家长大会，建立班和级的家长委员会，形成梯队，并适时把学校的特色文化和"4C双语教学模式"让家长了解并配合。

除了课内的学习，给孩子们提供兼容东西方优秀文化的课外活动体验更能超出预期效果。我在校内设置了"江华之声"英语广播，各班孩子轮流体验广播员工作；设立FNF英语俱乐部，让孩子们通过海选等形式加入俱乐部，让成员体验电子遥距课程，并结合PPT进行展示。我组织全校或全级常规大型英语活动，例如每周五的Shining Day英语日活动、10月底的万圣节英语文化活动、12月底的江华教育联盟英语文化节系列活动等，以鼓励学生以好的表现获取参加活动的资格等方式让学生爱学、乐学。同时，我还把学生所学知识融入每次的大型活动，让学生能用、会用，会听说也能读写。此外，我还设立英语活动中心、江门市英语教师工作坊等，鼓励英语教师和非英语教师参加英语业余培训，带领学生共同推广英语，校园内师生都能用英语打招呼。据不完全统计，以英语科组为主先后接待国内外教育代表团的听课和访问达1000多人次，开展英语类的活动达300多项，为打造学校的核心竞争力创造了良好的文化氛围。《江门日报》对于我校浓厚的英语氛围做了多篇题为《快快乐乐学英语》《我校来了外籍教师》《记全国青少年英语口语大赛获奖者》等的报道；江门电视台在《新闻》《新闻共同看》等栏目也多次做出报道；连《南方日报》都刊登说"进江华小学疑在国外"。

31岁的我已成为蓬江区英语学科带头人、广东省中小学优秀外语教师，乃至全国中小学优秀外语教师。2012年我成为广东省中小学教师工作室主持人、广东省校本培训示范校网络研修试点项目学科指导专家、国家教育部"国培计划"专家,多次获邀在"国培计划"教师专业发展研修班上授课。陈晓琼教师工作室还组建了集合了多名英语骨干教师的 phonics(自然拼读法)教学送课团,把帮助孩子识记单词的 phonics 方法通过送课、送资源的形式推广到各地,深受好评。送课团的足迹已经遍布澳门、阳江、肇庆、台山、南海、顺德、中山、深圳等地。工作室对年轻教师的培养卓有成效,成绩喜人。无论是来自全省各地跟岗的老师,或是江门市蓬江区跟岗学员,甚至是本校英语教师,大家的教学知识结构得到了优化、教学技能获得了提升,逐步成长为当地的骨干教师、名师。

分享我的案例,是因为我的成长代表着众多英语教师的成长历程。依托校本教研,为教师搭建成长的平台,全面促进教师的专业化发展,打造一支年富力强、敢于为先、业务素质过硬的教师队伍,为全面实施素质教育保驾护航。

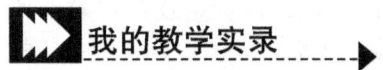 我的教学实录

"Things at home" 课堂实录

一、教学分析

1. 内容分析

Longman Welcome to English 是朗文公司根据香港 2005 年小学课程指导编写的最新小学教材。省内有一部分外语特色或双语(外国语)学校采用此教材。此教材配套完善,从一入学就注重英语听说读写四项基本技能的全面培养,各课内容有连贯性,是一个整体,并且注重把英语教学与各学科知识紧密结合。教材内容或测试导向注重语言真实能力的培养。本课例选用了 Book 3A Chapter 5 的内容。

2. 学情分析

本节课的教学对象是三年级的学生。他们从一年级开始采用香港朗文版教材学习,长期接受全英语信息的大量输入,积累了一定的词汇量,具备一定的听说读写能力。到了三年级教师有意识地渗透读、写的技能训练,让孩子们口头描述事物的同时,也能写简单的小作文。

3. 教学思路

本节课遵循《新课程标准》的要求,强调激发学生对英语学习的兴趣,让学生主动有效地参与学习过程,并尝试进行跨学科融合。因为本节课的内容主要是通过感官体验光滑的或是粗糙的物品,所以,我把课程设计以英语作为教学语言,让学生体验和感知科学的内容,以体验式教学形式引发学生的探究热情,使学生在学习的同时培养科学探究的能力。

二、案例背景

题目:Chapter 5:Things at home

所用教材：*Longman Welcome to English Book 3A*

授课年级：三年级

1. **教学内容和目标**

（1）知识。学生通过认识光滑、粗糙等形容物品的单词和初步接触宾格的用法，能简单描述物品，并对是否能感受进行提问并回答。

（words：smooth, rough, marble, feel, it, them

sentences：—Can you feel it? —Sure. —Can you feel them? —Sure.）

（2）能力。

1）通过描述物品，提高学生运用所学词汇的能力。

2）通过设计谜语，学会对某种物品用英语进行描述，培养学生的发散性思维、创新能力。

3）通过小组合作，各组评分，培养学生的团队意识。

（3）情感。通过对授课内容的学习，让学生了解不同物品有不同特性、不同的用途，培养珍惜公物、爱惜资源的情操。

2. **教学重点**

形容物品特性的英语单词 smooth 和 rough 的对比，it 和 them 宾格的用法对比。

3. **教学难点**

it 和 them 宾格的用法。

4. **教学用具**

PowerPoint 幻灯片多张（呈现作业纸里的练习题内容和谜语设计示范）、玻璃珠多颗、筷子、光滑的石头、粗糙的石头、球若干、饮水机、箱子、圆形白纸若干张、砂纸若干张、作业纸多张。

三、教学过程

1. **学前导入**

Step 1：Talk about "feel".（引入片段。）

T：Hello, everybody. It's cold today, isn't it? What degree?

S（自由回答）：Maybe 15！Maybe 16！…

T：I don't know either. I just know it's very cold. Show me your hands. Shake them!（学生跟着做动作。）

T：We can use our hands to hold something. We can use our hands to hold a pencil…

Ss：To hold a pen. To hold an eraser. To hold a ruler. To hold a pencil case…（个别学生回答。）

T：We can also use our hands to feel something. To feel it is whether hot or not. Do you know the word "feel"?

（用 phonics 方法教 feel 的发音并板书。）

T（走到饮水机前）：You know the cold water will come out from this side. I feel it.（打开按钮，用手感受冷水。）Oh, it is very cold!

T：How about this side? The hot water will come out. I don't want to feel it. I am sure it's very very hot.

Step 2：Talk about "Can I feel it?"（特色片段。）

T：I have a box here. I will put something in it. Who wants to feel it? But before you feel, please ask "Can I feel it?"

Ss：Can I feel it?

T：Sure.

T（Ss戴上眼罩，T在箱子里面放冷水）：What is in it?

Ss（伸手感受）：It's water.

T：Right. Who wants to feel?（引导全班再重复读 Can I feel it?）

Ss：Can I feel it?

T：Sure.

T（Ss戴上眼罩，T在箱子里面放热水）：Oh, maybe I put a snake in it.

Ss（伸手感受）：It's hot water.

T：It's warm water. Cold water and hot water mixed up together and turned into warm water. Who wants to try again?

（设计思路：师生间用英语进行的思想交流就是最真实的语言环境，教师输入大量的、真实的语言，在生活化的感知当中不知不觉让学生明白理解 feel 的意思，并用以询问。）

2. 新授

Step 1：Talk about "marble" "smooth".（重难点片段。）

Ss：Can I feel it?

T：Sure.（Ss戴上眼罩，T在箱子里面放一颗玻璃珠。）

Ss：It's a small ball.

T：You can call it "marble"。（用 phonics 的方法教读。）

T：How do you feel?

S：It's round.

T（T把玻璃珠拿在手上滑溜，并故意滑在地上）：Oh, it's round and smooth. It's smooth.（用 phonics 的方法教读 smooth 并板书。）

T：Student A from each group come here and get one marble. Student A tells student B, "The marble is smooth and round". Student B asks Student A, "Can I feel it?" Student A says "Sure" and passes the marble to Student B. Pass the marble in this way one by one in your group.

（小组内进行这个传玻璃珠的练习。）

Step 2：Talk about "it" "them"。（重难点片段。）

T：Please give me back the marbles.（把所有玻璃珠收集后放进箱子里。）How many marbles are there in the box?

S：Five marbles.（老师引导强调复数的读法并板书。）

T：Who wants to feel them? Can I feel them?（引导学生跟着读，并在黑板上做对比。）One marble，we use it to take the place of but two or more than two marbles，we use them to take the place of…

Ss：Can I feel them?

T：Sure.（学生感受后。）How do you feel?

Ss（引导说出）：They are smooth and round.

T：What else is smooth?

Ss：The paper is smooth.

T：Can I feel it?

Ss：Sure.

Ss：Kiki's hair is smooth.

T：Can I feel it?

Ss：Sure.

T：Make sure my hand is clean.（边摸孩子的头发边说。）It's really smooth!

Step 3：Talk about "rough"。（重难点片段。）

T：Kiki, you come here. Alex, you come here please. Kiki's hair is smooth but Alex's hair is rough.（边做动作边用 phonics 教 rough 并板书。）

T：Look at this paper. This paper is smooth but this paper is rough. I can put this smooth paper on my face but I can't put this rough paper on my face. I can use this rough paper to polish the wall.

（模仿之前小组练习的形式，每个小组拿着一张 smooth paper 和 rough paper 进行描述，one by one。）

Student A：This paper is smooth but this paper is rough.

Student B：Can I feel it?

Student A：Sure.（把纸传给 Student B…）

T：Who can talk about these balls?（出示一个粗糙的大球和一个光滑的小球。）Please write down the sentence.

Ss（选择写得快的学生描述）：This big ball is rough but this small ball is smooth.

（T 也把描述球的句子写下再展示一些光滑的石头和粗糙的石头，并让学生描述并写下来。引导孩子在描述复数时，把 this 改为 these，把 is 改为 are。）

Ss（选择写得快的学生描述）：These stones are smooth but those stones are rough.

T：What else is rough?（小组内各自讨论。）

（设计思路：把教材解析成生活的点滴，让孩子在真实生活中通过感官体验不同物品的特性，所有素材源于生活，顺手拈来。用最简单化的实验帮助孩子理解最难的 it，them 宾格的用法和区别。）

3. 巩固和拓展（特色片段）

T：Something are smooth but something are rough. They have different uses.（出示有练习的幻灯片。）

> *it   them   smooth   rough*

①This paper is _____. We can write on _____.
②This paper is _____. We can polish the wall with _____.
③These marbles are _____ and round. I play with _____. Children like _____.

T：From the exercise you can learn how to describe something. I will describe something and make a riddle for you. You guess what it is.（出示有 riddle 的幻灯片。）

  They are smooth and round.
  I play with them.
  Children like them.

T：Please discuss in your group and make your group's riddle. After discussion Student A writes it out. Student B checks it. Student C reads it out. Student D decorates it. Student E reads it out again.

T：After that Student A goes to each group to read out your groups' riddle and let them guess what it is. And other groups give logos to Student A to judge. The group which can get more logos will be the winner.

（各小组讨论，按照不同角色完成不同任务，在限定时间内到各组让他们猜谜语。）

（设计思路：英语课堂并不是教师表演的舞台，真正的主角是学生。在这个环节当中，通过同伴互助，每位学生都应自己进行知识的消化，并尝试做展示。所以，这个环节每个学生都担当不同角色，都有任务，都要参与其中。）

四、课后评析

（1）新课标的理念能非常好地贯彻到课堂当中，鼓励学生通过体验、实践、讨论等方式，发展听、说、读、写的综合语言技能。

（2）课堂上的教学一环扣一环，非常紧凑且自然，张弛有度。

（3）教师的亲和力和活力能感染上课的每一位学生。教师与孩子们的交流符合三年级学生的认知程度，恰如其分。

（4）融入跨学科知识，有趣，易懂。让人感觉不是在上课。但应注意 it 和 them 的操练应该更丰富。

我的教学主张

慢教育，体验不止

陶行知先生说：教师手里操着幼年人的命运，便操着整个民族和人类的命运。作为教师，我深感责任之重大。我常常在想，我能给孩子们带来什么，如何才能为孩子们的终身幸福和可持续发展奠基呢？我想我应该培养孩子们好的情感态度，给他们够用的知识和技能，融通的文化意识，使孩子们能掌握学习策略，具备自主学习能力。问题是我想给，可是孩子们想要吗？我给的方式孩子们愿意接受吗？有人说，未来是属于有特质的孩子，个性洋溢、独特张扬！他们不喜欢被动接受，他们喜欢体验、探索、实践、参与、合作与交流等学习方式。这是要我放慢节奏，慢慢教，给孩子们足够的空间和时间，让他们体验、回味、内化再生成。正如北京亦庄实验小学校长李振村所描述的："教育就是埋下体验的种子，孩童时的体验犹如种子深埋在生命里总有一天会萌芽、会开花、会结果。"

早在 17 年前学校就开始了英语课程改革的实验研究，从中加合作项目——浸入式英语实验，到国际合作项目——综合英语教学实验研究，英语不仅作为教学的内容也作为教学的工具，以主题为统整进行跨学科教学尝试。我曾自行翻译中文教材探索双语数学、双语美术、双语音乐、双语体育等课程，后来直接以主题为划分依据，统整不同学科的内容，形成英语综合课程。虽然因为教材配套尚待完善、双语教师素质有待提高等原因，此项研究经历了 9 年以后就画上了句号，但孩子们的听说能力的确增强了，孩子们当时的这种特别的体验或许在某一天会萌芽、会开花、会结果呢。

有一本书，叫《商业秀》，副书名是：所有的行业都是娱乐业。娱乐业是最靠体验的，什么是体验？我认为，体验其实就是一种心理感觉。拿吃饭这件事打比方，吃饭付账，这个过程叫体验吗？肯定谈不上。体验，肯定是特殊的，在你的预期之外的。出差住酒店，酒店里放着纯净水，一打开就是收费的，而且价格很高。但是，在离开酒店的时候，如果酒店能够免费送我两瓶水，就叫超出预期，是好的体验。超出孩子们的期望，知识才能学得更深刻，才能获得孩子和家长更高的满意度。

要想做到这点，可能要通过课程结构的调整，实施深度的课程改革，真正改变小学教育的生态，让孩子们更有空间和时间去体验、探究、参与。最终，让我们的孩子能够有丰富的情感体验，有广阔的智力背景，有活跃的思维状态。我想，在遵循国家课程标准的基础上，以培养"全人"（全面发展的人）为目标，打通学科壁垒、强调综合性学习、创设覆盖学校全面生活的童化课程应该是个好主意。

让教育慢下来，在孩子学英文的起步阶段，让我们保持探索、分享与喜悦的心情，回到孩子的世界来看待学习。在老师们热爱教学、神采飞扬的神情中，可以预见孩子们学习的喜悦与欢笑，激荡出孩子们的学习热忱。

他人眼中的我

陈晓琼是我市蓬江区江华小学的一名英语老师，在日前举行的第三届全国中小学优秀外语教师评选活动中，她当选全国小学优秀外语教师。据我了解，这次获得这一殊荣的，在我省仅有4人。陈晓琼老师特别重视个别培优，将该校李文浩等多位学生培养成为品学兼优的学生，他们多次在全国、全市青少年英语口语竞赛中获奖。同时，陈晓琼老师关爱每一位学生，用真诚将一个个存在学习困难或纪律较差的学生逐步转化为成绩优秀、守纪律的学生。

据了解，陈晓琼老师注重不断提高自身的教学水平，形成独特的综合英语教学风格，倡导"讲话式"英语教学、稚化式自然教学、主题活动性教学与习得性教学，使学生在师生愉悦的情感交流中习得综合语言运用能力。作为该校英语教学带头人，为了提高学校英语氛围，陈晓琼老师组织教师设计、布置低年级英语实验班教室，并为校园每个角落增添英语氛围。学校每天的英语广播将纯正的英语送给每一位在校的学生，而每年举行一次的英语节、英语俱乐部等活动更是充分发挥每一位学生的自主性，将英语融入学生的平时生活中。她希望推动英语教学走进学生日常用语，让英语成为学生的"方言"。

(《江门日报》记者 孟庆雷)

陈晓琼是江华小学英语课程改革的"领头羊"，她提出了体验至上的"慢"教育理念，优质的双语教学很受学生和家长欢迎。也因突出的教学成绩，她成为国家教育部教师司"国培计划"专家、广东省教师工作室主持人、广东省校本培训示范校项目学科指导专家、广州市"百千万人才培养工程"英语学科实践导师，并承担国家、省骨干教师的培训任务。

看了这些，你一定以为这是一名女强人型的老师。其实不然，在很多学生眼里，陈老师是一名和蔼可亲的老师，"很多我们不愿跟父母讲的话都愿意跟老师讲"，她的学生付雪颖说。陈老师曾经教过一名学生，小学毕业就去了国外读书，每次回来探亲，都是匆匆几天，但他每次都会抽出一个下午的时间，到学校探望陈老师。有些学生找不到陈老师的电话，就直接到学校来探望，有时会等上一节课。

(《江门日报》记者 娄丹)

很开心，见到我的偶像上报纸，赶紧转发。在我心中，陈晓琼老师不仅是我的偶像，是帮助我进步的老师，也是我的挚友。感谢你给我的点滴帮助，感恩人生有你。

（小学英语老师　张闲玲）

以情激趣　优教促学

● 台山市教育局教学研究室　雷炳权（小学英语）

● **个人简介**

雷炳权，中共党员，本科学历，小学英语高级教师，台山市教育局教研室小学英语教研员。曾获得"第二届全国中小学外语教师名师""广东省第九批中小学特级教师""广东省南粤教坛新秀""广东省骨干教师培养对象""江门市优秀教师""江门市第三批名教师""江门市教师类别首批'江门教育专家'培养对象""台山市优秀教师""台山市名教师""台山市第一批市管拔尖人才""台山市十大师德模范教师"等荣誉称号。

课堂教学与研究成绩显著。曾代表广东省参加第五届全国小学英语教师教学基本功大赛，获五年级组一等奖第一名，并获最佳课堂效果奖。多次被邀到安徽、黑龙江、广东陆丰、广东清远等地讲课或讲座交流。对阅读教学研究颇有心得，特别在培养青年教师、打造优秀团队等方面成效突出。多篇相关研究论文在国家、省、市级刊物上发表。曾参与广东人民出版社出版的《英语》教材的修订。目前担任广东省教育研究院"十一五"规划课题子课题主持人、广东省教育科研"十二五"规划2013年度课题主持人。

▶ **我的教学风格**

我的教学风格是：以情激趣，优教促学。其关键词是情、趣、学。情是指师生之间的情感，趣是指兴趣或趣味，学是指学习，这里特指自主学习。整体解读就是在教学过程中，教师充分发挥情感的作用，以满腔的热情、饱满的激情投入教学中，带动学生，感染学生，吸引学生积极参与各种教学活动，从而激发学生的学习兴趣；然后再通过优化课堂教学，比如情景设置、体验对话、游戏渗透等方式，帮助学生化解学习中的各种困难，感受英语的魅力，持续保持学习的兴趣，让学生产生主观能动性，从被动学习向主动学习转变，从课中学习到课后的自主学习延伸，并学以致用，提升学生核心素养，为其进一步学习奠定坚实的基础，最终实现教育目标。

我的成长历程

心存高远　执着前行

作为一名教师，我的心中一直有个梦想。这个梦想在不同的时期有着不同的变化，就好像一颗种子种下之后要经过发芽、成长、开花、结果一样。

一、种下梦想——当一名人民教师

在我小学时，梦想成为教师的种子就已悄然播下。这还得从我的小学语文老师说起，当时我的语文成绩一直名列全班第一，但是有一次我发现我的语文试卷有一道题没有批改，并且也没有打总分，放学离开时，老师把我叫到办公室，对我说："我相信这道题你只是因为粗心大意而做错了，但是有的时候一个小错就会造成很严重的后果。"说完她递给我橡皮和铅笔，让我在卷面上改正，然后她给我的试卷打上了鲜红的98分，这样我又摘下了全班第一的桂冠。这件事让我体会到了老师的博爱对学生成长的巨大能量。也正是从这件事开始，我喜欢上了当老师。

上中学后，我跟老师特别亲近。无论老师布置什么任务我都认真完成，并主动帮助老师做力所能及的事情，很多时候刻意模仿老师说话的语气和板书的风格，心里总是幻想自己将来站在讲台前侃侃而谈，带领学生遨游知识海洋以及被学生崇拜与尊重时的幸福。在高考填报志愿时，我填报的所有志愿都是师范院校，经过自己的努力，我如愿以偿地走进了梦寐以求的师范大学校门。

在大学里，我主修英语，深知工作之后就没有更多的时间学习，因此，我在学校学习异常刻苦，努力提高自己的英语水平，同时，还苦练课堂教学本领。最后我以优异的成绩毕业，梦想成真，当上了一名英语老师，踏上了教育追梦之旅。

二、起航梦想——当一名优秀的教师

1990年6月大专毕业后，我被分配到台山市水步镇步溪中学任教。那个年代的教研氛围也不是那么浓厚。凭着自己对教学的热爱，对学生的关心，我努力争当一名优秀教师。我深知自己是一名新老师，只有比别人更加努力工作才能更快进步。所以，我定下了学习工作的日常时间表，每天晚上8点到10点为备课时间，周末抽时间下村家访等。自己的付出终于有了回报，所教的班参加教学质量抽检获得第一名，1993年所教的初三班英语科成绩获得镇一等奖，得到了师生和家长的赞赏，同时我也收获了满满的自信。1995年7月，学校撤并，我来到了水步中心小学任教。初到小学，我被孩子们的天真和好奇深深吸引了。为了把课上好，我不断探索，潜心研究，不仅每天加班加点，周末还回家制作教具，兢兢业业，任劳任怨，随着教学成绩和技能的长进，后来我被相继调到台城一小、台城二小任教，一步一个脚印，一步一个台阶。我的教育教学之情被彻底激发起来，也逐步形成了自己的教学风格和教学主张。

20多年的教育教学历练，让我明白了一个道理：要想成为一名成功的老师，必须要做好以下三个"好"字。

1. 练好功

工欲善其事，必先利其器。很多教师在大学时期积累了大量的知识，但是随着科技的进步和时代的发展，知识也在更新换代。如果教师不能根据时代需要更新自己的知识储备，那么很快就会被淘汰。因此，我从自身做起，苦练基本功。

（1）积极参加教研培训。常言道：要给学生一杯水，自己要有一桶水。我深深体会到，在当今科研兴教，呼唤反思型教师、研究型教师的新形势下，要想成为一名优秀教师，知识储备必须是不竭之泉，时时奔涌出清新的、闪烁着斑斓色彩的溪流。为提高自身教学业务水平，27年来，我积极参加各项培训学习，如校级、县级、市级、省级、国家级等不同级别的培训。培训内容广泛，包括微课程、信息技术、课件制作等。通过各种各样的培训，我的知识储备得到了及时的更新，教育思想、人生观、价值观以及道德思想也有了新的认识。

（2）主动博览书籍杂志。"读万卷书，行万里路"是古人留给我们的千古名句。一位教育专家说过：一位名师成长，不是参加多少培训，不是受到何人的影响，而是来自他的内驱力。内驱力首先的表现就是爱读书。苏霍姆林斯基曾说："教育，这首先是关心备至地、深思熟虑地、小心翼翼地去触及年轻的心灵。要掌握这一门艺术，就必须多读书、多思考。"因此，在完成自己的工作之余，我会抽取一定的业余时间，例如周末或者公共假期，当别人在享受着四处游玩的欢娱时，我就会自己一个人在书房里慢慢地汲取书中的知识，排除思想的糟粕，给自己的思想和心灵"洗涤"一次。我阅读的专业类书目有《小学英语教学设计》《中小学外语教学》《中小学英语教学与研究》等；教育类的书籍则包括《陶行知教育学》《魏书生》《苏霍姆林斯基》《教师的五重境界》等。

（3）苦练技能提升素质。一个教师最关键的能力是语言表达能力。四川教育专家李镇西老师认为优秀教师的能力是多方面的，不仅要有思路清晰的概括能力、提纲挈领的提炼能力、逻辑严密的分析能力，还要有能把自己的思想绘声绘色地表达出来的叙述能力。为了提高自己的表达能力，我主动加强训练，听、读、说齐上阵。一是多听英语材料。会说的前提是要磨自己的耳朵，我经常收看英语电视台、听英语广播，周末还与女儿一起听她的英语听力材料。二是多读英语文章。口语不太标准是很多教师尤其是农村教师存在的问题之一，我除了自己加强阅读外，作为台山市小学英语教研员，我在组织教师教研前，还带领老师一起朗读短文，提升英语朗读水平。三是学习演讲。每次重大的活动需要我做演讲之前，我都会首先在镜子前面练习一遍，以纠正自己的发音和口型。无论在学校还是全市性的教研活动，我自己大胆说、大方说，同时鼓励老师们大胆说出自己的意见或建议。近两年来，我市在组织教研活动时要求教研组长或者骨干教师担任主持人，通过规范的教研活动,不仅提升了骨干教师的英语表达能力,还提高了英语教师的教研水平和能力。

(4)潜心练习写作水平。李镇西老师说:"老师要把自己的教育案例、教育感悟、教育反思等写下来,通过发表文章和出版著作产生积极的社会影响。仅仅通过作报告、开讲座,面对面影响的老师是有限的,而通过文字的传播,其影响力则可以超越时空。"我深知写的重要性,因此在教学设计以及教学案例方面,我一直坚持自己设计、自己修改。我还用心经营自己的博客,对于有感而发的东西,先构思,再将自己的所思所感在博客上发表。另外,我还撰写了许多论文在权威刊物上发表,受到同行的好评。

2. 当好家

学习成绩固然重要,但比成绩更重要的是品德。我经常拿"有才有德是精品,无才有德是次品,有才无德是毒品,无才无德是废品"来教导孩子们,教导他们争取当精品,如是当不了精品就做次品,但不能当废品,更不能当毒品。所以,"让每一位学生成功"是我一直秉承的教育理念。

当好一个班主任是教师成功的第一步。陶行知先生说过:"先生不应该专教书,他的责任是教人做人;学生不应该专读书,他的责任是学习人生之道。"当一个老师成为一个班主任的时候,他也许会感到庆幸,因为这是一个锻炼自己的难得机遇。但是有机会也会有烦恼,面对庞大的学生队伍,怎样正确管理是一道横亘在诸多班主任面前的巨大障碍。我当了五年初中班主任,在担任班主任工作期间,我凭着自身过硬的专业知识和对教育、对孩子们的爱,精心打造自己的班级。我从狠抓班风学风建设做起,努力为学生组建一个积极向上的和谐大家庭,使我的教育理念无声地渗入学生的良好行为习惯中。由于自己出色的班级教育管理,一直以来我所任教的班级多次被评为学校"文明班"和"先进班"。除了严抓班风学风建设,我更关注学生个体。我始终以父母之心来关爱每一位学生,用爱心去感染学生、影响学生,让学生健康快乐成长。我尊重学生的人格尊严,关注学生的情感变化,尤其尽心尽力做好后进生的转化工作,争取使每一位学生都有成就感,培养了一大批优秀学生。

到小学任教后,我虽然不是班主任,但总是以身作则当好副班主任,支持及协助班主任管理好班级所有事务。在早读期间亲自带早读,教会学生学习习惯。平时重视与学生谈心。在谈心中,我了解学生的思想、兴趣和爱好,并能让学生感觉到老师的真诚、情操高尚、心地善良。每个学期我都会找每一个学生聊天多次,聊聊生活情况、学习情况等。学生遇到难题或者困难,我都尽量真心地帮助他们解决,做到不是班主任胜似班主任。

3. 上好课

作为一名老师,上好每一节课是我们的天职。从教27年来,我一直把"让每一节课都有效"作为自始至终的追求。为了达到这一目标,我孜孜不倦地探索,在平时的教学活动中着眼于一个"备"字，即备学生、备教材、备过程、备教具。

（1）备学生。学生是学习的主体，我们的教学不是为了教师而教学，而是为了学生而教学。而学生又是多样性的，有学有余力的学生，有学习比较吃力的学生，还有学习自主性较差的学生等。因此在课堂上尽量做到因材施教，我会针对不同类型的学生在课堂上设置不同层次的问题让同学们解答，这样既拓宽了学有余力的学生的思维，又兼顾到学习能力较差的学生的学习。

（2）备教材。教材是联系师生之间教与学的桥梁。作为教师，应该理解教材是人类文化传承的载体，是国家意志的体现，对学生文化的全面提高起着综合的影响。教师不仅仅是把教材钻研透，把教材的知识教给学生，学生只把教师传播的知识接受下来就可以了，而是要在钻研透教材的基础上理解新课标，理解编者的意图。然后还要考虑学生要学什么，教师要教什么，学生怎样学，教师怎么教的问题。

（3）备过程。教学过程分为教学方法和教学活动。采用怎样的教学方法，实施怎样的教学活动，怎样实施教学活动，是每个科任老师必须面对的问题。除了通过自己的思考探索外，我还认真研究教学名家的教学实录，取其长弥补己不足。此外，我还利用课余时间大量阅读专业书籍，上网搜索各种资料，对各种课型的授课方法以及课堂活动进行分析归纳和总结，逐步形成了自己的教学风格。

（4）备教具。教具是辅助教师教学的各种用具，它能起到直观说明授课内容、吸引学生兴趣的重要作用。我在担任一线教师时，就已经意识到教具对于促进学生学习积极性的重要意义，因此，我利用周末休息时间通过上网查找资料、观看视频制作教具。

但是，做好上述工作是远远不够的，课前准备只是为了上好一节课，而在课堂上的表现又另当别论了。因此，为提高自己的课堂教学水平和教学实效，我将新理念落实到课堂教学中，坚持把情景教学、趣味教学、任务型教学等融会贯通，不断把学生带入新的境界，努力延续学生的学习兴趣，提高学生的学习能力。经过多年的实践与探索，我逐渐形成了自己特有的教学风格：以情激趣，优教促学。

三、放飞梦想——当一名优秀的教研员

教研员是本地某一学科的"掌门人"。如何成为一名优秀的教研员，如何"让每一位教师有成就感"，是我2011年当上教研员以来一直思考的问题。

（1）搭建平台。作为一名教研员，虽然从一线教学岗位退下了，但是我还要发挥余光余热，那就是为一线教师，尤其是一线骨干教师以及刚刚走上教学岗位的青年教师搭建一个让他们得以全面充分发展的平台。作为一名教研员，为了深化我市青年教师的教育理念、提高教学水平和调动全体成员参与课改的积极性，我每年在全市组织开展一系列的竞赛活动：说课比赛、优质课比赛、基本功大赛、单元整体教学设计比赛等，为青年教师的成长搭建了一个出"彩"的舞台。他们在活动中大显身手、大放异彩，教学思维更加活跃，教学手段变得丰富多彩。同时也给予优秀的老师一个平台，为全市小学英语教师上示范课。这样，由点带面，辐射全市，使我市的小学英语教学水平逐年提升。在成就他人的同时，也发展了自己。

（2）课题带动。苏霍姆林斯基指出："如果你想让教师的劳动能够给教师带来乐趣，使天天上课不至于变成一种单调乏味的义务，那你就应当引导每一位教师走上从事教育科研这条幸福的道路上来。"教师从事研究的最终目的不仅仅是改进教育实践，还可以改变自己的生活方式，从而在工作中获得理性的升华和情感的愉悦，提升自己的精神境界和思维品质。我还时刻把我的"伙伴们"的成就感、幸福感放在心上。2014年12月，我带领老师们申报了广东省教育科学"十二五"规划课题"提升小学英语骨干教师教研能力的研究"，如今顺利结题。此外，为了让更多的老师走科研兴教之路，提升自我，我多次举办有关课题研究的讲座，为老师们排忧解难。在我的指导下，斗山、水步等10多个镇校申报了县级市的课题，课题研究蔚然成风，在课题研究过程中，老师们也找到了自己的成就感和幸福感。

（3）提升自我。在完成繁杂的常规工作的同时，作为教研员，我还积极努力学习。可以说学习成了我的一种重要的生活方式。因为我深知，作为教研员，虽然具有一定的实践经验、教育教学技能和应对实际问题的能力，但是，我的知识视野局限于本学科领域，缺乏大教育眼光，缺乏中观和宏观思维。因此，我除了更新自己的学科知识，更应跳出学科的局限，主动学习教育学、哲学、社会学、自然科学等相关理论，从而转变观念，扩大眼界，提升素养，获得专业发展。

我的教学实录

Unit 10　"A New Apartment"课堂实录

Step1：Warm – up

1. Greetings and free talk

T：Good morning！Boys and girls！Hi！Children！Nice to meet you. Do you know my name？

Ss：No.

T（取出一张写上老师名字的贴纸，贴在胸前）：Look！This is my name. Say hello to Mr. Lei.

Ss：Hello, Mr. Lei.

T：I know you are from Tiantongyuan Primary School. Do you like your school？Is there a big playground？Are there any trees and flowers？Is your school beautiful？What about your classroom？Is it big or small？Is there a TV/computer？

Ss：（学生根据实际回答。）

T：Now I know you study in a very beautiful school. Right？

T: There are many buildings in Beijing. Look at the picture. （学生看课件展示的图片。）Where do you live? A house or an apartment?

S: I live in …

T: Is it nice? Wow, you have a good house.

（设计意图：通过和学生交流，点燃了学生的上课热情，拉近师生的距离，为顺利完成这节课打好基础。）

2. Review

（老师在 PPT 上出示 apartment 等单词和句子，让学生一起大声说出。）

T: I live in an apartment, too. Look, that is my apartment now. （贴书 My apartment now。）What is in my apartment? What's in it? Let's say something about it with "There is/are…"

（PPT 出示老师的旧公寓，引导学生用 There is/There are… Is/Are there…? 描述。）

Ss: There is a kitchen. There are two bedrooms… Yes, there is/are. No, there isn't/aren't.

T: There is a balcony. Who can say?

T: This is a garden. Is there a garden in my apartment?

Ss: No, there isn't.

T: You're right. There isn't a garden in my apartment.

（设计意图：通过课件呈现公寓的各房间，为新知识的学习做好铺垫，有效地帮助学生在新旧知识之间建立联系，并落实知识目标中的单词教学。）

Step2：Presentation

1. Lead – in and teaching the sentences

（1）创设情境，与学生谈论老师的新公寓。

T: That is my old apartment. But I am not very happy with it. Do you know why?

S1: Maybe it is too small. Maybe you were poor… （学生猜测。）

T: Yes. You tell the truth. At that time I was poor.

T: I have a big family. They are my father, my mother, my son, my daughter, my friend, my wife and I. I love my family. （小声。）Tell you the good news. I will have a new apartment. （板书 My new apartment，并领读。）What will there be in my new apartment? Can you guess? （教师加手势，假设自己有了新公寓。）

T: You can use the sentence like this. Will there be a …?

S1: Will there be a …? （板书句子，并贴出学生讲出的单词，并在单词下面打"√"。）

T: Very good. Who can say it again?

S2：Will there be a …?

T：Yes, there will.（教师边说边板书。）

There will be a …/There won't be …

（学生练说，教师检查。）

S2：（学生再用句型 Will there be a…猜，共叫3个同学猜。）

T：（教师根据对话的内容来回答，并操练。）

（设计意图：通过创设老师的 new apartment 情景，为新知识的学习做好铺垫，在这过程中不是机械操练句型，而是有意义的学习过程，能有效地激发学生的学习兴趣，帮助学生在新旧知识之间建立联系，并落实知识目标中的句型教学。）

（2）让学生继续猜教师新公寓的东西。

T：Who can guess? Put up your hand. OK! What else will there be in my new apartment?

（取出剩下的词卡贴在黑板上。）Will there be a …? Will there be a roller coaster?

T（出示 roller coaster 的图片）：Roller coaster. Who can say?

Ss：…

2. Present the conversation

（1）第一次看视频听录音，回答问题。

T：Now let's watch the video. First, look at this picture.（PPT 出现 Mr. Lei 的图片。）This is ME. The boy is my son, Tony. The girl is my daughter, Jenny. And that is Gogo. What are we talking about? Please watch.

Ss：You are talking about your new apartment.

（2）第二次看视频听录音，回答深层次问题。

T：What will there be in my new apartment?

T：Let me check the answers.（教师在 mind map 上检查学生的理解。）

Place	Bedroom	Dining room	Living room	Garden	Balcony	Roller coaster…
√ or ×	√	√	√	×	√	×

T：Will there be …?

Ss（学生快速回答）：Yes, there will.（No, there won't.）

T：Are you right?

T：Correct. Say something about my new apartment.

（引导学生用 There will be … There won't be… 说。）

(3) 学生自由朗读，并回答两个评价性的问题。

T：How about my children? How do they feel? Now please read by yourselves. And then answer two questions.（课件出示。）

Q1：Do Jenny and Gogo want to move to the new apartment at first? How do you know?

Q2：How do the kids feel at last?

（设计意图：根据课文的内容，创设了教师一家在谈论新公寓的情况，激发学生持续的学习兴趣。让学生听录音，理解对话文本的主要意思；思维导图的归纳活动，培养学生的分析、总结主要信息的能力，落实能力目标，优化课堂教学，同时也培养了学生自主学习的精神。）

Step3：Practice

(1) Listen and repeat.（教师根据学生的朗读情况选择进行朗读指导的强度。）

T：Let's listen and read after the tape.

Ss：（全班学生与录音一起读。）（指导 It'll 及 You'll 的读法。）

(2) Role play.（四人小组内化知识，分角色扮演。）

T：Please read the conversation in groups of four. One is Jenny. One is Tony. One is Mr. Lei. And one is Gogo. You have one minute.

(3) Show time.（学生展示对话。）

T：Which group can act?

T：You can read very well. Thank you. What do you think of my new apartment?

Ss：It'll be fine/nice/beautiful.

（设计意图：教师通过创设跟读、模仿读的活动，使学生在理解整体意义的基础上重点学习语言，有利于知识的内化。）

(4) 归纳：There is / are ... 与 There will be ... 的用法。

T：From what we learned just now, what do you know?（引导学生说出。）

（PPT 出示）谈论现在某地有什么，一般用 There is / are ...

谈论将来某地有什么，一般用 There will be ...

（设计意图：对新旧知识进行比较，让学生明白它们不同的用法，落实知识目标。）

Step4：Production

(1) Introduce some pictures of a poor child in the mountain in Taishan.

T：Hello, kids. My children are happy. Because we are going to move to a new apartment. Are you happy in Beijing?（教师提高说话声调。）

Ss：Yes.

T：But in our city, some children are not so happy. Please look at these pictures.

Ss：（学生观看图片，图片展示了一个小男孩的家里情况和学校情况，学生边看边听老师的讲解。）

T：This is Dongdong. He lives in a very poor village. That is his school/his teacher's office/his classroom.

T：Is Dongdong happy?

Ss：No.

T：Yes, we're very sorry about that. But don't be so sad. Now here's good news for him. Some of my good friends will give them a lot of money. They will build a new house and a new school. Let's try to help him make a plan for a good house and a good school. OK?

Ss：Yes.

T：These groups talk about a new house. And these groups talk about a new school.（教师把全班分为两大组。）

（2）学生6人小组讨论，组长把讨论结果记录下来。

T：First, talk about your plan.

（上课前将大卡纸放在书桌上面，组长负责拿出来。）

T（PPT出示）：Look! Here's a word card for school. You can also use "There will be…" For example. There will be many good classrooms.

T：Another word bank for house. And you can also use "There will be…"

T：The group leader will write down something while you are talking. You have 2 minutes.（教师巡视。）

Model（如下）

1. A good school for Dongdong

Word Bank		
good nice big small beautiful cool wonderful comfortable …	classroom garden teachers' office music / art room library computer room playground canteen（食堂） …	books TV computer bookshelf chairs tables desks trees and flowers basketball/football badminton …

There will be <u>many good classrooms.</u>

There will be _____.

There will be _____.

There will be _____.
There will be _____.
There _____.

  2. A good house for Dongdong

Word Bank
good nice big small beautiful cool wonderful comfortable …	kitchen bathroom bedroom balcony dining room living room garden study …	sofa bed TV closet computer bookshelf chairs tables desks …

There will be a big living room.
There will be _____.
There will be _____.
There will be _____.
There will be _____.
There _____.

（3）Show time.

各组完成后，邀请一位组长上讲台来，接受其他组员的提问，要求使用新的单词、句型或以前学过的知识。

步骤一：组长上台，接受其他组的提问并回答。

步骤二：组长根据本组组员设计的方案做口头汇报。

Model：In Dongdong's new house, there will be…

（设计意图：给学生提供了一个真实的运用知识的情景，让学生把课堂学习迁移到生活实际，培养学生综合运用语言的能力，有效落实能力目标，并解决了重点和难点。与此同时，也培养学生自主学习的能力。）

Step 5：Summary

（1）情感教育。

T：If we are all full of love and help each other, we can make our living environment（生活环境）better and better.（课件呈现。）

（2）教师总结本课学习的内容。

T：Today we've learned some words and sentences to talk about a new apartment.

Please remember them in your mind.

Ss：（齐读板书。）

（设计意图：通过小结本课，学生的思想感情得到升华，达到了预期的情感目标。）

Step 6：Homework

T：Hello，kids. Today you really did a good job. Here's the homework for today.

（课件再次出现homework，预先将设计好的worksheet发给学生。）

（设计意图：将本节课学习的知识通过作业形式延伸到课堂外，促使学生课后复习，最终培养学生的自主学习能力。）

T：Goodbye，everyone！Thank you！Stand up and say goodbye to the teachers.

板书设计：

A New Apartment

Will there be…？

Yes，there will. There will be…

No，there won't. There won't be…

Place	Bedroom	Dining room	Living room	Garden	Balcony	Roller coaster…
√or ×	√	√	√	×	√	×

我的教学主张

学生为主，体验为重，应用为上

一个人的成功，或许依靠个人的各种优秀品质，或许依靠自己的高尚品德，或许依靠自己的辛勤劳动，或许依靠社会中各种稍纵即逝的宝贵机会。但是我认为，无论一个人成功的历程是怎样的，世界上所有取得辉煌成绩的人的身上都有一种共同特质，那就是他们都善于总结自己，善于从自己过去的成绩中总结经验，吸取教训。我作为工作了27年的教育工作者，经过这27年的小学英语教育教学实践，也逐步形成了自己的教育教学主张。总的来说，我的教学主张是3句话12个字：学生为主，体验为重，应用为上。

1. 时刻以学生为主体

众所周知，教育教学的主体就是两个：教师和学生。在我看来，教师不仅仅是学科知识的传授者，而且也应该是学生的知心人，从更深的层次来说，教师应该做学生心灵相交的朋友。在整个教育教学活动中，教师是知识的供体，学生是知识的受体，教学应该围绕学生进行。但是有的教师抱残守缺、因循守旧，致使小学英语课堂死气沉沉，缺乏教学生态应有的生机与活力。有的年轻教师将课堂变成展示自己本领的"舞台",使用较为复杂的课堂语言或者大规模传授较深较难的知识点,这样就会使学生丧失了学习的主动性。还有的老师将课堂变成自己的一言堂,只顾着自己讲课,缺乏老师与学生之间的互动,或者是缺乏学生的自主探究性学习环节,这样就会挫伤学生学习英语的积极性。我们知道,小学阶段学生课堂积极性最高,初中次之,高中最低。如果不牢牢抓住小学教育阶段这个学生课堂积极性最高的时期加以培养,那么将来学生的表达能力、自主学习能力将会大打折扣。因此,在课堂教学中,我以培养、加强、巩固学生的自主学习能力、研究能力、创新能力作为首要任务。

2. 在语境中体验语言

在英语教学的各个阶段,教师都会反复强调创设英语语境的重要性。我认为,英语语境是在英语语言教育教学过程中形成的,供英语教师做教学参考以及供学生在学习语言的过程中加以掌握运用的一种专有语言环境。英语语境其实就是一种行为环境,是一种典型的语言行为环境。我认为要想让学生深入了解英语语境,必须首先让学生去体验。其次要在课堂中适当地使用课堂教学用语,比如打招呼、翻到第几页、用英语提出简单的问题等都是形成英语语境的一个关键步骤。

3. 推动语言正确应用

英语课程提倡采用既强调语言学习过程又有利于提高学生学习成效的语言教学途径和方法,尽可能多地为学生创造在真实语境中运用语言的机会。因此我反复强调,语言学习不能简单地认为只是为了考试,应该要扎扎实实地发好每一个音,学好每一个单词,写好每一个句子,读好每一篇短文,写好每一篇作文,上好每一堂课,完成好每天的任务,这才是真正的英语学习者该有的面貌和态度。在课堂教学中,学习语言知识后,我必定会创设各种真实或半真实的情景,让学生在情景中应用所学的语言知识,不断提升学生"用英语做事情"的能力,这也是当场检验课堂教学效果的最好方法。在这过程中,学生不仅要运用新知识,同时也把学过的知识再复习巩固。同时,不断鼓励学生在课外争取机会应用所学到的英语知识,大胆与同学或老师进行交流,在错误中改进,在改进中感悟,在感悟中实践,在实践中提升,为今后的进一步学习养成良好的习惯。

▶▶▶ 他人眼中的我

一、老师眼中的我

雷炳权老师一直都是我最钦佩的名师。他心无旁骛,全部心思都倾注于他所钟爱的教育事业。教学上他总是以生为本,乐于钻研,反复琢磨,不断探索有效促进学生终身发展的教学方法。任市教研员一职后,他又致力于全市英语教师教育素养和教学能力的提升,以渊博的个人学识和独有的学术魅力,引导我们进行新课标和教材的解读、学习,引领我们进行高效课堂的探索、研讨,指引我们进行教育科研的实验和研究……他在工作之余还一直坚持自我充值，与时俱进，是台山小学英语教育的先行者。在他的引领、指导下，台山市小学英语教师的整体水平得到有效提升。

（水步镇中心小学　黄泳虹）

二、学生眼中的我

雷老师备课认真，上课风格幽默风趣，上课氛围轻松活泼，能时常逗笑学生，学生也从中学到了很多；课后批改作业仔细严谨，会针对每个学生的不足进行个别辅导。在我的印象中，大家觉得雷老师教的英语课非常有趣，相比于语文、数学来说，英语就是一门可以放松去玩、去说的课程，还可以学到很多的课外知识。我们上雷老师的英语课都会很开心，和老师交流的时候也没有和其他老师交流的时候那么紧张和拘谨，没有什么距离感，因而我们会在雷老师面前更加放开心扉去表达自己。总的来说，雷老师是一位我们学生都很喜欢和尊敬的老师。

（水步镇中心小学学生　黄泳雯）

我眼中的雷老师是个对生活充满热情而对工作又很执着的人。课堂中，雷老师非常注重与学生的互动交流，激发我们的学习兴趣。在与学生交流的过程中，他总是鼓励我们大胆进行口语表达。每一节英语课，他都让学生开心地度过。巧妙设置教学情景，精心设置教学活动，让学生有身临其境的感觉，是雷老师的教学特色。雷老师很注重核心素养的教育，他的课堂既让学生掌握英语知识，培养学生的团队协作精神，同时又润物无声地让学生懂得许多人生的道理，并让我们的思想得到熏陶和升华。可以说雷老师的课堂教学促进了我们学好英语，这也是我喜欢雷老师的课的原因。

（水步镇中心小学学生　陈若菁）

清水出芙蓉　天然去雕饰

● 鹤山市沙坪街道第一小学　吴巧菁（小学英语）

● 个人简介

　　吴巧菁，女，硕士研究生毕业，中共党员，英语小学高级教师（副高级），现任鹤山市沙坪街道第一小学党支部书记、校长，先后被评为"广东省特级教师""广东省教师工作室主持人""南粤优秀教师""江门市第六批中青年专家和拔尖人才""江门市首届基础教育系统十大杰出教师""江门市名教师""鹤山市首届拔尖专家人才""鹤山市名校长"。

　　关注学生的全面发展和教师的专业化培养，大胆探索素质教育的新途径，走出"轻负担，高质量"之路。实施一、二年级学生在校日晚上"零书面作业""小组合作学习"等措施，较好地解决"不让一个孩子掉队""大班额小班化"的教学难题；激发学生学习兴趣，打造高效课堂，有效推动新课程改革，多个教学课例荣获全国和广东省奖励。建立"广东省吴巧菁教师工作室"，通过专题讲座、课堂教学研讨、案例分析等方式促进青年骨干教师的迅速成长，指导一批老师获得全国、省级教学奖项。多次受邀参加省教厅"特级教师支教行动"和"南粤名师大讲堂"活动，赴台湾、清远、湛江、江门等地讲学，有效地促进学术交流，较好地发挥示范带动作用。

　　潜心钻研，主持多项国家级和省级课题，成果出版成集，多篇教学论文获省、市级奖励并在省级核心教育刊物上发表。

▶ 我的教学风格 ▶

　　从教将近20年，我深深地意识到：每一位孩子都有着他自身的天性和本质，都有着自己独特的思维方式和个性特征，改造一个人的效果是有限度的。作为老师，我们需要做的不是试图消除孩子的这些缺失，而是把孩子们的优点合理地加以发扬，力图帮助每一个孩子在其独特天性的基础上持续进步，放大其中有益的部分，让孩子适性发展。德国自然科学家莱布尼茨曾经说过："世界上没有两片完全相同的树叶。"我们不能以同一种标准去要求他们，用同一把尺子去度量他们。对孩子不同的意见、孩子的错误和孩子的成长都很宽容，这是教师的一种美德、一种智慧,更是一种教育方式。因为只有这样,孩子们才会愿意追求有个性的见解,学生的创造力才能得以保护,生命才能鲜活起来!

因此,课堂上我遵循孩子的身心发展规律、认知规律,以学生为主体,以"小组合作学习"为教学方式,充分调动每一位孩子的积极性,以思维素养的培养为落脚点,关注面广,课堂互动多,让不同的个体都有展示的舞台,这些小小的舞台包括课本剧角色扮演、师生的对话、小组的交流、组间汇报、小组内的帮扶、课外实践等,形成了"以生为本,适性发展"的教学风格。

我的成长历程

一、敢于拼搏,练就一身过硬的教学本领

2003年8月,我从广东外国语师范学校毕业,毕业后就回到了我的母校鹤山市沙坪街道第一小学任教英语并担任班主任工作。

鹤山市沙坪街道第一小学是鹤山市一所窗口式的学校,创办于1905年,逾百年的办学历程,因而蕴藏着丰厚的文化底蕴和浓厚的学术研讨氛围。在一个如此高起点的学校工作,加上大学的学习经历,练就了我扎实的基本功,担任班主任又赋予了我更多的担当精神,这两个基本素养总让我觉得自己时常碰上幸运的事。

"成功的捷径就是永远比别人更努力",这是我的座右铭。正是凭借着对事业执着的追求、高度的责任感和使命感,在别人看来我身上永远透露着一股勇于拼搏、敢于挑战的劲儿。多年来我连续担任六年级三个班的英语教学工作,通常是后脚迈出了一个教室,前脚又踏进另一个教室。

2003年9月因为工作出色,工作仅6年的我被调到沙坪镇第四小学(中英文特色学校)担任教导主任职务,主管该校的英语教学工作。第四小学是一所办学不到五年的新校,由于教学经验、教学设备、师资素质等条件的制约,要打造英语特色的品牌,是一项非常艰巨的任务。我身负重托,深感压力重大,但凭着天生的那股韧劲,我带领英语科组老师努力拼搏,在短短的一年里,第四小学的英语教学成绩取得了阶段性的飞跃。2003—2004年第四小学三至五年级全体学生无论参加由沙坪镇中心学校举办的英语单词竞赛,还是由市命题的期末考试,各年级的成绩都在城区小学中独占鳌头,第四小学向创建"英语特色教学"这一目标迈出了成功的一步。

在第四小学工作两年后,2005年鹤山市教育局公开竞聘小学副校长职位,经过严格的笔试、面试、民主测评,我以总分第一名的成绩,再次回到了第一小学担任副校长职务,随后主管学校教学工作并任教英语科目。

经过不断的实践和磨炼,我练就了一身过硬的教学基本功,能娴熟地掌握教学大纲,驾驭教材,迅速地构思出优秀的课堂设计,尤其是在教学方法和手段上有独到之处：用直观的教具、惟妙惟肖的简笔画、生动形象的身体语言，吸引学生学习英语的兴趣；以新颖的游戏教学方式让学生在学中玩，玩中学，寓教于乐，使学生轻松、愉快地学习；让学生自己用英语编儿歌、编对话、编话剧，有效地激发学生的创新意识，培养学生的创造能力。学生说，听我的课是一种享受；家长说，把子女放在我的班上放心；外来观摩的同行与专家说，我似乎有一种"魔力"吸引着学生。

二、推行小组合作学习，打造高效课堂

"只有老师的课生动，孩子才乐于学习。"通过多年来的英语教学实践，我深刻地认识到，英语作为语言课程，点燃和激发孩子们的学习兴趣最为关键。

小组合作学习，是我创新教学方法的一大亮点。从2012年开始，我根据孩子的兴趣、爱好、年龄、成绩、性别等因素，把整个班的学生分成若干组，每组6人，组与组之间整体水平平均，有利于小组之间公平竞争。

"分好组后，我在上课过程中会设计不同任务或者游戏，它们都是有联系地串联起来，以小组为单位，让孩子在组内合作完成，让每个孩子得到锻炼，发挥作用，人人有进步，最大限度地调动孩子的积极性，把以往的课堂灌输式教育变为孩子们的合作探究，让每个孩子都参与进去，很好地解决了个别孩子掉队的教学难题。"这种创新性的教学方法，大大地活跃了沙坪第一小学的教学课堂，获得了各方面的认可。2016年江门市四市三区教学探讨活动在沙坪一小召开，江门市近2000名教师、校长、专家莅临我校观摩学习，高手云集，华山论剑，一小的"小组合作学习"一展风采，赢得众人点赞，广东省教育研究院专题报道了沙坪一小新课改成效。

2016年，我所主持的全国教育科学"十二五"教育规划课题子课题"小组合作学习，打造高效课堂"，荣获全国校本研究成果开发一等奖，我荣获"全国基础教育校本科研拔尖人才"称号。

在别人眼中，我创新的步伐并没有停止。2012年，在我与老师们的努力下，我校率先在一、二年级的学生中，实行晚上"零书面作业"的新举措。这在鹤山众多小学中，还是首次推行这样的教学方式。

"如果孩子们在学习中找到乐趣，他们会很主动地去学习。"我时常勉励自己。"零书面作业"教学新举措的实施，为书包越来越重的小学教育带来一股新风。与以往布置家庭作业不同，我校老师为孩子量身推荐书籍，举行阅读比赛、讲故事比赛、朗诵比赛等活动，激发孩子们读书的兴趣。经过一个学期的实践，学生们的成绩不但没有下降，相反还有不小的进步，学习热情也大幅提升。

此外，我校还做了大胆的尝试，将每节课缩短为35分钟。我认为这样做有个好处：让老师更切身体会到教法不变革不行，课堂不高效不行。因此，科任老师们自觉、自愿地学习更灵活的教法，学校形成良好的教研氛围。每天多出一节课，则

可用于学生课外阅读、思维拓展、英语会话、体能锻炼等。在该举措推行以后，每年我校参加省数学育苗杯竞赛、全国英语听读能力竞赛、鹤山市小学生现场作文竞赛、鹤山市中小学田径运动会等都取得了优异的成绩。

三、名教师工作室效应辐射全省

从教 20 年来，我的教学课例及论文获全国性的奖项十多项，并先后被评为"广东省小学特级教师""南粤优秀教师""江门教育系统首届十大杰出教师"等。

2012 年 10 月 29 日，由广东省教育厅批复的"吴巧菁教学工作室"正式启用，成为鹤山市教育系统中唯一的工作室，这不仅仅是我的个人荣誉，更是对我 20 年来教学工作的认可。

省教育厅批复成立这个工作室的目的，就是为了利用名师效应更好地辐射全省地区，提升全省教师的教学水平，而且这是广东省在全国首创的教师培训模式。工作室成立 5 年来，我共接待了来自全省 60 多位小学英语骨干老师，其间进行双向的听课、评课、专家讲座、外出参观、深入课堂等全方位学习。在培训结束之前，学员会以一堂课来展示他们的学习成果，让工作室负责人指导，同时也会邀请相关专家前来专门指导。

为提升鹤山市本地镇街的英语教学水平，我也一直在不遗余力地贡献自己的力量，目前为止，我已经义务为鹤山市 11 个镇的英语老师提供了英语教学的培训。

"赠人玫瑰，手有余香"，我深深觉得：是学校和教育系统培养了我，市委、市政府也非常关注"工作室"的培训工作。作为小学英语教学领域的带头人，我理应为更多的小学老师提供更好的教学方法培训，真正达到"传、帮、带"作用，尽早提升乡镇地区的英语教学水平，尽己之力来回馈社会！

▶▶ 我的教学实录 ▶

《开心学英语》Book 4

Unit 3 "Review Bank or Beach?" 教学实录

我所创设的英语复习课模式：

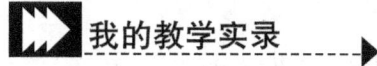

单词复习 ⟶ 句型迁移 ⟶ 篇章拓展

一、小组合作学习内容

本节课的教学内容为复习 Unit 3 的重点内容，包括现在进行时的特殊疑问句及一般疑问句的用法。

二、学生分析

本节课的教学对象是本校四（4）班的孩子，开学至今，孩子都非常喜欢以"小组合作"这种方式进行学习。他们刚学完 Unit 3 这课书本内容，对于现在进行时的用法需要加强巩固，以达到熟练综合运用的程度。

三、小组合作学习目标

1. **知识目标**

四会单词：a movie theater, a swimming pool, a hospital, a bank, a shopping mall, a restaurant, a park, a supermarket.

四会句型：What are you doing? I am…

Where are you going? I am going to…

Is she going to …? Yes, she is. /No, she isn't.

2. **能力目标**

通过复习，使本单元的知识点得以巩固；以写作为载体，培养孩子对知识进行综合运用的能力。

3. **情感目标**

拓宽孩子的视野，引导孩子认识时间，知道存在着时区差。

四、小组合作学习策略

（1）"小组合作学习"策略。

（2）任务型教学策略。

五、小组合作学习过程

1. **Warm up**

（1）Greetings.

（2）Songs.

T：Now boys and girls, do you like songs?

S：Yes.

T：Now, let's sing it together, the first song：What are they doing? Do you remember it?

What are they doing?

They're swimming.

They're running.

They're fishing.

What are they doing?

They're playing.

And they are having fun.

S：(The students sing it together.)

T：How about this song? Where are you going?

> Going, going, where are you going now?
> Going, going, where are you going now?
> I'm going to the swimming pool.
> Swimming pool!
> Going, going, where are you going now?
> Going, going, where are you going now?
> I'm going to the movie theater.
> Movie theater.

S：(The students sing it together.)

(3) Play a game.

T：Now boys and girls, let's play a game. A guessing game. I would ask a student come to the blackboard and do some actions. And guess what he/she doing now. OK? Who wants to try?

(painting/reading/playing/running/studying/writing/singing/sleeping)

(设计意图：歌曲和游戏是孩子喜欢的活动，遵循孩子的天性，让孩子在愉悦的氛围中复习以前所学的单词，为下一阶段的学习做铺垫。)

2. Review

任务一：小组内复习 Unit3 的单词。

T：Good, boys and girls. You did a good job. In this period we are going to finish 3 tasks. Are you sure you can do it well?

S：Yes.

(1) Task 1 — Recite the new words in Unit3.

1) 小组复习单词。

T：In Unit3 we learned some new words. Recite the new words in your group. Please pay attention to the details. The group leader will organize it. Everyone should recite it. If the whole group finishes, then the group leader should stand up. No. 1 – 5, can get 10 points and No. 6 – 10, can get 5 points. Now are you clear? Go!

表1

小组任务1
背诵课本第21页的8个单词。

续表1

小组活动注意事项
1. 组长分好工，做到人人都达标。 2. 全组成员都完成后，组长站起来示意，老师会进行加分。 3. 活动时间为2分钟，请做好准备，活动结束后老师会对组员进行抽查。
小组奖励
1. 第1～5名完成的组加10分。 2. 第6～9名完成的组加5分。

T：Now time's up. I will check some of you. Every group No. 4 student please stand up. From you, OK? Bank.

S：b－a－n－k, bank.

T：Good! Would you please ask you classmate?

S：Shopping mall.

S：s－h－o－p－p－i－n－g m－a－l－l, shopping mall.

……

2）真正意义上理解单词的意思。

T：Now can you tell me what place it is? It is a place where we can see a film.

S：It's a movie theater.

T：Now, next. It is a place where we can swim.

S：It's a swimming pool.

……

（设计意图：以"小组合作"学习的方式，最大限度地调动每一位孩子的参与度，人人都要过单词关，检查时有重点地挑每组的后进生，真正地体现实效，但又不失意义上的理解，单词的复习除拼写的检查外，还让孩子就文字进行理解，如what place it is? It is a place where we can see a film. 达到真正意义上的理解。）

任务二：小组内以滚雪球的方式复习Unit 3 的句子。

（2）Task 2 — Go over the sentences.

1）Show the students one picture.

Let the students ask me any questions as they like. Then I will choose some of the questions and answers (which they learned from Unit 3) to write them on the blackboard.

T：Boys and girls, now the second task. Look at the picture, and discuss it in

图 1

groups. See how many questions you can ask Miss Wu.

表 2

小组任务 2
注意观察图片，尽可能运用学过的句型询问老师，看看哪个组想的问题全面。
小组活动注意事项
1. 组长组织好活动，组内每个同学都要发言。 2. 活动时间为 2 分钟，请做好准备，活动结束后老师会对组员进行抽查。
小组奖励
1. 1、3、5 号同学发言奖励 5 分。 2. 2、4、6 号同学发言奖励 10 分。

S：The students ask me questions as they like. Such as…

S：What does he do?

T：He is a taxi driver.

S：Is he hungry?

T：Yes. He is hungry.

S：Is he going to the restaurant? Maybe. （遇到学生提这一句型，马上操练 4 个地点：a shopping mall，a restaurant，a park，a supermarket。）

S：What is he doing now?

T：He is driving a taxi.

S：Where is he going now?

T：He is going to the restaurant. （遇到学生提这一句型，马上操练 4 个地点：a movie theater，a swimming pool，a hospital，a bank。）

2）多增加一幅图，让学生提问，学生回答，更体现"生本"理念。

图 2

T：One more picture for you. I would ask some students to answer your question.

S1：How many people are there in the restaurant?

S2：There are 8 people.

S3：Is he hungry?

S4：Yes.

T：How do you know that?

S5：I think...

S6：What does he want to eat?

S7：He wants to eat noodles.

T：Why?

S8：Because he likes noodles very much.

T：Oh, a good answer.

S9：Is he going to eat lunch with his friends?

S10：No, he isn't. He is going to eat lunch with his mom.

T：How do you know that?

S10：I think...

T：Thank you for your good questions.

T：Now look at the blackboard. These are the key points from Unit3. Let's read it together.

（设计意图：本环节是从词的复习，引入句的复习。我先抛出一幅图，这张图经过筛选，能囊括本单元学习的重点句型"What are you doing？""Where are you going？"课堂上充分体现"以生为本"的教学理念，抛弃了老师问、学生答的这种方式，而改用让孩子根据图片问老师他们感兴趣的问题的方式，这种发散性的思维引导孩子，让孩子迫不及待地想抛出问题"考"老师，这种互动、师生间思维的交锋，让孩子"天马行空"，但又因为有图片、有情景，又能收放自如，孩子把以往自己所学的全都派上用场，课堂信息量在孩子与我的"对话"中不断地产生新的生长点，一切显得自然。因为有了很好的示范，接下来我又抛出了另外一张图片，这次老师完全放手，由学生问，学生答。对有价值的问题、回答和后进孩子的发言大力表扬，并以高于一般同学回答的分数予以奖励，让课堂自然、实效，把课堂"还"给学生。）

任务三：创编一个新的对话。

（3）Task 3 — Create a new dialogue.

1）带着问题，观摩角色扮演。

T：Boys and girls, what time is it? It's about 9：30 a.m. What are you doing? We are having an English class. How about in USA? What time is it in the USA? Different country different time. In the USA it's about 8：30 p.m.. Do you want to know where Lisa is going in the USA?

T：Boys and girls. The first time listen carefully and answer the question "What time is it?" "Where is Lisa going now?" act out the dialogue.

Li Ming：Hello. May I speak to Lisa, please?

Lisa：Speaking.

Li Ming：Hi, Lisa. This is Li Ming. How are you?

Lisa：I'm fine, thanks. What are you doing now?

Li Ming：It's 9：30 a.m. in China. I am having a class. What about you?

Lisa：It's 8：30 p.m. in the USA. I am going to the movie theater. I am going to see a movie. Bye!

Li Ming：Bye!

T：The first question "What time is it in the U.S.A"?

S：It's 8：30 p.m. in the U.S.A.

T：Where is Lisa going now?

S：She's going to the movie theater.

2）角色扮演。

男同学扮演 Li Ming，女同学扮演 Lisa。

T：Now boys will be Li Ming. And girls will be Lisa。

3）操练。

T：Now, please look, it's 9：30 a.m. in China. Where is your mother going? Maybe she is going to the shopping mall. Now please practice it with your partner.

S1：Where is your mother going?

S2：My mother is going to the park.

T：For what?

S2: She is going to the park to do some exercise.

T: Oh, a healthy mother. Now let's see, where is your mother going?

S3: She is going to the shopping mall.

T: It's 9:30 a.m. in China. At the same time, it's 8:30 p.m. in the USA. Where is Ben's grandma going? Now please practice with your partner. See who can guess it.

S1: She is going to the market.

T: Oh, 8:30 p.m., your grandmother still in the market? Why?

S1: She likes shopping.

T: Is the market closed?

S1: No.

T: Maybe the market continues to open for your grandma. OK, next pair.

S2: Where is Ben's grandma going?

S3: She's going to the park.

T: She's going to the park. 8:30 p.m.. She's in the park for what? （提示散步的动作。）

T: She likes W…

S2: She likes running. （全班大笑。）

T: Oh, a super grandma. OK, see, where is Ben's grandma going?

S: She's going to the movie theater.

…

T: It's 11:00 a.m. in China. Where are Tony and Ben going?

S: They're going to…

T: At the same time it's 3:00 o'clock in UK. What is Ben doing?

S: …

（设计意图：本单元重点句型"What are you doing?""Where are you going?"，为创设让孩子有运用语言的"冲动"，有话可说，我设计了同一片蓝天下，不同的国度有不同的时间，你我打个电话互相问候，才会最自然地互相问"What are you doing?""Where are you going?"的真实情境。让孩子根据时间来猜图片中的人物在干什么时，我更多地采用"追问"形式，这种师生间的"对话""思维的交锋"是课堂最宝贵的"生成"，是最有意义的学习。）

4）创编对话。

T: You did a good job. Now boys and girls. At this moment, different countries' time is different. And of course people are doing different things. Now can you create a new dialogue with your partner. Model 1 and Model 2, Model A is quite simple. Model B is a little bit difficult. It doesn't matter weather you choose 1 or 2.

```
Hello! I am… I am from China/ the USA/UK…
                            1
A: Hello. May I speak to _____, please?
B: Speaking.
A: Hi, _____. This is _____. How are you?
B: I'm fine, thanks. _____?
A: It's _____ in China. I _____.
   What about you?
B: It's _____ in _____. I _____. Bye!
A: Bye!
                            2
A: Hello. May I speak to Lisa, please?
B: Speaking.
A: Hi, _____. This is _____. How are you?
B: I'm fine, thanks. _____?
A: It's _____ in China. I _____.
   What about you?
B: It's _____ in _____. I _____.
A: _____.
B: _____. Bye!
A: Bye!
```

（设计意图：创编对话是整节课的拓展与升华部分，这里设计了两个梯度，让学生做出选择，既关注一般水平的孩子，也让学有余力的孩子得以发挥，一切关注孩子，"以生为本，道法自然"。）

（此课例被教育部评为教育部"一师一优课、一课一名师"活动"优课"。）

我的教学主张

以生为本，适性发展

1. 以生为本，组建学习型小组

核心素养中强调注重学生的自主发展、合作参与和创新实践。"小组合作学习"这种"相信学生、依靠学生、发动学生教学生"的教学方式对提升学生核心素养有着积极的推动作用。

早在2012年，我尝试根据孩子的兴趣、爱好、年龄、成绩、性别等因素，把整个班的学生分成若干组，每组6人，组与组之间整体水平平均，有利于小组之间公平竞争。成绩相对落后的孩子，我会发挥集体、小组的力量，一对一帮助他们，并通过陪伴，告诉孩子："你能行。"在集体、小组的互助下，大大改善了成绩有待提高的孩子的心理感受，也提升了成绩较好的同学的语言表达能力、思维能力。孩子们的相互漠视变成相互努力，大大减轻了老师的辅导压力，也增强了同学间的集体荣誉感。

2. 以生为本，开创"任务流"课堂

改变"讲堂"为"学堂"，真正体现"以生为本，适性发展"的教学理念，创新"小组合作学习"方式，创设"任务流"贯穿课堂，让学生时刻期待下一个"任务"，教师充分运用"任务包"，把重难点逐一突破，课堂上充分调动每一位学生学习的积极性，以实践、探究为主导，提升学生的学习能力。最大限度地调动孩子的积极性，把以往的课堂灌输式教育变为孩子们的合作探究，让每个孩子都参与，很好地解决了个别孩子掉队的教学难题。

开创"三段六式"的教学模式。"三段"指：导向自学阶段、研学协作阶段和巩固拓展阶段；"六式"指：自研、质疑、合学、展评、巩固、拓展。通过创新的学习方式，让学生保持对英语学习的兴趣，能够多渠道获取学习资源，有效规划学习时间和学习任务，选择恰当的策略与方法，监控、反思、调整和评价学生的学习。

如复习《开心学英语》四年级第三单元当中的一个"任务包"：小组内以"滚雪球"的方式复习 Unit3 的句子。

Show the students a picture.（见图1）

我先出示一幅图，这张图经过筛选，能囊括本单元学习的重点句型"What are you doing?""Where are you going?"课堂上充分体现"以生为本"的教学理念，抛弃了老师问、学生答的这种方式，而改用让孩子根据图片问老师他们感兴趣的问题的方式，这种发散性的思维引导孩子，让孩子迫不及待地想抛出问题"考"老师，学生提问有：What does he do? What color does he like? How many people are there in his family? How old is he? How is he? Where is he going? Who's him? ……这种变"讲堂"为"学堂"的互动、师生间思维的交锋，让孩子"天马行空"但因为有图片、有情景，又能收放自如，孩子把以往自己所学的全都派上用场，课堂信息量在孩子与我的"对话"中不断地产生新的生长点，一切显得自然。对有价值的问题、回答和后进孩子的发言大力表扬，并以高于一般同学回答的分数予以奖励，让课堂自然、实效，把课堂"还"给学生。

3. 以生为本，让孩子适性发展

首先，小组内分工明确，每一位孩子各司其职，有组长，记录员，语文、数学、英语、综合小组长等，让他们"人人有事做，事事有人做"，参与管理，积极性高，人尽其才；而且还有一套充满惊喜的评分细则，让孩子觉得学习有趣，他们

为了一个能与最喜爱老师合照的机会，或是可以使用一张免作业券等而激动不已，对学习充满期待……

其次，课堂上为孩子设立小小的舞台，包括课本剧角色扮演、师生的对话、小组内的交流、组间汇报、小组内的帮扶、课外实践等，让每一层次的孩子都得到锻炼和发展。

再次，小组合作学习的内在价值是让孩子的思维得到发展。启发思维要做到适时适度，这需要教师关注每位孩子的个体差异，在情景的创设、问题的设计、"梯度"的把握等方面下功夫。"学起于思，思起于疑。"当孩子学习遇到困难，发生矛盾时，思维就开始了。遵循这一认识规律，我注重创设"问题情境"，利用"悬念""疑问"以引起学生的注意和积极思维。在问题设计上，我关注孩子现有的认知结构，抓准教学的适当时机，在思维的最佳突破口点拨学生，启发思维，尽可能做到深度、难度适中，速度的快慢得宜，广度的大小恰当，量度的多少相应，恰到好处地启发学生思考，提供"跳一跳，摘桃子"的机会，使思维提高到"最近发展区"水平。在教学过程中善于抓住学生思维过程中的认知冲突，启发诱导，层层深入，最终让孩子找到思维新的生长点。

如在复习四年级第三单元重点句型"What are you doing?""Where are you going?"这节课上，我设计了一个情境小练习，抛出一个问题"8：30 p. m. in the USA. Where is Ben's grandma going?"

一个孩子回答：She is going to the park.

我没有就此简单地结束我们的互动，我表示惊讶，晚上8：30老奶奶正去公园，我追问"8：30 p. m.？Ben's grandma is going to the park? For what?"

孩子在思考，一时未能回答出。

我没有放弃，我知道教育需要以"静待花开"的心态去等待，我尝试以动作引导：Maybe she likes…（做散步的动作提示。）

孩子仍在思考。

我依然没放弃，做出散步的动作，继续引导"Maybe she likes…（taking a walk…）"

结果，我的等待换来了孩子如此漂亮的回答"No, she likes running."

全班哄堂大笑，我紧接着赞赏地说"Oh, a super grandma！"

我的"等待"与"追问"给课堂如此多的惊喜！互动、师生间思维的交锋，让孩子"天马行空"，课堂信息量在孩子与我的"对话"中不断地产生新的生长点，一切显得自然，把课堂"还"给学生，这是课堂最宝贵的东西——"思维生成"，是最有意义的学习，这就是核心素养当中的"创新实践"！

通过20年不断的学习、观摩、实践、总结，我以课题"小组合作学习，建构高效课堂的研究"为抓手，以"以生为本，适性发展"的理念为引领，充分发挥学生学习的主动性，积极回应学生多方面、个性化的学习需求，从而有效促进每个学生主动、适性发展；课题从我教学的实际问题出发，实现了从以往教师为中心转向当今的以学生为本，有效地扭转了以往以教师讲授为主，学生参与课堂的积极性不高、参与面不广、课效低，造成后进生较多的局面。

他人眼中的我

吴校长对事业有执着的追求，事业上高度的责任感和使命感，使她身上透着一股勇于拼搏、敢于挑战的劲儿。在职的任何一位老师都对她在教育教学上的锐意创新纷纷点赞。让我最为欣赏的就是强校与弱校互相结对形成联盟，资源共享，这一点是由吴校长牵头并施行的；校内第二课堂和校外优秀团队联盟，把丰富多彩的第二课堂引进校园，这一点也是由吴校长牵头并施行的；权力与责任下放，各司其职，各尽其责，教学与管理相得益彰，这一点更是吴校长上任以来最大的施政方针。

她身先士卒，根据自己的教学心得体会，创设了小组合作学习，围绕小组合作学习为我们上示范课，还举办了多场讲座，并多次邀请专家针对生本课堂上解疑答疑，一起剖析教学中存在的问题，创新教学使我们收益不少，也使我们打心底里爱上了这位年轻有创意的校长。

我们的校长从不以工作繁忙为由而不参加任何一节公开课的评研，每一节公开课前的试教课必亲临指导，从听课到提议，从教案到课件，从着装到上台，总能看见她忙碌的身影。一名校长能深入课堂一线，了解教师和学生的教与学的状况，把握教学改革的方向和主要内容，指导教师开展教学科研，实属难能可贵。她在任职期内，带领我们承办了五市三区的英语教研课，并得到了同行的好评，又带领我们英语科组"闯进"了江门市的优秀教研组领域。吴校长永远宽厚随和。我们的美女校长，一名教育管理者，沙坪一小的掌舵人，带领全校学生、老师一起奔跑的领跑者，在我们的眼中能和我们一起感受教育的酸甜苦辣，体验教育的快乐与激情，享受教育的失落与成功，我们愿与您一起努力拼搏，共创有品位、有特色的学校。

（鹤山市沙坪街道第一小学教师　胡锦翠）

吴巧菁老师是我的母校——沙坪第一小学的校长，我们大家总是亲切地称呼她"Miss Wu"。

吴校长曾经担任过我们班的英语老师，她可与大家想象中的在办公室里正襟危坐的校长不同，吴老师上课时总能激起我们的学习欲望，以小组为单位的竞争答题让每一个人跃跃欲试。有时，她还会跟我们分享一些课外的知识甚至生活中的趣事，我们就曾经在英语课上看到过她在泰国海边旅游的照片，津津有味地听她讲旅游的见闻。吴老师身上没有一点校长的架子，和蔼可亲，平易近人，像一位温和的阿姨。

[鹤山市沙坪街道第一小学六（1）班　黄嘉雯]

　　我的求学道路上，有幸遇到一位可亲可敬的导师，她就是吴巧菁老师。

　　最初与吴校长相处是我上四年级那会儿。开学前一天晚上，收到消息说吴校长将担任四（1）班英语老师。我当时的心情既兴奋又紧张还沉重。什么？吴校长来教我们，岂不是"亚历山大"？在隐隐不安中，第一节英语课到来了，吴校长这个陌生的老师走进教室，很自来熟地与我们打了招呼，用一口纯正的英语来介绍自己。慢慢地，在一个拉近师生距离的游戏中，同学们渐渐不再拘谨，课堂气氛变得活跃起来，同学们踊跃地参与到课堂环节中。在阵阵欢声笑语中，我们渐渐熟悉了这位英语老师——Miss Wu。课后，我们还与这位新老师一起讨论、聊天。我们真不敢相信这是吴校长上的第一节英语课。此后，吴老师的课总能带给我们欢乐和惊喜。

　　吴老师上课时别有一番风趣。每一次在学习新的课文时，总会有各种滑稽的课文剧表演，这可是我们永远的笑点。在课堂中，吴老师主张调动学生们的主动性，把"新、趣、实、活"融入课堂，把日常生活情景设置到课堂上，随时给一个主题让你自由发挥，口头展示。这就是吴老师生本教育理念的核心，让学生独立思考与动手才能得出答案。事实上，我们也非常喜欢这种小组合作表演剧目的学习方式，这完全是放松、毫无负担和压力的学习方式，在快乐中学英语，在互帮互助中成长。这种英语情景剧目教学，不仅提高了学生的创新水平，开发了学生的编导能力，还让学生学会了自信表达与团队合作，达到了在娱乐中学习和掌握知识的目的。

[鹤山市沙坪街道第一小学六（1）班　周烨]

　　两年前，她担任我们班的英语老师。她是我们班同学最喜欢的老师。

　　吴校长刻苦钻研课堂艺术，形成了独特的教学风格。上课前，她会组织小组玩英语扑克，使同学们打起精神来上课。我们都喜欢上吴校长的英语课，她上的课十分有趣，她会组织小组学习，小组交流，使同学们的口语表达更加标准，更加自信。她还会组织小组竞赛，在班里小组之间进行，赢者会得到奖励，输者则接受"惩罚"。她的英语口语表达能力极强，语调十分有趣，使同学们上课的情绪提高了不少。

　　课后，她还会组织各种有趣的活动来放松我们的心情，如大课间的时间，她开展了"第二课堂"，使同学们爱上学习，在游玩中学习更多的知识。

[鹤山市沙坪街道第一小学六（1）班　冯楷杨]

在我上四年级的时候，吴巧菁校长曾经担任过我们班的英语老师，她尽心尽力为同学们着想，也经常开展一些有趣的活动让大家在英语世界里遨游……我们的英语课堂里，总是充满了欢声笑语，学习效率也有所提高。我们的校长有一套她自己独特的教育方法，总能让我们乐此不疲！

除此之外，我们的校长热爱教育事业，勤奋敬业，拼搏进取，为鹤山市英语教育工作发展提供有益借鉴。在她十多年的教育生涯里，她探索出一条"轻负担，高效率"的教学之路。另外，吴校长还推行"以生为本"的"生本"小组合作学习，打造高效课堂，让学生积极思考，主动学习，提升学习的劲头。

[鹤山市沙坪街道第一小学六（1）班　胡湘桦]

平实 亲切 融合

● 广东省台山市第一中学 吴洪文（高中物理）

● 个人简介

吴洪文，男，1995年于华南师范大学毕业至今一直任教于台山一中。广东省特级教师、广东省"百千万人才培养工程"名教师培养对象、首批"江门教育专家"培养对象、江门市名教师。从教22年，在科学的教学理论指导下，教学技能在各种公开课和比赛课表现突出，多次获省、市级奖励。连续10年指导学生参加物理竞赛，5次获"江门市优秀指导教师"称号；指导学生参加科技创新大赛，6人次获省、市级奖励。教学论文有多篇公开发表和获省级奖励；已主持完成3个省级课题研究，正在主持2个省级课题研究；2016年出版24万字的论著（合著）1本；2016年获聘参加广东省物理教材选修1～3编写工作；是江门、台山新课程教师岗前培训主讲教师。

▶ 我的教学风格 ▶

布鲁纳强调学习是一个主动的过程，应该做出更多的努力使学生对学习产生兴趣，主动地参与到学习中去，并且从个人方面体验到有能力来对待他的外部世界。建构主义强调创建与学习有关的真实世界的情境，以解决学生在现实生活中遇到的问题为目标。杜威认为人们在社会中参加真实的生活，才是身心成长和改造经验的正当途径，他主张"从做中学"。

融合STSE教育，就是为学生创设发展情境，引导从物理的视角去观察自然界、社会的各种问题，把知识与应用、科技进步与发展、价值观与关注社会、环境融于教学之中，注重在现实生活的背景中学习物理学，倡导在解决实际问题的过程中深入理解物理学的核心概念，能运用物理学的原理和方法参与实际问题的讨论并做出相关的决策。

物理教学要做到平实，有扎实的专业功底，不会故作高深，故弄玄虚，而是深入浅出，娓娓道来。对课堂上出现的问题有预案，胸有成竹。教育学生要平实，关注学生的学，呈现科学发现的过程，重视思维方法，不急功近利，做到平静淡定，不急不躁。

融合情感因素，实现情感目标。上课要亲切，语言亲切自然，课堂气氛就会和谐，教学效益自然会更高；评价要亲切，善于发现亮点，让学生多体验成功；考查要亲切，循序渐进，不故设陷阱为难学生，让学生在解决真实问题中增加对物理学的亲切感；指导要亲切，在学生讨论或参与交流的过程中，对学生出现的错误用亲切的语言点评，鼓励为主，尽量回避批评，耐心引导，帮助学生清除障碍；教学内容要亲切，从生活中来，在生活中用，让学生感受到物理就在身边，物理学很亲切。在《动量守恒定律的应用》一课中，我以排球与篮球相碰（图1）来演绎高考题（图2），用生活的情境使学生感受物理学的亲切。用分过程的思想方法，设置梯度问题，使学生在不断获得的成功体验中掌握解决问题的思想方法，巩固知识，提升能力。

图1　　　　　　　　　　图2

苏霍姆林斯基指出：教师要有"自己的学生"。所谓"自己的学生"就是对你所教的学科充满兴趣，将来致力于在此学科发展的学生。亲其师而信其道，亲切的教学风格使我每一届都有五六个"自己的学生"，这些学生对物理学及相关技术充满热情，喜欢钻研和制作。我给他们的学习内容融合更多的STSE元素，提供适当的平台，让他们充分发挥和展示自己的才能，培养他们的创新能力。在我的学生中，2010级陈德文获省科技创新大赛三等奖，2013级李可明、张淑芬获江门市科技创新大赛一等奖。

融合生涯规划教育，使学生对自己的发展有明确的方向。利用学科与职业规划相关的内容，在课堂教学中适当进行学科知识与职业内容的相互渗透，有效地利用身边的资源，合理有效地进行职业教育。如学习"传感器"内容时，介绍自动化控制专业及电气工程师需要的能力、素质；在学习"几何光学"内容时，渗透验光师的职业介绍。

我的成长历程

一、求学经历，奠定基础

少年时期的我对自然界充满好奇。父亲是小学教师，他给我订阅了《少年科学画报》，使我对科学产生了浓厚兴趣。我曾经自己动手制作船模，没有材料就自己想办法，虽然都不是很成功，但过程是非常有意义的。少年时期的经历对我教学理念的形成产生了相当大的影响，重过程，过程比结果更重要。

大学期间，周围同学爱好广泛，对我也产生积极影响，阅读成了习惯。我阅读文学作品，也阅读自然科学杂志，对兵器知识也有很大兴趣。阅读陶冶我的性情，开阔我的眼界，也让我积累了大量STSE素材。阅读令我对"知识就是力量"产生极大的认同，我的课堂要让学生感觉到知识很有用。在自己的摸索和理论指导下，在师父的引领下，我认定STSE教育是一条让我实现目标的道路。

我没到六岁就上小学，没有幼儿园的经历。一直是班上年纪最小的一个，加上性格内向，缺乏才艺，我的自信心一直都不足，我平实的教学风格与此有关。爱心和责任心使我具有很好的亲和力，在后来的教学工作中，"平实亲切"就成了我的教学风格。但课堂过于平实就成了平淡，我要使课堂有活力，融合STSE教育就是重要的手段，用STSE元素激发学生对物理的兴趣，使我的课堂充满活力。

二、新老挂钩，站稳讲台

从华南师大毕业，平实的作风让我在选择工作岗位上没有太多的考虑，直接回到家乡台山，在台山一中开始我的教学生活。台山一中"新老挂钩"制度使我受益匪浅，我有幸得到多位台山物理教学名师的直接挂钩指导。我的第一位师父是科组长伍国裕老师，老组长严谨认真的作风、充满激情的上课风格一直影响着我。第二位师父是指导学生参加物理竞赛获省第一、二名的伍妙华老师，她教学睿智严谨，讲解深入浅出，深受学生欢迎。整个物理科组团结融洽，团队的氛围对我的上课亲切的风格有很大影响。在老组长带领下，物理组老师都很重视实验，实验室的两位老师技术能力强，我们提出的方案、设想，他们能想方设法达成，制作了不少精巧的教具。在科组老师的帮助下，我设计了不少用生活用品做的实验，使我平实的课堂更贴近学生的生活，更生动有趣，在教学中融入STSE元素逐渐成为我的习惯做法。

三、积极研课，迅速成长

新教师站稳讲台后的几年是专业发展的关键期，在这一时期，台山物理教学的名师给予我很多帮助和机会。这一时期积极的研课是迅速成长的主要动力，科组老师的信任让我很早就有了展示自己的平台，利用公开课进行研课成了这几年的常态工作。研课的过程让我更加清晰地认识到"从生活到物理，从物理到社会"的教学理念的重要，要使学生觉得物理有用、有趣，就要运用 STSE 教育理论（当时提出的是 STS 教育）。为准备公开课，我从各种途径收集 STS 教学资源，并邮购了《社会中的科学和技术》《科学技术社会辞典：物理卷》《高中综合课程讲座》等参考资料。通过研课我打造了一些精品课，如《自由落体运动》《理想气体状态方程》等。1999 年代表参加省物理青年教师说课比赛以《电磁感应定律》一课获高中组省二等奖，这对我的自信心是极大的提升。

研课获得的成就感促使我更多地思考关于 STSE 教育的问题，要使 STSE 教育更好地在物理课堂上实施运用，相关教学资源的获得是一个制约实施的瓶颈。2005 年参加省骨干教师培训，在陶力沛老师的指导下开展"通过'STS'教育开发物理教学资源"的课题研究，收获颇丰，也更坚定了我在物理课堂上融合 STSE 教育的信念。

四、学习研修，突破瓶颈

2006 年获中学物理高级教师职称后，我的前进目标不明确，加上家庭压力增大，在教学研究上少了冲劲，在此期间阅读也少了许多。这样的情况使我的教学出现了问题，严谨平实的课堂对学习内在动力强的学生很有成效，但对学习内驱力不足的学困生则不是很适合，我任教的班级学生两极分化的情况比较严重。幸好这样的时间并不长，在一段迷惘期后，通过课题研究和培训学习，我对自己的教学风格有越来越清晰的认识。而省教研院姚跃涌老师则是我在专业成长快速提升期的导师，他的指引使我对物理教学有了更高层次的理解，特别是以先进教学理论指导运用 STSE 教育，使原来灵光一闪的不自觉运用到系统地融入课堂教学，他是我专业成长路上的关键人物。

在先进的教学理念指引下，我将 STSE 教育在课堂上淋漓尽致地运用，取得很好的教学效果。在《霍尔效应》一课中，我收集了许多生活中与霍尔效应有关的应用——自行车码表、电动闸门控制器、磁感应强度测量仪等，学生惊叹一个不起眼的物理现象居然有这么多应用，物理真神奇，听课老师也对这样丰富的 STSE 素材赞叹不已。在我国台湾卫道中学进行的境外交流课《涡流》一课中，我融入金属探测仪、安全门、电磁炉、金属探矿等 STSE 元素，学生兴趣很浓，原班主任李老师也说，想不到这里还有这么多有趣的应用！

教学风格与心态也有很大关系，浮躁不可能平实，没有爱心、责任心不可能有亲切的风格。志同道合的伙伴对良好心态的形成有很大影响，是成长路上的发动机。新会一中原物理科组长谭志恒老师是我参加的 2005 年省骨干培训的同学，2011 年我们共同主持省教研院的课题研究，这一过程的相互交流学习是我业务能力提升最快的阶段，也让我浮躁的心安定下来，潜下心来研究课堂教学。还有广东省"百千万人才培养工程"名教师培训班的同学，不单从业务上促进我，在对待工作、生活的态度上也对我产生积极的影响。在这段时间，我收获了教学生涯中的许多成功与荣誉。有人对我说，高级职称评上了，现在特级教师也评上了，还这么辛苦拼什么！借用我们工作室导师廖小兵校长的话"身体是累，但心不累，我不觉得辛苦，我喜欢教学！"我正朝着享受教学的目标努力！

我的教学实录

《超重和失重》教学实录

【流程1】引入

今天课室放了两个体重计，进入课室时，好多同学已经测量了自己的体重，同学们都很关注自己的身材！（学生笑。）你的体重能否马上增加或减少10公斤？

[物理量辨析] 视重与支持力。

[引出课题] "视重"变化——超重或失重。

[引导] 生活中有什么情况存在视重变化？

【流程2】电梯中的超重和失重

[视频播放]

视重发生变化的情况，在电梯中也存在。（只播放电梯上升过程。）

为什么体重计读数会变化？是体重变化了吗？（强调重力不变。）

[提出问题]

这一过程分三个阶段，开始阶段、中间阶段、后阶段，我们先研究开始阶段体重计读数为什么会变化？

请从受力情况、运动情况进行分析，即从动力学角度研究这一现象。

[学生交流讨论]（经历从现象到动力学本质研究的思维过程。）

[提点]

首先要清楚，人站在体重计上，受到哪些力？

体重计读数显示的是什么力的大小？

[分析思路]

开始阶段运动情况：上升→加速→加速度方向。

由运动情况推导出受力情况：

加速度方向→合外力方向→支持力大于重力→对体重计压力（体重计读数）变大。

同理可分析其他两个阶段的情况。

[交流讨论]

分析电梯下降过程中体重计的读数变化情况。（老师参与小组交流。）

[播放视频]

播放电梯下降阶段实验视频，学生自己分析结果。

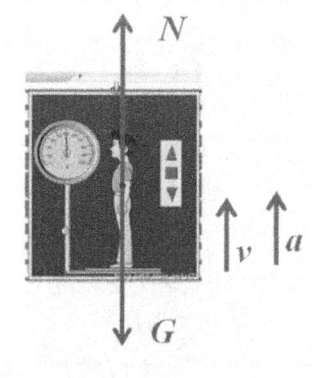

图3

[课后体验研究]

课后在小区电梯中细致体验超重和失重的感觉，并做一些测量分析。

【流程3】运用所学知识解决真实情境中的问题

小区的电梯是普通级的，我们看一个世界级的电梯。

展示上海中心大厦图片。

（感受中国第一高楼的视觉冲击。）

新闻报道一：

上海中心大厦的电梯（日本三菱电机公司制造）屏幕上显示着电梯的即时速度：每秒18米！只需55秒，就到达了119楼观景台。这部电梯，已经超越秒速16.83米的台北101大楼电梯（日本日立电梯公司制造），成为全球最快电梯。

图4

[问题]

据报道中的数据，如果你在这台高速电梯中，请设计一个方案，估测出电梯加速、减速过程的加速度大小。

[思考交流]（肯定方案中的亮点。）

[STSE教育]

人对速度不敏感，对加速度敏感。因内脏血液会在超重、失重状态下给人强烈的刺激，加速度过大，人感觉不舒服。我们计算加速度，对高速电梯会有更全面的了解。

新闻报道二：

上海中心大厦电梯的上升速度为每分钟1080米（18m/s），每台电梯额定搭载21人，从地下2层登梯后，电梯约在25秒达到最高分速1080米（18m/s），维持约10秒后，减速抵达119层。

[问题拓展]

有了这些数据，你可以通过计算得出高速电梯的哪些数据？（拓展思维。）

[责任与态度]

为我国最高的建筑配置高速电梯的是日本公司，原来的高速电梯记录也是日本公司。我们希望看到中国制造，希望同学们能扛起中国制造的大旗！

【流程4】情境迁移再应用

[演示]

用弹簧秤拉重物，加速向上，显示读数变，也是属于超重现象。

［提点］

支持或牵拉都有超重、失重情况出现。

［实际情境］

做实验时，纸带挂着重物，加速向上时容易脱落或断开。

［思维引导］

分析超重、失重现象的动力学本质。

［强调］重力不变！

［归纳］超重（失重）动力学本质：物体加速度向上（下）。

图5

【流程5】 回应引入中体重计读数变化的问题

［思考］在体重计上快速下蹲过程中，体重计读数怎样变化？

［注意］思考分析要全面完整。

［思维方法引导］用动力学观点研究物理过程。先研究分析下蹲过程开始阶段。

［思路引导］重心位置在变。

图6

［学生交流思路］

(1) 确定加速度方向——重心在加速下降。

(2) 失重状态——视重（读数）减小。

［学生体验］

在体重计上体验，观察结果与理论分析结果进行对照。

【流程6】 交流互动，深入探讨生活中超重与失重现象

［交流］生活中还有哪些超重、失重的现象？

［展示］

游乐场各种超重、失重现象。例如，海盗船、水滑梯、过山车。

图7

［引导］回忆以前经历，交流体验感受。

[归纳]

共性：运动中存在加速度向上或向下的过程！

[问题]

跃起在空中是一种更特殊的失重，如果有一体重计在战士脚下，读数是多少？

图8

这是完全失重状态，但时间太短，往往感觉不到。

要深刻体验完全失重，最刺激的是"蹦极"！

蹦极加速度很大，超出我的承受范围，我就不尝试了！（调节气氛。）

[学生思考] 想象蹦极的刺激，思考运动过程中的物理原理。

[STSE] 介绍飞机做拉高、俯冲运动过程中的超重、失重现象及应用。

  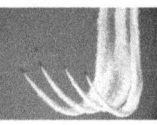   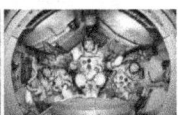

图9

在太空中，宇航员也处于失重状态，涉及的物理原理在必修2中会介绍，以后再研究。

【流程7】布置"课后探究"

将底部、侧边开孔的矿泉水瓶自由下落、竖直上抛，水瓶在空中是否有水从孔中喷出。

提供方法参考：

（1）靠近墙壁做实验，观察墙壁上是否有水迹，判断水是否喷出。

（2）用染色的水做实验，方便观察。

[警示]

（1）注意安全！

（2）实验不要影响环境卫生！

图10

【流程8】自主总结（1分钟）

（1）物理思维方法。物理现象要从动力学角度分析，以掌握其本质特征。

（2）超重、失重动力学本质。

1）受力：压（拉）力大（小）于重力。

2）运动：物体有向上（下）的加速度。

（3）布置"课后拓展探究"。

教学反思

超重和失重是学生学完力与运动、牛顿运动定律之后的知识的迁移和应用部分，人教版、粤教版都是旨在让学生运用牛顿运动定律分析生活中的现象，进一步理解和巩固牛顿运动定律。在此之前，学生已经学习并掌握了动力学知识，会利用牛顿定律解决一些简单问题。但受前概念的影响，会认为超重和失重是出现在太空中的现象，简单认为是重力在变化，影响对其动力学本质的分析。

这一节课，以学生以前获得的感性认识为基础，从平常生活现象中引出超重和失重，注重从生活走向物理，从物理走向社会，通过融合STSE教育提升学生物理学科核心素养。以此指导思想，由生活中的话题引入本节课的学习，围绕电梯这一生活背景，通过实验与思考分析，得出超重和失重产生的条件和动力学本质，体现了"从简单到复杂"的研究方法和"从生活走向物理，从物理走向社会"的教学理念。引导学生以科学思维方法分析生活中的各种超重、失重现象，学会在实际问题中建构模型，提高学生解决实际问题的能力，进一步激发学生的学习兴趣。重视实践探究活动，让学生经历科学推理、实验验证的过程，培养学生细心观察、勤于思考和相互交流的学习习惯和合作精神，了解实验探究的要素。

在教学中，立足于学生的学，发挥学生学习的主动性，鼓励学生自己将实验结论抽象为概念，利用所学物理知识解决身边的物理现象。如"视重与支持力"的辨析、超重的动力学分析。同时利用教学素材提升学生的社会责任意识，如日本公司为上海中心大厦制造电梯引发的"中国制造"责任、课后探究过程的安全卫生警示。

这节课的成功之处在于将STSE元素巧妙地融入课堂学习中——电梯中的超重和失重现象、纸带重物挂加速时易脱落、下蹲时体重计读数会变化、游乐场中的超重和失重现象、矿泉水瓶喷水的课后探究，体现"从生活走向物理，从物理走向社会"的教学思想。这样的设计一方面可以拓展课堂时空，不仅学习了一堂课的内容，还打开了学生的视野，把过去、现在、将来的有关知识结合在一起，供学生采摘；另一方面把活生生的世界提供给学生理解和体验，提高学生对生活的深刻理解和深入感悟。

授课班级学生学习能力较好，有较强的好奇心，学习积极性、主动性、活动参与意识强，但实践操作能力、理论分析综合能力不强。接手这一班物理教学接近一学期，对大部分学生的心理、性格特征基本了解，学生也了解老师的性格，师生关系和谐融洽，师生课堂交流互动没有情感障碍。由于熟悉授课教师教学风格，能在教师引导下积极思考、交流，整节课从设计到实施，亲切的风格贯穿始终。课堂上的肯定与赞扬，使学生在轻松愉快中掌握知识；课堂上的讨论与交流让更多的孩子有展示自我的机会，使每个学生的能力和素质都有机会得到提高，这也是注重过程、注重体验、注重创新的表现。

本节课教学环节设置较多，导致学生自主思考时间和交流讨论时间较为仓促，不利于学生科学思维方法的形成。需要精简部分教学环节，科学设置停顿与留白，使思考交流更充分。而问题的设置，考虑到大多数学生的情况，难度不大，这对能力强的学生挑战性不高，影响研究积极性，应该设置多层次的问题，尽量兼顾各层次学生。有些问题的设置由于对学生情况分析有误，认为学生已经掌握的内容，实际学生认识有模糊，影响了教学进程。如对体重计压力大小一定等于人受支持力大小这一知识，部分学生还不确定，这是对牛顿第三定律掌握还有欠缺的体现。这些情况说明在前面的教学中没有使学生掌握相应的物理思考方法，教学策略还要再优化，才有利于学生物理核心素养的培养。

▶▶▶ 我的教学主张 ▶

创设空间，让学生更多地经历过程、体验成功

一、科学留白，创设自主学习的空间

物理教学要平实，不花哨，需要在课堂中科学留白、合理停顿，给学生思考和实践的时间和空间，让学生通过不断的想象与创新形成自己的物理思维方式和独立解决物理问题的能力。在时间空间上留白，在预设和即时教学中留白，在作业和评价中留白，在课内更可以在课外留白。不论是哪种方法，都是根据学生身心特点，从实效出发，激发学生的求知欲望，培养学生的自学能力，以学生的发展为目的，让"空白"充实课堂，让"留白"促进学生的终身发展。

二、以丰富的学科资源为学生创设提升物理学科核心素养的空间

教学素材的收集整理对教学也有很大的促进作用。我一直致力于教学素材的收集整理，丰富的教学资源为融入STSE提供条件，创设更好的发展空间。物理实验是学生体验过程、激发学生学习兴趣的重要手段，我带领科组老师进行小实验的开发，学校积累了不少STSE素材开发的物理实验资源，对物理教学起了很大的促进作用。论文《通过"STS"教育开发物理教学资源》就是这一积累过程的体会，该论文获广东教育学会2009年度学术讨论会二等奖。

教学案例也是重要的教学资源，对好的案例的整理和点评，是提升教学效果的

有效途径，这将是我在后段进行课题研究的主要方向。2011年我主持开展"高中物理规律教学方法与案例研究"省级教学课题研究，目前课题进入最后结题研究阶段。在课题研究过程中，老师的理论水平提高了，同时教学资源也丰富了，课题组收集的案例有效指导了江门高中物理规律课的教学。作为课题的研究成果，24万字的论著《高中物理规律教学方法策略与案例研究》于2016年3月出版。目前我正主持开展"高中物理STSE教育的方法策略与案例研究"的省级课题研究，对STSE元素在物理教学中的融入进行更深入、广泛的研究，同时收集更多案例资源，促使今后教学有更大的进步。

三、用多元化的评价手段，创设亲切愉悦的空间

以亲切的风格用各种方式实现情感目标，大力开展"愉快教学"，注重师生亲切的双向交流活动。教学的心得体会形成了论文《注意研究学生心理，提高物理教学质量》，该文发表于《江门教育》2005年第2期。同时以多种方式评价学生，让学生在不同的方面体验成功。根据教学内容和学情不同，采用亲切的评价方式让学生体验成功，使教学达到最佳效果。

四、因材施教，为不同层次的学生创设发展的空间

从教20年，经历了多个高一到高三的循环，其间专责高中物理竞赛辅导小组10年。学生群体在不断变化中，从物理成绩最优秀的竞赛辅导小组群体，到只准备参加学业水平考试的文科普通班学生，我都去尝试让物理教学提升学生的自然科学素养。

针对不同学生群体知识水平和心理状况的差异，采取科学的策略和方法进行教学，确保学生有发展的空间。高一阶段以STSE素材设计各种小实验让学生多参与、多体验，教学内容中融入STSE元素，让学生感觉物理的亲切，降低初、高中物理学习的台阶。为实现这一点，我主持开展相关的课题研究，研究成果对初中和高一物理教学接合产生积极影响，减轻高一学生对物理科的恐惧感；高二阶段以物理学史等STSE素材让学生了解、体会物理学的研究方法，同时多鼓励和引导学生用所学的知识解决实际问题，从中体验成功，稳固学习兴趣；高三阶段尝试以思维导图的方式引导学生将中学物理知识形成体系，给学生自主的学习空间，精讲精练，不搞题海战术。在阳春一中教授"动量守恒定律复习课"时，我以思维导图的方式让学生将知识整理，并以融入STSE元素的典型练习引导学生用本章的思想方法解决实际问题，受到听课老师的好评。

在布置作业的环节，根据学生不同的发展水平，布置必做题和选做题，让不同的学生在物理课后有不同的收获和不同的发展。适当布置包含STSE素材的课后研究作业，如学习"电动势"时要求完成"电池质量的调查报告"，学习"天体运动"时撰写"天文与航天"小论文，这些作业贴近生活，学生感觉非常亲切，作

业完成积极性高。在学习"动量定理"时布置课外研究项目：设计方案将鸡蛋从 2 米高的地方释放而不破裂。学生对此热情很高，拿出了各种方案，有的在地面放软网、海绵，有的将鸡蛋用布包起来，有的用小降落伞将鸡蛋吊着释放……不管学生的方案成功与否，经历的过程就是最大的收获——实验探究能力得到提升。科学的作业能留给学生更多的空间，让学生有余力和有兴趣地去探索发现更深层次的物理思想和方法。

他人眼中的我

一开始，当我知道是主任您接替我们班物理教学时，我以为您是个严肃、庄严的老师，但事实恰恰相反，您的和蔼、和气以及迷人的微笑让课堂变得轻松自在，让我们在其乐融融的环境下掌握知识。在课堂上，您总是给予我们充裕的时间让我们思考，让我们多动脑，您让我们手不离笔，锻炼我们的专注力；您总教我们从多方面学习解题，学会变通。您让我们学会了很多。

[2013 级（1）班学生　蔡锡豪]

不知不觉间，三年就这样过去了，您是一位出色的老师、称职的主任，更是一位交心的朋友。因为种种因素，我喜欢物理这门学科（当然也有您的因素），时常遨游物理世界。不理解的题目不是一般的多，我性子急，有点好问，而您又总是不厌其烦地解答我的疑问，多么好的老师！

[2013 级（1）班学生　张淑芬]

吴洪文老师是一位优秀的高中物理教师，广东省物理特级教师，曾作为江门市物理新课程培训的主讲教师，得到同行的一致好评。他是一位科研型的教师，建有台山市名师工作室，指导与培养台山市青年教师积极从事课题研究，有多个市级与省级课题。

吴洪文老师物理专业素养好，教学基本功扎实，是地、市两级骨干教师，被聘为市级学科带头人。他不断研究物理教学规律，形成自己独特的教学风格，在台山市发挥着引领作用；他在教学中善于运用 STSE 素材激发学生的学习兴趣，创设空间发展学生潜力。他教学成绩突出，培养出江门高考物理状元，由于教学理念先进，成绩突出，被派往港澳台地区进行学术交流与讲学。

（台山教育学会物理委员会主任、台山一中原物理科组长　吴良才）

吴老师是一位非常优秀、敬业的教育工作者，是同行的良师益友。朴素、实在、谦虚，平时乐于探究、改革和优化教学方法。教学中，他注意渗透 STSE 教育思想，注意学生能力的提高，注重核心素养的培育。他的爱岗敬业为同行们做出了表率。

（台山市教研室副主任、物理教研员　黄振克）

　　吴老师是广东省特级教师。作为一位优秀的物理老师，他富有亲和力、专业扎实、教学教研能力强。

　　吴老师善于将先进的教育理论落实到教学实践中，善于整合 STSE 资源激发学生的学习兴趣，充分运用各种教学手段挖掘学生的潜力；能努力研究物理教学规律，注重因材施教，及时提炼教学实践成果，在本地有很好的示范引领力，形成了自己独特的教学风格。

（广东省"百千万人才培养工程"名教师培养对象、东源县教研室物理教研员　向敏龙）

　　吴老师热爱教育事业，有超高的教育教学水平，是位感性与理性结合得很好的老师。敬业上进，博学勤奋，具有扎实的专业知识，有自己的教学特色和个性魅力，善于反思，创新意识强。

（中学物理正高级教师、东莞松山湖学校物理科组长　夏良英）

和谐共鸣

● 江门鹤山市第一中学 吴怀军（高中物理）

● 个人简介

吴怀军，男，广东省特级教师，任教于江门鹤山市第一中学。被评为"广东省'百千万人才培养工程'第三批省教育专家培养对象""广东省名教师""江门市十大杰出教师""鹤山市首批市管专家与拔尖人才"。

他长期战斗在教育教学第一线，作为省级课题主持人，60多篇教育教学论文发表在省级以上刊物。作为鹤山一中副校长，主管学校教学科研工作，制定了学校各项评价体系及教科研制度，致力于教师培养，所有以学校名义立项的课题，他既是组织者，也是实践者，在教育、教学、教研方面起模范带头作用。

他始终以一种积极向上的态度对待学生，注重情感投入，关心热爱学生，深受学生喜爱。任教的2012届高三毕业班，高考物理成绩均高居江门首位。他所带的年级中有7人考上清华大学、北京大学，1人考上香港大学，1人考上香港科技大学；本科入围率、重点入围率全部居江门第一；指导学生参加奥林匹克物理竞赛及科技创新大赛，共有29人获广东省级奖励。

▶ 我的教学风格 ▶

和谐，是指在事态发展中的一种相对均衡、统一、协调、事物内部各要素之间配合得当的一种状态。在教学过程中，教学各要素之间配合得当，会达到一种和谐的状态，也就是师生、生生及生与文本等诸要素之间的配合恰到好处。如师生间的配合默契，在学生整体感知教材、理解教材的过程中，教师能帮助学生尽快找到解决这一类问题的方法和规律，做到举一反三；小组合作交流、班内展示过程中同学之间的交流，如提问、质疑、反驳等丝丝入扣。教学和谐不是照本宣科，是通过引导学生对教学问题的分析与综合，抽丝剥茧，浑然天成。

共鸣，思想或感情上相互感染产生的情绪，这里指师生、生生及生与文本之间因交流所产生的思考或新的东西，如师生间的思维碰撞，同学之间互相的启发，教师点拨所引起的思维震撼。共鸣也可以说是心有灵犀，俗话说心有灵犀一点通，教师清楚知道学生问题之所在，一经点拨，学生不但明白，而且可以触类旁通,举一反三。

和谐共鸣是指教师在教学过程中能准确把握各种教学要素和环境的变化规律,及时调整各种要素的搭配关系,使教学过程始终处于一种动态的和谐共鸣状态,从而培养学生的创新精神、实践能力和自学能力,使学生的基本素质和个性品质得到全面、和谐、充分的发展,达到提高教学质量的目的。

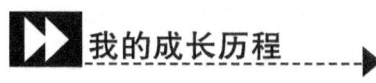
我的成长历程

我的三次超越

一、知耻使我站稳了讲台

1986年毕业后,我被分配到冷水江市一中工作,由于自己对教师工作认识不足,整天游手好闲,不务正业,最终的结果是,第二学期开学第一天,校长通知我不要参加学校会议了,直接去冷水江五中报到。当时,去乡下的五中是一件让我感到羞耻的事情,它让我猛然醒悟,第一反应是,五中不能去,必须留下来,我软磨硬泡,找科组长说好话,找校长求情,学校最终同意我留下来任教,但要看我的表现。从这时开始,我才思考如何做一个好老师,也就是从这天开始,我有了许多的第一次。

第一次得到表扬。有了前面的经验,我不再贪玩,认真备课,认真批改作业。为了上好课,我积极主动听老教师的课,回来再写教案,把要讲的每一句话都写在教案上,包括如何过渡,如何提问;然后是背教案,直到熟练为止;上完课后回顾上课的过程,看是否讲漏、讲错,没有讲到的地方,做好记号,下节上课时补救,讲错的地方,找时间更正。总之,我的全部心思都花在如何上好课、不出错上面。一个学期下来,我写了满满两大本教案。学期期末总结,教导处主任表扬我:"吴怀军老师是写教案最认真与写得最多的老师。"这是我第一次得到表扬。

第一次被领导听课。第二学期的某一天,我记得是上午第3节,上高一(5)班的课,可能是我把全部精力放在要讲的内容上,也可能是我太投入,当我讲到20分钟左右时才发现苏校长坐在课室中间某个座位上听课,这时,尽管我非常紧张,但我还是按预定的计划讲完了课,没想到课后校长表扬了我,说我讲课条理清楚,与学生配合好,有大将风度,希望我今后继续努力。

第一次得到恩师的赞许。1988年12月,新化一中部分物理教师莅临冷水江一中听课交流,我的恩师张金星老师带队,我仍记得当时我讲的内容是"原子物理"复习课,听完课后的交流会上,我的恩师点评:"对教材是那么熟练,对学生是那么了解,就算是一位经验丰富的教师,这样的复习也相当不错,对一位毕业不到三年的老师,那是非常难能可贵的。"

第一篇论文。我认为,当时冷水江市一中的教学环境非常好,有利于年轻老师成长。在冷水江一中,有一种其他学校没有的文化现象,就是每天晚餐后,一批老师站在学校的校道或操场上聊天,聊的话题是有关教育教学的,谁因为什么评上了特级教师,谁的论文在什么刊物上发表……这些东西对我的影响很大,也就是从那时开始,我尝试把教学中的心得体会写成文章投稿,第一篇文章《对转棒切割磁感线等效速度的理解》发表在《物理教师》1992年第6期上。

第一次参加培训。1991年,学校推荐我与同校另外一位老师参加了在中南大学举办的"物理奥林匹克教练员"培训班,在培训班中我懂得了什么是奥林匹克,认识了许多优秀的教师与同学,自己的专业水平特别是实验能力得到了很大的提升。来到广东后,送学生参加竞赛时发现,部分地方的指导教师就是当时培训班我的同学。

第一次成为地区奥林匹克辅导教师。1992年,我带的学生参加湖南省奥林匹克物理竞赛,取得了地区第一、第三的好成绩,5个同学获奖,成绩是当时娄底地区最好的。因此,我不但得到了学校的认可,也得到了地区教研员的认可,当地区教研点点名要我去给来自全地区参加奥林匹克物理竞赛的同学们上课时,校长很惊讶,其他老教师不请,为什么要请一个刚毕业不久的老师去。我也第一次被评为"先进",1992年经娄底地区批准评为立大功人员,工资从90元提升到98元。经历了这么多的第一次,我终于站稳了讲台。

二、做题与写作让我逐渐走向成熟

1993年1月,我调入鹤山一中工作。新的起点,新的环境,我遇到了前所未有的困难,听不懂广东话,自己的普通话也不标准。上完一个星期的课后,从作业和与同学们的交流中我发现,学生对我讲的问题,有大部分没有听懂,怎么办?此时,我又一次站在了人生的十字路口,退缩不是办法,唯有奋发向上,才可能不断前进。这段时间,我做了几件后来对我影响很大的事情。

一是订阅杂志。当时,我的工资并不高,初到广东,生活也比较困难,但我还是订了《物理教学》《物理教师》《中学物理教学参考》《中学物理》《物理教学探讨》等杂志,读杂志上的文章成了我当时的一项特别爱好,有些文章都记入了心中,以至于当时有一稿多投或是抄袭别人的文章,我都能发现。

二是做题。我每天都坚持做高考题,全国物理竞赛预赛、决赛试题及部分国际奥林匹克竞赛题,写下了厚厚的几本做题笔记。当时,不论是老师还是学生,有难题都找我,许多时候,我一眼就能看出答案,也正因为如此,许多同学开始崇拜我,上我的课也专心了许多,我做题的能力弥补了我语言方面的不足。

三是写作。从1995年开始,我在高三习题课教学中进行了教改探索,建立了"一题多解、一题多变、多题归一"的教学模式,同时,把做题的心得与课堂上好的教学方法记下来并投稿,1995年至1998年短短的三年,我写了近200篇关于解题技巧方面的文章,近40篇发表在《物理教学》等省级以上刊物,其中《改革物理教学,提高学生能力》发表在《广东教育》1998年第5期上。

四是上比赛课。从 1993 年到 2000 年，我基本上承担了我校物理科组在学校及市的比赛任务。1995 年我开始学电脑，学打字，学动画制作，我非常积极，并及时把所学用到教学之中，我记得是 1995 年下半年，我用电脑模拟"带电粒子在磁场中的运动"参加市比赛课获得一致好评。同时，我把比赛课中的得与失记录下来写成论文，其中《关于"单摆周期公式"的教学设计》发表在《物理教学》1999 年第 6 期上。

五是参加市、省的经验交流会并做专题讲座。我仍记得 1994 年第一次参加江门市物理科高考经验交流会的情景，当时我来鹤山不到两年，对广东的一切都很陌生，当站在讲台上面对 100 多位同行，我的心里非常紧张，讲了不到 5 分钟就讲完了，但同行的掌声与老师们的鼓励，激励我不断努力，也使我不断走向成熟。2004 年，我终于走向省教研室组织的讲坛，在广东省高中物理教学研讨会上做经验介绍。

通过几年时间的不断努力，我的教学水平与能力不断提高，逐步走向成熟。教学成绩从刚开始的比平行班低几分到稳居学校第一，江门第一。因为写论文能力强，我在鹤山乃至江门的名气越来越大，名誉也接踵而至，从鹤山优秀教师到江门优秀教师，再到江门优秀中青年专家与拔尖人才，广东省名教师。学生对我的评价也很高，1997 届高三（4）班全体同学给我的毕业留言是："理论水平最高，教学方法最好，工作责任心最强，人生识得最深，对我们影响最大。"

三、学习与研究让我敢于去突破

1. 教学理念得到了更新

1986 年从湖南师范大学毕业后，我就立志做一名好老师。开始，我的教学理念很简单，就是"教好书""育好人"，坚持落实"教学五环节"，传授知识时坚持做到讲解通俗易懂，让复杂问题简单化，但无论怎样努力，总有学生掉队，很简单的问题有时也难以掌握，离开了老师的教，学生就不会学习。

为什么？我一直在思考，一直在探索。当代教育家魏书生，当了局长不经常授课，学生也学得好的事迹，对我有些启发，但思路并不清晰。参加省"百千万人才培养工程"高级研修班的学习让我对教学有了更深刻的理解，特别是省教科所郭思乐教授的"生本教学观"给予我更深刻的启迪，教学必须由全面依靠教师的教向全面依靠学生的学转变，教师要教的不单纯是知识，更关键的是教会学生学会学习，教会学生学会思考，也就是"教好学"。尽管"教好书"与"教好学"仅一字之差，但教学模式却完全不同，教学思路也截然相反。

2. 养成了阅读与思考的习惯

参加省"百千万人才培养工程"培训前，我很少阅读教育教学理论方面的书籍，因此，知识结构不系统、不完整。参加省"百千万人才培养工程"高级研修班的学习，我坚持做到不迟到、不早退、不缺课，专心致志地阅读与学习教育教学理论知识。

从那时开始,我坚持每天阅读一小时以上并及时做好详细的读书笔记。结合自己的教学实际,我系统阅读了苏霍姆林斯基的《给教师的建议》、巴班斯基的《教学教育过程最优化》、郅庭瑾的《为思维而教》、郭思乐教授的《生本理论》等理论书籍,每天还坚持阅读《中国教育报》《人民教育》《师道》《教师博览》等报刊,积累了几本沉甸甸的读书笔记。系统的阅读与思考,给了我很多有益的帮助和启示,同时也开阔了我的教育教学视野。

3. 让教学研究成为一种常态

让教学反思成为常态。无论多么好的教学设想,它也会受教师自身、学生素质、学习环境等因素的影响,在实际的课堂教学中未必能完美实现。因此,每节课上完后,我都会对自己的教学进行回顾,把教学中成功与失败的例子与教育教学理论等结合起来反思,由于对有效教学有一种期望,对"教好学"有一种期待,因此,我每节课后都有一种动力,去记录教学中精彩的片断、遗憾的瞬间。

让听课成为常态。不论工作多么繁重,我都坚持听课,选择听不同科目的课,取长补短,共同探讨。平均每学期听课60节以上,听课中,我在关注教师课堂教学的同时,更把目光投放到了学生的学习之中,观察学生的表现与学习情况。课后坚持与授课老师沟通,在交流中总结,在总结中积累经验,并且及时通过教学论坛、备课组活动等形式组织教师进行交流与研究,内容涉及"如何让课堂教学更有效""教师的教如何有利于学生的学"等。

让课题研究成为常态。近几年,我先后主持或参加过的课题有5项(含省级课题2项,市级课题3项)。课题研究领域宽广、层次较高、成效明显。

通过不断的学习与追求,我慢慢明白了:教学不单纯是老师的教,教学是老师的"教"与学生的"学"的和谐共鸣,老师给学生传授知识的同时,也要教会学生学习,也就是"教好学"。

教学生学,讲起来很容易,做起来却不简单,学生怎么学习的,学到了什么程度,看不见、摸不着。一开始,自己精心设计的教案往往不能顺利地实施,学生课堂阅读与思考的时间多了,我预设的任务完不成;时间少了,学生思考不深入,讨论交流流于形式,研究问题不深刻,最后还是老师讲。同时,学生的成绩还上不去,不改革,我所教班的平均分总是全校第一,但改革初期,许多时候变成最后一名,当时压力真的很大,一些老师讲的话也不好听:"他还抓教学,自己教的成绩都不好。"

转机是一次习题课,我先从整体上引导学生认识碰撞的过程及特点,然后布置一道习题让学生练习,最后是老师的点评。这样教学,时间给了学生,但我点评完之后,仍然有同学站起来说,老师,这个问题我还没听懂。我把刚刚讲的东西又重复了一遍,他说还是不懂。怎么办?

为了解决这个问题，我决定放弃部分内容，把时间还给学生，要求他们提出问题，哪里听不明白，你是怎样思考的，这样，学生存在的问题充分暴露在我面前，最后，我有针对性地指导学生如何去做，问题顺利得到解决。

从研究中我慢慢明白，许多时候，老师备课一般站在自己的角度设计问题，往往未考虑到学生的问题与他们的想法，因此不能顺利实施；学生听不懂，许多时候不是老师的讲解问题，也不一定是学生不认真，原因是多方面的，如学生的基础与接受能力、学生的认知与老师的讲解产生冲突、学生所学知识产生混淆等；要教会学生学习，课堂上不但要舍得留时间给学生，让他们去体验、去尝试，同时也要了解自己的学生，找出他们存在的问题或困惑，然后针对他们的困惑去点拨，这样的过程才是教会学生学习的过程。

 我的教学实录

《功》教学实录与教学反思

【问题导学】

（1）认真观察教材（人教版《高中物理必修2》）第57页甲、乙、丙三幅图所表示的物理过程，三种情况下，它们的受力与发生的位移有什么共同点，在此基础上，理解什么叫功？功的两个不可缺少的因素是什么？功与能有什么样的关系？

（2）初中已经学习了功的计算公式 $W = Fl$，如图1，当力的方向与运动方向成某一夹角时，力对物体所做的功如何计算？

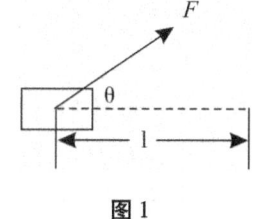

图1

（3）完成第59页问题与练习1，你有什么发现吗？

（4）在具体情况下怎样计算功的大小，运用功的公式进行计算时，要注意什么问题？

【教学实录】

一、学生小组讨论，教师巡回检查指导

师：我们开始学习《功》这一节，本节课的目标有两个，一是理解什么叫功，也就是功的概念；二是一般情况下如何计算功的大小，计算过程中我们要注意哪些问题。上节课我们已布置了相关的课前预习作业，本节课，我希望前5分钟大家就预习问题认真研讨，研讨后再全班进行讨论与交流。

二、班内展示交流，教师提问与点拨

师：教材第57页图甲、乙、丙三种情况中，物体受的力与发生的位移有什么共同点？

生1：物体在拉力 F 的作用下，在力的方向上发生了一段位移 l，如图2。

师：同时还有什么情况发生？

生1：物体升高了，物体的重力势能增加了。

师：第二种情况。

生1：列车在牵引力作用下，发生一段位移，并且物体的动能增加了，如图3。

师：总结上面两种情况，有什么共同点。

生1：物体在力的作用下，能量发生变化。

师：物体在力的作用下，能量一定会发生变化吗？

师：如图4，物体在力 F 与重力作用下，沿水平方向匀速运动，物体的能量是否发生变化？

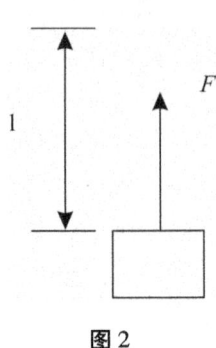

图2

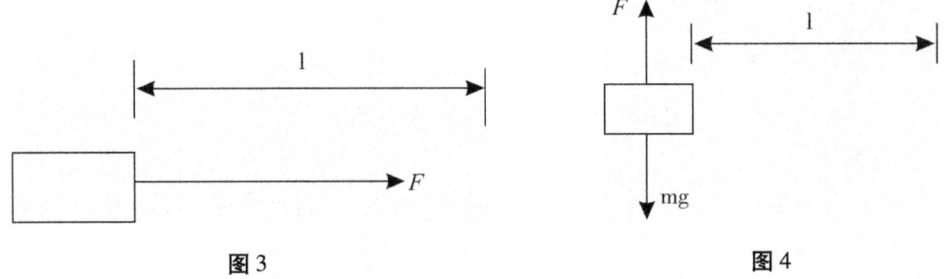

图3　　　　　　　　图4

师：通过上例引导学生明确，仅有力的作用，物体的能量不一定发生变化。

师：再次回到前面的问题，还有什么共同点？

生：物体能量发生变化情况时，有力作用在物体上，且合力不为零。

师：在图2情况下加上重力，且匀速向上，合力为零吗？

生2：图2、3两种情况下，物体在力的作用下并在力的方向上发生了位移。图4这种情况下物体没有发生位移。

师：图4情况下，物体没有发生位移吗？

生2：物体在力的方向上没有发生位移。

师：物体在力的作用下，在力的方向发生了位移，这样物体的能量会发生变化，我们说，这样的情况下，力对物体做了功。如果物体在力的作用下，在力的方向上未发生位移，力对物体没有做功。

师：请同学们把教材中相关内容用笔画出来。

如：物体在力的作用下能量发生变化，这个力一定对物体做了功。功的概念：一个物体受到力的作用，并在力的方向上发生了一段位移，这个力对物体做了功。力和物体在力的方向上发生的位移，是做功两个不可缺少的因素。

师：同学们在预习案中写出，一个物体在力的作用下，发生了一段位移，物体能量发生变化，则力对物体做了功，对吗？

全体学生：不对，应为物体受到力的作用，且在力的方向上发生位移。

师：在初中我们学习了功的计算，图3中力对物体做的功为 $W=Fl$，图1中力 F 对物体做的功如何计算？

生：如图5，将 F 分解为 F_1 与 F_2，则有：$W=F_2 l=F\cos\theta$。

师：同学们还有什么问题吗？

生：为什么不考虑 F_1？

生2：因为物体在 F_1 方向上没有发生位移，所以 F_1 对物体没有做功。

师：得出功的计算公式后，同学们能否用文字表达出来？也就是把公式变成文字翻译出来。

生：表达不清楚，对 l 的意义理解不清楚。

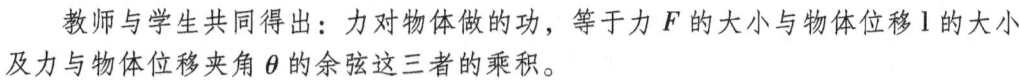

图5

教师与学生共同得出：力对物体做的功，等于力 F 的大小与物体位移 l 的大小及力与物体位移夹角 θ 的余弦这三者的乘积。

师：强调 θ 指力与位移方向之间的夹角。

师：教材第59页问题与练习1中，三种情况下力对物体做功是如何计算的？

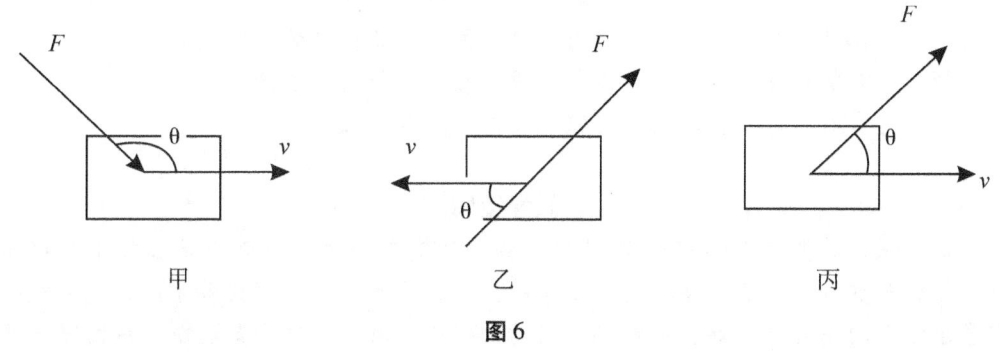

图6

生3：$W_甲=F x\cos(180-\theta)=17.32J$

$W_乙=F x\cos(180-\theta)=-17.32J$

$W_丙=F x\cos\theta=17.32J$

师：有同学这样计算，$W_乙=F x\cos(-\theta)$，$W_乙=-F x\cos\theta$，对吗？

生：不对，因 θ 是力与位移方向的夹角，为 $(180-\theta)$。

师：对计算结果进行分析，你们发现什么问题？

生4：力对物体可以做正功、负功与不做功。

师：力对物体做正功、负功与不做功，你能得出什么样的规律？

生4：物体所受力与位移方向的夹角是锐角时，力对物体做正功；物体所受力与位移方向的夹角是钝角时，力对物体做负功；所受力与位移方向的夹角等于90度时，力对物体不做功。

师：我认为第三种情况讲得最好，cos90°=0，所以力对物体不做功。能否对第一、二两种情况做说明？

生4：第一种情况，θ是锐角时，cosθ是一个正数，力对物体做正功。

师：能否把θ的范围表示出来？

生4：在老师的引导下，逐步完善，得出如下结论：

$0 \leq \theta < 90°$ 做正功

$90° < \theta \leq 180°$ 做负功

$\theta = 90°$ 不做功

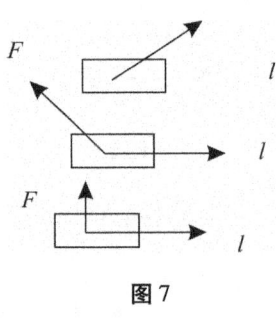

图7

师：力可以对物体做正功，可以对物体做负功，用1分钟讨论，正功与负功方向是否相反？

生：不是，因为功是标量，只有大小，没有方向。

师：功是一个标量，只有大小，没有方向。现就正负号的含义简单与大家说一下，如图1，物体在光滑水平面上在力F作用下沿水平面运动，如果力对物体做正功，物体动能增加；如图6乙，物体在光滑水平面上在力F作用下运动，力对物体做负功，物体动能减少。以上说明力对物体做功与物体能量变化相联系。

师：力对物体做负功，也可以怎么说？教材上是怎么讲的？

生：某力对物体做负功，也可以说物体克服某力做功。

教学反思

本节课，是把"教"转化为"学"的一次有益尝试，尽管教学过程不是很顺利，但正是这种不顺利，学生的问题暴露出来，教师的教没有代替学生的学，教师在学生学习的基础上引导，促进学生对功的概念及其计算的深刻理解，从而充分调动教学中的各种要素，使之达到一种和谐共鸣的状态。

如功的概念的教学，教师并不是直接告诉学生结果，还是通过对教材中三幅插图的分析，找出三幅插图的共同点，在此基础上再总结出功的概念。这样，从事物发展的一般过程出发，通过观察、总结与提炼形成概念，自然和谐，便于学生理解与掌握。

再如力对物体做正功、负功与不做功的情形，教师通过例题的计算，引导学生去发现力对物体做功，可以是正功、负功，而不是直接告诉学生结果。

再如力对物体做正功、负功与不做功规律的总结，学生在教师的引导下，逐步完善，从学生画示意图说明什么条件下力对物体做正功、负功与不做功，到角在什么范围时，力对物体做正功、负功与不做功，教师在其中的作用仅是指导与点拨，充分尊重学生，从而最大限度地调动学生学习的积极性。

当然，本节课也有其不足的地方，一是学生的学习并不充分，因而课堂上的表现还不够自信；二是老师的语言略显哕嗦，有些地方仍可以更加简明；三是在学生遇到困难时，许多时刻仍然由老师代替了学生回答，如最后总结阶段，由于时间问题，老师直接说出了结果，实际上，在时间不足时，我们可以布置课外作业让学生自己去完成；四是在内容展示与交流的过程中，难以面向全体学生，仅关注在黑板上展示的同学，班内其他同学未能发表不同意见。

从这节课也发现，"教"转化为"学"，教师准确把握各种教学要素和环境的变化规律，及时调整各种要素的搭配关系，使教学过程始终处于一种动态的和谐共鸣状态并不是一件容易的事情，但我不会满足于现状，要不怕失败，敢于去尝试并不断突破自己，我相信，只要坚持，我们的教学改革一定会取得突破。

▶▶▶ 我的教学主张 ▶

"教"必须转化为"学"

课堂教学的关系中，最根本的应该是教与学、师与生等的关系，因此，许多时刻，我们的教学改革都纠结于一个问题，是先教后学，还是先学后教，是多教少学，还是少教多学，却忽略了一个最本质的问题，我们的教究竟是为了什么？是教师教得精彩，还是学生学有兴趣，学有所得？是单纯传授知识，还是着眼于学生的发展？如果是前者，"教"就是教师为学生做某事，如讲解、释疑等；如果是后者，"教"就是帮助学生缩小已有知识与未掌握知识之间的差距，帮助学生成为独立自主的学习者。要帮助学生成长为独立自主的学习者，能运用已有经验与知识去学习新的知识，就必须让学生参与到老师的教学中来，这就只有一个途径，那就是"教"必须转化为"学"。

1. 让"导案"成为学生学习的"指路人"

导，即开导、引导、启迪之意，是启发式教学的精髓。教学的意义不在于"教"，关键在于"导"。平时的教学中，我们经常教育学生学习要预习，但实际上，经调查发现许多同学坚持一段时间一般就不坚持了。原因是什么呢？原来，他们的预习方法就是看书，把书看完就够了，预习的过程中不会发现问题，也发现不了问题，看上去感觉什么都懂，但遇到实际问题时又用不上，从而造成学习上的掉队。为解决这个问题，最好的办法就是在老师的个别指导下让学生学会学习，但老师要面对这么多学生，精力有限，因此，我们想到用"导案"引导学生的学习，如可以在"导案"中告诉学生要做什么，要达到什么目标，怎么去做，如何进行自我检测与评价等。这样，"导案"就发挥了老师的个别指导作用。

"导案"是教师以学生的认知水平、知识经验为依据，为指导学生进行主动的知识建构而编制的学习方案。如果说"教案"发挥导"教"功能，着眼于教师"讲什么""如何讲""讲得怎么样"，侧重于学生"学会"；"导案"则是发挥导"学"功能，着眼于学生"学什么""如何学""学得怎么样"，侧重于学生"会学"。与传统"学案"相比,"导案"更加注重对学生学习过程的指导,注重问题的解决而不是简单理解课本的知识内容。

　　为了让"导案"真正发挥教师的指导作用,让学生真正会学,编写"导案"时,首先要把握知识的重难点,把学习目标确定好。其次要告诉学生"学什么""怎么学",这样,学生的学习才会有方向。最后,我们还要告诉学生如何进行自我评价,以检测学习效果,从而发现自己不会的问题。

　　"导案"的编写要求能够最大限度地调动学生的学习积极性,充分体现"学为主体、教为主导"的思想,把学习的主动权真正还给学生。学生"如何学"的问题,导案中的"学习过程"将引领学生进入学习的"轨道",而学习过程中所提出的问题将会引发他们的思考,从而有了自己对知识的理解,体现了学生的主体地位。而学生"学得怎么样",则要求学生通过课前练习进行自我检测。

　　因此,"导案"实质上是教师用以帮助学生掌握教材内容、沟通学与教的桥梁,也是培养学生自主学习和建构知识能力的一种重要媒介,具有"导读、导思、导做"的作用。"导案"一方面可以帮助学生将新学的知识与已有的知识经验形成联结,为新知识的学习提供适当的附着点,另一方面也要帮助学生对新学的知识进行多方面的加工,以利于学生形成更为牢固的知识体系,另外还要指导学生掌握学习新知识的方式方法。

　　学生在这个过程中可以逐渐养成良好的学习与阅读习惯,从而培养他们的自主学习能力。

2. 让同伴与教师成为学生学习的"帮助者"

　　学习实际上是学生自己的事,任何一件事情,缺乏学生的主动参与,教师是无法教会学生去学习的,教会学生学习必须以学生主动参与为前提。陶行知在论"教学做合一"中讲道:"教的法子根据学的法子;学的法子根据做的法子。事怎样做,就怎样学;怎样学,就怎样教。"教师的教学只有根据学生的学习情况才可能制订切实可行的方案,也只有这样,学生的合作与教师的点拨才可以真正发挥"助学"的作用。

　　学生在"导案"指引下预习之后,一般会产生一种展示自己学习成果的冲动,一种与别人分享经验的欲望,因此,上课必须顺应这种要求,让同伴与教师成为学生学习的"帮助者",通过学生提出问题、小组讨论、班内交流(展示)以及教师点拨的方式,让学生在讨论、交流与展示中解决问题。

　　小组合作学习,同学们可以在不明白处提问,没讲全面时互相补充,有漏洞时质疑,有错时反驳及模棱两可时辩论。这样一个过程,讲台让给了学生,人人参与,同学们围绕问题进行激烈的交流辩论,对问题解决进行评价、补充与完善,人人都是老师,人人又都是学生,同学们在讨论、交流中相互学习,取长补短,这样,同伴也就成了他们学习的"帮助者",这样的帮助无处不在,又无所不能,从而有效促进同学们的学习。

在小组合作学习的基础上进行班内展示，教师在诊断学情的基础上，删繁就简，合理用力，针对本节课的关键点、难点等，在学生思而不得、言而不明、探而不深的地方开展课堂内"研学"。"研学"的重点在"研"，重点解决学生自己解决不了的问题，让学生在集体"研究"的过程中悟懂、悟透，从而深刻理解与掌握所学的内容。课堂上，教师不再面面俱到，仅是对学生的"学"进行指导，问题是学生提出的，也是学生解决的，结论也由学生总结归纳，只有当学生需要时，老师才站出来进行必要的点拨，这样，教师不再是学生学习的主体，而是学生学习的同伴、"引路人"与"帮助者"。

学生在这种积极参与与体验的过程中，感受到学习的乐趣，体验到成功，从而促进他们不断去努力与尝试，最后达到真正掌握学习的目的。

3. 让课堂检测成为学生是否学会的"评价者"

检测是课堂中不可或缺的一个重要环节，通过课堂检测，第一可以评价学生对知识的掌握与理解，让老师及时掌握学生的学习情况；第二可以深化学生对概念的掌握，加强对所学知识的理解和巩固，进而达到增加学生技能技巧，培养学生逻辑思维能力的目的；第三可以提高学生运用知识解决实际问题的能力；第四可以提高学生学习的成就感，在学习中获得成功的喜悦，激发学生的学习兴趣与学习欲望；第五可以通过学生之间的互评，提升他们的评价与判断能力。

为了能让课堂检测达到最佳效果，教师必须根据教学内容的特点，结合学生的心理特征和知识掌握程度，对知识点进行有机的整合，精心设计反馈练习。设计反馈练习时一是要注重基础性；二是要注重分层性，考虑不同学生的学习需求；三是要注重启发性，注重学生思维能力的培养。

他人眼中的我

现在，我的思维明显没高三时好，其中一个重要原因是没有您的引导，我真怀念往日，真希望能再回去听您的课，跟您争论、讨论。您能把复杂的问题变得简单，把难题变得容易，把枯燥的内容变得有趣，您的课堂是那么和谐与生动，这是您的能力，我很佩服，尤其是您的思维方式对我有很大启示、很大帮助……

[2001届高三（4）班　林汇斌]

课堂上我们读题，一步一步引导我们分析，着重教思维，他认为："学习实际上是悟。"每节课定培养学生能力，教会学生自己去思考。他对每一件事都很认真，关心学生成长，课堂上常常结合物理知识讲一些做人的道理。主动辅导学生，对同学很真诚，对物理知识有深入研究并能及时与学生交流，从未见吴校长骂过一个学生。

[2011届高三（12）班　关颖研]

我们会犯很多的错误，然而您却不像一些老师那样严厉地批评我们，而是选择包容，通过言传身教来影响我们。您会尊重我们的想法，尊重我们的某些决定，会让我们自由发挥而不是禁锢我们的思想与磨灭我们的天性。因为您的尊重，让我们更加尊重、爱戴您。您的教学方式、您课堂的开放性是我们从未想象过的，而结果也证明了您的成功，我们的成绩排名由倒数成了除"南山班"外的第一名。

[2017届高二（13）班　李俊毅]

一开始听您的课，内心是崩溃的，因为啥都听不懂啊，口音和讲课方式都不适应。但是后期跟上进度时，开始有一种感叹，"哇，还可以这样！""可怕！""我从小到大都没遇到过像您这样讲课的老师！""太厉害了！"词汇贫乏的我只能用这样的方式来表达内心的感受。

[2017届高二（13）班　关海茵]

我被分配到鹤山一中两年，很荣幸能有这样一位好校长、好领导。他非常敬业和乐业，早操很早到，经常巡视课室，认真批改作业，他德高望重，他的话学生非常喜欢听，有的学生几乎把他的话当作座右铭。他坚信没有学不好的学生，学生一定行。对待一切困难与难题都持平常心，他相信，办法总比困难多。目前，他正在我班与学生一起做"主动学习"的课题研究，很有成效。

（鹤山一中原教师　李小芳）

本人毕业被分配到鹤山一中后经常跟吴校长合作，觉得自己受益良多。印象最深刻的是他的工作责任心，学生有不懂的地方他会忐忑不安，想办法帮助学生解决问题。在教研方面，他亲力亲为，对青年教师的指导非常到位，对我们做得不足的地方会不断提醒，提出诚恳的意见。他对待学生很有办法，对尖子生与后进生办法都不一样，深受学生欢迎。

（鹤山一中教师　黄春兴）

变教为诱　变学为思

● 江门市新会陈经纶中学　杨唐靖（高中化学）

● **个人简介**

　　杨唐靖，男，1964年生，中共党员。1987年贵州师范大学化学系本科毕业，现已从事高中化学教学工作30年。2001年被评为"新会首批中学化学学科带头人"，2002年被确定为"广东省首批中学化学骨干教师"，2003年被评为"中学化学高级教师"，2009年被评为"江门市首批学科带头人"，2015年被确定为"江门市首批江门教育专家培养对象"，2017年被评为"新会区第五批优秀中青年专家和拔尖人才"。

　　2012年所负责的化学科组被评为江门市四星级教研组，是新会区化学学科，同时也是该校第一个获此殊荣的科组。2015年获得首批江门市普通教育教学成果奖励二等奖；2017年获得第二批江门市普通教育教学成果奖励一等奖。主持的江门市级科研课题"高中化学教学的诱思探究设计"荣获市一等奖。在《中学化学教学参考》《中学化学》等报纸和杂志上发表论文20多篇。

▶ **我的教学风格** ▶

　　诱思探究是通过教师精心设计教学过程，在教师的循循善诱下，全体学生积极思考，进行思维加工，在探索研究知识的过程中发展学生的思维，进而培养学生的科学素质，提高学生发现问题、分析问题、解决问题的能力。诱思探究就是要诱导思维，探索研究；就是要变教为诱，变学为思。任何一堂高质量的课都是教师的"诱"和学生的"思"在心灵深处发生碰撞产生火花的结晶。诱思探究的教学形式能很好地落实"教师为主导，学生为主体，训练为主线，思维为主攻"的素质教育思想，激发学生学习化学的兴趣和热情，活跃课堂气氛，创设一种既使学生学到知识，又可以培养学生能力和品质的教学新局面。要搞好诱思探究的教学设计，关键是要注意创设教学情景，在一些看似平淡无奇的地方挖掘出有育人价值的问题。为了让理解能力不同的学生都能参与教学活动，设计的问题必须深入浅出，结构严谨，论证充分，注重用思维的逻辑力量吸引学生的注意力，让学生不仅学到知识，更重要的是要得到思维的训练；要重视培养学生认识客观事物本质的科学方法，在追求真理的过程中，学习知识，并勇于纠正高中化学教材和教辅资料中的一些不足，培养学生追求真理和实事求是的作风。变教为诱、变学为思的教学风格是为了让我的教学课堂能成为一个学生求知探索的课堂，一个思辨明理的课堂，一个答疑解惑的课堂，一个师生情感交流的课堂，一个充满智慧的课堂。

我的成长历程

与改革同步，与时代同步，不断产生探索实践的特色代表作

一、我的教学经历

（1）1987年7月我从贵州师范大学化学系本科毕业，分配到我的家乡贵州省剑河县民族中学工作，由于我是当时我们县里恢复高考以来第一个回来从事高中教学工作的大学本科生，同时也是我们县里第一个化学本科教师，领导和同事认为我是一个了不起的人才。主管教育的副县长、教委正副主任、学校的各位领导见到我都主动伸出热情的双手欢迎我，我上课的班级的同学非常期待上我的课，很多同学翘首期盼，听同学们议论："杨老师怎么说，就怎么做；听不明白，只怪自己脑袋笨，不是杨老师讲不好。"当时我有很多的时间用在工作上，每一天都认真备课，尽力把每一节课上到最好，除了认真用好教学参考书外，我养成多阅读《中学化学》《中学化学教学参考》《化学教学》《化学教育》《中学生化学报》等报纸杂志来充实自己的习惯，让学生听我的化学课更有趣。那时给学生出一份试卷是一件非常耗时的事，有经验的老师就教我怎么用蜡纸刻试卷，为了让学生看得清楚我的试卷，我还特意练习正楷字，一笔一画里体现了老师的真情实意，所选的题目一定是自己有所体会的题目。我现在做事特别认真的品行，也许就是我在钢板上用刻笔刻蜡纸的一笔一画中逐渐形成的。我那时的很多教案都是用正楷字写的，现在都一直珍藏着。为了出试题我经常熬夜，同时也培养了我吃苦的精神。当我在杂志上看到一些好方法也乐于介绍给学生，我在课外时间开展的专题讲座，从来都是义务的，不收学生一分钱。我经常在寒暑假义务开展学习专题讲座，有很多学生走几十里山路来听我的讲课，有时还要冒着雨雪从家里带粮食来听我讲课，我得精心给他们准备一些精神食粮才行。到了1990年我所教的第一届学生毕业了，高考成绩同复读班的老教师教的效果一样，那时的复读班的学生很多是连续复读3到5年的学生，能与他们相比不容易。1990年我所教的班化学科高考平均分和及格率在我们地区16个县市均排第3名，1991年学校就把我评为县里的优秀教师。1991年12月，我和另一位教师被批准成为光荣的中国共产党党员。

1990年9月以后，我更加重视在班级管理上下功夫，学校领导对我充分信任，我们班制定了严格的管理制度，越来越深入人心，变成同学们的自觉行动。我在思考如何培养学生的领导能力，如何培养学生具有能上能下的心理素质。在班干部的培养过程中，我就是要培养学生具有能上能下的心理素质，给更多同学施展才华、

锻炼的机会。凡是学生告诉我哪位同学有哪方面的才能和资源优势,他想做哪一个职位的班干部,在对班干部的调整过程中我都能实现其愿望。

1990年9月至1993年7月,在我担任班主任的班级,积极探索德育量化考核制度,采用选举和任命相结合的方法,培养了一大批班干部,全班三分之二以上的学生担任过班干部,涌现出许多优秀班干部。我所带班级班风好,学习成绩好,文艺、体育、社会活动丰富多彩,被评为学校"标兵班"。20世纪90年代初期在贵州家乡所带的1993届学生是我班级管理工作最为出色的一届学生,班风学风优良,极大地激发了学生学习的积极性,这届学生参加1993年的全国高考,化学科获得我校前所未有的好成绩,全省化学科及格率为3.7%,我班为38%。这一届许多同学现在已经成为所在部门的领导和管理者,毕业20多年还有着浓浓的同学情、浓浓的师生情,成为善良、友爱、互助、有担当的人,这是我教学生涯中最为欣慰的一届学生。

(2) 1993年广东省江门市新会陈经纶中学第一次面向全国招聘优秀中学教师,我从1300多名应聘教师中,有幸被选中。我来到了一个语言、风俗习惯完全不同的环境,但我用共产党员的标准严格要求自己,工作上不怕困难,认真教书育人,尽心尽力把工作做到最好,踏踏实实做人,实实在在做事的作风,深受学校领导、教师、学生的好评。

1993年9月至1995年7月,在我担任班主任的班级,我积极探索德育量化考核制度,我所探索的德育量化考核制度现已经成为陈经纶中学的一项常规管理制度。2004年新课程改革后,我更加关注学生的学习态度的培养,尤其是勤奋精神的培养,涌现了大批的优秀学生干部。20多年来,我一直处于新会陈经纶中学的课程改革、高考改革、课题研究的前沿,高考、会考、竞赛成绩突出,我所教学生多次获得国家级、省市级重要奖项,成绩在江门市位居前列。

2000年9月,我担任学校化学科组长,把抓科研、促进青年教师的迅速成长作为科组的头等大事来抓。2003年2月,我所主持的"高中化学教学的诱思探究设计"课题被评审为江门市级教育科学"十五"规划课题,被江门市教育局领导称赞是根植于课堂教学的好课题,课题研究成果荣获江门市级一等奖。我满腔热情地参加青年教师的培养指导工作,促使他们迅速成长,指导一批青年教师取得了丰富成果,获得了诸多奖项。

二、我的特色和优势

我是一个爱学习、勤于思考、善于总结的人,为了不断提高教学业务水平,我积极撰写高质量的论文,并在全国核心期刊上发表,现已发表论文20多篇。

(1) 1999年9月,广东省的"3+X"高考设置综合科考试,我多次担任高三综合科科组长,在对综合科化学教学的积极实践和思考后,所撰写论文《抓应用主线,展现综合科化学教学的学科优势》发表在《化学教学》杂志2002年第9期第 29～31 页。

（2）2001 年 9 月，广东省在省一级学校开设研究性学习课程，学校决定由我兼任学校研究性学习学科组副组长，负责学校研究性学习的具体工作，并负责编辑《经中研究性学习优秀论文集》（第一辑、第二辑）两本书，在本校内发行，供本校师生参考，激励我校学生搞好今后的研究性学习课程。我结合自己所教的化学专业知识，对我校开展的研究性学习课程进行思考和总结后，所撰写论文《化学实验是中学生开展研究性学习的一块沃土》发表在《化学教学》杂志 2004 年第 3 期第 7～10 页。

（3）尤其值得一提的是，在 2004 年 9 月开始的普通高中新课程改革的试验中，我在人教版普通高中课程标准实验教科书化学教材的教学研究中，取得了可喜的成果，引起了省、市教育部门的重视。在 2005 年 8 月、2006 年 8 月举办的江门市普通高中化学新课程培训会上，我两次被江门市中小学继续教育办公室聘请主讲"普通高中新课程化学必修 1、化学必修 2 的实验教学"专题，受到培训教师的好评。2005 年 12 月，我还被"广东省高中化学骨干教师研修班"聘请为讲师团专家成员。我所写撰成的《高中化学必修新教材的实验研究》一文发表在《化学教学》杂志 2006 年第 3 期第 1～4 页，被《化学教学》杂志在网上评为该期的重点文章。另外，本文还被中国化学课程网教学资源栏目在 2006 年 12 月 28 日录为"新世纪"版（鲁科版）高中化学教材新年整理特辑 1 中的 7 篇论文之一，是广东高中化学新课程试验区唯一入选的一篇论文。本文所涉及的实验，在江门市、广东省，乃至全国都有一定的影响力，为全国化学同行的新课程实施提供了有力的帮助。

（4）指出教材的特色以及不足有利于教材改进和完善，就此目前我已发表 3 篇文章。《彩色照片——普通高中化学新课标教材的一个亮点》一文发表在《化学教育》杂志 2006 年第 7 期第 20～22 页和 35 页，这篇论文是我在教学实践中，发现新课标教材和过去所使用的各种教材最大的区别。在对高中化学必修 2 和选修 4 教材进行深入研究后，我所撰写的论文发表在《中学化学教学参考》杂志 2016 年第 7 期（上半月）第 43～45 页，此论文引起同行专家的高度重视，并在该期的教师风采栏目中对我进行了介绍。

（5）对高中化学实验的研究我已发表 5 篇文章。由这些文章所提供的高中化学教材的实验研究成果，使我获得 2015 年首批江门市普通教育教学成果奖励二等奖，是评审出来的 21 个奖励项目中唯一的 1 个化学学科奖。

（6）对物质结构的研究目前我已发表 6 篇文章。最突出的文章就是发表在《中学化学》杂志 2010 年第 9 期第 16～20 页的《介绍几种推导甲烷型或乙烷型分子分子式的方法》一文，在全国第一个提出甲烷型或乙烷型分子的概念，并介绍这类分子分子式确定的多种方法。《挖掘教材素材，使讲道理成为物质结构与性质模块教学的主旋律》一文发表在《化学教与学》杂志 2016 年第 3 期第 30～34 页，这一篇文章对高中化学选修3《物质结构与性质》这本教材的教学方式进行了有益的探索，为广大化学同行的教学提供交流和帮助。《原子核外电子排布规律解析》一文发表在《中学化学杂志》2010年第5期第11～12页，这篇文章让学生体会到原来在初中要求直接记住的这些规律，到了高中的学习还可以利用构成原理等知识进行理解，我成为第一个解读原子的核外电子排布规律的中学化学教师，开阔了学生的视野。乙烯分子中的键角为120°，乙炔分子中的键角为180°，直观形象，很容易理解，甲烷分子中的碳氢键的键角为109°28′。由于教材没有推理过程而是直接告诉数值，经过多年的思考我终于找到了证明的方法，在《中学化学》杂志2007年第6期第19～20页发表了《如何证明甲烷分子中的碳氢键的键角为109°28′》一文。受我这篇文章的启发，安徽省灵璧县夏楼中学的丁长荣老师和黑龙江省五常市职教中心学校的张东晓老师又写了《对最稳定键角109°28′的再探究》一文发表在《中学化学》杂志2008年第3期第13～14页。《对镁型和铜型两种模型的理解》发表在《中学化学》杂志2009年第11期第19～20页，这篇文章视角特别新颖，在全国中学化学教师中第一个提出从有孔和无孔的角度来理解这两种模型。由于这些文章所提供的对高中化学教材物质结构理论的研究成果，使我获得2017年第二批江门市普通教育教学成果奖励一等奖，我在中学物质结构的研究方面的成果可以在全国占有一席之地。

我的教学实录

《化学能与电能》教学实录

【引入】化学反应发生能量变化时，化学能除以热能形式表现出来外，还可以电能形式表现出来，因此，今天我们来学习第二节《化学能与电能》。

【板书】第二节 化学能与电能

【设问】能源是如何分类的？

根据能源表现出来的具体形式可以把能源分为热能、电能、声能、光能、化学能、机械能等。根据能源能否直接从自然界取得，把能源分为一次能源和二次能源，如阳光、流水、风力、柴草、煤、石油、天然气、地热、潮汐等为一次能源，电力、氢气等为二次能源。一次能源又分为可再生能源和非再生能源，如太阳能、流水、风力、生物质能等为可再生能源，煤、石油、天然气等为非再生能源。

【设问】在这些众多能源中，电能有何特点？

电能的特点是"三个最"，即电能是现代社会中应用最广泛、使用最方便、污染最小的一种二次能源，又称电力。这"三个最"说明现代社会离不开电能，例如，日常生活中使用的手提电脑、计算器、手机、相机、摄像机等，这一切都依赖于电池的应用。那么，电池是怎样把化学能转变为电能的呢？现在我们就来研究这个问题。

【板书】一、化学能转化为电能

【板书】1．火力发电

【设问】从教材第 40 页我国 2001 年的发电总量构成图可以看出，火电占 81.2%，水电占 17.6%，到 21 世纪中期，火电仍居首位，那么火电相对于水电有何利弊呢？

利：火电的原料是煤，容易得到，通过列车、汽车、轮船等交通工具的运输，无论是平原，还是山地，无论有河流，还是没有河流，无论有煤资源，还是没有煤资源的地方都能修建火力发电厂。相对水电（清洁安全）来说，火电最大优势是不受地域的限制，不一定非要有落差较大的河流才能建水电站。

弊：燃烧煤会产生 SO_2 等有害气体污染大气、形成酸雨造成环境污染。由于火力发电使化学能转化为电能的环节多，耗能多，能源利用率不高。

$$化学能 \xrightarrow{燃烧} 热能 \xrightarrow{蒸汽} 机械能 \xrightarrow{发电机} 电能$$

【设问】火力发电使化学能转化为电能，其中燃烧是化学能转化为电能的关键，那么燃烧这类反应的本质是什么？

燃烧的本质——氧化还原反应，因为这一类反应有电子的转移过程。

【小结】火力发电：化学能 $\xrightarrow{间接}$ 电能。

【设问】火力发电使煤燃烧的化学能间接转化为电能，那么还能不能用其他方法、其他形式、其他装置等使化学能直接转化为电能？现在我们通过一组实验的研究来回答这个问题。

【实验1】把锌片和铜片分别放入装有稀硫酸溶液的烧杯中，为什么锌片上有气泡，而铜片上没有气泡？

这是因为锌是金属活动顺序表氢前面的金属，能跟稀硫酸发生置换反应放出氢气。而铜是金属活动顺序表氢后面的金属，不能跟稀硫酸发生置换反应。

【实验2】把锌片和铜片相接触放入装有稀硫酸溶液的烧杯中，我们能看到什么现象？

可以看到锌片不断溶解，不仅锌片上有气泡，铜片上也有气泡。锌片上的气泡是氢气，铜片上的气泡经实验验证也是氢气。

【设问】如何证明铜片上产生的气泡是氢气？

把所得的气体通入肥皂水中，使其产生的少量氢气全部形成肥皂泡，点燃肥皂泡听爆鸣声即可说明铜片上产生的气泡是氢气。

【设问】把锌片和铜片相接触放入装有稀硫酸溶液的烧杯中，铜片上有气泡说明什么问题？如何证明？

铜片上有气泡，说明稀硫酸中的氢离子在铜片上得到电子变成氢气，进一步说明锌把电子转移给铜。在此强调如果锌片很纯的话，锌片和铜片相接触放入稀硫酸溶液中，只有铜片上有气泡，而锌片上几乎看不到气泡，学完这一节内容后同学们会明白这个道理的。

【设问】是不是真的有电子从锌片转移到铜片上来，如何设计一个实验来证实？

要证明锌把电子转移给铜，只要用两根导线连接电流表的两个接线柱，导线的另一端分别连接锌片和铜片，当把锌片和铜片放入稀硫酸中，看电流表的指针是否发生偏转。

【实验3】把锌片和铜片相接触放入装有稀硫酸溶液的烧杯中，用两根导线连接电流表的两个接线柱，导线的另一端分别连接锌片和铜片，观察现象？填写右边表格。

答案：

表1

	现　象
铜　片	
锌　片	
电流表	

表2

	现　象
铜　片	铜片上有气泡
锌　片	锌片上有气泡并不断溶解
电流表	电流表指针发生偏转

【设问】电流表指针发生偏转，说明什么问题？

说明有电流产生。

【设问】有电流产生，又说明什么问题？

说明有电能产生，通过这样的设计可以实现化学能直接转化为电能，这种装置正是我们现在所要讲的内容。

【板书】2. 原电池：化学能 $\xrightarrow{\text{直接}}$ 电能

【学与问】根据你所了解的电学知识，你知道电子是怎样流动的吗？你如何判定装置的正、负极？

【分析】当把用导线连接的锌片和铜片一同浸入稀硫酸溶液中时，由于锌比铜活泼，容易失去电子，锌被氧化成 Zn^{2+} 而进入溶液，电子由锌片通过导线流向铜片，溶液中的 H^+ 从铜片获得电子被还原成氢原子，氢原子再结合形成氢分子从铜片上逸出。这一变化过程可以表示如下：

　　锌片：$Zn - 2e^- = Zn^{2+}$（氧化反应）　　铜片：$2H^+ + 2e^- = H_2\uparrow$（还原反应）

　　总反应：$Zn + 2H^+ = Zn^{2+} + H_2\uparrow$

【板书】（1）原电池的定义——将化学能转变为电能的装置叫作原电池。

【板书】（2）原电池的电极。

负极：发生氧化反应，电子流出的一极。正极：发生还原反应，电子流入的一极。

【说明】负极、正极的反应称为电极反应，负极、正极反应相加的总反应就是电池反应。

【分析】氧化还原反应的本质是氧化剂与还原剂之间发生电子转移的过程，电子转移引起化学键的重新组合，同时伴随着体系能量的变化。要使氧化还原反应释放的能量不通过热能而直接转化为电能，就要设计一种装置，使氧化反应和还原反应分别在两个不同的区域进行。

【讨论】判断下列装置，哪些能形成原电池，总结原电池的形成条件。

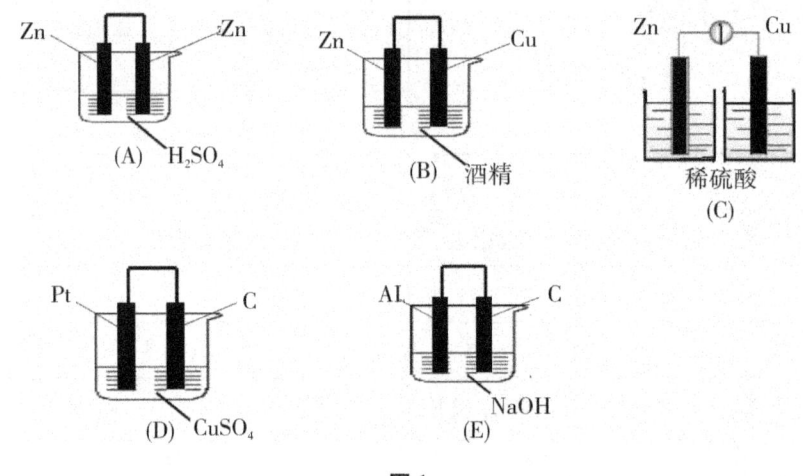

图1

教学过程中教师要充分利用这个习题激发学生的思维，让学生展开激烈的讨论得出为什么只有（E）能形成原电池，而其他4个选项不能的原因。（A）中电极相同不能形成电势差，（B）中酒精是非电解质不导电，（C）中两个小烧杯把内电路断开了，（D）中金属铂Pt不能与$CuSO_4$溶液发生自发的氧化还原反应，从而得出原电池的形成条件。

【板书】（3）原电池的形成条件：

①有两种活动性不同的金属（或金属和非金属导体）做电极；一般是活泼金属做负极，不活泼金属做正极；②电极材料均插入电解质溶液中；③"两极"和

"一液"相连形成闭合电路；④要有自发的氧化还原反应。

【板书】(4) 原电池的原理：

负极：发生氧化反应，一般是负极本身失电子。正极：发生还原反应，一般是溶液中阳离子得电子。电子流向：由负极流向正极。

【小结】原电池装置特点是化学能直接转化为电能。原电池反应的基础是氧化还原反应。形成条件：①有两个活泼性不同的电极；②有电解质溶液；③要形成闭合回路。电极名称：负极是较活泼金属；正极是较不活泼金属或能导电的非金属。反应原理：负极发生氧化反应，负极本身失电子；正极发生还原反应，溶液中阳离子得电子。电子流向：由负极流向正极。

我的教学主张

做学生人生道路上的铺路石

（1）在学习有机化学，元素及化合物的知识时要引导学生树立这样的化学观：物质有什么样的结构就有什么样的性质；物质有什么样的性质就有什么样的用途、制法和存在。对于有机化学的学习特别要关注有机物在什么地方断键，在什么地方形成新键。很多同学判断不出一个陌生的有机物的性质，实质上就是没有掌握好各类官能团的性质。写不出一个陌生的有机反应的化学方程式，本质上就是不会发现反应物在什么地方断键，生成物在什么地方形成新键。另外，有时还需智慧和勇气，善于利用已经学过的知识，对给出的信息要敢于在不同的情景中反复加以应用。

（2）在学习人教版普通高中课程标准实验教科书化学选修1《化学与生活》时，我向学生灌输这样一种思想，如果我们把《化学与生活》这本教材所学到的知识转化为一种生活态度、一种生活方式，可以提高每一个人的生命质量、生活质量，可以让每一个人多活十年到几十年。我与学生约定，学习的时候在教材相关处标上"化转生"这三个字，以便我们对这本教材能学得深入，研究得透彻；同时方便将来我们能随时翻阅这本书，指导我们现在的家庭或将来的家庭的生活习惯和生活方式，提高每一位家庭成员的生命质量、生活质量。当你们按照这样的生活态度、生活方式活到九十几岁甚至一百多岁的时候，不要忘记在你身体健康、体质最佳、生命力旺盛、正在长身体的时期，你的高中化学老师——杨老师对你善意的提醒——多少个"化转生"成为你的生活方式，成就了你终身的健康。

（3）《物质结构与性质》模块涉及的知识抽象、理论性强，对于绝大多数学生来说，总感觉到这一模块神秘、深奥、枯燥、难懂、难学。如何解决这一问题？通过多年的教学实践，我总结出要教好人教版普通高中课程标准实验教科书化学选修3《物质结构与性质》，就是要挖掘教材素材，使讲道理成为《物质结构与性质》模块教学的主旋律这样一个教学思想。在教学中要充分利用教材提供的各种素材，通过提问、看书、思考、讨论、交流等教学形式，让学生体会和认识到物质结构与性质是一门讲道理的科学。教学过程中教师除利用好人教版《物质结构与性质》一书中的学与问、思考与交流、科学探究等栏目所提供的问题进行教学外，还要认真研究教材，精心设计出一些有价值的、有思维力度的好问题作为讲道理的素材，通过对教材中的模型、图形、数据、实验等教材素材的分析来展现讲道理这一教学特色，让讲道理能成为这一模块教学中的一种常态，就一定会在教学中取得好的教学效果。

（4）在学习和考试中涉及金属单质及化合物、非金属单质及化合物的性质这些知识时，所有的化学老师都会对学生说物质的化学性质很重要，一定要死记硬背才行，学生也死记硬背了，可就是考不好。原来要书写的化学方程式太多，学生记住的化学方程式试卷上没有考，学生没有记住的化学方程式试卷上考了，同时还有很多陌生的化学方程式，弄得学生不知所措，慢慢地很多学生就连一个化学方程式都不想记了。针对这一现象我进行了反思，高考、大型考试中为什么书写化学方程式、离子方程式、电极方程式的试题这么多？要向学生讲清楚原来化学方程式是描述化学反应的化学语言，离子方程式是描述离子反应的化学语言，电极方程式是描述离子电极反应的化学语言，命题者想了解你化学知识学得怎么样，就会拿一些物质的性质来进行考查，当然考你能否书写正确的化学方程式、离子方程式、电极方程式是一个不错的选择，因为这是命题者和学生在试卷上的语言交流，而且是无声音的、准确的语言交流。想明白这个道理后，我就及时地给学生送上我几十年的教学经验总结：学习化学最重要的就是化学性质的掌握，化学性质的掌握就是要正确地书写化学方程式、离子方程式、电极方程式。这些话对于困惑中的学生来说，就像心灵鸡汤一样，就想大口大口地喝下去。我认为这一下火候到了，原来同学们存储在大脑的知识乱七八糟，没有头绪，用的时候调不出这些知识来，对题目无从下手，所以平时我们一定要很好地梳理这些教材上的知识，要将它变成我们容易记忆的东西，可以是一条线，也可以是一个面，还可以是一个网，甚至是一首歌谣或一句顺口溜、一幅画等。最后还要掌握一些配平的方法和技巧，才能完成。

（5）针对高二学生在学有机化学的过程中，在学习成绩和学习情绪上容易出现一个重大的分化点的实际，我注重向学生介绍学习中学有机化学的方法和要求掌握的最重要的内容，以激发全体学生积极主动地学习有机化学的热情和兴趣，从而达到把有机化学学得更好、学得更活的目的。根据人的认识规律，我们可以在知其然而不知其所以然的时候先记住知识，然后有一定的经历和理解后，再把知识学得更好、学得更活。如同儿童幼时背诗，成人后才能理解诗意，甚至创作诗歌一样。在有机化学的教学中，我采用这种先记忆后理解的方法给我近20年所教的学生都上了一节特殊的课——有机预备课（有机物性质歌谣）。由于有机化学新概念多，新物质多，生字生词多，经过多年的实践证明，我先教拼音，然后向学生介绍快板似的有机物性质歌谣，可以充分利用高二学生对新颖的有机化学知识产生的好奇心，以及为明白歌谣中每一句话的化学含义，使学生头脑中产生一种悬念，长时间地激发学生学习中学有机化学的兴趣，从而达到最佳的教学状态。具体内容如下：

有机物性质歌谣

炔变烯，烯变烷，炔烯加成要变烷；
醇变醛，醛变酸，醇酸酯化要变酯。
烷取代，苯取代，饱和烃光照能取代；
醇脱水，醇消去，卤代烃碱醇能消去。
醇氧化，醛氧化，去氢加氧都氧化；
酚酸性，羧酸性，酚羟羧基显酸性。
酯水解，脂水解，酯的水解都一样；
烃燃烧，衍燃烧，烃的燃烧都一样。

解释：酚酸性是指酚类物质显酸性，羧酸性是指羧酸类物质显酸性，酚羟羧基显酸性是指含有酚羟基的物质显酸性，含有羧基的物质显酸性；衍燃烧是指能燃烧的烃的衍生物，如乙醇。为了能更好地帮助全体同学记忆有机物性质歌谣，我把有机物性质歌谣分为四段，并抓住每一段的特征和性质分别进行命名为变字歌、取消歌、氧酸歌、水燃歌。这首歌谣在结构上有这样一个特点：每一段都可以按"铛地铛，铛地铛，铛地个铛地铛地铛"的节奏打拍子，重音放在"铛"字上。每一次当我用这样的节奏读给同学们听时，刚读完课堂上就会立刻响起掌声。

通过实践，我认为用有机物性质歌谣指导学生学习中学有机化学知识是深受学生欢迎的、喜闻乐见的、成功的教学形式。有机物性质歌谣里的韵律化的语言，节奏感特别强，读起来朗朗上口，能一下子吸引全体同学，特别容易记忆，而且记得也很牢固。这首歌谣适合于用快板的形式来表演，当我在课堂上采用小组比赛的方式来比一比时，同学们个个情绪高昂，都争着来试一试。同学们喜爱这首歌谣还表现在课外：①有的同学在路上行走时，记这首歌谣；有的同学发现骑自行车用脚踩踏板的节奏，会很快记住这首歌谣。②每当我在课堂上进行一类新的有机物的教学时，同学们总是忍不住地溜出一句相关内容的歌谣，这一点小插曲，使课堂气氛变得轻松活跃。在这种环境下，同学们都聚精会神地听老师讲课，以解开歌谣中的每一个谜。记忆和理解分工后，可以使学生学得轻松愉快。③有的班在征得班主任同意的情况下，还特意组织有机物性质歌谣比赛的主题班会课。

他人眼中的我

一、学生眼中的我

杨老师将我从一个化学成绩较为平庸的学生教导为一个在年级里化学成绩数一数二的学生。这其中少不了杨老师严谨认真的治学态度和孜孜不倦的帮助，无论是我对化学问题的看法和思路,还是做事做人的目标都有很大部分是在杨老师的帮助下建立的。还记得2016年参加竞赛的那段时间,杨老师为我们忙前忙后,利用多套模拟竞赛卷对我们进行提高,又对我们进行一对一的辅导,这其中牺牲的是老师的个人时间和精力。虽然我没有取得很好的成绩,但我还是想对杨老师表达感谢。杨老师密密麻麻写满字的分析卷也是我最佩服的地方,我们现在所取得的成绩就是靠那些密密麻麻写满字的分析卷,靠老师的认真、严谨,不吝啬自己的精力而得来的。杨老师对教学方式进行多方面的尝试,这样的创新精神也是值得我们学习的。

(学生 杨凌)

杨老师在教学中经常会向同学们讲很多深刻的道理:"态度决定行为,行为决定习惯,习惯决定命运。"有时候我会想,老师应该可以兼职当一名语文老师的。夏天一到,大家就会看到一个大汗淋漓的化学老师,站在讲台上,拿着教鞭,充满激情地讲授着课程,声音抑扬顿挫,给人以正能量,在炎热的夏天多了一份蓬勃朝气。杨老师给我最深的感觉就是:他从来不会放弃任何一个学生,哪怕他的成绩真的很差,只要他想学习,老师就会以十二分激情来指导他。说实话,我对化学真的有种怎么学也学不好的感觉,但是老师会时常跟我交流,并要求我多反思。听到老师的话我不免会有惭愧之感,但更多的是接收到鼓励之后的一种积极向上、勇于拼搏的热情。是杨老师让我养成了做完练习之后要认真订正的习惯。杨老师的讲课,并不只是停留在知识表面,而是带领同学们深入讨论问题;在教学中,杨老师注重创新,一直探讨最适合学生的学习模式,对不同层次的学生都会给予最耐心,最适合的指导,不会放弃任何一个想学习化学的学生。

(学生 胡雅琴)

二、同事眼中的我

杨老师作为江门市首批化学学科带头人及学校的化学科科组长,一直以来以其优秀的课堂教学风格引领着我们化学科组全体成员前进。杨老师的课堂教学具有很高的艺术性,其教学过程中对一些技能、技巧的运用恰到好处,体现着一种艺术效果,给人一种和谐、流畅的感觉,充满着艺术感染力;杨老师的课堂教学具有非凡的创造性,其在化学教学内容的处理、教学方法的选择和教学过程的组织上非常具有心得,能把自己的创造性思维灵活运用到化学课堂教学中;杨老师讲课深入浅出,论证严密,结构严谨,注重用思维的逻辑力量吸引学生的注意力,让学生不仅学到知识,也受到思维的训练,还受到教师严谨的治学态度的熏陶和感染;杨老师讲课情绪饱满,将对化学的热爱和追求融于对学生的关心、教导和期望之中,充满着对人的高度尊重和信赖,讲到动情之处,往往情绪高涨,慷慨激昂,给人以震撼人心的力量,引起学生强烈的情感共鸣。师生之间在理解、沟通的前提下,共同营造出一种渴求知识、探索真理的热烈气氛，让学生所获得的不仅仅是知识，还包括人格、情感的陶冶价值。

（新会陈经纶中学高中化学高级教师　陈锡）

三、专家眼中的我

我听了杨老师有关化学反应与能量变化的一堂课，发现他是一位有思想、有见解、有特色的老师。他注意创设教学情景，在一些看似平淡无奇的地方挖掘出有育人价值的问题，使学生的思维能得到很好的锻炼。他充分运用逻辑推理的方法纠正高中化学教材中的一些不足，并把这一节课的内容写成《正确理解和运用教材中的三种能量变化图》一文，发表在全国核心期刊《中学化学教学参考》2016年第7期（上半月），引起同行专家的高度重视，该期杂志还在"教师风采"栏目中对他进行了介绍。这在中学教师里特别是江门的教师中是非常难能可贵的，是值得学习的。

（中学正高级教师、广东省特级教师、江门市教研室副主任　陈育庭）

启迪探究　务实高效

● 台山市第一中学　孙聪（高中化学）

● 个人简介

　　孙聪，曾获"广东省中小学特级教师""南粤优秀教师""江门市十大杰出教师""江门市基础教育系统首届名教师""台山市首届拔尖人才""台山市首届学科带头人""台山市十大杰出青年"等荣誉称号。现受聘为广东省第二师范学院，担任化学系兼职教授。多篇论文在《化学教学》《中学化学教学参考》等全国核心期刊发表，所撰写的有关化学新课程改革的论文获广东省中学化学优秀教学成果一等奖。论文《高三综合科目及备考模式初探》选入《中国教育报》主办的《现代教育管理理论与实践指导全书》，主持和参与全国"十一五"教育科学规划课题、广东省教育科学规划课题等的研究。

▶ 我的教学风格 ▶

　　教学风格的形成是一个学习、总结、积累、反思和提炼的过程。我踏上讲台26年，经过长期工作实践、磨炼，逐渐形成自己的教学风格，即"启迪探究、务实高效"。

　　启迪探究：探究教学的精髓重在"探究的设计"，探究设计的精髓重在"问题情境的设计"。爱因斯坦说过："提出一个问题往往比解决一个问题更重要。"有了问题才能引起学生的思考、猜想、动手、探究寻找解决问题的方法，最后提出新的问题，这样才能实现教学目标。所以，我的课堂主要是以问题为主线来组织和调控教学，整个过程组织严密，层层递进，思维快速转换，有条不紊。在我的指导下，学生通过探究讨论用问题驱动主动思维和深度学习，学生随着问题的深入解决也完成了学习任务。这种设问探究式教学充分调动了学生的学习主动性、积极性，进而培养了学生探究能力和分析问题与解决问题的能力。

　　务实高效：高效课堂既要满足学生升学的需要，又要培养学生的能力。所以，我在教学过程中采取灵活机动的教学策略和评价方式，调动和激励学生学习的积极性。在教学中我坚持使用指导、监控、反馈、激励等多种方式巩固学生的学习成果，使三维教学目标的达成度更高。

▶ **我的成长历程** ▶

风雨兼程执教路，矢志不渝教改人

一、学习反思，专业成长

我的成长历程和很多教师一样，大学毕业后，经历了新教师的惶恐、困惑、徘徊，但我立志，要快速成长为一名合格的教师。为此，我付出了艰辛的努力。

一是拜名师。在我的教育生涯中，特别要感谢两个人，一个是我的父亲，他是一名特级教师，父亲对教育的执着和精湛的教学，影响我从小立志成为一名优秀教师；另一位就是我的师傅黄老师，我刚进学校就拜他为师，我是听师傅一节课我再讲一节课。他上课效率很高，教学语言精炼，重点突出，知识面特别广，还有点冷幽默。最让我钦佩的是，他对晚辈耐心的教导和爱护，他经常来听我的课，并指出我上课和教案的问题。他说："做老师首先要把课上好，以教服人，你上的课学生喜欢，就也会喜欢你这个人，学习成绩也会提高。"黄老师退休后，远涉重洋去了美国佛罗里达州，年岁虽高，仍在传授化工技术。现在，我仍努力实现对黄老师的承诺，"坚持执教，鞠躬尽瘁"。

二是学中教，就是边学边教。我怀着炙热的教育情怀，始终不渝地坚持学中教。平时，我总是随身带着听课本，经常到各年级的教室听不同的课，遇到好的教学片段和教材处理，就不失时机地记下来，回来后进行梳理，然后改进自己的教案和课件，再把它呈现在课堂，传授给学生。这样的边学边教不知道进行了多少个轮回，也不知道度过了多少个日夜，更不知道经历了多少次成功与失败！为了用最好的方法把知识教给学生，我有时候到了废寝忘食的地步。正因为有了这些轮回和日夜付出，体验了无数的成功与失败，我才取得了今天的一点成绩。

三是教后学，也就是同行间共同成长。教后学，是向已经教了高中小循环的有经验的教师学习。他们在工作中挑大梁，得到了实践的锻炼，教学已经达到了较高的水平。他们中间的许多人还受到了名师的指点，青出于蓝而胜于蓝。我平时比较注重与同事交流互动，与他们都保持了良好关系，大家切磋教学技艺，取长补短，从中获益匪浅。

"拜名师，学中教，教后学"，这既是我的教学之道，也是我的成长路径。经过这么多年的磨炼，我形成了自己的教学风格——设问探究、务实高效。老师们都说："听孙老师的课，节奏紧凑，容量大，效率高，不容开一点小差。听孙老师的课，确实感到课堂教学是一门科学，也是一门艺术。"可以说，这么多年，尽管风雨兼程，也饱尝了甜酸苦辣，但看到学生有进步，学校有发展，我最终感受到的是成功的喜悦。

二、辛勤耕耘，无私奉献

在多年的教师生涯中，我始终奉行"学高为师，身正为范"的宗旨，培养了许多优秀学生像2012届王湘宁、2013届余长城等考入北京大学。

回顾昨天,许多学生使我终生难忘。有一位叫林可荣的学生,家住在离台城十多千米的郊外,家境贫困,母亲在家务农,父亲是农场工人。为了帮助年迈的父母做些家务,他不住校,每天骑自行车上学,假期做做小工帮补一下家里。生活虽不富裕,但一家人温馨、幸福。可是,天有不测风云,就在他读高一时,他的爸爸帮人造房,不慎摔死。而更不幸的是,他的妈妈由于丈夫意外身亡,身心受到刺激,不久也卧病在床。面对突如其来的灾难,可荣想放弃学业,回家陪伴妈妈。看到学生痛苦的表情,我的心里五味杂陈,思绪万千……我从心底里暗暗地对自己说,我一定要培养好可荣这个苦命的孩子。那时我的工资也不高,但我宁可自己家里节约一点,也要帮帮可荣同学。每次家里做点好吃的,总要给可荣带一份。我那幼小的女儿总是不懂事地问我:"妈妈你为什么总把好吃的拿走呢?"那时我并没有给她太多解释,因为女儿太小,还不懂得母亲对可荣同学的一片苦心!为了使可荣同学的学业得以继续,我还多次去可荣家访问,与当地的村委会协商解决可荣母亲的生活问题。这样坚持了3年,1000多个日夜,可荣同学终于完成了学业,并考上了华南农业大学,现在广州工作,生活幸福美满。每当我想起可荣同学,我的心充满慰藉,也真切感受到教师这一职业的价值所在。

在26年的教师生涯中,我做了8年的班主任、2年的年级级长和9年的高三抓级行政。我非常热爱自己的学生,尊重他们的人格,从不因学生家庭背景、学习成绩的差异而偏爱谁、歧视谁。我工作务实细心,与学生同作息、共甘苦,处理班务有方法、重实效,形成管理特色,深得学生的敬佩和家长们的尊重。我接手的常是普通班,但由于转化措施得力,学生进步迅速。在多年的高考中,我所带班级的平均分和本科上线人数都列学校第一。所带班级几乎年年被评为"文明班级",我连续三年被授予"台山市优秀班主任"和"台山市优秀共产党员"称号。

三、学研合一,甘为人梯

我校年轻教师多,学校成立了名师工作室,作为负责人的我,义不容辞地承担起师傅的责任,与青年教师师徒结对,指导青年教师参加省、市讲课大赛,和青年教师一起辅导学生参加竞赛、进行新课改、编写校本教材等。青年教师岳老师曾带领学生获得全国化学竞赛二等奖、吴老师获得省讲课大赛二等奖,青年教师每年都有论文在省级刊物上发表;我指导的老师,有3位成为省"百千万人才培养工程"的培养对象,2位成为台山市化学学科带头人;化学教研组这个团队还获得"广东省优秀科组"和"江门市五星级科组"称号。

学校的蓬勃发展为我个人的专业发展提供了强有力的支持,我也渐渐在学校内担当起教学教研的重任。我注重实践和理论相结合,注重积累和总结经验,学研合一,收获颇丰。我先后在教学类核心期刊《中学化学教学参考》等省级以上刊物上发表《谈中学化学创造性地教与学》等教科研论文多篇。我所撰写的《由变化的新教材谈化学教学过程的开放》《刍议化学新教材及研究性学习》在广东省中学化学优秀教学成果评比活动中分别荣获一、二等奖。我的《高三综合科及备考模式初探》入选人民日报出版社出版的大型教育文献《现代教育管理理论与实践指导全书》。

我还参加了广东省重点课题"新课程改革的评价方案"的研究,并担任学校研究小组组长,主持了"十一五"广东省德育科研重点攻关课题子课题"建立学校、家庭、社区合力育人协同机制的探索",并获得广东省优秀成果奖。2010年我参与全国"十一五"教育科学规划国家级课题子课题"基于网络的校际合作教研方式的探索"的研究,是课题的主要负责人之一,该课题已结题,并获优秀成果奖。最近我又接到了广东省教育科研"十二五"规划2012年度研究项目课题"加强师资队伍建设,提升教育教学能力"的负责工作。

我还多次被聘为市骨干教师优秀课评选、论文大赛评委,充分发挥了"广东省化学骨干教师"的示范引领作用。

四、科学管理,勇挑重担

我担任高三级行政工作,深知高三高考在学校乃至整个台山教育工作中的分量。肩负重担,无可退缩。我带领高三全体师生顽强拼搏,在2007年和2010年的高考中取得较突出的成绩,所以从2010年开始,我连续6年蹲点高三级,既担任尖子班的化学教学工作,又负责高三备考工作决策和统筹。我以校为家,除备课、上课、改卷、辅导以身作则外,重点思考如何制定高效备考的措施并加强落实和检查。

比如,高考备考后阶段的一项重要工作是尖子生、临界生的辅导工作。一开始我制定了详尽的措施,但发现落实不够彻底。所以,我积极调研、谈话,调动班级团队中各成员力量,认真落实"三个一、四个优先、五跟踪",既要各负其责、分工协作,还要靠老师们的责任心、事业心去落实。"平凡的事做好就是不平凡,简单的事做好就是不简单",每一件常规的事做好了,就会取得辉煌的成绩。

正是在高考备考中做好这些工作,近年来台山一中的高考取得了令人瞩目的成绩,其中2007年重点本科上线263人,本科以上上线769人,5名同学位居江门市文科前十名,占半壁江山;2010年夺得江门文科总分第一;2012年高考本科上线人数突破900人大关,王湘宁同学成为江门唯一考上北京大学的学生。2013年高考本科上线人数突破1000人大关,余长城同学以696分的成绩,排名广东省理科总分第23名,成为江门市理科总分状元;陈夏瑜同学通过自主招生考试,成绩优异,两位同学分别被北京大学、清华大学录取。

20多年的风雨兼程执教路,我用无悔的青春守望教坛。自古忠孝不能两全,母亲10年前病逝前我没有更多地陪在床前,成为我心中永远的痛。由于长时期的超负荷工作,多年的体力和精力透支,我的身体也开始出现了问题,但我仍然坚守三尺讲台，因为我热爱课堂，我总觉得离开了课堂，我的生活是不完整的，上课已经成了我的生活习惯！

我的教学实录

《影响化学反应速率的因素》教学实录

【引入】图片展示：爆炸、烟花、牛奶变质、溶洞形成等。

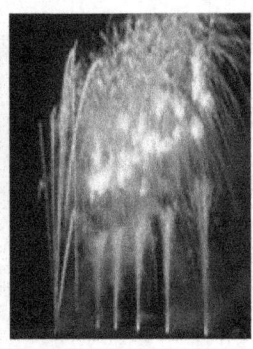

图1

[展示] 食品包装袋。

[教师提问] 你能说说食品包装袋上保质期说明有何特点？

[学生回答] 温度越高，保质期越短；温度越低，保质期越长。

[教师提问] 到底是什么影响了化学反应速率快慢？

[提出假设] 影响化学反应速率的外界因素有：浓度、温度、压强、催化剂、固体表面积等。

[教师提问] 你能设计实验说明其中的道理吗？

【学生分组实验】

一、浓度对化学反应速率的影响

实验2-2：草酸与酸性高锰酸钾的反应

表1

实验原理	$2KMnO_4 + 5H_2C_2O_4 + 3H_2SO_4 = K_2SO_4 + 2MnSO_4 + 10CO_2\uparrow + 8H_2O$	
加入试剂及用量	4mL 0.01mol/L $KMnO_4$	
	2mL 0.1mol/L $H_2C_2O_4$	2mL 0.2mol/L $H_2C_2O_4$
实验现象	紫红色变为无色	

续上表

褪色时间	
结论	

原理：利用颜色变化的快慢表征反应速率的快慢。

步骤：(1) 取 1、2 号两支干净的试管，各取 4mL 0.01mol/L $KMnO_4$ 溶液；另外取 3、4 号两支试管，其中一支试管中加入 2mL 0.1mol/L $H_2C_2O_4$ 溶液，另一支试管中加入 2mL 0.2mol/L $H_2C_2O_4$ 溶液。

(2) 将 1 和 3 号试管的溶液、2 和 4 号试管的溶液同时混合，观察并记录溶液颜色褪去的时间长短。

注意：(1) 设置对比实验，注意变量（浓度）的变化。

(2) 两组实验同时进行，比较颜色完全褪去所花时间的长短。

规律：在其他条件相同时，增大反应物浓度，反应速率_____；降低反应物浓度，反应速率_____。

【学生代表1汇报实验】：两组实验中溶液都由紫红色变为无色，对比两组实验，0.1mol/L $H_2C_2O_4$ 溶液褪色时间是 12 秒，0.2mol/L $H_2C_2O_4$ 溶液褪色时间是 10 秒，所以浓度越大，反应速率越快。

【反思】如何控制变量，缩短实验所需时间？

【学生代表1小结】注意：只改变浓度，体积不变。其他条件不变时，增大反应物的浓度，能加快化学反应速率。

【过渡】为什么浓度会影响化学反应速率呢？尝试从碰撞理论的角度进行解释。

【学生代表2分析】对某一具体的化学反应，在其他条件不变时，反应物中活化分子的百分数是一定的，而单位体积内活化分子的数目与单位体积内反应物的总数成正比，即与反应物的浓度成正比。反应物浓度增大，单位体积内活化分子数增多，有效碰撞的频率增加，反应速率增大。

即：增大反应物浓度→增加单位体积内活化分子数→增加单位时间内有效碰撞次数→加快反应速率。

【板书1】在其他条件不变时，增加反应物浓度，加快反应速率。

【应用1】一定条件下，在 $CaCO_3$（块状）+ $2HCl = CaCl_2 + H_2O + CO_2\uparrow$ 反应中，为了加快反应的速率，下列那些方法可行（　　）。

A. 增加 HCl 的浓度　　　　　　B. 加水

C. 增加同浓度盐酸的量　　　　D. 多加 $CaCO_3$（块状）

【练习】在温度、体积不变的容器中进行反应 $H_2 = 2H$，若反应物的浓度由

0.1mol/L 降到 0.06mol/L 需 20s，那么由 0.06mol/L 降到 0.036mol/L，所需反应时间应为（　　）。

A. =10s　　　　B. =12s　　　　C. >12s　　　　D. <12s

二、压强对化学反应速率的影响

【教师提问】实验条件有限，我们不通过实验，用碰撞理论如何解释压强对化学反应速率的影响。

【学生代表3分析】增大压强，一定质量气体的体积减小，浓度增大，增加单位体积内的活化分子的百分数，有效碰撞次数增多，反应速率增加。

【板书2】其他条件不变，压强增大，相当于反应物浓度增大，反应速率加快。

例1：增大压强能够使下列可逆反应的逆反应速率增加的是（　　）。

A. $2SO_2(g) + O_2(g) \rightarrow 2SO_3(g)$　　B. $FeCl_3 + 3KSCN \rightarrow Fe(SCN)_3 + 3KCl$

C. $H_2(g) + I_2(g) \rightarrow 2HI(g)$　　D. $Fe + S \rightarrow FeS$

例2：对于反应 $N_2 + O_2 \rightarrow 2NO$ 在密闭容器中进行，下列条件哪些不能加快该反应的化学反应速率（　　）。

A. 缩小体积使压强增大　　　　　　B. 体积不变充入 N_2 使压强增大

C. 体积不变充入 O_2 使压强增大　　D. 使体积增大到原来的2倍

E. 体积不变充入氦气使压强增大　　F. 压强不变充入氦气

【学生代表4小结】压强对反应速率的影响实质上是浓度的影响，所以当容器体积不变，充入与反应无关气体，反应速率不受影响，但若保持容器内压强不变，充入与反应无关气体，则反应速率减少（与减压引起的效果相同）。

三、温度对化学反应速率的影响

实验2-3：硫代硫酸钠与硫酸的反应

表2

实验原理	$Na_2S_2O_3 + H_2SO_4 = Na_2SO_4 + SO_2 + S + H_2O$		
加入试剂及用量	5mL 0.1mol/L $Na_2S_2O_3$ 5mL 0.1mol/L H_2SO_4		
实验条件	冰水	常温	热水
实验温度			
出现浑浊时间			
结论			

原理：利用溶液产生沉淀快慢表征反应速率的快慢。

步骤：（1）取六支试管，分别编号为 A、B、C、D、E、F，在 A、B、C 试管中分别加入 5mL 0.1mol/L $Na_2S_2O_3$ 溶液，分别置于冷水、常温、热水中；在 D、E、F 试管中分别加入 5mL 0.1mol/L H_2SO_4 溶液，也分别置于冷水、常温、热水中。

（2）将 A 和 D、B 和 E、C 和 F 同时混合振荡，观察溶液浑浊所需要的时间长短。

注意：（1）各组混合前，$Na_2S_2O_3$ 和 H_2SO_4 的温度要保持一致。

（2）各组混合要同时进行，比较各组溶液浑浊所需时间的长短。

【学生代表5分析小结】加热的一组首先出现浑浊，要延缓沉淀产生需要降温。原因是温度升高，活化分子百分数提高，分子间的有效碰撞频率提高，反应速率增大。

教师小结：在其他条件相同时，升高温度，反应速率增大；降低温度，反应速率减小。

［指出］实验测得，温度每升高10℃，化学反应速率通常增大到原来的2～4倍。

［注意］温度对反应速率的影响不受反应物状态的限制。

【板书3】其他条件不变，温度升高，反应速率加快。

例1：对于反应 M+N→P，如果温度每升高10℃，反应速率增加为原来的3倍。在10℃时完成反应的10%需要54min，将温度提高到40℃完成反应的10%需要的时间为（　　）。

A. 2min　　　　B. 3min　　　　C. 6min　　　　D. 9min

【学生代表6分析】V×倍数值（t2－t1）×10＝变化后的反应速率。

四、催化剂对反应速率的影响

实验装置如下图所示，锥形瓶内盛有10mL左右10%的 H_2O，双乳胶塞上插有短导管和漏斗。短导管里插有带余烬的木条。开始时余烬没有明显变化，经漏斗向锥形瓶内加入少量 MnO_2 后，试管中迅速产生大量气泡，余烬复燃。

图2

【科学探究1】$MnSO_4$ 催化草酸与高锰酸钾。

【学生代表7汇报】刚开始反应速率较慢，后反应速率加快，最后又逐渐减慢。

【教师提问】什么原因导致这种现象的发生？

【学生代表7分析】生成的产物 $MnSO_4$ 对反应有催化作用。

【教师分析】在实验中，为何开始时褪色很慢，一旦变浅后，又迅速褪色？

$$Mn(VII) + Mn(II) \longrightarrow Mn(VI) + Mn(III)$$
$$Mn(VI) + Mn(II) \longrightarrow 2Mn(IV)$$
$$Mn(IV) + Mn(II) \longrightarrow 2Mn(III)$$
$$MnC_2O_4^+ \longrightarrow Mn^{2+} + CO_2 + \cdot CO_2^-$$
$$Mn(III) + \cdot CO_2^- \longrightarrow Mn^{2+} + CO_2$$
$$2MnO_4^- + 5C_2O_4^{2-} + 16H^+ \longrightarrow 2Mn^{2+} + 10CO_2\uparrow + 8H_2O$$

自催化作用：反应产物之一使该反应的速率加快的作用。自催化作用的特点是反应开始进行得很慢（称诱导期），随着起催化作用的产物的积累，反应速率迅速加快，而后因反应物的消耗反应速率下降。

【科学探究2、3】$FeCl_3$、$CuSO_4$ 催化过氧化氢，硫酸溶液、唾液对淀粉的水解。

【学生代表8汇报】$FeCl_3$ 催化过氧化氢更快，唾液对淀粉水解更快。

【反思】科学探究1与科学探究3这两个实验说明了什么问题？

你认为催化剂除了有高效性、专一性外，还有什么特性？

【学生回答】还有选择性。

$$C_2H_5OH \xrightarrow[550℃]{Ag} CH_3CHO + H_2$$

$$C_2H_5OH \xrightarrow[350℃]{Al_2O_3} CH_2=CH_2 + H_2O$$

$$2C_2H_5OH \xrightarrow[450℃]{ZnO \cdot Cr_2O_3} CH_2=CH-CH=CH_2 + 2H_2O + H_2$$

【板书4】在其他条件不变时，催化剂能改变化学反应的速率，降低活化能，活化分子数减小。

[指出] 有的催化剂能加快化学反应速率，叫正催化剂；有的催化剂能减慢化学反应速率，叫负催化剂。在实践中，如没有特殊说明，凡说催化剂都是指正催化剂。

【解释】对于可逆反应而言，催化剂既能催化正反应又能催化逆反应，试着结合图像加以解释。

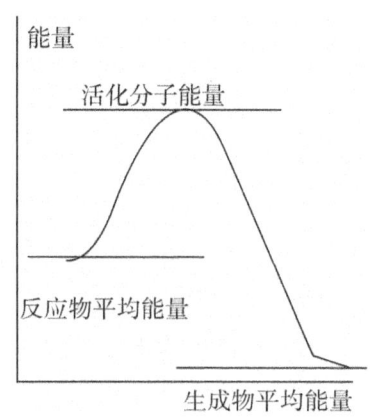
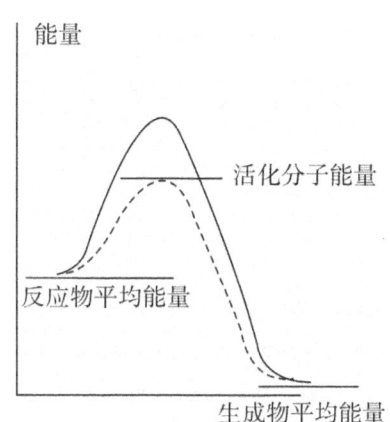

图3

【提醒】

①使用催化剂同等程度的增大（减慢）正逆反应速率，从而改变反应达到平衡所需时间。

②没有特别指明催化剂一般指正催化剂。

③催化剂只能催化可能发生的反应，对不发生的反应无作用。

④催化剂具有一定的选择性。

【练习】取2g干燥铝粉和3g碘粉小心混匀，分为四堆。往各堆上分别加0.5g水、1g明矾、1g胆矾、1g无水硫酸铜。加水那堆首先冒火花，发生剧烈反应，其次发生反应的是加明矾的那堆混合物，再次是加胆矾的发生反应，而加无水硫酸铜的那一堆最难发生反应。

(1) 铝和碘反应的化学方程式为_____；

(2) 铝和碘反应还可看到_____；

(3) 四堆混合物发生反应的先后顺序说明_____。

【得出结论】影响一个化学反应速率的外界条件有：

(1) 浓度：增大反应物浓度，能加快反应速率。

(2) 压强：增大压强，能加快反应速率。

(3) 温度：升温，能加快化学反应速率。

(4) 催化剂：使用催化剂，能改变反应速率。

(5) 固体表面积：增大接触面，能加快反应速率。

【小结】

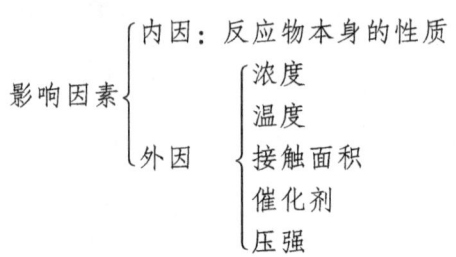

【解决问题】

(1) NO 和 CO 都是汽车尾气中的有害物质，它们能缓慢地起反应，生成无害的 N_2 和 CO_2，你能想办法加快它的反应速率吗？

(2) 威斯威科市是什么发生了爆炸？要知道，它是一个仅有数万人口的小城市，此地既没有军队的弹药仓库，也没有易燃易爆的工厂啊！惊魂未定的人们将眼光扫向了爆炸声传来的方向。啊！那里升腾起了十多层楼高的火柱，而且，有大朵蘑菇状的烟云正在升起。被此情景惊骇的人们更加疑惑不解了：那里是一座贮存面粉的粮库啊，面粉怎么可能发生爆炸呢？同学们能想办法帮他们预防爆炸发生吗？

【课外知识】有的化学反应要加快，如炼钢、合成橡胶等。而有的反应要减慢，如钢铁生锈、橡胶老化。这对提高生产效率、减少浪费、发展生产都有好处。

【反思教学设计特点】

(1) 学生通过实验主动探究外界因素对化学反应速率的影响，避免纯理论的单一学习方式，极大地提高了学生的兴趣。

(2) 学生通过自己动手实验，把实验结果与同学汇报交流，在实验中发现问题，同时也锻炼了学生的实验表达能力。

(3) 整堂课轻松活跃，学生参与课堂热情很高，师生互动很自然，学生在老师的指引下很好地完成学习任务。

我的教学主张

用化学实验探究培养学生的科学素养

化学是一门以实验为基础的学科。化学实验不仅是感性知识的过程，更是一种理性思维的过程。化学实验的每一步都离不开理性思维，通过实验能使学生受到从形象思维跨越到抽象思维的训练，实现发散思维与聚合思维的统一。因此，化学实验探究是培养学生的科学素养的有效途径。

1. 设计"情境"实验，认识化学概念，在真实情境中提升化学素养

学生总是同时存在于"生活世界"和"科学世界"。生活世界是我们在自然的生活态度中直接感知的世界。胡塞尔指出"生活世界是一个始终在先被给予的、始终在先存在着的有效世界"。化学实验可以使概念或基础理论更加形象化，是化学概念或基础理论教学的重要手段。在课堂教学中，如果能设计与概念或基础理论相关的化学实验，就可以更有效地理解或正确表征化学概念或基础理论。

如在讲《盐类的水解》（第一课时）新课引入时，我为学生设计"情境"实验：向 Na_2CO_3 溶液中滴加酚酞，观察现象。

现象：溶液显红色。

说明：Na_2CO_3 溶液呈碱性。

通过实验现象直观感受盐溶液的酸碱性，从而也说明并不是所有盐溶液都是呈中性的，再自然地过渡到探究盐溶液的酸碱性的方法。

又如在学习《难溶电解质的溶解平衡》时，课前也设置了一个情境实验：在饱和 NaCl 溶液中滴加浓盐酸，学生观察实验现象。

现象：NaCl 饱和溶液中析出固体（或变浑浊）。

学生对实验现象很好奇。然后，我再让学生运用平衡移动原理分析产生现象的原因。

通过此"情境"实验，让学生带着好奇心和在问题的驱动下，结合化学平衡知识解决问题，初步认识到可溶的电解质溶液中存在溶解平衡，为引出难溶电解质的溶解平衡概念埋下伏笔，促使学生能正确理解和表征核心概念。

2. 阅读化学实验内容，强化学生的化学意识，提升化学素养

《高中化学课程标准》明确指出："以实验为基础是中学化学教学的重要特征。"从本质上讲，化学实验不仅仅是洞察自然界的窗口，而且也是学好化学的基本途径和提升化学素养的基本方式。

阅读化学实验内容，强化学生的化学信息意识。化学信息意识是化学信息素养的重要成分之一，也是具备优良化学信息素养的前提条件之一。通俗地说，化学信息意识就是面临陌生的化学信息时，有敏锐的感受性，能积极主动地从多方面、多角度、多层次去寻找问题解决的途径和方法。化学实验是培养高中生信息素养的主要阵地，也是强化学生化学信息意识的策略之一。

如《高中化学必修一》第 61 页，科学探究，在演示或分组实验前引导学生阅读实验内容：在盛有 2mL $FeCl_3$ 溶液的试管中，加入少量铁粉，振荡试管。充分反应后，滴入几滴 KCSN 溶液，观察并记录实验现象。把上层清液倒入另一试管，再加入几滴氯水，又发生了什么变化？引导学生在阅读化学实验内容时，要勾画出实验目的，知道要做什么，同时要将实验步骤流程化，提取关键词，强化信息意识。

对于高一学生，让他们养成认真阅读实验内容的习惯，可以逐渐培养学生的实验操作的规范性、注意试剂的用量、实验操作的系统思维等，也有利于学生后续进行实验方案设计时，文字表述的正确性、准确性、完整性，形成科学的实验态度，从而提升学生的化学素养。

3. 以演示实验教学有效地提升学生的化学素养

演示实验能使学生具体地认识物质的外部特征，以及物质在发生变化时所需要的条件、现象和规律，对学生形成化学概念、原理具有不可替代的作用。同时，演示实验还可帮助学生模仿教师的规范操作以提高实验操作技能，以及学习教师认真的工作态度，养成严谨良好的探究习惯。现行高中化学教材有一半以上的演示实验都是先有结论的验证性实验。

化学实验是培养学生化学信息综合能力的主要渠道，教师引导学生观察演示实验对学生的化学信息能力提升至关重要。重视学生对实验现象的描述，培养学生的信息表达能力；重视学生对实验数据的分析，丰富学生筛选信息、整合信息、生成信息的能力。

例如《高中化学必修一》中的"黑面包"实验：

[演示实验] 取 10 g 蔗糖放入小烧杯中，加入几滴水，用玻璃棒搅拌均匀，再加入 10mL 浓硫酸，并用玻璃棒迅速搅拌。观察物质的颜色、体积变化并闻味。

图 4

学生描述现象：蔗糖变黑，体积膨胀，形成疏松多孔的海绵状的炭，并有刺激性气味气体产生。

学生在等待和观察整个演示实验的过程中，充满了好奇和疑惑。在观察实验现象的过程中，学生必须准确且敏锐地捕捉瞬间消失的现象，且明显的实验现象给学生留下了深刻的感性印象；最后还要学生全面准确地表述实验现象。通过对实验现象的观察，获取有关的感性知识和印象，并进行初步加工、吸收、有序存储。学生首先看到有黑色物质生成，猜想可能有碳生成，查阅文献了解"黑"色物质的形成过程和反应原理，增加学生的信息知识，由学生总结出浓硫酸的脱水性，学生提取信息、整合信息、生成信息、应用化学信息和形成的化学知识分析解决新的化学问题的能力得到提升，这也是提升学生的化学素养的有效途径。

4. 以实验探究掌握化学科学方法，更深远地提升学生的化学素养

科学方法是科学素养的重要组成元素，是科学的认识方法，实验有助于学生通过自身实践，去领悟、体会、观察、分析，归纳结论的产生过程，让学生从客观实际中探求知识，让学生在收集信息，处理、整合信息中获得知识，实验有助于学生掌握一定的科学方法。

化学新课教学阶段中要改变单一接受的学习方式，要让学生经历探索化的学习过程。实验探究是化学探究中最重要的探究方式，也是化学学习中最主要的学习方式。通过以化学实验为主的多种探究活动，帮助学生体验科学研究的过程，激发学习化学的兴趣，强化科学探究的意识，促进学习方式的改变，培养他们的创新精神和实践能力，是化学教学的基本理念。以实验探究的形式提升学生的批判性思维，提升在复杂情境中解决问题的能力，从而形成良好的科学态度与价值观。而通过化学实验探究教学构建"三维目标"体系，更是提升学生科学素养的重要途径。

以"电解原理"的学习为例，先让学生回顾电解水可以产生 H_2 和 O_2 的事实，用电解法制取活泼金属钠，让学生以已有的知识为起点，进行实验探究（一）：

课本第 79 页 ［实验 4-2］

学生活动：

（1）先根据实验台上的仪器和药品进行实验装置的组装。

（2）猜想通电时在阳极和阴极的产物可能是什么？

（3）观察实验现象，并描述实验现象。

（4）再进行实验结论的归纳：

$CuCl_2$ 溶液在电流作用下发生了化学变化，分解生成了 Cu 和 Cl_2。

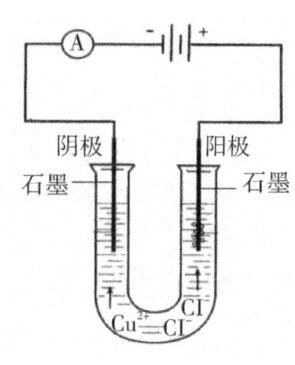

图 5

（5）最后归纳出相关知识：电解池的概念？构成条件是什么？电解池工作原理是什么？

然后再补充实验探究（二）：

若将石墨换成金属铜，电解氯化铜溶液，实验现象是什么？

面对不同的化学实验现象，学生会自然地提出质疑，以促进思维能力的上升，完善学生的认知结构，从而归纳出电解时电极离子放电顺序的规律。

我们应给学生更多设计实验来探究问题的机会，提高学生的动手能力及应用实验方法来探究问题及分析问题的

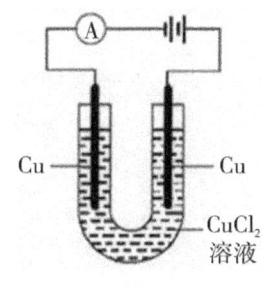

图 6

能力。教师应认真挖掘教材，让每个学生在实验室里真正落实化学实验的基本操作，教师演示实验、学生分组实验的原理、装置、现象和实验的手法，让学生的知识与技能同时落实，才能更深远地提升学生的化学素养。

"教育是当所学的东西被忘记时残存下来的东西。"学习过中学化学后，作为不再继续学习化学的学生，当他忘记了所学的符号、公式、概念以后应该"残存"下什么？我们认为应该是化学素养。也希望我们化学教师能让化学科学的正能量伴随着学生学习和生活的全程，不断加大学生热爱化学的加速度，形成持续发展的化学学习动力。学生化学素养的提升是一项长期、综合性的目标，化学素养是学生知识与经验的积累，贯穿于化学教育的全过程，是潜移默化逐步深入的，不可能一蹴而就。

他人眼中的我

一、专家眼中的我

教学模式采用学生实验探究教学模式，教学环节和步骤清晰，课前有学生实验预习，课尾有总结归纳。教学流程简明扼要，通俗易懂。

（广东第二师范学院化学系主任　张秀莲）

二、同行和同事眼中的我

孙老师的课以学生为中心，立足于提高学生的科学素养，从学生已有的经验和社会生活实际出发，帮助学生认识化学，激发学习化学的兴趣，培养学生的学习能力，充满了民主、互动、和谐氛围的课堂教学，体现了化学教学之美，具有"养生"的作用。

（佛山市教育局教研室化学教研员　李永红）

孙老师的课深入浅出，设计合理，层层递进，像剥洋葱一样，让学生通过探究、分析，最后达到解决问题的本质。

（江门市教育局教研室化学教研员　何兆铭）

听孙老师的课，节奏紧凑、容量大、效率高，不容开一点小差。听孙老师的课，确实感到课堂教学是一门科学，也是一门艺术。

（台山一中化学教师、孙聪工作室成员　李贵兴）

三、学生眼中的我

孙老师的课逻辑性强,很严谨,她特别喜欢自己编题、变题,举一反三,培养学生的思维能力,我能考上北京大学化学系,受孙老师影响很大。

(台山一中2013届学生 余长城)

亲和 简约 智慧

● 江门市第九中学 谢萍（中学政治）

● 个人简介

谢萍，女，江门市第九中学副校长，中学政治高级教师。曾获"南粤优秀教师""广东省中小学教师工作室主持人""江门市优秀教师""江门市基础教育系统首批学科带头人""江门市教育局优秀共产党员""江门市教研教改积极分子""江门市继续教育先进个人""江门市优秀指导教师""江门市直中学先进教育工作者""江门市第九中学优秀教师""初中思想品德'国培计划'优秀学员"等荣誉称号。2015年被评为"江门市五邑教育专家培养对象"。她关爱学生，爱岗敬业，刻苦钻研，基本功扎实，作风严谨，勇于创新，形成"亲和、简约、智慧"的教学风格。曾参与3个省级课题研究，主持1个市级课题和1个省级课题，出版《合作办学视角下的思想品德叙事教学法的研究》专著，8篇论文在《中小学教育》《教研周刊》等省、市级刊物发表，多篇论文获省级奖项。

▶ 我的教学风格 ▶

教师风格应该是教师职业生涯中矢志不渝的追求。我们常说，教学有法，教无定法。教学是一门艺术，需要用心追求独特的风格。实践证明，不同的中学思想政治教师有着不同的个性特征：有的侃侃而谈，优雅从容；有的细致严谨，亲和平易；有的善于旁征博引，举一反三；有的富有激情，引领反思……如果将这些特征上升为教学风格的话，课堂将会更加富有魅力。

亲和、简约、智慧是我崇尚和追求的教学风格。作为江门市政治学科带头人，名师工作室主持人，在长期教学实践中，我以厚德载物的人格魅力，聪慧练达的教学智慧，娓娓道来的语言表达，深入浅出的教学技巧将为人、为事、为学之道运用于政治课教学中，形成自己独树一帜的教学风格。

亲和——教师对人友善，内心仁慈，表情阳光，具有亲和力，很有学生缘。平时注意着装得体，保持仪态优雅，在课堂上我总是面带笑容，循循善诱，润物细无声。学生们都很喜欢我的课。

简约——体现在授课老师对整节课的主题设计，导入深入浅出，条理清楚，讲解层层剖析，环环相扣，论证严谨。用思维逻辑吸引学生的注意力，用理智控制课堂教学进程，能生活化地解读和呈现教材，立足学生的生活视角，从学生的生活情景出发。把抽象的理论说通俗，让学生听得懂，教师用最简洁的方法和手段，让学生读懂理论，读透理论，通过简洁的点拨，让学生悟出教材之理。

智慧——在课堂上表现出极强的应变能力，不断变换方式，想方设法与学生沟通，调动学生情绪，随机应变。以其聪慧练达的教学智慧，游刃有余地运用课堂读心术，阅读学生，引导学生，激发学生潜能，从而促进新的教学生成，出色完成教学任务。

 我的成长历程

情怀九中，守望教育的田野

一、初为人师，站稳讲台

大学毕业后，我被分配到江门九中任教，初入职场的我对教学工作满腔热情，做任何事情都精力充沛、活力四射。初为人师的我，觉得自己身上责任重，于是在心里暗暗下决心，一定要做好老师。"拒绝平庸，要做就做最好，一定要在江门政治教育界拥有自己的一席之地"成为我事业的奋斗目标。要实现这个目标，必须要有同等的付出。我首先要将自己的课上好，为了备好每一节课，我要查找各类资料，辞海、政治参考书籍常摆满案头，我对教学工作充满了热情。但是激情有余而经验不足，教学过程中出现了不少困惑。比如，教师辛苦地教，学生辛苦地学，但是教学效果并不理想，陷入了"教师苦教，学生苦学"的困局中。如何改变现状，走出一条不一样的路呢？我思来想去，与其沦陷，不如奋起。我决定向经验丰富的老教师请教，请他们来听自己的课，让他们对自己的教学设计、课堂管理提出宝贵的意见，并根据他们提出的意见和班级的实际情况，不断调整教学设计，改善教学方法。每天对自己的教学进行反思，总结教学经验，主动学习优秀教师的教学技巧，边教边悟。凭着不懈的努力，认真的工作态度和扎实的专业基础，我在课堂教学和班级管理方面渐渐走上了正轨，体会到初为人师的快乐。我的课深受学生的喜爱，我带的班级获得"标兵班"和"文明班"称号。1990年，学校举办的35岁以下青年教师优质课比赛，我获得一等奖；1993年获得江门市江海区思想政治课青年教师优质课评比一等奖；1994年又获得江门市思想政治优质课现场教学评比活动二等奖；1997年被评为"江门市直先进教育工作者"。

二、潜心教学，加快成长

经过10年的教学实践，教学的成功给我带来了很大的鼓舞。我时常反思自己的教学行为，深入分析传统教学模式的利弊：怎么样才能使教师教得轻松，学生学得轻松呢？怎么样才能最大限度地提高课堂教学效率呢？类似的教学问题久久萦绕在我的脑海中,挥之不去。

我深入分析和研究传统教法,目睹种种落后的教学状态,我从内心想改革,于是我便悄悄地开始从教学经验和教学反思中整理教学改革的做法。当时我任科组长,我便把自己总结出来的"四环节开放式"教学模式与科组老师分享,主动承担各类公开课、研讨课,得到江门市当时的政治教研员董群卿的肯定与赞扬,并与董老师一同编写《江门市中考政治复习指导》教辅书,在五邑地区发行使用,得到好评。

此外,董老师还鼓励我承担市级课题"政治课导学法""谈话式讨论教学法"的专题试验,带领科组老师经过三年试验,取得预期成效。政治课深受学生的喜欢,学生的学习效率也得以提高,成绩大幅度提高,中考成绩连年攀高,政治科成为学校的拳头产品,学校全力打造,学生感到满意,家长也感到满意。学校大力支持我的教学改革工作,我崭露头角,我的教学能力、教研能力和教学成果得到江门市教研室领导和同行们的高度肯定,我也多次在中考备考会上发言,并组织全市青年教师公开课比赛。2000年,我还兼职担任教研员角色,主持全市政治科教研活动。

三、学习研究,突破自我

从2001年起,我开始担任学校行政工作,先后任教导副主任、教导正主任、教学副校长。因此,我不仅要上好课,还要参与学校的教育教学管理工作。角色的变化,任务的增加,使我面对学生的时间有所减少,顿时感到压力。为了使自己的教学工作能顺利开展,在全体教师中树立威望和号召力,我总是高标准严格要求自己。于是,我潜心钻研教材,从学生生活实际出发,精心设计每个教学环节,大胆地把叙事教学法运用到思想品德课中,以叙事引起学生兴趣,以叙事激发学生情感,以叙事促进教师成长。在课堂教学实践中,我逐步形成叙事教学法的"六五"教学模式,并作为市级课题立项,现已进入结题阶段。

随着教育教学的不断发展,我越来越意识到"教师即研究者",这已成为教师专业发展的重要理念,因此,在做好一个教师的同时,我也在努力做一个研究者。我先后参与3个省级课题和1个市级课题的研究,还主持广东省教育科研"十二五"规划"合作办学视角下的思想品德叙事教学法的研究",并于2016年12月结题。课题取得的成果有:出版《合作办学视角下的思想品德叙事教学法的研究》专著1本,论文集《在叙事教学中探索成长》《课题成果集》;12篇论文在省一级刊物发表,优秀课例10节(刻光盘),并获得江门市教育教学成果优秀奖。我将课题研究和教学实践紧密结合,审视自己教学上的点点滴滴,慢慢发现自己在课堂教学中善于把抽象的理论讲得通俗,让学生听得懂;用最简约的方法和手段让学生读透理论;通过点拨,让学生悟出教材之理。关注每位学生,营造和谐氛围,倡导有效参与,平等对待学生,阅读学生,引导学生,激发他们的潜能,以聪慧练达的教学智慧，游刃有余地运用课堂读心术，出色完成教学任务。逐渐地，我在不断学习与提升实践锻炼中形成亲和、简约、智慧的教学风格。

四、辐射引领，名师作用

2012年，我成为广东省教师工作室主持人，作为省、市级骨干教师的导师，我经常问自己：我到底能为团队成员及学员做点什么？能使团队成员及学员学到什么？我把自己定位为既是团队成员的导师，也是团队成员的朋友，我应倾情倾力，毫无保留地指导学员学习，转变他们的教学理念，加快其专业成长。作为导师，我紧紧围绕初中思想品德课新课程改革和思想品德教师专业成长与发展两个方面，按照"理论联系实际，实践为主"的要求，分别给学员奉上"如何做出自己的个人专业发展规则""如何建设高效课堂""如何观课，评课""怎样才能成为一方名师"等精神大餐。我还给他们上示范课，同时全程听学员们的汇报课和研讨课，并及时从课堂教学组织管理、教学技术应用、教学风格、教学特色等方面进行点评，全方位对学员进行培训和培养，使他们在思想上有"骨干教师"的新概念，在行动上有"骨干教师"的新行动。工作室是一个"有梦想的绿洲"，在更新教学观念，改进教学行为与方式，开展小课题研究，精读名家名作等方面，我尽量为学员之间搭建起了平等交流与合作互助的平台。为提高学员专业素养和教学实践的能力，我还给学员开设名家讲座、示范评点、观课议课讲座，理论联系实际。我还常常现身说法，介绍自己20多年来的教学与研究经验，既有理论的指导，又有实践的印证，解决了大家在教学工作中遇到的不少困惑。

在我的指导下，很多骨干老师成长起来，学员谢秋通被评为"中山市名教师"，谢晓春成为省"百千万人才培养工程"学员，梁成柱成为珠海市优秀教师。

▶▶ 我的教学实录 ▶

《珍爱生命》教学实录

【教学依据】

2008年5月12日，四川汶川爆发了8.0级大地震。这次地震，没有任何的预兆就这么突然降临了，这一刻，我们发觉生命真的好脆弱，生离死别只是一瞬间，无法预料和想象。开展"珍爱生命"这一主题活动，主要是通过各种活动及图片，要求同学们了解人类生命是独特的，感受生命之美；学会尊重生命，珍爱生命，积极向上，充分利用有限的今天，努力学习和工作，在劳动创造中实现人生的价值，延伸生命的价值。我们借助汶川地震后所发生的感人事例，结合学生认知实际，自编了《珍爱生命》这一课。

【教学设计】

设计珍爱生命活动方案、黑板报、诗歌朗读典型事例、手抄报、讲故事、手语表演、成立志愿者小组等活动形式。

【教学过程实录】

[导入新课]

情境体验：随着清脆的童声《让世界充满爱》和一张张受灾同胞的图片，使同学们很快进入庄严、肃穆、宁静、感伤的氛围，之后，播放诗朗诵《孩子，快抓紧妈妈的手》。

师：邀请邓文超同学饱含激情地为大家朗读文章《默哀的力量》。

师：同学们，刚才观看影片及聆听朗读，有何感受？

生：我们要将默哀的悲痛化为一种力量，我们应感恩，庆幸我们还活着。面对各种危机，应珍爱自己的生命，不轻率否定自己，在生死的边缘，与死神抗争。

师：回答得好！我们要学会尊重生命，珍爱生命，对自己的身心健康负责，不轻言放弃，不丧失生的希望。尊重、善待他人生命，不侵害他人的生命和健康，当他人遭遇困境需要帮助时，尽自己所能伸出援助之手。

[讲授新课]

1. 板书：理解生命的可贵

师：请同学们打开课本，从课本列举例子中找到关于生命的观点。

生：人类来自大自然，是大自然进化的结果。

生：每一个生命都是独特的、有价值的。

2. 板书：体验身边珍爱生命的典型事例

放映本班彭伟同学患白血病，在病床上，仍坚持一边化疗，一边自学功课的感人片断。

师：彭伟同学是怎样与疾病做斗争的？

生：当生理和身体出现病患时，不应轻率地否定自己。要坚强，要有与疾病做斗争的信心。

师：回答得真好！

师：我们可以为彭伟同学做些什么呢？

视频播放学校老师和同学们为彭伟同学捐款的图片，同班同学为彭伟所做的祝愿卡片和礼物。

师：同学们，彭伟同学的事例体现了什么精神？

生：在面对各种危机的时候，能够珍爱自己的生命，对自己的身心健康负责。

3. 板书：感情升华，珍惜现在就是拥有幸福

视频放映谭千秋老师的事迹。

师：同学们，分组探讨谭老师在灾难发生之时，为什么能用自己的身躯去挽救四条生命？他的生命价值体现在哪些方面？

师：分组讨论后，请同学们谈谈自己的感想。

生：为国家、为社会、为他人多做贡献，延伸自己生命的价值，这是珍爱生命的最高表现。

师：同学们的发言是那样的真诚、发自内心，特别是苏韵清同学，在发言快结束时忍不住激动地哭了。

PPT展示一个个典型事例：在这次抗震救灾中，有3个小学生彼此鼓励，并在地震发生90个小时后获救；在地震中受伤，满身鲜血，还执意要求上学的绵竹的一个小学生；在地震中依旧打着手电筒看书克服恐惧等待救援的小女孩。

师：这一幕幕珍惜生命的事例，同学们能表达出自己对珍爱生命、善待生命的体会吗？

生：我总觉得，生命本身应该有一种意义，我们绝不是白白来一场的，所以，即使我们的生命对于宇宙天地之间来说不过是一个"忽然"，我们也要活得有价值，即使做颗流星，我们也要在天地间绚烂一次！

生：珍惜现在就是拥有幸福。

师：同学们总结得很好，能深刻理解生命价值内涵。

4. 板书：生命是父母赋予，学会感恩

视频播放在赈灾过程中很多关于母爱伟大的事例。

师：请黄雯雯同学主持，要求同学们用5秒钟想一想，我们的妈妈为我们做过的事，再用10秒钟想想我们为自己的家人做过的事情。请大家踊跃发言。

生：在这个世界上，为我们付出最多的就是父母。

生：父母赋予我们生命，给我们衣食和爱抚，给我们殷切叮咛和期望，把无私、博大、永恒的爱洒向我们生命的整个旅程。

生：对父母的养育之恩，我们要以爱和孝敬来回报，应该把对父母的爱化为孝敬的实际行动。做到努力学习，不辜负父母的期望；关心父母的身体健康，主动承担力所能及的家务；换位思考，体谅父母；多与父母谈心，多聆听，分担父母的烦恼。

黄雯雯小结：我们除了要珍惜、爱护我们的父母外，还要珍惜的人有很多，如知心朋友、同学、和蔼可亲的老师，以及帮助过我们的人。这些人都值得我们去珍惜，让我们一起珍惜生命。

师：实现人生的意义，提升生命的价值，我们在日常生活中该怎样做呢？

生：认识生命的意义，保持乐观的人生态度，追求积极向上的人生目标。

生：珍惜时间，珍惜生命，努力学习，不断提高自己的综合素质。

生：永不放弃生的希望，勇敢面对困难，承受生命中的不如意。

生：珍惜自己和他人的生命。当他人遇到困难时，主动伸出援助之手。

生：学会从自己日常的点滴小事做起，实现人生的意义，通过自己的实际行动去创造生命的价值。

生：努力为国家、为社会、为他人多做贡献，延伸自己生命的价值，这是珍爱生命的最高表现。中学生可以通过踊跃捐款、争当志愿者等实际行动为社会多做贡献。

5. 板书：设计"珍爱生命"主题活动方案

PPT展示：

（1）活动目的：在引导学生尊重生命的基础上，进一步鼓励学生珍爱生命、善待生命，从积极方面来阐述生命的宝贵，培养学生积极、乐观进取的生命价值观，以珍爱生命、善待生命的行动去建立自身与他人、自身与社会的良好关系。

（2）活动形式：讲故事、演讲、手语表演、黑板报、手抄报、发短信和成立志愿者小组。

师：今天我们举行珍爱生命主题活动，邀请苏韵清同学担任主持。大家鼓掌欢迎。

苏韵清同学：各位同学，谁能讲一个在地震中发生的感人故事，与我们共同分享？我们分组推荐，第一组推荐谭天伟、梁旖敏同学讲故事，大家欢迎。

生：下面有请邓颖文同学做《感动、爱心、责任》演讲发言。

生：下面邀请我们班4位女同学为大家表演《因为爱》的手语，好吗？

生：好！

生：现在由苏颖妍、杨贤君两位同学组织全班同学参与《尊重生命、珍惜生命》黑板报比赛。

生：两位主持人在课室黑板上向同学们现场展示本主题黑板报，并对构思做了详细解释。

师：两位主持人水平很高！

生：请同学们为灾区的小朋友拟发两条有关"珍爱生命"的短信，要围绕"珍爱生命"主题。

生：永不言弃，生命在，希望就在。

生：生命中可能会刮风下雨，但在我们心中拥有自己的一缕阳光。

生：大灾有大爱。

师：本节课通过丰富多彩的活动形式，让同学们明白：

人的生命是独特的，我们要学会感受生命之美，学会尊重生命，珍惜生命，善待生命；懂得珍惜自己的生命，在任何情况下都不放弃生命，没有人有权利伤害自己的身体和生命，每个人都应善待自己的生命，自觉地远离各种伤害源，掌握自我保护和灾情自救的方法和技巧。当他人遇到困难时，主动伸出援助之手，学会从日常小事做起，努力为国家、为社会、为他人多做贡献，延伸自己生命的价值。活动让每一个学生的个性得到张扬，让学生明白珍惜生命的可贵，珍惜现在就是拥有幸福。

6. 板书："珍爱生命"活动的延伸

师：举办"珍爱生命"为主题的手抄报画展，以小组为单位，完成手抄报。

生：争当志愿者，成立志愿者小组，以实际行动为灾区捐款，多做贡献。

师：为提高师生对地震灾难的了解，在下周班会课中，我们特地邀请法制梁校长为师生做"珍爱生命、学会生存"地震自救知识讲座，并对地震自救时的方法和动作做形象模拟演练。

师：希望班中小记者（通讯员）积极投稿，争取《珍爱生命》优秀文章选登在校刊上和《江门日报》青苹果栏目。

我的教学主张

思想品德课因叙事而绽放异彩

我们每个人都是在听故事中慢慢长大，故事除了具有趣味性以外，还富有哲理性。一个个生动而富有哲理的成语故事伴随着我们从童年一直走到今天。当我选择了教师这一职业后，慢慢地我发现我的学生仍传承着我们的特性，仍然像我们小时候一样喜欢听故事。本来我教的学科在学生们看来是一门枯燥、难记、理论性强的道德与法治课。为了提高课堂效果，我慢慢地尝试与探索，发现课堂可以与故事整合，并就此带领我的团队申请立项了省级课题"合作办学视角下思想品德叙事教学法的研究"，这个课题已完成结题，我们以课题命名的专著也出版了。我也引导自己的学生讲故事、编故事，这种叙事教学模式让学生学习思想品德的积极性不断提高。

我希望把学生引领到阅读的道路上，于是发动我的团队动笔编写故事，为学生的课堂学习提供有效的资料。直到今天，我们编写了大量的故事，并作为校本教材在学校传阅。学生在阅读大量故事之后，也迸发了自己创作的欲望，他们尝试着改编老师的故事，从社会实践中提炼故事，学生的创作能力和发散思维得到很好的锻炼。就这样，学生从听故事—读故事—写故事的过程中，对枯燥的道德与法治课产生了浓厚的学习兴趣。

要想让"讲故事"在道德与法治课堂中发挥更大的作用，仅仅通过精彩的讲解是不够的，于是我们就把表演运用到道德与法治课堂教学中去。表演可以是多样性的，表演也能够使故事的寓意更加明朗，更能使学生加深对理论的认知。例如，我在讲《诚实守信》这一课时，我就设计了一个身患绝症的病人就医的场景，学生在道德与法治课中，在扮演医生、患者、患者的家属的过程中亲身体验诚信与善意谎言、隐私的关系。把教学内容情景化，让学生有身临其境的体验，积极主动地参与课堂教学活动。这种情景剧场不仅使枯燥的理论知识更加通俗化，而且还培养了学生的心智，增加了学生的爱心。

1. 学生因叙事而和谐

《初中思想品德课程标准（2014版）》重视对学生实际语言运用能力的培养，强调从学生的学习兴趣、生活经验和知识水平出发，倡导体验、实践、参与、合作与交流的学习方式。特别是我们结合自己学校的实际情况构建了"六五"教学模式（市级立项课题），这种教学模式必须以小组合作为基础，再利用小组合作这个平台讲故事或表演故事。因为无论是讲故事还是表演故事，单独一个人是不能完成剧情的，必须通过几个人的分工合作才能完成。学生在合作过程中，互相帮助，通力合作，整体能力都有所提升。在小组合作的过程中，我还发现一个有趣的问题：那些平时比较调皮、好动的同学，他们的表演能力比较强，女生讲故事的情感渲染能力优于男生，男生对故事的理解分析归纳能力优于女生。基于此种原因，我一般安排语言表达能力强的同学负责故事的编写，表演欲较强的同学负责表演，女生负责讲故事，男生负责故事的解析及理论的总结。通过小组合作，我引导学生亲自去体验和获得知识，他们学会了取长补短，学会了男女生怎样正确地交往。同时，他们在合作的过程中形成了互相帮助，善于体谅别人的和谐人际关系。可以说，学生因叙事而和谐相处。

2. 师生因叙事而共生

思想品德这门功课，不仅要提高学生的思想道德素质，而且还要提高学生分析问题与解决问题的能力。学生在收集资料、整理资料、编写故事的过程中抓住材料的有效信息，这就是我们通常所说的抓住关键词，这对学生分析材料、解决问题是非常有益的。我经常带学生去图书馆、阅览室、书店、公益性电子阅览室，指导学生收集、甄别及筛选材料。有些材料从内容的角度与教材知识相吻合，但不适宜用来讲故事或者用来表演，为此我就指导学生改编这些材料，把一些复杂的、难以理解的词语或情节改成通俗、易懂的故事。在改编的过程中，既锻炼了学生的想象力，又提高了学生分析和积累素材的能力，学生之间的合作、协作能力更是有所提升。随着岁月的推移，我面对的学生不断变化，学生的视野及认知能力也不断提升，网络用语不断呈现，如蓝瘦（难受）、香菇（想哭）等。为了适应不断变化的学生，我必须阅读广泛，收集大量网络用语，走进学生的内心深处。而我也在与学生讲故事、编故事、演故事的过程中更新了知识，提升了自身的业务水平和素养，从而实现了师生的叙事共生。

3. 学生因叙事而和乐

对于一个处于青春期的未成年人来讲，周而复始、千篇一律的作业简直是一种折磨，造成老师难、学生难、家长难"三难"问题。为改变这种困境，我大胆地进行改革，布置学生在家编故事、讲故事、演故事，学生非常喜欢这样的作业。他们觉得是在玩耍，而不是在完成老师布置的作业。有的家长为了表演的需要也参与其中，通过这种亲子活动，增进了子女与父母之间的交流，解决了独生子女的情感问题，这也是我们思想品德课课标的应有之义。学生从表演中得到巨大的成功感，家长把参与表演作为与子女沟通的一座桥梁。我曾碰到一个学生，平时沉默寡言，很害羞，不敢与人交谈。为了增加他的自信，我单独安排一次由我参与的故事表演，他为我的表演开怀大笑。我发现这个孩子非常喜欢表演，但是由于处于单亲家庭，性格非常孤僻，害怕出丑。于是我就通过教材的自立、自信、挫折等知识点，让他参与改编故事、表演故事，加大了对其进行优秀心理品质的渗透及培养。为此我单独买来一个玩偶，我告诉他这就是你的朋友，每天你可以把我们改编的故事讲给玩偶听，要不然玩偶就生气了。过了一段时间之后，据家长反映，这个学生回到家经常让家人观看他与玩偶的故事表演。学生的自信不断增强，讲故事的能力也不断增强。让学生找到课后作业的快乐，学生因叙事而和乐。

4. 学生因叙事而共进

学生注意力的集中是有限的，据实验证明，一节课学生高度集中的时间仅仅为15分钟，教师要把最重要的知识在15分钟之内完成。传统的做法是让学生读几遍重要的知识点，枯燥的理论知识读久了就会令学生产生厌倦。如果我们通过具有深刻寓意的故事加深学生对知识的理解，帮助他们记忆理解枯燥的理论知识，学生就会在快乐中理解运用知识。有时我们把故事编成剧本，由学生分角色扮演，他们在表演中慢慢体会理解枯燥的理论知识，体验到学习是一项有趣的活动，认识到自己在课堂学习中的主体地位，体会到参与学习的快乐。在故事的讲解与表演过程中，既提高了学生的语言表达能力，也增加了学生的自信心。同学们在参与的过程中也锻炼了自己的逻辑思维能力。学生在叙事中能力与知识共进。

从教29年，我一直都在思考一个现象：当我看到学生每天早上6点起床，背着沉重的书包上学，下午6点背着同样沉重的书包回到家，晚上为了完成作业又要到深夜，我感到心痛。但是作为一名基础教育工作者，仅以一人之力难以改变这一状况，我唯一做到的是让我的学生享受我的课堂，让学生在自由的环境下汲取知识，培养学生的参与意识。我的课堂强调趣味性、启发性、自主性、参与性、创造性，营造"和谐共生、和乐共进"的学习氛围，鼓励学生大胆质疑，激发他们的求知欲望，挖掘每一个学生的潜能，用我的叙事教学"医治"了一个个"学困生"。让学生自由全面的发展，实现学生核心素养的形成。我的道德与法治课堂也因叙事教学绽放异彩。

他人眼中的我

一、教研员评价

谢老师的教学彰显出的是精深的专业知识，开阔的人文视野，深厚的教育理念和对教育事业执着的热爱。

（江门市教研室政治教研员 张东萍）

谢老师的课流畅自如，深入浅出，平易近人，循循善诱，水到渠成。不夸张，不做作，不虚张声势。她以自然、轻快、亲切的风格，轻松地串起整节课，轻松却又内涵深刻，给人的感觉是，小故事，大道理。

（江门市蓬江区教研室副主任　伍咏苗）

二、科组老师评价

谢老师每一堂课都能以其聪慧练达的教学机智，游刃有余地运用课堂读心术，阅读学生、引导学生，激发学生潜能，从而促进新的教学生成。

（江门市第九中学政治科组长　国华文）

三、工作室成员评价

谢萍老师的教学风格：

讲台形象——精神抖擞、充满自信

教学思路——条理清晰、脉络分明

语言表达——生动严谨、机智幽默

解题指导——启发灵活、方法巧妙

培优辅差——定位准确、推进有效

（江门市陈白沙中学副校长　叶振康）

讲课亲切自然，精于技巧，充满机智，各种教学方法信手拈来，运用自如，恰到好处，将对教育的热爱和追求融于对学生的关心、教导和期望中。

（江门市第八中学教导处主任　林摘星）

四、学员的评价

谢导师是一位将"教育与生活"完美结合的名师，是一位将"课堂与人生"完美结合的名师。

（2014年广东省中学政治骨干教师　马群秀）

五、学生的评价

谢萍老师在七年级时便让我们进行小组学习，八年级时注重答题的方法，她上课风格风趣幽默，亲切和蔼，对知识点有非常独到的理解，传授知识简约有趣，善于以个人经历和日常生活与枯燥的知识点相结合，应变能力强，常以有趣的故事激发我们的学习兴趣，是智慧型的良师。

[2016届九（7）班　甘润华]

谢老师的课堂从不缺少乐趣，一个个枯燥无味的政治术语被谢老师解释得妙趣横生。谢老师的循循善诱，让我们即使从一个小故事，也能明白做人的道理，真正将思想品德教育与我们生活融合在一起。小故事，大道理。

[2016届九（7）班 叶慧]

谢萍老师治学严谨，要求严格，她擅长根据课本知识结构的特点，突出重点，层次分明。授课时善于利用生活实际，举例丰富，课堂气氛活跃，老师亲切的笑容，让我们忘记累，整节课学下来人人都有收获，让我们充分感受到老师幽默风趣、亲切智慧的人格魅力！

[2017届七（7）班 邓然]

亲和　轻松　倾心

● 江门市江华小学　谢国刚（小学音乐）

● **个人简介**

　　谢国刚，小学音乐高级（副高级）教师。先后被评为"南粤优秀教师""广东省'百千万人才培养工程'名教师培养对象""江门市名教师""江门市首批'教育专家'培养对象"。现担任蓬江区中小学音乐兼职教研员。受聘江门市合唱协会副秘书长、蓬江区艺术教育委员会副会长。

　　先后主持广东省教育科研"十三五"规划研究项目等5项省级课题，1项江门市教育科学"十二五"规划课题研究。有28篇教育教学论文分别在《山东教育》等省级以上期刊公开发表。曾受邀到杭州、广州、梅州、佛山、韶关等地市上示范课和做专题讲座20多次。个人参加教学基本功比赛、教学竞赛以及辅导学生参加各类艺术比赛，荣获省、市级一、二等奖达30多次。

▶ 我的教学风格 ▶

　　音乐教育作为素质教育的核心学科，既是审美教育，更是一种生命教育。通过音乐教育，能使人的情感升华、心灵净化。而音乐是一种情感艺术，可以培养学生的审美能力，在情感、态度、价值观方面得到全面提升，进而使学生养成对生活积极、乐观的态度和对美好未来的向往与追求。作为一名怀揣艺术梦想的教师，我有着乐观的人生态度和积极上进、勇于探索的工作作风，以及对教育事业执着的追求，对学生有着一丝不苟的爱。始终坚守在音乐教学第一线的我，躬行践履，乐于做、善于做、精于做。经历了"积淀酝酿—摸索探究—反思提炼—完善成型"这一个过程，逐步形成了"亲和、轻松、倾心"的个性鲜明的教学风格。

　　一、亲和

　　阳光乐观的我，在教学中，用亲切自然的教学语言，构建出平等和谐的师生关系，让孩子们跟我维持着亲密无间的伙伴关系。从上课的第一分钟开始，我就让孩子们保持着高度的注意力，从而确保整节课的教学实效。课堂教学中，我关注课堂生成，用心倾听学生的需求与心声，关爱每一位学生，把握他们的共性与个性，及时捕捉学生迸发的思维火花，给予学生更多的自主探究学习的主动权，最大限度地让孩子的兴趣爱好得到释放。

二、轻松

优美动听的音乐，能拨动人们的心弦，触及人们的灵魂。我的音乐课堂，营造出轻松愉悦的学习气氛，课堂成为孩子们"欢乐的海洋"，犹如能在其中自由奔跑的大草原。我让孩子们尽情演唱、舞蹈和演奏，充分地激发学生学习音乐的兴趣和热情，通过"乐学—巧学—会学"的学习过程，真正达到"学中玩""玩中悟"，学生在轻松自由的学习氛围中，充分地展示自我才华。在获得美的享受和愉悦的同时，树立学生的自信心和正确的人生观、世界观。

三、倾心

严谨务实的工作作风和使命感，赋予我对音乐教育事业的挚爱之情。对于一个致力于小学音乐教育"制高点"的追梦者，我一直在为打造高效音乐课堂而努力。为了上好每一节课，为孩子们提供优质的音乐教育，我潜心研修音乐新课程标准，掌握最新的教育教学理念动态，引领教育课程改革潮流。我的音乐教学活动坚持"以学生为主体，以音乐为线索，以核心素养为中心"，让学生通过感知、体验与创作，倾心打造出孩子们最爱的音乐课堂。

我的成长历程

酷爱音乐，执着追求，倾心育人，乐海扬帆

一、对音乐的挚爱之情，练就扎实的专业基本功

当我领取到广元师范学校录取通知书的那一刻，就注定了和教师结缘。"德高为师，身正为范"是我就读的四川省广元师范学校的校训，立志成为一名德才兼备的人民教师，是我儿时的梦想。由于从小就非常喜欢音乐，中师的三年里，我对音乐专业学习达到了痴迷的状态。当其他同学课余在校园漫步、结伴游玩时，我总是钻进"琴房"刻苦练琴，很快我就在同学们中脱颖而出，成为广元师范学校学生会首位男文艺部长。中师毕业时，我幸运地被推荐参加四川省高考音乐类专业统一考试，与来自全省各地市师范保送生同场竞技。最后，我以专业成绩第一名，在全省仅有的10个名额中占有一席之地，成了广元师范学校历史上第一个音乐专业保送生，敲开了四川省自贡高等师范专科学校的大门。步入梦寐以求的大学校园，对未来充满无限遐想，我再一次投入到"忘我"的专业学习之中。每学期的专业考试，我总是稳居全年级前三名。课余，我就积极参加各种社团活动，担任音乐系学生会主席和班长职务，使我的组织、管理、协调能力得到很好的锻炼和提升。

二、情有独钟结缘于江门，教育梦想由此启航

1998年大学毕业，我怀揣教育梦想，来到广东这片美丽富饶的土地。从第一天踏入五邑侨乡——江门这片土地，我就深深爱上了这里的人文和自然环境。

我和我的第一个工作单位——江门市蓬江区白沙小学，还有一段"浪漫情缘"。当初我南下广东找工作，提交求职申请书到江门市内某小学，但遗憾的是这所学校不需要音乐教师。一个偶然的机会，我的这份求职书落到时任白沙小学校长陈忠的手上。凭借在大学担任音乐系学生会主席、班长，专业成绩名列全级前列等信息，我得到了陈忠校长的青睐，他写了封信邮寄到我的大学，诚邀我来白沙小学任教。在当时网络不发达的年代，对白沙小学毫无半点了解的情况下，我依然坚定地选择了来这所学校任教。我深信，自己一定能够做一名优秀的音乐教师，得到领导和同事的认可。这，就是我和白沙小学的缘分！

三、初出茅庐显身手，做音乐荒漠的"开荒牛"

在白沙小学任教13年的这些日子里，留下了我青春美好的记忆，初登讲台的青涩，至今还记忆犹新。望着孩子们一双双渴求艺术的眼睛，我满怀激情地投入忘我的工作中。每周20节常态音乐课，再加上器乐、合唱兴趣活动课，每天"连轴转"的工作状态，使我感到充实而快乐。在教学中，我大胆采用激趣创新教学法，使孩子们逐步"迷恋"上音乐，学校的艺术氛围逐渐变得浓厚起来。一些以前从不重视子女艺术培养的家长，也主动为孩子买各种乐器，给孩子们创造了良好的艺术学习的条件，校园到处洋溢着优美的歌声和琴声。

在我精心耕耘下，学校的各项艺术比赛捷报频传。在每年江门市和蓬江区中小学生艺术节声乐、器乐、舞蹈比赛中均荣获一等奖。学校艺术团频频在江门市各类文化活动中崭露头角，先后在江门市"侨乡艺术节"开幕式、江门市"创建国家环保模范城市专题晚会"、江门市"抗战胜利60周年专题文艺晚会"、江门市政府接待"东盟十国国家领导人会议"等各种大型文艺活动中闪亮登场。《江门日报》曾对我进行了专题采访，以《用心吟唱同一首歌》为题，介绍了我在教学中所取得的丰硕成果。一系列的突出业绩，得到领导、同事们的赞许和肯定。2002年9月，我被评为"蓬江区优秀教育工作者"，2003年9月又被评为"江门市教坛新秀"。2003年11月，我被评为"广东省艺术骨干教师"，并晋升为小学音乐高级教师。

四、磨炼专业显诚挚，乐于奉献谋发展

作为一名艺术学科教师，扎实的专业基本功是在教育教学中取得佳绩的有力保障。为了掌握教学艺术精髓，对学生产生强大的魅力，我不断加强自身道德修养和文化素质以及基本功的锻炼和磨炼，博采众长，锲而不舍，持之以恒。工作的第一年，我刚好赶上江门市举办首届中小学音乐教师基本功比赛，比赛设有钢琴独奏、声乐独唱、舞蹈或第二乐器、钢琴即兴伴奏、学具乐器、音乐欣赏和教育理论六个项目，赛前我认真准备，每个项目都不敢怠慢，争取做到最好的自己。在蓬江区的选拔赛中，我以第一名的成绩入围江门市的决赛。在市赛中，我又以钢琴独奏、学

具乐器两个单项第一名的优异成绩获得了全能一等奖的佳绩。当然,我的目标是向省赛进军。2005年,我代表江门市参加广东省第四届中小学音乐教师基本功比赛,在与全省小学组43名来自各地市选拔出来的优秀选手同台竞技中,凭借出色发挥,我取得了全能二等奖(一等奖仅两名)、音乐理论单项第一名的佳绩,取得了江门市中小学音乐教师基本功比赛小学组历史最佳成绩。

课堂是教学的"主战场",精湛的教学艺术,是一名优秀音乐教师的必备条件。为了上好每一节课,我认真钻研教材,备好每一堂课,关爱每一位学生。在教学中关注学生的每一个眼神、每一丝微笑,洞察孩子们对音乐的感悟与体验,逐步形成了个性鲜明的教学风格,先后荣获蓬江区音乐课堂现场教学竞赛一等奖以及江门市中小学学科精品课评比一等奖等多个奖项。

五、以科研促教学水平的提升,争当教育科研排头兵

为了使自己始终走在教育教学最前沿,掌握先进的教学理念,以研促教,立志成为反思型、研究型、创新型的教育教学能手,是我多年来不懈努力追求的目标。2003年3月,我的教学论文《让学生遨游在七彩的艺术海洋》,在《教育与管理》第5期正式发表了。当看到自己撰写的论文变成了铅字出版在面向全国发行的教育期刊上,我激动了好几天。第一篇教学论文的发表,给了我莫大的鼓励,我满怀热情,开始在教育科研的新天地摸爬滚打,坚持"勇探索、善反思、勤笔耕",先后有28篇教学论文在《吉林教育》《音乐天地》等省级以上期刊公开发表。

从问题到专题再到课题,多年来,我就是这样一步一个脚印,在教育科研之路不断前行。2003年,我主持研究的第一个课题"在音乐课堂教学中培养学生的合唱能力"被蓬江区教育科学规划办公室立项。第一次做课题,一大堆陌生工作,虽然感到捉襟见肘,但我有着一股"冲"劲,摸着石头过河。就这样,我的课题科研实现了"零的突破"。接下来,我先后主持了江门市教育科学"十二五"规划课题、广东省教育研究院教育研究课题、广东省教育科学规划"十三五"立项课题、广东省"百千万人才培养工程"专项课题等8个省、市、区级课题研究,课题成果曾荣获广东省创新成果奖和蓬江区教育科研专项课题成果一等奖。

六、充分发挥辐射引领作用,做青年教师专业成长的"引领人"

2011年8月,我调入了江门市江华小学任教,优质的生源使我在专业发展上"如鱼得水"。此时的我,已经带着南粤优秀教师、蓬江区艺术专业委员会副会长、江门市合唱协会副秘书长等一系列"光环"。学校领导、同事、学生家长们,都对我抱有很大的期望。我深知,在新的单位,只有做出更加突出的业绩,才能不辜负大家对我的期盼。在江华小学工作的6年里,我辅导的各类节目在连续4届的蓬江区中小学生艺术节中均荣获一等奖,在江门市第四、五届中小学生艺术展演中也都荣获一等奖,并代表江门市参加广东省第四、五届中小学生艺术展演均荣获二等奖。

"一枝独秀不是春，百花齐放春满园。"发挥名师的辐射引领作用，促进江门市乃至广东省小学音乐教育教学可持续发展，是我责无旁贷的重任。我多次受邀为广东省音乐骨干教师和广东省全科骨干教师做专题讲座，指导他们如何步入专业成长的"快车道"。在江门市区域内，我多次在江门市中小学音乐研讨活动和蓬江区中小学音乐课堂教学研讨活动中上示范课、做专题讲座。其中，2016年5月，我参加广东省"百千万人才培养工程"名师培养对象江浙沪研修学习活动，执教公开课《甜甜的秘密》，得到杭州市音乐教研员和浙江省特级教师尹丹红老师的高度赞许，充分展示了广东省小学名教师培养对象的风采。由于本人在江门市基础教育的突出业绩和影响力，2015年5月，我受聘于江门职业技术学院音乐表演系和江门幼儿师范学校学前教育系的"教学实践导师"。在我的指导下，一批优秀青年教师快速成长起来：戴妍、吴艳芬、陈俊老师在全省优质课、基本功比赛中取得一、二等奖；刘安兵、李欢、胡剑锋、向昌辉等老师在江门市音乐教师基本功比赛和课堂教学竞赛中取得一等奖。他们已经成长为江门市中小学音乐教学不可缺少的中坚力量，正在为蒸蒸日上的江门市音乐基础教育做出应有贡献。由于本人在蓬江区帮扶青年教师成长中做出的突出贡献，2014年我被评为"蓬江区帮扶青年教师成长突出贡献优秀导师"。

▶▶ 我的教学实录 ▶

音乐综合课《让我们荡起双桨》课堂实录

课型：音乐综合课

课题："让我们荡起双桨"

教材：人教版《小学音乐》四年级第八册第四课（第26页）

教材分析

《让我们荡起双桨》是电影《祖国的花朵》的插曲，这部影片主要讲述了北京一所小学学生相互关怀、共同进步的故事，展示了同学之间的团结友爱之情。影片拍摄于1955年，是中华人民共和国刚刚成立不久后拍摄的第一部反映我们少年儿童校园生活的优秀影片。

这是一首优美抒情的二部曲式的童声合唱，歌曲旋律优美抒情、富有动感。通过学唱和节奏的练习，提高学生的想象力和创造力，在感受美的熏陶的同时，也潜移默化地受到思想教育。

通过演唱、欣赏和活动，找准德育切入点引导学生，今天可以坐在明亮的教室里学习，都是伟大的祖国赋予我们的，我们要时刻牢记热爱祖国。从现在做起，好好学习本领，将来为祖国的发展增砖添瓦，把祖国建设得更加美丽富强！

学情分析

四年级学生在音乐感知、体验、探究的能力上已逐步增强，同学们乐于主动参与音乐活动；在情感、态度、价值观方面有了较为明显的提升，在关注音乐元素、感受音乐内涵方面也较三年级学生有较大的变化。所以，在教学预设中，教师可以大胆尝试比较有深度的创新。

（1）学生认识起点。

《让我们荡起双桨》是一部影视作品的插曲，歌词朗朗上口，易懂好唱。

（2）学生学习障碍。

演唱时的一音多字、弱起小节、附点节奏和前倚音。

（3）学生学习难度。

主要是解决一音多字的演唱问题，而弱起小节、附点节奏和前倚音的演唱方式在之前音乐课教学中都有接触，学生较容易接受。

（4）让这些生活在21世纪的孩子懂得感恩、报恩，让学生在愉悦中德育得到升华。

教学内容

（1）有感情地演唱歌曲《让我们荡起双桨》。

（2）学习歌曲中的弱起小节和休止符。

教学目标

（1）情感态度及价值观。

通过歌曲的学唱和音乐知识的了解，找准德育切入点引导学生，让他们明白今天幸福的生活都是富强的祖国带来的。

（2）过程与方法。

通过聆听、欣赏、创编等音乐实践活动，进行德育渗透。

（3）知识与技能。

初步了解影视音乐，使学生了解影视音乐在影片中的作用。通过学习歌曲，能够用情绪饱满、优美、亲切的声音演唱歌曲。在听、唱、玩中感受喜悦之情，抒发对祖国的赞美、感激之情。

教学难点

一音多字、弱起节奏、附点节奏和前倚音的正确演唱。

教学重点

通过演唱歌曲，理解歌曲所表达的思想感情，教育学生深深懂得我们今天幸福的生活，是伟大的祖国赋予我们的。

教学策略

针对学生年龄特征，本课采用情景教学法和以问题解决为主的教学策略，运用生活中与教学内容相关的情景，设计问题，组织教学内容，提出有启发性的引导问题，激发学生的学习兴趣，积极地参与到音乐活动中来，从而提高课堂教学效率与效果。

教学过程

(1) 快乐起航。

1) 又到快乐的音乐课了,让我们乘着优美动听的乐曲,活动四肢,开始今天的快乐旅程!(播放《春天在哪里》音乐,引导孩子们律动。)

2) 发声练习。

模唱布谷鸟的叫声,师生问好。

【设计理念】用学生熟悉的歌曲音乐做背景,导入新课,让孩子们"动"起来,营造一种轻松、愉快、和谐的课堂气氛,激发学生学习的兴趣。

(2) 情境导入,揭示课题。

1) 通过提问学生是否喜欢去旅游以及去过哪些地方,引出北京北海公园的白塔。

2) 欣赏歌曲,并理解歌词。

描写了小伙伴们在湖面上尽情游玩、嬉戏的幸福的生活场景。

3) 出示课题:"让我们荡起双桨"。

师:你知道首歌是谁创作的?

刘炽作曲,乔羽作词(中国音乐文协主席、著名词作家)。

4) 电影插曲的作用:

电影中的音乐与插曲这两种不同的艺术形式都能很好地配合电影的画面,揭示人们内心的活动,对塑造艺术形象有重要的作用,有很强的感染力。

5) 现在就让老师为大家再现 50 多年前的电影片段,重温美好的童年时代,(播放电影插曲)说说自己的观后感受。

【设计理念】通过对歌曲创作时代背景,词曲作者的介绍,激发学生热爱祖国、珍惜当前幸福生活,使学生感受到生长在中国社会主义怀抱是无比骄傲和自豪的,学生的情感进一步得到升华,进而更把握歌曲情绪。

(3) 感受体验,学唱歌曲。

1) 今天我们就共同学习这首歌,欣赏全曲。(课件播放。)

2) 理解歌曲要素。(课件出示。)

3) 哼唱旋律。

4) 学唱第一乐段旋律。

①0X XX 弱起小节。(课件出示节奏性)

②唱第一乐段旋律,引导学生用有强弱变化的声音演唱。

③课件出示第二乐段旋律,学生用"啦"哼鸣模唱。

④完整演唱歌曲旋律。

⑤突破重、难点:

让学生自己找歌曲的难点。在这首曲子里第四小节有个休止音,其中有三处是弱起小节，最后的"迎面吹来了凉爽的风"的前面有一个半拍休止音；还有一音多字的地方，"天的、悄悄的、安排、幸福的"的正确唱法，整首曲子只要记住这些，其他的地方都很容易。

5）演唱歌词。注意一音多字、弱起节奏、附点节奏和前倚音的正确演唱。对比有倚音和没有倚音两种效果，哪一种好？把装饰音演唱出来，更能准确地表现出孩子们喜悦的心情和天真烂漫的个性特征。

6）逐段学唱歌曲，每次都对学生提出不同的要求。要求学生注意情感的表达，声音要有控制。

7）同学们刚刚看了影片中的小朋友演唱了歌曲，你们觉得我们应该带着怎样的心情去演唱呢？（愉快、高兴。）那我们也带着这样的心情跟着音乐再把这首歌一起演唱一遍吧！（播放音乐。）

【设计理念】新课标中强调音乐是听觉艺术，用倾听的方式让学生感受音乐旋律的美，多方位提高学生的音乐素养。针对四年级学生的认知规律，采用由浅入深的教学方法，以"聆听—模唱—视唱—演唱"循序渐进，不仅强化了弱起节奏，更训练了学生的音色和音准以及对旋律线的把握，是一个从音乐技能到音乐素养的形成过程。

（4）实践综合，思维拓展。

播放电影《祖国的花朵》中演唱《让我们荡起双桨》在北海公园划船的片段。

1）学生跟唱。

2）教师用动作提示，并对学生演唱的声音提出要求。

3）以分小组演唱、男女同学分别演唱等多种形式，完整演唱全曲。

4）引导学生用愉悦的情绪、优美有起伏的声音，有感情地唱（即兴动作）。创造性的表演，活跃气氛，使音乐课堂进入高潮。

【设计理念】形式多样的教学手段，可以让孩子们始终保持高涨的学习热情，通过对孩子们逐步提高演唱要求，让孩子们学会用情感去演唱歌曲。最后加上创编动作，心灵升华。唱、跳、演，三者有机结合，将课堂气氛推向高潮，学生的音乐核心素养得到全面提升。

（5）德育为先，品行导航。

1）这部影片是在中华人民共和国成立后的第六年拍摄的。那时候人们的情感很朴实，全国上下各行各业的叔叔阿姨们都齐心协力、紧锣密鼓地投入中华人民共和国的建设中。小朋友们戴上了鲜艳的红领巾，可以坐在明亮的教室里学习，你们说他们的心情是怎样的呢？（高兴的、幸福的、甜蜜的。）

2）那又是谁给他们安排了幸福的生活呢？想必每个人的心中都早已有了答案，是富强的中华人民共和国，是中国共产党。今天我们可以坐在明亮的教室里学习，都是我们伟大的祖国赋予我们的，我们要时刻牢记热爱祖国，热爱中国共产党。从现在做起,好好学习本领,将来为祖国的发展增砖添瓦,把祖国建设得更加美丽富强!

3)本歌曲既是对生活在中华人民共和国的少年儿童幸福生活的真实描绘,同时也是对少年儿童未来美好生活的憧憬。这首歌词描述了少年儿童泛舟北海欣赏美丽的自然风光的情景,抒发了少年儿童热爱生活、热爱党、热爱祖国的真挚感情。我们从现在开始,努力学习,将来争做祖国的栋梁之材!今天,我们在这里尽情欢乐;明天,老师愿同学们能乘着歌声的翅膀,扬帆远航,去实现自己心中的梦想。同学们唱着优美的旋律,愉快地结束本节课!

【设计理念】《小学音乐课程标准(2011版)》明确指出,音乐课程教学的总目标中"情感、态度、价值观"是音乐教育所要关注的重点。通过歌曲中所表现的对美好生活的赞美和歌颂,培养学生的爱国主义情感;在音乐实践活动中,培养学生良好的行为习惯和宽容理解、互相尊重、共同合作的意识,增强集体主义精神。

▶▶▶ 我的教学主张 ▶

以人为本,让音乐课堂成为孩子们"成长的乐园"

《小学音乐课程标准(2011版)》的教学理念指出:"学生是课堂教学活动的主体,是课堂教学的核心。"我的教学主张是"以人为本,让音乐课堂成为孩子们成长的乐园",一切音乐教学活动,均围绕调动学生学习积极性、主动性,充分发挥学生的主体地位,让孩子们"乐学""会学""趣学"。

1. 结合年龄特征,培养学生的好奇心和求知欲

兴趣是最好的老师,离开了对音乐的兴趣和感情,就达不到音乐教育的目的。在音乐课堂教学中,我通过营造愉快和谐的教学气氛,经常把上课地点由音乐室转移到舞蹈室,让孩子们不仅学到音乐知识、技能,同时也受到美的熏陶。"好动"是孩子的天性,我的教学经常以律动的形式,来激发孩子们学习音乐的兴趣。将音乐中的节奏、音色、音高等元素渗透在活动中,使学生在"玩"中感知、理解音乐,符合小学生好奇心强、好玩、活泼好动和想象力丰富的年龄特征。同时,我还非常注重让孩子们自由表达对音乐的感悟体验过程,让他们大胆地"说""唱""跳""演""奏"等。在教学过程中,通过合理的设置教学难度,循序善道,激发学生的好奇心和求知欲,逐步走进音乐殿堂。

2. 凸显学科特点,重视音乐实践和鼓励音乐创作

音乐学科的特点之一就是需要学生参与,无论是对歌曲演唱的学习还是对一些音乐知识的学习,都需要学生积极地参与进来。学生在参与的过程中才能真正地掌握知识,能够更快、更深刻地掌握所学内容。同时,教师也能及时地发现学生所存在的问题。因此,在教学中,我要大胆地鼓励学生展示自己,尽量让每一名学生都有展示自我的机会，真正让学生成为课堂的主人。

立足音乐元素，我积极培养学生的创新能力与想象力，让学生在学习音乐知识的过程中真实体会到音乐的情感内涵，同时，也表达出自己对音乐的情感理解。音乐课的教学过程就是音乐的实践过程，不同学生对音乐作品的理解和想象力都会有一定差异。将音乐与舞蹈、音乐与身体律动结合在一起，引导学生积极思考进行创编。倡导以小组为单位，让同学上台展示自己的创编成果，通过搭建这个学生展示的平台，让学生在律动中充分感受创作的成功感，也为孩子们创造了展示自我的舞台。

3. 丰富情感体验，培养积极乐观的生活态度

音乐是听觉、情感和时间的艺术。在教学中，我会将音乐中的节奏、节拍、速度、旋律、力度、和声、音色等各种音乐要素，围绕塑造音乐艺术形象而服务，将丰富学生情感作为核心进行教学设计，从而培养学生的音乐审美能力的形成和发展。

音乐也是人类情感和精神生活的创造表现。小学音乐课程是以学生的生活经验为线索来组织学生学习音乐的。在教学中，我坚持以审美为核心，在教学过程中，我通过鼓励学生大胆发言、积极参与、主动提问等方式，注重学生的生活体验和情感体验，引导他们对音乐表现形式和情感内涵的整体把握。

4. 面向全体学生，尊重学生音乐学习个体差异

在我的音乐课堂中，我善于发现每位孩子的闪光点，哪怕是很小的优点，也会尽可能与音乐联系起来进行表扬，让同学们在老师不断的鼓励和赞扬中树立自信。在音乐教学设计中，我既做到面向全体学生的健康发展，也十分注重挖掘每个学生的音乐潜能，注重学生的个性发展，促使学生的知识、能力、情感等方面在各自原有水平上得到发展。尊重每一个学生的个性差异，鼓励以自己独特的方式学习音乐，享受音乐的乐趣，参与各种音乐活动，表达个人的聪明才智。将面向全体学生的普遍参与，与发展不同个性的教育方法有机结合起来，创造生动活泼、灵活多样的教学形式，为学生提供发展个性的空间。同时，我关注课堂生成，鼓励和及时有效地评价，有利于学生了解自己的进步，发现和发展音乐潜能。

他人眼中的我

一、专家眼中的我

第一次认识谢国刚，是在1999年江门市首届音乐教师基本功比赛的时候。作为一个初出茅庐的新教师，能在五项全能竞技中取得钢琴和学具乐器两个单项第一名，还夺得全能一等奖这么突出的成绩，实属不易。当时我眼前一亮，觉得他是一个"好苗子"。2005年，谢老师代表我市参加广东省第四届音乐教师基本功比赛，

又取得了音乐理论单项第一名、全能二等奖的优异成绩，足以说明我当初没有看错人。谢国刚老师给我印象最深的，是他对音乐教育事业的执着和高度的责任感。他所任教的第一所学校生源质量并不好，但他攒足劲，凭着高昂的工作热情和勇于探索的精神，将一所城乡接合部的学校打造为江门市小有名气的艺术特色学校。调入江华小学后，谢老师坚持不懈，辅导的节目多次荣获江门市中小学生艺术展演一等奖和广东省中小学生艺术展演二等奖的佳绩。我觉得谢老师确实是个德才兼备的优秀老师。

（江门市中小学音乐教研员　毛若剑）

我和谢国刚老师认识的时间并不长，但接到他邀请我为其即将出版的个人专著写序，我欣然应允。能为我省音乐教师的专业成长助力，是我十分乐意做的事。当我仔细阅读了谢老师的这本专著，不由得为他那份对音乐事业孜孜不倦的追求而感动，为他对教育教学勇于探索、敢于创新的精神而欣喜。谢老师专业水平高，科研能力也很强。作为全省仅有的4名广东省"百千万人才培养工程"小学"名教师"培养对象之一，获邀为广东省音乐骨干教师、广东省全科骨干教师做专题讲座培训，足以说明，他在省内有着较高的知名度和影响力。我也期待谢国刚老师在今后的专业成长中，不懈努力，再创佳绩。

（广东省教育研究院音乐教研员　杨健）

二、同事眼中的我

谢国刚老师专业基本功深厚，具有较高的艺术素养，为人师表，深受领导的信任。他爱岗敬业，乐于奉献，把青春献给党的教育事业；他善教乐教，深受师生尊敬，在平凡的岗位上干出不平凡的业绩，培育出满园桃李。为了提高学生音乐学习的积极性，他不断探究新课标理念和教学方法，通过生动活泼的教学方法激发学生的学习兴趣；通过情景式教学，点燃学生的艺术梦想；通过课内外练习，提高学生音乐的基本功；通过参加表演和观摩作品，培养学生的审美能力和艺术素质。

谢老师天生具备吸引孩子的魅力，他的浪漫气质，他的和颜悦色，他说话时的温文尔雅，他的多才多艺，无不体现着一名优秀音乐教师应有的形象。最为印象深刻的是，他总是笑容可掬。无论工作多忙多累多苦，你总能看到他阳光般的笑脸，让身边每一个人都能够感受到他对音乐教育的无限热爱，也对他的执着追求而肃然起敬！

（江门市江华小学原副校长、音乐教师，现任江门市紫茶小学校长　黄艳）

谢国刚老师，自打我认识他以来就是个不知疲倦的乐天派。对待同事，永远是有求必应，热情帮助。我曾问他："大家总是找你帮忙，你难道不嫌累吗？"他却说："大家来找我，证明大家信任我，我不能推辞的……"对待学生，他更是耐心细致，循循善诱，只要是学生在音乐中遇到了困难找他帮助时，他都会不知疲倦地引导，热心地教导，所以深受学生和家长的信赖与爱戴；在教学科研上，谢老师更是硕果累累，成绩丰硕，省、市、区级大小比赛获奖无数，可他还是很谦让地说："现代社会知识更新得好快，我要跟得上时代的脚步啊！"如此一位勤奋上进、不知疲倦的人，怎能让我们不心生学习、敬佩之心呢！

（江门市江华小学音乐教师　陈俊）

三、学生眼中的我

　　谢老师是我就读江华小学时的音乐教师。时隔四年，他笑容满面的形象依然历历在目。作为学校合唱团的一员，我跟谢老师接触的时间自然很多，跟谢老师学唱歌是很开心的事情。谢老师是我们同学们心目中最亲密的"大朋友"，大家都喜欢将心里的"悄悄话"告诉他，谢老师总是不厌其烦地听我们倾诉，还会无微不至地关心我们、鼓励我们。每当我们演唱有了较大进步，谢老师还会送些小礼物来激励我们。在谢老师的带领下，我们参加蓬江区和江门市的合唱比赛，总是能拿一等奖，大家都觉得做谢老师的学生，是特别幸运和骄傲的！

（江门市江华小学 2013 届学生　赵品）

严谨深邃　知行合一

- 江门幼儿师范学校　雷红云（学前教育）

- 个人简介

雷红云，教育学硕士，江门幼儿师范学校高级讲师，全国教育科研优秀教师，广东省特级教师，广东省"百千万人才培养工程"第四批名教师培养对象，江门市第二批学科带头人，江门市第五批优秀中青年专家和拔尖人才，江门市第三届优秀社科专家，江门市参政议政先进个人。

研究方向：幼儿园课程与教学、学前双语教育、幼儿园园本教研、0～3岁早期教育。参与全国教育科学"十五""十一五"教育部重点课题"学前双语教育师资培训研究"，与课题实验幼儿园老师共同开展"学前双语教育科学模式"研究，取得多项研究成果；主持完成了"广东省中等职业学校学前教育专业教学指导方案"研究项目，此成果已在全省中职学校学前教育专业试行，并作为全国三年制中等学校学前教育专业人才培养方案使用；主持完成了广东省教育科学规划课题、江门市哲学社会科学立项课题多个，研究成果在《学前教育研究》《广东教育》《现代教育论丛》等刊物发表；参编及主编的全国学前教育专业系列教材已出版使用。

▶ 我的教学风格 ▶

教学风格是教师人格、心理、技能、知识等方方面面的融合，是教师教学思想的直接体现，教学艺术的理想境界，创造性教学活动的结果和表现，教学风格带有自身特点的格调。学前教育学是学前教育专业核心课程，也是基础理论课，其学科性质决定了教学中要追求科学的态度，严谨深邃的力量。面对生源素质每况愈下，缺乏幼教工作实践经验与切身体会的幼师生，教师需要将实践取向、知行合一的教学思想，有效贯穿于"学、问、思、辨、行"几个教学环节。学生的学力基础和学科的认识特点决定了教学方式方法，我通过激发学生理论学习兴趣，撞击学生理论思维，拓展学生视野，引导学生理论联系实际，从而提升学生的专业能力。

一是激发学生理论学习兴趣。兴趣是最好的老师，我注重学科教学从提出有针对性的学前教育问题入手，引导学生对问题本身产生浓厚的兴趣，在问题情境中学习教材中的理论知识，力求教学内容充实且富有实践性和生活性，无论是讲解叙述、图解说明、案例分析、启发探究，还是引领学生讨论分析，都能做到思路清晰，语言科学而严密，表现出知识的系统性和思维的逻辑性，善于概括和推理的风格。

二是撞击学生理论思维。引导学生不断向自己追问"为什么"，在传播知识的过程中潜移默化地影响学生的世界观、人生观和事业心，并在具体幼教问题分析、学前教育理论应用中，引导学生学会睿智地思考，培养学生幼教思维能力，启迪学生智慧，使学生获得正确观念和解决问题的方法，确立正确的儿童观和教育观。教学内容层次清楚，线索分明，组织合乎系统的逻辑，以严谨、深邃的教学方式感染学生，表现出"以理晓人，以理服人"的风格。

三是穿插典型案例。丰富学生幼教实践经验，引导学生理论联系实际，做到知行合一。讲述教育理论时适时穿插典型学前教育案例，创设生动、有趣的专业学习情境，引导学生参与模拟现场讨论，大胆发表自己的看法，获得大量的感性经验。强调活动、实践、躬行对于幼师生专业理论知识的领会与掌握的意义，学生经验的激活在理解、吸收、建构和掌握知识过程中的意义，丰富、深刻的经验背景对教育理论运用的意义。通过自己的身体力行，以真情与爱心拓展学生心灵的疆域，以积极达观的人生态度感染学生，引导学生体会和品味专业知识，感受幼教实践，提升专业能力。

▶▶ 我的成长历程 ▶

课程改革助力专业成长，课题研究成就专业梦想

我出生在河南省商丘市一个知识分子家庭，父母都从事科学研究工作，自幼受到家中浓厚的学术氛围和严肃紧张的生活环境的熏陶，形成了坚强内敛、沉着冷静、敢于担当的性格。幼小时，父亲常常用"当人老去的时候，看到书架上满满的摆着他的书"这句话来激励我、影响我，给我留下了很深的印记。

自硕士研究生毕业以来，我在学前教育领域历练已达22年，曾任教学前教育中专、大专十几门课程，多年来全程参与了幼儿园新教师、骨干教师、园长岗位培训，以及园长高级研修班的省级培训工作，积累了丰富的教学经验，是跨学科的双师型教师。我秉持"愉悦认知、自主探究、合作发展"的教育理念，积极走进学生心灵，激扬生命，促进学生快乐成长。我关注社会热点问题，积极撰写政协提案，强化政府对学前教育进行管理，为学前教育事业的发展摇旗呐喊。

一、课程改革助力专业成长

2007年以来，作为学校课程改革和广东省中职学前教育专业课程改革项目负责人，我对学前教育专业课程、教学的理论与实践进行了积极的探索，积累了一定的专业经验。

1. 在课程目标、教学思想改革方面

根据职业教育发展的要求,认真探讨幼教专业课程改革新目标:以就业为导向,以能力为本位,以幼教岗位需要为依据,根据职业能力的知识、技能要求,把课程目标定位于促进学生生涯发展和职业能力的提高。

贯彻课程目标统领学科教学的思想,注重在传授学科知识的同时,培养学生的学习能力、实践能力和创新精神,将之运用于具体的学科教学中。

如:根据幼师把"培养具有良好敬业精神和专业素养的合格幼儿园教师"作为专业培养目标,结合学生今后的工作岗位特点,学前教育学的主要任务就是帮助幼师生形成正确的教育理念,培养积极的教育情感,运用正确的教育观念观察分析、评价教育现象,解决教育实际问题。

2. 在教学内容改革方面

教学中,能够吐故纳新,主动吸收新的幼教研究成果,积极探索运用现代教育思想、观点和方法改造教学内容,梳理与提炼学科知识点,补充与专业、生活、学生密切相关的新内容。弥补教材中缺乏对幼教改革重大理论和实践的关注,如:看不到大艺术、大科学的整合,看不到社区多种渠道的家长培训,环保教育问题、主题活动等内容。主张创设教育情境,培养学生运用理论解决实践问题的意识、兴趣和能力。

3. 在课程体系改革方面

新的课程方案主张突破传统课程设置的限制,促进不同学科内容(如语言、音乐与舞蹈)的相互渗透,相关课程内容的重组。

主张开设大量幼教专业技能性选修课程(儿童行为观察研究、应用文写作、幼儿教育调查与访谈、幼儿游戏与游戏活动设计)。新的课程结构由公共基础课、专业基础课、专业技能课三部分组成。

第一,以语文、数学、英语、现代教育技术、体育、综合文科、综合理科、艺术基础类课程作为公共基础课程。

第二,以教育学、心理学、教学法和培养实操能力的主干课程作为专业技能课程。

第三,开设幼教专业技能训练性课程作为选修课程。

4. 在教学模式改革方面

主张尊重个性、发挥特长,根据学生的基础、兴趣实行有针对性、分层次教学,为各类幼教人才的培养创造良好的条件和氛围。

5. 在教学方法改革方面

幼儿教育学逻辑性较强、涵盖面广,需要宏观思维成分较多,对学生的理解力、归纳力和抽象能力要求较高。自"扩招"以来,生源素质每况愈下,面对缺乏幼教实践的幼师生,有效解决理论与实践脱节的方法,就是积极引进案例教学,把幼儿教育案例引入课堂，创设生动、有趣的专业学习情境，引导学生参与模拟现场讨论，大胆发表各自的看法，使其获得正确观念和解决问题的方法，提高其学习积极性和兴趣。

在课堂教学中，运用生本教育理念，高度尊重学生，全面依靠学生，提倡合作学习、自主学习，根据学生学习水平组建 5～7 人学习小组，提倡同学之间、师生之间的多向互动、平等对话和积极探究，提高学生面对复杂教育情境的决策能力和行动能力。

二、课题研究成就专业梦想

自 2002 年以来，我主持或参与国家级、省级、市级课题多项，随着幼儿园英语教学、0～3 岁早期教育的社会需求越来越大，培养合格的双语教师、早教师资已成为幼教市场的热点和难点。2002 年以来，我参与了教育部"十五""十一五"重点课题"学前双语教育师资培训研究"，深入课题实验园听课、指导双语教学活动；指导双语教师撰写计划、论文、总结、教育反思，完整地参与了实验园的行动研究，探索了一套行之有效的学前英语教学方法，培养了一批合格的幼儿双语教师。

为了用正确的教育理念与方法规范、指导婴幼儿的早期教育，2008 年以来，我在探索 0～3 岁亲子教育的师资培养标准与课程标准的过程中，寻求适合不同地区的早期教育指导模式与策略。研究成果为幼师开办双语教育专业、早教专业提供师资标准、课程和教材，为幼儿园提供合格的双语师资和早教师资。

我主持完成了广东省中等职业学校学前教育专业教学指导方案，此套人才培养方案有三大特点：一是适度降低艺术技能要求、压缩艺术课程教学课时、突出审美能力培养；二是加强和综合文化基础类学科；三是突出幼教理念和教育能力培育、分化教育类学科课程。此研究成果于 2009 年由广东高等教育出版社出版，在全省试行，与 2010 年国家颁布的《幼儿教师专业标准》高度吻合，此成果经中国学前教育研究会教师发展专委会推荐，作为全国三年制中专学前教育专业人才培养方案使用，为规范中职学前教育专业建设贡献了自己的力量。此外，我还指导幼儿园开展幼小衔接、幼儿园运动课程、幼儿主体性教育、学前双语教育、学前教育专业课程建设研究，成效显著，研究视角广、内容丰富，有效地满足了幼教实践发展的需要。

2013 年开始，我积极组织开展学前教育科学研究和学术交流活动，为学前教育决策提供智力支持和信息咨询服务。先后研究制定了《广东省中职学校技能大赛学前教育专业技能竞赛规程》，组织全省中职学校学前教育专业学生技能比赛、教师论文评审、说课比赛，搭建了全省中职学前教育专业教师教学经验交流、学生专业综合能力展示的平台，发挥了较好的专业引领作用。

古今之成大学问者，必经过三种境界。"昨夜西风凋碧树。独上高楼，望尽天涯路。"此第一境。"衣带渐宽终不悔，为伊消得人憔悴。"此第二境。"众里寻他千百度，蓦然回首，那人却在，灯火阑珊处。"此第三境。不断的探索使我能站在高处去审视和把握教学改革方向，在教学情境中研究，在教学实践中创新，成长为专家型教师，是我教育生涯的全部追求。

▶▶ 我的教学实录 ▶

幼儿英语活动设计与组织的指导（第二课时）

【课　　题】幼儿英语活动设计与组织的指导（第二课时）

【教学内容】复习所学知识；运用所学知识从活动设计的角度评价三个方案；观看并评价 I love sports，I love Olympics 活动录像。

【教学目标】

（1）了解当前几种典型的幼儿英语活动设计与组织模式。

（2）掌握幼儿英语活动设计与组织的策略。

（3）形成完整评价幼儿英语活动设计与组织的知识结构。

（4）初步具备独立或合作评价某一具体幼儿园英语活动案例（设计以及教师的组织指导）的经验和能力。

（5）能大胆发表自己的见解并说明其理论依据。

（6）提高相关教学活动评价的知识迁移能力与反思性教学能力。

【教学准备】多媒体课件；供学生讨论的英语活动案例；I love sports，I love Olympics DVD 光碟等。

【教学流程】复习已学知识→形成知识链→小组讨论、评价教学设计案例→个人报告讨论结果→小组讨论、评价组织指导案例→个人报告讨论结果→教师总结。

（1）复习已学知识，帮助学生形成幼儿英语活动内容与方法的知识体系。

（2）分小组从设计与组织指导的角度讨论、评价英语活动案例，并报告评论结果。

为学生提供三个不同类型的英语活动案例各一个：

案例一：《就餐》。

案例二：《First，Second，Third，Fourth，Fifth 1—5 的序数词》。

案例三：I love sports，I love Olympics。

讨论任务：

1）三个案例的区别并评价。

2）看自己设计的教案与教师提供的教案有哪些不同。

（3）分小组从组织指导的角度讨论、评价英语活动案例效果，并报告评论结果。

1）学生仿真模拟试教。

2）观看 *I love sports*，*I love Olympics* 活动录像。
（4）教师对幼儿英语活动设计与组织的策略指导。
1）对教学活动设计的要求。

活动目标设计要求：明确、全面、具体、操作性强，符合本班幼儿的实际发展水平；与各层次目标相一致。

活动内容选择要求：贴近幼儿生活经验，有利于幼儿身心健康；符合目标要求，具有科学性、时代性、趣味性、参与性、操作性和探究性。

2）对活动环境创设的要求。

活动材料的要求：经济性、安全整洁性、教育性、取放的便利性、操作性、探索性、地域性，符合目标要求；学习活动所需要的相关材料、教具充足。

活动地点选择的要求：符合活动要求。

3）对活动过程组织指导的要求。

对教师的要求：仪表端庄，表情自然，对幼儿有吸引力和较强的感染力；语音准确，语调自然，节奏感强，准确使用活动组织制导用语。

对活动过程的指导与调控的要求：调动幼儿兴趣，激发学习愿望；让幼儿平等参与，针对个别差异进行相应指导；活动紧凑、环节转换自然流畅；提问准确，有启发性和激励性，能引导活动的过程，多样化的指导方法、组织形式，形成积极的师幼互动等。

4）对活动效果的要求。

幼儿活动主体性的表现：参与活动人数多，能够认真倾听并大胆表达。

目标的达成度：教学活动完整，活动有阶段感；多数幼儿能完成活动任务。

（5）作业：运用所学知识重新设计与组织自己的活动方案。

（6）活动反思。

▶ 我的教学主张 ▶

教学的最高境界是"无为而教"

教育的真谛是育人，育人的关键是塑造人格。苏霍姆林斯基说，"只有人格才能够影响到人格的发展，只有性格养成性格"。日本教育家柴田荣义认为，"教师的整个职业是以教师的人格决一胜负的"。教育的最高境界是心灵与心灵的交流、沟通与拥抱，教育具有"点燃"生命的力量。教学的最高境界是"不教而教"，完美的教师人格，可以达到"无为而教"的境界。

在长期的教学探索中，我比较注重在思想、逻辑、语言三方面下功夫。一是教育思想，教育家的理论观点；二是教育逻辑，教学中的严谨论证和以理服人；三是教学语言，要有优美的语汇和表达能力。只有在教育过程中，不断地学习理论、实践理论，反思课堂教学，体现教育智慧，才能实现教育创新。

1. 在与教育史、幼教实践对话中，阐述教育家的教育思想，完善学生人格

教育学不是枯燥的条文，是教育家的理想、信念和情操，是特定思维方式、价值观念和审美情趣的表现。教育学要求教师具有融理想、信念、情操和教养于一身的人格力量，要用优美语言，精神饱满、神采飞扬、挥洒自如地讲授，以理论与人格的双重力量将学生带入教育的理论境界，逐步树立正确的世界观、人生观、价值观，培养社会责任感、创新精神和实践能力。

我经常自觉走进中外教育家的著作，对他们的教育立场与观念进行研读和体认，注重不断提升和重建个人理论，保持自己的教学在理性的轨道上持续运行。幼师生渴望认识自然、社会、人生和自我，渴望在理论层面解释他们所面临的问题，渴望把自己塑造成具有现代思维方式、价值观念、审美意识和交往方式的现代人，渴望理论的引导，需要掌握理论，不断完善自己。

2. 以史论结合、不断追问的方式展开教育逻辑，引发学生理论思考

教育学是教育史和幼教实践的总结，是教育理论发展的逻辑系统。教育学理论中的概念、原理，都是教育家思想的积淀和人类文化的结晶，学生在学习理论的过程中提高了自己的理论思维能力。教学中，我始终坚持教育基础理论研究，对教育学学科性质、研究对象、发展趋势、学习方法等问题进行深入思考，对教学实践中的理论问题进行系统研究，以最新研究成果充实教学内容，深入细致地阐述理论，将心理学、卫生学的各种背景知识融于理论分析之中，适时穿插典型案例，从多角度引导学生提出问题和思考问题。在与幼教实践对话中，引导学生从理论层面分析实践问题，师生共同讨论学前教育目标、学前教育价值导向问题，使学生感受理论的生机和活力。

3. 以灵活的教学方法撞击学生理论思维

朱熹说："事必有法，然后可成；师舍是则无以教，弟舍是则无以学。"教学方法改革是教学改革的重点，是教学得以顺利进行的桥梁，是联结师生关系的纽带。为了帮助幼师生充分认识幼儿阶段的特性和价值，理解"保教结合"的重要性，学会按幼儿的成长特点进行科学的保育和教育，理解幼儿的认知特点和学习方式，学会把教育寓于幼儿的生活和游戏中，创设适宜的教育环境，保护与发展幼儿探究、创造的兴趣，让幼儿在愉快的幼儿园生活中健康地成长，我在教学过程中采取了"脱稿讲解、分层清晰、充分对话、融入情景"的教学方式。脱稿讲解，形成教学过程的凝聚力；分层清晰，形成教学过程中的理论拓展和深化；充分对话、融入情景，形成了教学过程的专业性。

他人眼中的我

一、学生眼中的我

亲切自然，情真意切，富有严谨的教学态度。各种教学方法运用自如，动人心弦。教学结构组织严密，思路清晰，追求高效教学。

（1999届学前教育中专生　徐乙萍）

印象中，雷老师讲课亲切自然，各种教育历史和新的教育形势要求，在她温婉的话语中自由流淌。随着老师的娓娓道来，我发现，白纸黑字的课本已经不能承载那么多的信息，于是笔下的笔记也渐渐地龙飞凤舞起来，脑海中自然而然就可以描绘勾勒出教育专家们的宏伟蓝图。我一直都很期待上教育学，就是期待雷老师能为我们带来书本上没有的新资讯，最新的幼儿教育动态。工作13年之后，当我们重新学习《儿童的一百种语言》的时候，我的记忆瞬间决堤……雷老师当年在课堂上那诗意的朗诵，留给我的不仅仅是余音绕梁的印记，还有鞭策着我们不断学习、不断完善自我的持续动力！

（2003届学前教育大专生　李红红）

二、同行眼中的我

她在多学科的教学中，力求内容充实且富有实践性和生活性，教法灵活，师生关系好，能运用多媒体辅助教学，课堂充满生机活力，无论是讲解叙述、图解说明、案例分析、启发探究，还是引领学生讨论分析，都能做到思路清晰、过程精要、评价准确，受到学生的广泛欢迎。

（江门幼儿师范学校副校长　王明晖）

豁达大方、关心他人、和蔼可亲，相处起来不会给人压力感，是难得的良师益友。

（华东师范大学教育科学学院学前教育专业博士　吴小平）

博学好思、亲切和蔼、儒雅大气、乐于分享的学者形象。

（江门教育第一幼儿园　朱顺葵）

知性，善良，专业能力强，具有很强的组织和应变能力，很贴心，乐于助人。

（江门幼儿师范学校　杨洁卿）

智趣 乐动 温润

● 江门市培英实验幼儿园　吴婉芹（学前教育）

● **个人简介**

吴婉芹，女，幼儿园高级教师，江门市名教师，江门市培英实验幼儿园副园长。一直从事幼儿教育工作，曾获得"广东省南粤教坛新秀""江门市优秀教师""江门市少儿工作先进工作者""江门市直教育系统先进个人""江门市家庭教育工作优秀园丁"等光荣称号。其教育理念是"以幼儿发展为本"，曾主持和参与多项课题研究，获得广东省中小学教育创新成果三等奖、2017年江门市普通教育教学成果奖二等奖。组织和参与教材编写50多册，撰写论文和设计课例参加省、市级比赛活动，多次获得一、二、三等奖。

▶ 我的教学风格 ▶

怀揣教育梦想，在纯净的孩童世界不知不觉已走过了29个年头，我感到无比的幸福和快乐。我很享受与幼儿园里的孩子一起生活和学习，一起嬉戏和玩耍，一起聊天和讨论……孩子们常常让我惊喜不已、惊讶不断，惊喜于他们的每一步成长、惊讶于他们各种跳动的奇思妙想。我觉得，孩子就像小溪里的清泉，需要能工巧匠开山引路，把清泉引入大海。幼儿教师就是这样的能工巧匠，要善于对孩子启发引导，做好孩子生活学习的支持者、合作者、引导者等角色。

一、智趣诱导，让孩子的思维灵动起来

根据孩子的心理和学习特点，我认为，在教学过程中，教师要有智慧地多以启发式、开放式的提问让孩子思考和表达，尽量少用封闭式的问句，如"好不好""是不是""对不对"等。教师的启发引导是一种教育的艺术和技巧，积极的、恰当的启发引导，有利于促进幼儿的思维发展，能让孩子养成勤于思考、善于发现的良好习惯。同时，我觉得课堂中的教学互动好比与孩子玩抛接球，教师把球抛给孩子（提出问题），接住孩子抛回来的球（孩子回答问题）后，教师还要有技巧性地用不同的方式向孩子再抛球，让孩子尝试用各种方式接球，也鼓励孩子想出各种不同的抛球方式，不要用固定的一种抛接方式，这样才能提高孩子的"抛接球技术"，也就是说启发孩子学会多向思维，让孩子的思维灵动起来。

二、乐动体验，让孩子在多元的体验中快乐学习和成长

我非常喜欢体验式的教学模式，创设各种情景，让孩子在情景中愉快学习。体验式教学是一种重视学习主体的直觉经验，强调让学生亲历实践的教学，切合幼儿认知与学习的规律和特点；体验式学习赋予幼儿更多自主活动、亲身体验的机会，丰富幼儿的直接经验和感性认识。皮亚杰的认知理论认为：儿童最初的认知表现为主体对客体的动作，让儿童体验和感受，在自己的动作中认识世界，会形成更牢固的认知体系，顺应幼儿的兴趣，才能达到主体与客体的相互作用，在自己的认知体系中建构自己的经验。而体验式教学就是让幼儿在开放的情景中，动态地观察和学习，在教师的引导和学习伙伴的合作帮助下，利用必要的学习材料，通过自己亲身实践的方式来建构知识。因此，我倡导幼儿教师要积极创设各种与孩子生活相贴近的学习环境，激发孩子探索的兴趣和欲望，鼓励孩子积极探索和发现问题，学会解决问题，并能清晰表达和大胆表现。

三、温润语言，让孩子乐于表达与表现

在教学中，教师的语言是一种催化剂，尤其是幼儿园的教学活动，教师的语言生动与否，直接主导着孩子参与活动的情绪。因此，在教学活动中，我特别注重使用具有亲和力的语言与孩子沟通，并注意语言规范、简洁和清晰，把握好高低起伏和快慢节奏；以丰富生动的语言和积极投入的情绪带动孩子参与活动，并鼓励孩子们积极表达和表现，让孩子通过语言表达体验交流的意义和乐趣，从而提高孩子们表达与表现的能力。

▶▶ 我的成长历程 ▶

一、以爱为基本，在善辩思考中成长

1. 融入真爱，梦想启航

我是一个非常喜欢孩子的人，当初选择读幼儿师范学校，选择当幼儿教师，都是基于我对孩子的喜爱。而我从幼儿园开始就一直在教师的爱的怀抱中成长，从小学到幼师11年的读书生涯中，我一直都是班长。老师对我的信任和厚爱，使我从小就立志做一名受学生爱戴的好老师。1988年7月，我从江门幼儿师范学校毕业，当我带着理想、满怀自信地走进江门市培英实验幼儿园（原江门市教育第二幼儿园）时，眼前那一幢只有两层破旧楼房的幼儿园，使我的心直往下沉。在还没分配来培英实验幼儿园之前，在这里土生土长的我还真不知道躲在江门古老的街道里有这么一所破旧和落后的幼儿园。我仿佛掉进了冰窖，着实愣了，心里痛苦地想着：完了，我的理想、我的抱负将失落在这破烂的幼儿园了。当时，我真的是含着眼泪走进这所破旧不堪的幼儿园。

但当我真正进入培英实验幼儿园这个大家庭工作后，全园上下那种团结奋发、

务实肯干的工作氛围一下子就把我心中的阴霾冲散。在园舍设备落后、每年还要教职工自己动手粉刷石灰水的艰苦条件下，幼儿园的教职员工对工作依然是那么的热情，那么的负责任，她们无怨无悔地默默耕耘，为孩子奉献自己的心血和汗水。我深受感染，而幼儿园里孩子们那一张张稚嫩的笑脸也很快融化了我的心，我很快调整了自己的心态，积极地投身到艰苦而光辉的幼教事业中。

我深悟到，在教育工作中，爱是一个先决条件。在幼儿教育中，爱更是不可或缺的。幼儿园的工作繁忙、琐碎，如果没有爱孩子的一颗心，没有对幼教工作的那份热情，一定是无法干下去的，就算勉强干下去，也只会敷衍了事。而我正是凭着对孩子、对工作的那份执着的爱，全身心地扑在工作上，努力钻研、努力探索。我爱着每一个孩子，无论孩子是调皮或者是淘气的，我都觉得他们是可爱的，关心他们的生活，关注他们的成长；我全心全意地想着怎样去教好每一个孩子，大胆尝试和创新各种教育方法。依据教育所得，我撰写了一篇题为《把爱心献给小天使》的文章，在市教育局出版的《园丁颂》里发表；还撰写了题为《教育的成功在于爱》的文章在《江门日报》上发表。

2. 尊重孩子，理解孩子

爱孩子还要懂得尊重孩子，理解孩子，读懂孩子。记得在工作的第一年，我所任教的班级是全园闻名的调皮班，孩子们的调皮捣蛋常常让我这个稚嫩的新教师手足无措、头痛不已。有一天课间，我匆匆忙忙上了一趟卫生间，当我回到课室时，我看到班上的调皮大王小安正和几个孩子在我的办公桌前捣鼓什么，一看到我来，他们马上神情慌张地把我的办公桌的抽屉关上。看到这样的情形，我立马冲动地认为这些调皮鬼肯定又在做什么"坏事"了。我用非常严厉的语气质问小安："你在干什么？为什么这么大胆去翻老师的抽屉？"小安很委屈地低下头不吭声，我连续问了几遍他都不回答。于是我就打开抽屉，想看看他到底捣鼓了什么。当我打开抽屉时，一个红红的苹果映入眼帘，我顿时愣住了，也明白了，我懊悔不已！我轻轻地拉起小安的手，强忍懊恼的泪水说："哦，原来你是想送苹果我吃，对吗？你为什么不跟我说呢，真是对不起啊，我刚才还以为你又做坏事了呢。"这时小安才开口说："吴老师，我妈妈昨天买了一些苹果很好吃，我就带了一个来想给你吃，我想放在抽屉里给你惊喜呀。"我搂着小安不断地说："真对不起，老师没有问清楚就责怪你，是老师错了，是老师不对，老师真是太感谢你了，有好吃的都想着我。"小安用稚嫩的语气说："不是啦，是我没有告诉你。"事后，我一直因为这个事情而自责和内疚。同时，我也引以为鉴，常常用这件事情告诫自己，任何时候都不能冲动，不能凭看到的表象来判断和评价孩子的行为，一定要耐心地倾听孩子的表达，了解孩子，理解孩子。我逐步学会了如何充分尊重孩子、读懂孩子，科学地分析孩子的行为，了解和满足孩子的需要。

3. 善辩多思，研磨打造

在日常教学工作中，我还善于反思和总结，研磨自己的教学。记得刚参加工作时，有一次组织幼儿上一节语言课，就是学习用形容词来描述苹果。我本以为这个活动很简单，没有什么技巧，拿着苹果让孩子说就是了。结果这堂课因为我的准备不充分，上得枯燥无味，孩子们一点都不感兴趣，开小差的、说话的孩子很多，几乎没有一个孩子的注意力集中在我身上，没有人回应我提出的问题，更没有人跟着我的思路走，这节课简直一塌糊涂。课后，我认真地反思，为什么孩子都不感兴趣，这么简单的形容词为什么孩子都不会说、不会回答？归根到底就是我的课堂设计有问题，教学形式不生动、教学方法不灵活和没有启发性。于是我重新设计和组织这堂教学活动，我尝试用游戏的方法引入教学，然后用比赛的方法引导孩子学说形容词，结果第二次的教学成功达到教学目标。其实，这只是普通的一节课，既没有考核与没有领导检查我的教学效果，所以第一次没上好，我完全可以不管，不用再上一次的。但我觉得要练好自己的教学功底，就是要认真上好平常的每一节课，要培养孩子良好的学习习惯，就是要在平常的每一节课里坚持。因此，我认真备好、上好每一节课，并不断反思总结有效的教学方法，积累经验。我就是这样自我施压逐步成长，很快就形成了收放自如的教学风格。

4. 积极创新，勇挑重担

我在园领导的信任、支持和鼓励以及同事们的帮助下大胆开展工作，积极探索和创新，并勇于承担各种公开课任务。在参加工作的第二年，我便参加了市级的教学比武活动，并获得了一等奖的好成绩。当时，我上的教学比武课是大班的科学活动"沉与浮"，我通过引导幼儿操作探索哪些东西放在水里会沉，哪些东西放在水里会浮，然后再引导幼儿想办法让沉的东西浮起来，让浮起来的东西沉下去，引导幼儿通过"观察—操作—探索—发现"知道物体在水里有沉与浮的现象，对物体怎样操作会沉、怎样会浮形成表象，并初步了解什么是浮力，大大激发了幼儿的探究欲望和兴趣，培养了幼儿动手操作、探索和观察分析的能力。我记得当时比武课的评委专家对我教学的评价是：教学过程严谨流畅，收放自如，语言简洁清晰，教态自然，亲和力强，对幼儿启发得当，引导到位，教学效果好。我的努力和积极付出，使我迅速成长。

二、以研促教，在教研中成长

1. 积极投身于教育教学改革

一直以来，我园都非常重视以研促教，狠抓科研，依靠科研推动教改，我也跟随着积极投身于各时期的教育改革。从最初的分科教学、单元主题教学、综合教学，到后来的分区教学、方案教学、整合教学、综合英语教学等，我园都走在了幼儿教育的前沿。幼儿园曾先后开展了"幼儿民间艺术教育研究""幼儿体育活动研究""幼儿新科学教育研究""综合英语教学研究"等多项国家级、省级、市级的课题研究，成果喜人。教科研的扎实开展，有效地推动了幼儿园的发展。而我在开展教育科研的过程中得到了许多的启迪，也在学习、研究与挑战中成长。我从带班教师到教研组长，再到教学业务副园长，从最初的参与教学改革和研究，到参与课题研究，再到主持课题研究，一直见证着幼儿园在教科研工作带动下保教质量稳步提高的发展历程。可以说，我和幼儿园在教育科研改革和发展中共同成长。

2. 积极推进幼儿园的教育改革和发展

担任幼儿园副园长以后，肩负着幼儿园教学管理的重任，我更是坚持学习不放松，积极吸取各方面的新信息、新思想，不断提升自己的业务水平和能力，努力以现代的、先进的教育思想观念做好幼儿园教育的管理者、研究者、服务者、协调者等多种角色，积极推进幼儿园的教育改革和发展。我曾参与和主持多项课题研究，以研促教成效喜人。如通过开展科学教育研究，有效地提高了幼儿探究、合作等多方面的能力；通过开展奥尔夫音乐教学实验，有效地推动了我园音乐教学改革，使本园的音乐教育焕发出新的生命力；通过体育活动研究，有效促进了幼儿身心健康发展；以开展"综合英语教学实验"为突破口，成功打造了以双语教育为特色的优质名园。

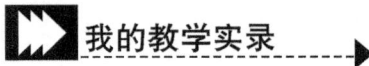

我的教学实录

小班语言活动：绘本故事《好喝的汤》

活动目标：

（1）根据画面理解故事情节和内容。

（2）学习用完整的语言说出句子："我放×××，××汤真好喝。"

（3）在游戏情境中体验与他人分享的快乐。

活动准备：

（1）故事小图书《好喝的汤》人手一份。

（2）蘑菇、鱼、青菜、大虾、骨头、红萝卜、汤煲等道具若干。

（3）用"超市"蔬菜水果货架布置场景。

活动过程：

一、导入，激发幼儿参与活动的积极性

（1）师：小宝贝们，你们喜欢喝汤吗？你们喜欢喝什么汤呀？

幼儿：鱼汤、骨头汤、菜汤、萝卜汤……

（2）师：你喝过的汤是什么味道的呀？

幼儿：好味道、香香甜甜的……

（课堂情况：幼儿随着我温润亲切的提问，积极地表达自己的生活经验，如喝过什么汤、喜欢喝什么汤、汤的味道是怎样的等，为下面的讲述做铺垫。）

（3）PPT出示第一幅图，师："咦，这里有一锅冒着白烟的东西，你们猜是什么呢?"

幼儿:我猜是汤。

师:原来是猪妈妈准备煮一锅美味的蘑菇汤,邀请小动物们来分享,当它出门去买蘑菇的时候,小动物们陆陆续续来到了猪妈妈的家,发现了这锅冒着白烟的东西,这锅冒着白烟的东西到底是什么呢?还发生了什么事情?我们一起在小图书里试试找找答案吧。

二、让幼儿自主阅读,初步了解故事内容

(1)教师提出阅读要求:"待会请小朋友们到桌子上每人找一本小图书看,翻书的时候,每一页都要认真看,用我们的小小手捏着书的右下角一页一页地翻,一边看一边和旁边的小朋友说说,这一锅冒着白烟的到底是什么东西?有哪些小动物来了?小动物做了什么事情?"

(2)幼儿自主阅读、讲述,教师巡回指导。

(课堂情况:幼儿随着我提出的问题,充满好奇地翻阅小图书,并积极地观察图片内容,按照我的问题进行讲述,体现了智趣诱导的特点。)

三、集体阅读,问题引领,培养幼儿阅读思维能力

(1)提问:刚刚我们看了小图书,看到有哪些小动物来了?(根据幼儿的回答,逐一出示相应的图片:猪妈妈、小狗、小猫、小鸡、小鸭子。)它们在干什么?(煮汤。)

(2)边操作教具,边引导幼儿讲述小动物的做法,并丰富相关词语和句子。

小狗:

1)小狗在干什么呢?(小狗放肉骨头。)

2)放了几根肉骨头?(一根肉骨头。)

3)这是什么汤?(肉骨头汤。)

4)什么汤好喝?(肉骨头汤好喝。)

5)小狗会怎么说?(汪汪汪,我放一根肉骨头,肉骨头汤真好喝。)

小猫:

1)小猫在干什么呢?(小猫在放鱼。)

2)放几条鱼呢?(两条鱼。)

3)这是什么汤?(鱼汤。)

4)什么汤好喝?(鱼汤好喝。)

5)小猫说什么?(喵喵喵,我放两条鱼,鱼汤真好喝。)

小鸡:

1)小鸡在干什么呢?(小鸡在放青菜。)

2)放了多少棵青菜?(放3棵青菜。)

3）那我们一起来数数看。

4）我们也来学学小鸡放青菜，你们说，小鸡一边放青菜会一边怎么说？（叽叽叽，我放3棵青菜，青菜汤真好喝。）

小兔子：

1）小兔子在干什么呢？（小兔子在放萝卜。）

2）放了多少根萝卜？（放了4个萝卜。）

3）那我们一起来数数看。

4）我们也来学学小兔子放蘑菇，你们猜猜，小兔子一边放蘑菇会一边怎么说？（哈哈哈，我放4根萝卜，萝卜汤真好喝。）

小鸭子：

1）小鸭子在干什么呢？（小鸭子在放大虾。）

2）放了多少只大虾？（放了5只大虾。）

3）那我们一起来数数看。

4）我们也来学学小鸭子放大虾，你们猜猜，小鸭子一边放大虾会一边怎么说？（呷呷呷，我放5只大虾，大虾汤真好喝。）

这个时候，猪妈妈回来了，发现自己家里这一锅冒着白烟的汤又香又甜，猪妈妈还不知道汤里有什么，猪妈妈说："我把蘑菇也放下去！"猪妈妈一边放蘑菇，一边怎么说呢？（噜噜噜，我放许多蘑菇，蘑菇汤真好喝！）美味的汤做好了，猪妈妈连忙大声叫道："我家有一锅又香又甜的汤，大家快来尝尝呀！"就这样，小狗、小猫、小鸡、小鸭子、小兔子都回到了猪妈妈的家，一边喝一边说："这锅汤真好喝呀！"这是小动物一起煮的汤，是最好喝的！

（课堂情况：幼儿通过阅读图书，对故事内容已有一定的了解，我运用直观教具，并让个别幼儿配合操作，引导全体幼儿按照故事顺序练习相关的语言，幼儿在我的鼓励下都能积极地应答和讲述。）

(3) 引导幼儿讨论：为什么小狗往汤里放肉骨头、小猫放鱼、小鸡放青菜、小兔放萝卜、小鸭放大虾呢？（因为这些都是他们爱吃的东西。）小结：小动物拿了自己喜欢吃的东西来煮汤，和大家分享，煮出了非常美味的汤，大家都说这锅汤真好喝！

四、引导幼儿完整阅读，加深幼儿对故事的感知和理解

(1) 师：这个故事真有趣，我们一起来把故事完整地讲一遍吧。

(2) PPT展示图片，引导幼儿学习用完整的语言讲述故事。

(3) 引导幼儿给故事起名字。

（课堂情况：利用多媒体展示故事图片，有效地吸引了幼儿的注意力，在我的鼓励带动下，幼儿积极地学习完整地讲述故事内容。）

五、开展游戏活动，体验分享的快乐

（1）师：小动物们呀刚刚都拿出了自己喜欢的食物煮了一锅好喝的汤，现在我们到超市买一些食物，也来煮一锅美味的汤吧。注意哦，小朋友买了自己喜欢的食物放在大锅中，一边放一边要怎样说呀？（哈哈哈，我放×××，××汤真好喝。）

（2）引导幼儿自由选择"食物"，然后放进道具煲里，并一边放一边说："哈哈哈，我放×××，××汤真好喝。"（幼儿放完后，指导幼儿互相说说，我放了什么煮汤，什么汤真好喝。）

（课堂情况：为幼儿提供了真实的可以操作的"模拟超市"，幼儿都兴趣高涨地到"超市"购买自己喜欢的食物来"煮汤"，并能按故事设置的语言说出自己煮什么汤，这个环节尽显互动体验的特点。）

六、教师小结

今天，我们用自己喜欢的东西煮了美味的汤和大家一起分享，以后大家有好吃好玩的东西，都要和家人以及小伙伴们一起分享哦。

▶ 我的教学主张

以幼儿发展为本，快乐学习，快乐成长

快乐是幸福的源泉，幸福快乐的童年是人生的宝贵财富。童年时种下快乐的种子，能滋长出甜美的硕果，并极有可能影响其一生，因此，让孩子拥有快乐的童年有着极其重要和深远的意义。让幼儿在快乐中学习，在快乐中成长，这是促进幼儿身心和谐发展的需要，也是幼儿教育工作者必须关注的问题。

促进幼儿的发展是现代幼儿教育的出发点和归宿，以"幼儿发展为本"是现代幼儿教育必须确立的一个十分重要的教育理念。"以幼儿发展为本"的教育是帮助幼儿从现实的存在状态过渡到更高质量的生活的中介，是融入幼儿的成长和发展过程中的教育，它必须为幼儿发展权的实现做出积极的贡献。

1. 以"为幼儿一生的发展打好基础"为核心

幼儿园的任务是：为幼儿一生的发展打好基础。孩子一生的发展需要什么样的基础才是好的基础，就是具备良好的生活、行为、学习等习惯，良好的思想品德；具有自主学习、独立学习的能力；善于与人交往；不怕困难，有独立处事、解决困难的能力；对事物有较好的分析以及理解能力等。作为幼儿教师要摈弃陈旧的教育观、知识观，要树立起正确的素质教育观念。因此，在日常的教育教学过程中，我认为应关注做好以下几点：

（1）注重培养孩子对各种事物有兴趣、有好奇心、爱提问题、对学习感兴趣。

（2）使幼儿做事认真、专注、有恒心、不怕困难，勤于思考。

(3) 让孩子掌握学习的方法，具有自主学习、独立学习的能力。使孩子养成质疑的习惯，让孩子从"要我学"变为"我要学"。

(4) 重视培养孩子良好的生活、行为、学习等习惯。

(5) 培养孩子良好的思想品德，加强孩子与人交往的能力。

2. 充分尊重每一个孩子，让孩子快乐学习、快乐成长

在幼儿园的指导性文件《幼儿园教育指导纲要》里，字里行间都旗帜鲜明地倡导尊重幼儿、保障幼儿权利、促进幼儿全面和谐发展的儿童观。现代的教育观、儿童观要求我们幼儿教师要充分认识到：①儿童是一个社会的人，是活生生的个体；②儿童是一个正在发展的人，故而不能把他们等同于成人，或把成人的想法强加于他们，或放任儿童自然、自由发展；③儿童期不只是为成人期做准备，它具有自身存在的价值，儿童应当享有快乐的童年；④儿童是一个独立体，既有共性也有个性；⑤幼儿才能的发展存在递减法则，开发得越早就开发得越多；⑥儿童的本质是积极的；⑦实现全面发展与充分发展，是每个儿童的权利；⑧儿童的学习形式是多种多样的。我认为，做一名合格的幼儿教师必须做到充分尊重孩子。

(1) 蹲下来与孩子对话、交流，耐心倾听、努力理解。这是要求我们老师要真正的蹲下了，才能真实地听到和听懂孩子的话语，才能真正了解孩子的需要，按孩子的需要采用有效的、恰当的教育方式促进其发展。

(2) 与孩子同一视线看世界，支持和鼓励孩子大胆表达与表现。在教育过程中，我们老师容易犯的错误是以成年人的思维去看待孩子的行为与表现，以成人的眼光评价孩子。孩子有孩子自己的思维特点，有与成年人不一样的想象力和创造力，我们要尝试站在孩子的视线看世界，你会发现不一样的世界。例如，在一次小班的美术活动课里，我教小朋友画太阳和天空，我的示范画是红红的太阳，还有蓝天白云。大部分孩子都是按着示范画来画，我突然发现小明画的太阳是黑色的，画面特别与众不同。于是我很好奇地问小明："咦，为什么你画的太阳是黑色的呀？"小明自信地说："下雨前，我看到乌云挡住了太阳，所以我画的是下雨前的太阳，当然是黑色的啦。"我当场就在班里表扬了小明与我们不一样的表现方式。自此，班里的孩子在美术活动中越来越敢于表现和创作。由此可见，教师的评价和引导，直接关系到幼儿的发展，严防因不恰当的评价而扼杀了孩子的创造与想象，这也是当前幼儿教育改革关注的热点问题。

(3) 以孩子的兴趣和需要设计活动，积极做好孩子的支持者、合作者、引导者。在过去的教育模式中，教师总是占据着"主角"的地位，使幼儿常处于被动和受牵制的状态，只会跟着老师走。要实施有利于促进幼儿发展的教育，教师必须认真地观察、了解每个幼儿，根据幼儿的发展水平、兴趣、需要、经验等来制定每一阶段的发展目标，再根据发展目标选择教育内容和教学方法，有目的、有计划地对幼儿施加教育影响，并根据幼儿的反馈主动调整"教"的内容、方式，灵活转

变角色,努力将幼儿的学习变被动为主动——主动地发现问题、提出问题,主动地收集资料、梳理资料,主动地解决问题、表达表现。

他人眼中的我

一、同事评价

主管教学的吴婉芹副园长,是一位勤奋务实,能正确把握幼教学科教育发展新动态、新知识、新技能,具备厚实幼教专业理论基础的名师。"独具匠心的教学设计、有效的提问策略、有趣的互动环节"是吴园长对自己课堂有效教学的要求。她自然亲和、从容机智,教学处处体现"以幼儿为主",每个环节都注重运用"导"的学习策略,使幼儿从被动地"学"变为主动地"学";她善于引导幼儿去探索、发现,通过递进式的提问方式,启发幼儿思考与表达。她对课堂教学与教育理念的把握,都充分展示出一个成熟的优秀教师善于把握幼儿发展特点与教学规律。

(江门市培英实验幼儿园保教主任　肖晓红)

吴园长虽然在行政岗位工作多年,但特别平易近人,我们一线教师每次碰到工作上的困境和难题都乐于找她交流。我听到她讲得最多的是:大胆去做自己想做的,要敢于创新。她有着厚实的理论知识和教学功底,记得在一次职称评审考核中,她组织了一节大班科学活动课《仿生学》,面对只有20分钟准备时间的现场执教,她表现出的是从容,在细心倾听孩子的回答中去梳理自己的教学过程,在观察孩子的上课表现中,去肯定和引导孩子大胆地讲述,启发孩子的思维,拓展孩子的视野,非常有效地达成了教学目标。她的表现就是在诠释一个有经验的教育工作者在教学的过程中不是去填充孩子的知识,而是在了解孩子的原有知识水平上去拓展孩子的知识面,让孩子获得学习的成就感,提高他们的学习兴趣。

(江门市幼儿园学科带头人、江门市培英实验幼儿园级组长　刘雪艳)

在我眼中,吴园长是一位怀着一颗"90后"少女心的可爱女人!她对工作认真负责,求真务实,和蔼可亲,从她充满活力与童趣的教学里,我看到了她深厚的教学功底与创新的教学技能。如在绘本教学"好喝的汤"活动中,她创设了游戏学习情境,让孩子们到超市选购自己喜欢的食物放到锅里煮汤,让孩子们在玩中学,在学中玩,从而提高了孩子们学习的积极性和主动性,在教学过程中充分体现以幼儿为主体的教学理念。同时,她的教学特点是语言简洁精炼,表达清晰,教学组织流畅,收放自如。

(江门市名班主任、江门市培英实验幼儿园教师　陈艳贞)

二、家长评价

吴老师是一位非常有爱心的好老师,她无微不至地关心着每一位孩子。我是一名医务工作者,工作非常忙,根本没有时间教育我的孩子,所以,我的女儿在入幼儿园之前非常刁蛮任性。进入幼儿园以后,吴老师对我的女儿关怀备至,从不嫌弃我的女儿胡搅蛮缠的个性,而且循循善诱,对我的女儿的教育非常有方法,把我的女儿所有的坏脾气和坏习惯都改掉了,我真的佩服她的教育艺术和能力。有时我突然接到手术任务要加班的时候,吴老师还把我的女儿带回自己的家里照顾,就像对待自己的亲生孩子一样,毫无怨言,我常常被吴老师的行为感动得无以为报。我感到很幸运,我的女儿能遇到这么一位有爱心并且有才干的好老师,我真的很感谢吴老师多年来对我女儿的悉心教育!

(江门市培英实验幼儿园 司徒樱丹小朋友的家长)

吴老师是一位很有教育艺术和能力的老师,我的儿子自小性格内向、胆小怕事,当初我还很担忧,作为男孩子是这样的性格怎么办,但我实在不懂怎样教育引导。没想到的是,儿子自从进入幼儿园以后,变得越来越自信和大胆,读大班的时候,我的儿子还成了舞台表演的男主角。在参加江门市的幼儿园团体体操比赛时,我的儿子居然还担任了领操的角色,我真的惊喜于儿子能有如此大的变化。我不知道儿子在幼儿园的这几年,吴老师施了什么魔法,让我的儿子变得这么优秀,我感激之余,还要敬佩地说一句:吴老师真的是很棒的老师!

(江门市培英实验幼儿园 李春林小朋友的家长)

理实一体　有趣可玩　开放创新　知情并举

● 开平市吴汉良理工学校　梁桥锋（中职教育）

● **个人简介**

梁桥锋，开平市吴汉良理工学校教务处副主任、校科协会长，职业教育中学高级教师，维修电工高级技师，江门市技能鉴定首批专家，江门市中职教学诊改专家，广东省电子技能考证考官，开平市当届优秀中青年拔尖人才。曾被评为"南粤优秀教师""广东省优秀科技辅导员""开平市模范教师"等。2015年获江门市（首届）优秀教学成果二等奖；2016年带领团队获开平市首届创业创新大赛银奖和孔雀翎奖；2011年以来主持研究省级课题两项和国家级子课题1项并顺利结题；2014年至今获批国家发明专利7项，实用新型专利17项；2015以来在省级以上刊物发表论文7篇；2014—2016年辅导学生27人获省青少年科技创新大赛、机器人大赛、电脑机器人制作活动、中职机器人技能竞赛等省级奖，其中二等奖9人次；曾培育广东省中职优秀社团成果一等奖两项，二等奖两项。

▶ **我的教学风格**

我的教学风格理论基础是陶行知教育思想和生本教育理论。电类"理实一体"教学强调电子技能训练和电类理论学习的结合，它以"做"为中心，是做中学，做中教；它认同知识和技能从实践中来，也可以从实践中学习，强调通过理论与实践的结合体现职业性和实践性。这是理论联系实际教学原则的应用，体现了"教学做合一"的陶行知生活教育理念。"有趣可玩"突出做的体验和做的方式，其中"有趣"强调通过做体验学习的乐趣，"可玩"描述教学的技术路径是把教转化为学，把学转化为做，把做转化为玩，这样"教学做玩一体"的教学就是"有趣可玩"的，这是生本教育理念的教学演绎。"开放创新"是通过开放课堂形态，引入社会和生活资源，引导学生自主学习，合作学习，探究学习，动手实践，培养学生学会学习、实践创新等核心素养，体现了强调解放脑、眼、手、嘴、时间、空间的陶行知创造教育思想，诠释了"生活即教育，社会即学校"的陶行知生活教育理念。"知情并举"追求以知激情、以情启智、以情育情、以情激意，实现知情相长，它强调教学中要重视学生的情感培育和素养养成，引导学生健康生活，责任担当。这正如陶行知先生所说："在感情之间的调节与启发中使学生了解其意义和方法，便是知的教育；使其养成追求真理的感情并努力与奉行，便是意的教育。"这体现了"知情意合一"的陶行知教育思想。

我的教学风格追求的是"教学做玩一体"，努力实现知识技能素养同步提升的教学效果，它强调通过玩，激发中职生学习的积极性，重建专业学习的动力机制，这适应了中职生好玩但学习能力较弱的特点，适应中职电类专业课内容相对枯燥难懂，学困生较多的教学现状。具体做法主要是：

其一，参照教学标准，重构课程资源。比如组织更多的实践性资源融入教学，又如引入职业案例、工作任务、行业资讯、故事、时事等课程资源，使课程有职教的特色，更多地融合生活和生产实践，体现生活即教育的理念。

其二，选择生本的教育模式和教学方式，突出有趣可玩、动手实践的教学特点。比如尝试在线学习支持下的"做中学"项目教学，围绕"完成项目，体验成功"，引导通过小组合作，借助相关资源自主学习，动手实践；又比如尝试微课支持下的翻转课堂教学，通过翻转教与学，少讲多学多动手，通过微课生动有趣地呈现重点，突破难点。总之，通过有趣动手可玩的教学激发学生求知的动力，使他们在"学做玩"的过程中自由、快乐地学习和探索。

其三，开放课堂形态，培养中职生的创新能力。系统原理认为：任何系统只有与外界进行丰富的交流和转换，才能促进自身发展。为此，我努力建立开放的课堂教学体系，通过开放的教学方法、教学形式、教学内容、教学手段和教学空间等，解放学生的大脑、眼睛、双手、嘴巴，让学生自主学习，合作学习，探究学习，动手实践，掌握方法，培养学生的思考力。开放的教学更易擦出"智慧的火花""创新的火花""意外的火花"，这就需要教师把握契机，发挥教育机智，点"石"成"金"，使教学有趣可玩并激发学生的创新思维。

其四，情感化教学，培养职业素养。情感的培养是重要的教学任务。电子专业课教学内容极少含显性情感因素，这让学生常感枯燥、乏味，这就需要挖掘隐性情感因素，甚至做特殊情感处理，实现以情优教：比如人格化、趣味化讲解；比如挖掘知识技能背后的故事；比如与生活实际结合并赋予情感色彩；比如创设情境，使之触景生情等。情感化的教学，可使知识技能生动地呈现，有生活气息，渗透人文和素养养成，促进知情并举，这是教学内容的开放，也是知识、技能与生活实践的融合，可以激发学生学习的热情、动手和探索的欲望，引导健康生活，培养担当责任。

理实一体 有趣可玩 开放创新 知情并举

▶▶ 我的成长历程 ▶

从迷惘到适应再到专注，科技、科研和教学三肩同挑

一、1993—2005年——从迷惘到适应到专注，终成教学骨干。

1993年，我从华南师范大学物理系毕业，分配到开平市职业高级中学（吴汉良理工学校前身）任职电类专业课教师。起初4年，我认为教师社会地位低微，思想迷茫，教书得过且过。1997年9月，学校安排教务处许儒燮主任和我师徒结对。许老师精湛的电器维修技术、高超的课堂艺术赢得了许多学生和家长的追捧和爱戴。许老师还像父兄一样关心我的生活和学习，手把手指导我教学和维修电器。受许老师的影响，我终于转变了观念，全身心投入教学中，开始和学生"打成一片"，开始思考怎样上好课，也慢慢赢得了学生的喜欢，渐入"教学相长"的佳境。1997—2005年，我先后担任过物理、电工基础、电子技术、制冷技术、冰箱空调等电类课程教学，1999—2005年，我还连续6年担任电子技术高职高考（电子技能考证）高三把关教师。通过7年孜孜以求的教学，我终于成为学校电子电器学科教学骨干，教学生涯可谓走上正道。其间，我担任班主任工作3年，担任学校环保协会指导教师6年，素质教育理念初步形成。

二、2006年——农村支教促成了我思想的转变

2006年，组织安排我到农村中学开平四中支教，担任初二物理课教学。农村教师对教育的坚守，农村学生对"知识改变命运"的渴望让我震撼，我真切感受到教书育人的重要意义，深刻领悟教师是"人类灵魂工程师"的真谛。我暗下决心，在支教期间要尽力让学生多学一些知识，为支教学校多做一些事情。于是，在认真上课的同时，我力争多上公开课，多参与教研活动，积极传播先进教育教学理念；我还积极穿针引线，多次促成原学校和支教学校的教研和联谊活动，其间我还为一位患白血病的学生奔走筹款等。我的尽心尽力赢得了支教学校师生的赞许，在支教期满考核时，我获得了满分评价，被评为2006年度"开平市支教工作先进个人"，并作为代表在开平市支教表彰大会上做经验发言。

三、2007—2013年——科普、政教和专业教学齐头并行

2007年3月，我重回吴汉良理工学校任教，任校科协会长，负责学校科普工作，主抓社团工作和组织科技活动。2008—2012年，我主持完成了江门市科普示范学校、江门市绿色学校、广东省知识产权教育试点学校、广东省绿色学校、广东省科学教育特色学校等创建工作。2010年和2012年共培育广东省中职优秀社团成果一等奖两项、二等奖两项；2010—2013年我所在学校被评为开平市科普工作先进单位一等奖两项、二等奖两项，还获得第25届广东省科技创新大赛优秀组织奖。2009—2013年，我先后担任学校政教处干事、副主任，分管安全、德育科研和环

保教育。其中，参与组织的学校劳动值周制被评为全国德育优秀成果；主持并结题省级德育课题和国家级重点课题子课题各一项；编导的校园电视节目2010年被评为国家级银奖，编导的环保节目2010年6月于开平电视台《潭江论坛》播出；2007年，借开平碉楼申遗之际，我还策划组织了主题为"为碉楼呐喊"的学校环保晚会，把它办成了社会各界参与环保宣传的大舞台，五邑大学等单位参与，申遗首席专家张国雄教授莅临晚会演讲，著名环保人士梁从诫先生为此签发贺信。我还专注电类课教学，用心辅导学生参加科技创新大赛，其中2011年所教学生中级证通过率超90%，辅导学生获江门青少年科技创新大赛一等奖、二等奖共四项。学校科普工作和学生管理工作的历练，助我形成勇于创新的工作作风，形成注重中职生综合职业能力培养的教育理念。

2013年，我加入了中国民主促进会，了却多年的夙愿。受众多民进先辈教书育人事迹的感召，从此教书育人于我多了一份神圣和使命。

四、2013年至今——科技、科研和教学三肩同挑，续写荣光

2013年秋，我转任学校教务处副主任，任学校教科研领导小组组长（教研室主任），现还负责学校教学"诊改"工作，继续兼任校科协会长。我带头开展教学科研，指导完成国家级规划课题、省级重点课题和省级一般课题、县市级课题等20多项，主持完成省级课题研究1项；主持学校跨学科名教师工作室工作（2014—2016年），培养了江门市、开平市学科带头人（骨干教师），江门市名教师培养对象等多人；通过课题研究引领，把"机器人教育"打造为学校的特色项目；2014年还促成学校承办了"广东省职教科技教育理论与实践研讨会议"。教科研反哺教学和科技辅导有了成效，我在省级以上刊物发表了7篇论文，说课比赛获省级奖，2015年获江门市（首届）优秀教学成果二等奖（职教系统三个项目获奖），2014—2016年辅导学生27人获省青少年科技创新大赛、机器人大赛、电脑机器人制作活动、中职机器人技能竞赛等省级奖，其中2015年辅导学生获省青少年科技创新大赛二等奖、发明申请奖和华南农业大学丁颖创新奖，2015年我还被评为"广东省优秀科技辅导教师"。多年的专业技术创新厚积薄发，2014年年底至今，我共获国家发明专利7项，国家实用新型专利17项，2016年，我带领的团队获开平市首届创业创新大赛银奖和孔雀翎奖。2015年，我被评为"开平市第四届优秀中青年拔尖人才"。"教科研"是我最近3年工作的关键词，自此，我的工作有了更多研究的底色，我的教学有了些许深刻的思考。

▶ **我的教学实录** ▶

《鼹鼠机器人》教学实录

一、导入新课（出示鼹鼠图片和节选自百度的鼹鼠特征）

师：图片中小动物的主要特征是什么？

生："手"（前肢）发达、眼睛小、有触须、鼻子突出……

师：大家观察很仔细，很好。这是善打洞的可爱小动物，叫鼹鼠，它挺神奇的，有立体嗅觉，能闻出物体方位，成年鼹鼠视力完全退化，它如何避开障碍物呢？据说鼹鼠依靠"触须"避障。它依靠立体嗅觉和触须替代眼睛的功能，所以说上帝为你关闭一扇门，同时为你打开一扇窗，我们要相信天生我材必有用。

二、讲授新课

（总体设计：采用"做中学"教学模式，设定实践和理论学习时间相当，根据中职生一般愿意倾听约15分钟的规律，把实践分两部分，理论学习分三小节，外加一拓展学习。）

1. 发布学习项目，明示学习任务

师：我们分组装配一个机器人，使它能像鼹鼠一样利用触须避障，好不好？

生：好。（反应热烈，跃跃欲试。）

师：鼹鼠机器人有带开关的"触须"帮助避障（出示鼹鼠机器人），这是我们本节课的学习任务，希望大家围绕它展开学习。（PPT展示学习任务。）

2. 展示鼹鼠机器人功能，引导认识结构和原理（理论学习1）

师：鼹鼠机器人真的能避障吗？让我们来验证一下。（展示避障功能，学生反应热烈。）

师：它怎样避障呢？

生：通过触须触碰避障。

师：它怎样通过触须触碰避障呢？我们先来看看它的结构。

师：机器人的三大基本结构是智能机构、感觉机构、执行机构，那鼹鼠机器人的感觉机构是？

生：触须。

师：鼹鼠机器人的执行机构是？

生：电机、轮子。

师：它的智能机构是？

（学生沉默。）

师：没关系，我们装配一个鼹鼠机器人后，再来讨论这一点。

师：触须为什么能帮助避障？（以左电机和左伸出触须为例，展示触须在触碰与否对轮子转动的影响。）接通电源，触须没有被触碰，轮子前转还是后转？

生：前转。

师：触须被触碰，轮子前转还是后转？

生：后转。

师：这是两触须被触碰的四种情况，第一种情况，两触须均没碰障碍物，两轮前转或后转？会不会拐弯？

生：两轮前转，不拐弯。

师：第二种情况，两触须均碰障碍物，两轮前转或后转？

生：两轮均后转。

师：第三种情况，右（伸出）触须碰障碍物，两轮如何转？机器人如何拐弯？

生：右轮反转，左轮正转，机器人右拐弯。

师：第四种情况，左（伸出）触须碰障碍物，两轮如何转？机器人如何拐弯？

生：左轮反转，右轮正转，机器人左拐弯。

师：所以，鼹鼠机器人的避障原理是？

生：触须控制轮子转向实现避障。

师：实际上是触须控制电机，电机带动轮子转向避障。其中，控制电机带动轮子转动是机器人的普遍行走方式。请看视频。（播放我校学生参加省垃圾分类机器人比赛视频。）

3．制作项目（流程1～5）（实践1）

师：现在我们以小组为单位来装配一个鼹鼠机器人。（事先做好分组工作。）

师：鼹鼠机器人主要用到以下元件（展示各元件），其中带触须的触碰开关特点是不碰撞时，1、2脚接通（常闭）；碰撞时，1、3脚接通；改变tt马达电流方向，电机转向改变。

师：这是装配鼹鼠机器人的6个主要流程，每组同学都有一份本实训的作业指导书，大家一定要严格遵守。（展示流程。）现在我们装配鼹鼠机器人的1～5个流程，时间为10分钟。

（学生装配流程1～5，老师巡堂指导。）

4．制作项目（流程6）（理论2：学习方法，突破难点；实践2：应用方法，即时体验）

师：我们接着进行流程6的装配。我们这一环节要进行竞速比赛，看谁能又快又好地完成。

学生：好。（欢呼。）

师：在本环节如何接线是难点，我们建议采用面包板连接点法连接电路。我们先学习该方法后再来装配，请看电路图。（展示电路图。）

师：应用连接点法接线首先要确定连接点，这里的"连接点"的含义是什么？

生：不同元件的连接处。

师："面包板连接点法连接电路"怎么应用呢？我们首先要了解面包板的秘密。（揭开面包板背面的封胶片，展示面包板接线孔的连接关系。）

师：面包板是实验室中常用的电路连接和测试工具。其连接孔间的连接关系从背面可显示出来。其中，xy轴每轴各孔是否联通？

生：联通。

师：两主插板区每竖列是否联通？

生：联通。

师：大家观察得很仔细，自己就揭开了面包板的秘密。那"面包板连接点法连接电路"怎么应用呢？我们先看一段视频。

（教师播放示范视频，随后小结该办法的应用及注意事项。）

师：了解方法了吗？如果没问题，就进行流程6的装配，时间为8分钟。

（学生竞速装配，展示功能，完成的前四组在黑板填写名次；教师巡回指导，对完成的组别组织掌声鼓励。）

师：装配时间到，有个别组没能成功展示避障功能，没关系，失败为成功之母嘛，我们课后继续完成。

5. 点拨突破难点：触碰如何改变马达转向（理论3）

师：触碰开关如何控制电机转向呢？以左马达为例我们来看图示。（展示触碰开关触碰与否两种情况流经马达的电流流向图。）

师：触碰开关没有触碰时，它的1、2脚接通，流经马达的电流流向为？

生：从左到右。

师：触碰开关触碰时，它的1、3脚接通，流经马达的电流流向为？

师：从右到左。

师：我们发现，触碰开关由没触碰到触碰，流经马达的电流方向变化了，那马达的转向变化了吗？

生：变化了。

师：请说说触碰开关如何改变马达转向呢？

（动画展示触碰改变马达电流方向改变其转动方向。）

生：触碰开关通过触碰改变流经马达的电流方向改变马达的转向。

师：谁控制马达？

生：触碰开关。

师：只有触碰开关，行不行？那是什么？

生：不行。是一个直流电路。

师：所以，鼹鼠机器人的智能机构是？

生：直流电路！

（教师PPT展示并小结鼹鼠机器人的工作原理。）

6. 拓展学习，培养创新思维——如何升级避障功能

师：鼹鼠机器人的避障有点简单，如何进行升级呢？我们先来看一款走迷宫机器人的视频。

（教师播放视频，引导关注它的避障功能。）

师：这是一种常规的自动避障机器人，让我们来一起了解它的结构。

（教师播放讲解结构的视频。）

师：自动避障机器人在现实生活中有广泛的应用，比如扫地机器人就是一种搭载了扫地功能的自动避障机器人，它可以自动充电，能抵好几个人的扫地工作呢，科技的确能让生活更美好！我们来看看它的避障情况吧。

（教师展示扫地机器人的工作。）

师：从鼹鼠机器人到常规避障机器人的升级主要是感知结构由带触须的触碰开关升级为避障传感器，智能机构由直流电路升级为以单片机为核心的主控板。

师：鼹鼠机器人是一款仿生机器人，有些简陋，先看一幅图。（展示人机大战图片。）

教师："阿法狗"像人吗？

学生：像极了。

师：柯洁为什么哭了，他感慨机器人太完美了。阿法狗机器人不但像人，还有了计算和学习的能力，这是对大脑机能的仿生。

（教师简要介绍仿生技术，强调其理论基础是生物在进化过程中形成了极其精确和完善的机制，如人的眼睛、大脑等，并借此激发学生对大自然的敬畏、热爱，对科技的热爱和追求。）

三、评价、小结和作业

师：本课到此结束，请同学对自己的课堂表现进行评价，好的继续发扬，不足的要注意改进。

（学生填写评价表。）

（教师教学小结、布置作业和下节课课前的学习内容。）

我的教学主张

职业性和实践性并重，塑造开放、有趣、创新的课堂

1. 注重职业性和实践性，这是职业教育的本质特性

课堂教学是中职生技能培养、职业素养养成的主渠道。让课堂回归职业性，强调了就业导向的职教思想；倡导课堂回归实践性，基于电学专业课中理论教学偏多的现状，其本质是强调理论与实际的结合，而理论和实际的脱节正是我们中职教学的主要问题。我们旗帜鲜明地强调"让课堂回归职业性和实践性"，目的是让知识技能接地气，与技术发展相合拍，让中职教学回归职教本质。

2. 做中职生喜欢的教学，让我们的课堂教学有趣好玩，有温度、有情感

我们的教学对象是中职生，他们的学习习惯和行为规范需要进一步提升。面对这样的学生，有效果、有效益、有效率的教学无疑是我们从教的追求，如果我们的教学不为学生喜欢，我们的努力差不多就是水中花、镜中月，让我们的教学有趣好玩好学，让我们的知识和技能不仅仅有物件、数据和步骤，还有故事、情感和温

度，这样的教学可以让学生保持对专业的兴趣，对学习有持续的动力。

3. 开放课堂，培养学生的实践创新能力

开放课堂教学包括：教学方法的开放、教学形式的开放、教学内容的开放、教学手段的开放和教学空间的开放等。我们开放课堂教学，目的是营造更自由的学习条件，让理论和实践更多、更好地结合，在发展学生职业能力的同时，培育学生的职业素养，特别是教会学生应用专业知识技能解决问题，也就是培养学生的实践创新能力。实践创新是学生的核心素养，是学生职业发展的核心竞争力。

他人眼中的我

工作创新能力强，善于打硬仗，是我校教科研工作的领头人，学校教学诊改工作就交给他负责了。

（开平市吴汉良理工学校校长　邓德强）

学养深厚，具备专家潜质，在课题研究、教学成果申报、发明创造、拔尖学生培养、社团成果培育、创业大赛等方面都能取得优异成绩。

（开平市吴汉良理工学校工会主席、原政教副校长　陈自忠）

对待工作认真负责，点子多，研究能力强，是搞科研、搞创新的人才。

（开平市吴汉良理工学校副校长　黄柏平）

他算是一个工作狂，学校加班加点就数他最多。他乐于助人，我们完成不了的突击任务一般找他帮忙。

（开平市吴汉良理工学校教务处副主任　杨婉容）

像父亲一样的老师，从学习到做人，到去电脑公司实习，再到去深圳工作，一直是他在后面推着我往前走。特别感动的是，为我的工作他还专门向五邑大学的知名教授写推荐信，带我去找企业的老总。

（刚毕业的学生　关贵平）

他是我们的机器人指导老师，善于指导我们学什么，该怎样学。他还经常组织我们参加一些外面的交流学习活动，和他们建立联系，互相学习，让我们很有收获。

（高三实习学生　黄剑锋）

和蔼可亲，不凶人。他的课动手机会多，课堂有趣好玩，经常要自行阅读材

料,不时引导我们提出问题、讨论问题、独立解决问题。在他的课上不但能学到知识技能,懂得做人的道理,还可以知道很多外面的事情。

(在校学生　代青龙)

共情 共生 共赢

● 江门市第一职业高级中学　梁锦芳（中职教育）

● 个人简介

梁锦芳，女，1990年毕业于广东商学院（现广东财经大学）会计学专业，本科学历，职业教育高级教师，理财规划师，统计师，现任教于广东省江门市第一职业高级中学，系广东省中小学名班主任、江门市基础教育学科带头人和广东省职教学会财经专业指导委员会委员。曾获"江门市中小学先进德育工作者""江门市职业中学先进教研工作者"和"江门市教育系统优秀共产党员"等称号。曾代表江门市参加广东省首届班主任技能大赛获"教育故事演讲""情景答辩"和"才艺展示"三个单项一等奖及综合一等奖。论文《基础会计一体化校本教材编写之我见》获"亚龙杯"全国职业教育论文评比二等奖，并被收编于《2008年全国职业教育优秀论文集》。近五年共主持和参与四项省级、国家级的德育、教科研方面的课题研究，均已结题。获全国和谐德育优秀课题研究成果一等奖一项、二等奖一项，并被评为课题"优秀实验教师"。

▶ 我的教学风格 ▶

"共情"是人本主义创始人罗杰斯提出的，目前在心理咨询中被广泛应用，可以理解为"神入"或"同理心"。而在教学中，"共情"也同样重要，在孔子的教育思想中，"将心比心""推己及人"，以及"己所不欲，勿施于人"等，其实质也是主张"共情"。中职生是一个特殊的学生群体，只有深入学生的内心，了解他们的需求，体验他们的情感和思维，并及时地调整教学的策略和方法，才能使学生悦纳课堂，有效地达成教学目标。中职会计专业课的教学不仅要与学生共情，还要与企业共情，了解企业的岗位需求，了解企业的用人需求，及时地调整教学内容，才能培养企业适用的人才。

"共生"课堂强调课堂生态系统中，教师、学生、课程、环境等因子的互相联系、互相融合、互相促进，"共生"发展。中职会计专业教学应该关注学生职业生涯发展需求，以行动为导向，以发展学生职业能力和职业素养为目标，以企业的典型工作任务为教学内容，在创设真实的工作情景中，引导学生完成工作任务，进行职业岗位的角色体验。课堂上学生在做中学，老师在做中教，自然生成教学内容，逐步达到教学目标。

教学是一个实现师生共赢的过程，在这个过程中学生学会了专业知识、掌握了专业技能、提升了职业素养；而教师则更新了教学理念、实施了教学改革、检验了教学能力、提高了教学技术、实现了自己的价值。

以"共情"为基础，让课堂生态系统中的各因子"共生"发展，实现师生"共赢"的目标，这就是我的教学风格，也是我的教学追求。

▶▶ 我的成长历程 ▶

不同的舞台舞出同样的精彩

1987年我中考失利，没能考上理想的高中，带着遗憾就读于当地的一所中职学校。当时我的情绪十分低落，总是觉得"大学梦"已经落空，前途渺茫。班主任周老师了解我的情况后经常找我谈心，给我讲了许多师兄师姐成功的事例，让我深深地明白"人生最好的淘金者和冶金人便是自己"。在周老师耐心的开导下，我慢慢走出了阴霾，及时地调整了心态，积极地投入职中全新的生活和学习中，并着力于自身综合素质的提升。

我是个性格外向、兴趣广泛的人，在文娱体育方面又有一定的特长，再加上学习成绩好，又有一定的组织能力，很快我就被同学们推选为团支书，后来还当选为学校学生会的文娱部长和学生会主席，我的职中生活变得充实而精彩起来。

上天似乎特别眷顾我，在我上高三的时候，突然传来了省内高校招考"中职师范生"的消息。能够有机会实现多年的"大学梦"是一件多么值得高兴的事情啊！我抱着破釜沉舟的坚定决心，专注地投入备考复习中。功夫不负有心人，我最终被广东商学院（现广东财经大学）会计系录取，成为所在中职学校建校以来的第一位大学生。

每每想起这些，我都特别感谢班主任周老师，如果没有她及时的引导和鼓励，我未必能够把握住这一次机会。

一、长大后，我就成了你

1994年我大学毕业，拒绝大公司、大银行的诱惑，我毅然回到了我的母校，成为一名中职会计专业教师，和当年的恩师成了同事。

回到熟悉的环境，有领导和恩师们的格外关照和悉心栽培，再加上多年一直担任学生干部培养出来的各种能力，我很快就适应了角色的转换。面对与自己有着相同经历的学生，我心中油然生出了一种特殊的情愫。我十分了解中职生在学科学习上的无奈和困惑，理解他们内心的彷徨与茫然，理解他们在严重的自卑感与强烈的自尊心交织下产生的一些异常的行为。于是，我在教学过程中常与学生分享自己的经历和体验，分享我当年的同学的成功例子，鼓励他们不要轻言放弃。我结合自己的亲身体验，在教学过程中注重多种教学方法的整合运用，创设"感知—说理—实践"的三段式专业课课堂教学模式，收到了良好的效果。学生很快就喜欢上了我这一位"师姐"老师。在接下来的几年内，我迅速成长为学校的青年骨干教师，长期担负着学生从业资格证的考证辅导及高职高考的专业课辅导工作。在高职高考改革之前，我曾连续两年培养了本地区专业课高考"状元"，学生考证通过率超过95%以上。

二、"一夜成名"，我走上了名班主任专业成长之路

2007年，广东省举行了"首届班主任技能大赛"，学校选派我参加江门市的选拔赛。起初也只是抱着"重在参与"的态度，没想到竟过关斩将获得了江门地区高中组的第一名。在代表江门参加广东省的决赛中，我凭着多年班主任工作积累的丰富经验以及自身的综合素质力克来自全省各地的高手，获得了"教育故事演讲""情景答辩""才艺展示"三个单项一等奖及综合一等奖的优异成绩。

"一夜成名"让更多人关注到我这个已经在中职学校默默耕耘了13年的普通中职教师。因为大赛的成功，我有了更多的机会接触省内外的教育名家，接受各种专业的培训。一直以来只知道埋头苦干的我突然感觉原来"名师""专家"离自己也很近，一位真正优秀的教师应该要走出一条具有个人特色的专业成长之路。于是，我第一次静下心来规划自己往后要走的路。

接下来的时间里，在一如既往做好常规工作的同时，我近乎疯狂地阅读了大量教育学、心理学方面的书籍以及教育名家的著作，希望能够从中快速地"修行悟道"；我开始更加积极地投身于德育、教学科研的课题研究，享受把"问题"变成"课题"的乐趣；我开始注重有针对性地开展教育教学实践，并把实践的经验变成文字。短短几年，我主持、参与了4个国家级的课题，并获得了课题研究成果奖和"优秀实验老师"奖。2011年，我有幸成为"广东省第三批名班主任培养对象"并于培训结束后被认定为"广东省中小学名班主任"。

三、忍痛取舍，来一次"华丽"的转身

2011年，在国家"大力发展职业教育"指挥棒下，"首批国家中等职业教育改革发展示范学校建设计划"应运而生。作为江门地区规模最大的一所中职学校，我校首先要加入建设的行列，经过研究，学校将会计专业定为三个重点建设专业之一，并任命我担任会计专业部部长兼任示范校重点专业建设一级项目负责人。这样的任命对于已经在德育工作领域取得一定成绩的我无疑是一次艰难的抉择，就像是双手已经快触碰峰顶却被拉到山脚下重新爬坡的感觉。然而，学校的发展是大事，我忍痛暂时放下了心爱的德育工作，转型成为专业带头人，承担起专业建设的任务。

虽然一直以来我都是专业团队中的教学骨干，专业知识扎实，教学能力强，但是，以往都是从一线教师的视角出发，局限于课堂和学生，而作为专业带头人，我必须站在专业建设的高度上进行专业教学研究和实践研究。于是，我一方面恶补有关现代职业教育理念和方法及专业建设的相关理论，收集省内外中高职会计专业建设的案例进行认真研究和对比；另一方面，对照着"国家示范重点专业建设"的标准，带着我的团队开始了漫长而艰辛的专业建设之路。三年的建设期内，我带领专业团队的老师们积极开展市场调研，紧密与企业合作，创新了"岗位主导，因能分层"的人才培养模式，进行了"基于工作过程系统化"的会计专业课程的改革；以行动导向理念为指引，实践和推广项目教学法、任务驱动法、角色扮演法、小组学习法、案例教学法等多种教学方法，组织编写了七门专业核心课程的课程标准、情景设计方案和教材……每一步都举步维艰，但每走完一步都收获甚丰，我和我的团队在迅速地成长。

"广东省中职学生技能竞赛一等奖""全国创新杯财经教师说课比赛一等奖"……当专业建设的成果一次又一次以傲人的姿势呈现，恍如当年我的"一夜成名"，一个名不见经传的专业团队突然绽放出了耀眼的光芒。2013年，国家示范校重点专业建设项目顺利通过验收，我被评为"优秀项目负责人"。2014年我带领团队申报"广东省重点专业"一举获得成功。2015年，我被评为"市级学科（专业）带头人"，同年入选"江门市教育专家培养对象"队伍。

这一次"华丽"的转身，我和我的团队获得很多的荣誉，但让我感受最深的却是站在专业建设的高度来开展的专业教学研究所带来的前所未有的成就感。再走进我的课堂，你会感受到真实的工作情景、丰富的教学资源、来自企业典型的工作任务、与岗位对接的角色扮演、融洽的团队合作、真实的师生互动……所有这一切交融共生，使课堂丰盈而富有生命力。

▶▶▶ 我的教学实录 ▶

任务驱动法在中职会计专业课堂的应用

课　　题：存货发出的计价方法——先进先出法

授课对象：中职会计专业二年级学生

教学目标：

（1）知识目标：先进先出法计算原理。

（2）能力目标：能够运用先进先出法计算发出存货的成本，会根据发生的收、发料业务填制收料单、领料单和登记原材料明细账。

（3）情感（素养）目标：养成严谨细致、干净整洁的职业习惯。

课前准备：课前将学生分组，小组讨论分配角色，分别为采购员1名、仓管员2名、生产人员1名、会计人员2名。

教学过程：

一、热身游戏，体验学习

师：同学们，今天我们一起来学习存货发出的计价方法，为了让大家体验一下企业存货管理的流程，下面先来热热身，看哪一组的同学最快完成。

（通过PPT布置如下任务。）

> 1. 请各组"采购员"将课前在老师处领取的积木（3个红色，标价为10元/个；3个黄色，标价为11元/个；3个蓝色，标价为12元/个）交"仓管员"。
> 2. 请"仓管员"从中任意取出5个交"生产人员"，小组共同计算5个积木的金额并分享发货及计算的方法。

（学生按照老师的指引通过小组讨论完成任务。）

生：第一组发出3个红色积木和2个黄色积木，共52元。

生：第二组发出3个黄色积木和2个蓝色积木，共57元。

生：第三组发出3个红色积木、1个黄色积木和1个蓝色积木，53元。

……

师：大家算得很快嘛！

生：太简单了，每个积木有明确的标价。

生：老师考我们小学数学题，哈哈！

师：同学们刚才体验的这种方法，叫个别计价法。用这种方法来计算发出存货的成本是最准确的，但条件是存货必须有详细的品种和批次记录，在货物中附加标签或编号，所以工作量会很大。这种方法仅限于容易识别、品种数量不多、单位成本高的存货，如珠宝、重型设备等贵重产品。

二、新课导入，提出问题

师：下面请每组仓库员将黄色和蓝色的积木交给我，全部替换成红色。

（每组仓库员上讲台替换积木。）

师：现在大家手上有9个红色的积木，其中3个是10元/个、3个是11元/个、3个是12元/个，如果随意从中取5个要求计算其成本，能计算吗？

生：不行，分不清，都是红色的。

师：是的，其实在企业的实际经营过程中，这种情况十分常见。企业的同一种存货的收发通常都是非常频繁的，由于市场价格的变动或供应商不同，不同批次购进的货物价格会有差异，而实际上很多时候并不允许我们像个别计价法那样把每一批货物的价格都标识得非常清楚，大家可以看看下面这张图片。

（PPT展示仓库产品存放的图片。）

师：所以，我们就要运用一定的方法，相对准确地把存货发出的成本计算出来，今天我们先学习先进先出法。

三、任务驱动，小组学习

1. 布置任务

（教师分发任务书和收料单、领料单、原材料明细账等工具，任务内容如下。）

广州食品公司2016年7月白砂糖期初结存为1000千克，单价3.00元，以下为7月发生的收发业务：

1. 5日，购进1800千克，单位成本3.20元；
2. 8日，糖果车间领用1500千克；
3. 12日，购进1200千克，单位成本3.15元；
4. 15日，糖果车间领用900千克；
5. 21日，面制品车间领用500千克；
6. 23日，购进1000千克，单位成本3.10元；
7. 26日，乳酸车间领用800千克。

要求：分角色完成材料收发过程中涉及的收料单、领料单、原材料明细账，并用先进先出法计算结转发出材料成本。

---

2. 角色分工

（教师通过任务书及PPT明确小组内每个角色的分工。）

采购员：采购材料，配合仓管员验收材料。

生产人员：填写"领料单"，领用材料。

仓管员1：验收材料，填写"收料单"，发放材料。

仓管员2：登记仓库"原材料明细账"。

会计1：登记"原材料明细账"，按先进先出法计算发出材料成本。

会计2：登记"原材料明细账"按先进先出法计算发出材料成本。

师：大家明确自己要完成的任务了么？

生：明确了。

师：建议大家先通过小组讨论，认真阅读教材，收集完成任务所需要的信息，然后再开始工作。

3. 信息收集，讨论方案

（学生带着任务从教材中收集有利于完成任务的信息，如：先进先出法的计算原理、公式，收料单、领料单、原材料明细账的登记模版等，并通过小组讨论确定任务完成的方案。）

（教师从旁观察，做必要的指导。）

四、分工合作，完成任务

（学生按照角色分工及指定的流程开始完成工作任务，小组讨论激烈。教师继续在组间巡视，解答学生提出的问题。）

生：生产人员填写领料单时会计人员还没计算出发出材料的单位成本，单价和金额不用填吧？

师：你真棒，是的。

生：仓库的材料明细账和会计的材料明细账有什么不同呢？

师：仓库的明细账只需要进行材料收发数量的登记，而会计的材料明细账则要运用先进先出法计算发出材料的成本和结存材料的成本。

生：结存材料有几个单价，是不是分开不同行次登记？

师：是的，你可以参照书本的例题。

生：我完成了自己的工作了。

师：完成自己工作的同学可以交叉检查核对。

……

五、成果展示，共同纠错

师：好了，同学们，大部分的同学都已经完成了工作任务，下面，我们以小组为单位来展示一下同学们的成果。

（教师通过实物投影仪，分组展示任务完成的成果，包括一张领料单、一张收料单、仓库材料明细账和会计材料明细账，引导学生共同纠错。其中，材料明细账的登记要作为重点。）

以下是第一组展示的片断：

师：请大家看投影，第一组的领料单有问题么？

生：没问题。

师：不错，第一组的领料单填写得不错，字迹工整，正确完整。大家再看收料单。

生1：收料单应该有单价和金额。

生2：对啊！购货发票上有单价和金额！

师：大家分析得很好，收料单可以根据购货发票、运输发票上的信息填列单价金额填写。哪组填写了的请上来展示一下？

（第三组的同学举手，上台展示。）

师：第三组的填写得怎样？

生：对了。

师：谢谢第三组的同学，下面我们再看第一组的仓库材料明细账，填得怎么样？

生：没问题。

师：非常好。仓库的材料明细账只需填写收发的数量即可，下面我们来看看第一组会计登记的材料明细账。

生：（认真看。）

师：我想请第一组的会计上台分享一下8日糖果车间领用1500千克的成本是怎样计算出来的。

生（第一组会计1）：期初结存为1000千克，单价3.00元，5日购进1800千克，单位成本3.20元，8日糖果车间领用1500千克。按先进先出法计算，应先发出结存的1000千克，再从5日购进材料中发出500千克。所以，8日发出材料的成本应该是（黑板显示）$1000 \times 3 + 500 \times 3.2 = 4600$。

师：谢谢！其他组是不是这个答案？

生（第二组）：我们搞错了，忘记还有上月结存的了，全部发了5日购进的了，后面全错了（懊悔）。

师：没关系，我这有空白的明细账，等会你重新填写一份。

生（第三、四组）：我们和第一组一样。

师：下面我们继续看第一组的这个明细账，有问题么？

生：没问题。

师：很好，我们给第一组的会计掌声鼓励一下，很棒。请各组的同学修改好本组的作业，下课后交到我处。

六、课堂小结、巩固提升

师：同学们，今天我们学习了存货发出计价方法中的两种方法，一种是个别计价法，一种是先进先出法。下面我们一起来对比这两种方法：

表1 个别计价法与先进先出法的对比

要点	个别计价法	先进先出法
原理	以每次收入存货的实际成本作为发出存货的成本。	假定先收入的存货先发出。
优点	最准确的一种计价方法。	便于日常计算。
缺点	必须分批认定和记录,工作量较大。	收发货均应逐笔登记存货发出金额和结存金额,所以当收发业务频繁、单价变动大时工作量较大。
适用范围	容易识别、数量不多、单位成本较高的存货。	适用于物价基本稳定、存货收发业务频率不高的存货。

师:同学们,刚才在完成任务的时候,大家感觉比较困难的地方在哪里?

生:发出材料单位成本的确定比较容易搞错,尤其是在结存的批次多,有几个单价的时候。

师:是的,所以我们必须要逐笔登记发出金额和结存金额,不能有错,否则会影响后面的数据。

生:老师,"假定先收入的存货先发出"就是说只是在计算成本的时候假定先进先出,不用管存货是哪一个批次么?

师:这个问题问得好。从原理上看你的理解是正确的,但是同学们也可以思考一下,仓库里的存货应该怎样摆放?

生:应该把先购进的放在外面。

师:为什么?

生:如果把先购进的放在里面,时间长了会变质都不知道。

师:对,计算发出存货的方法有很多,但仓库管理必须考虑实际的需要。大家还有什么问题么?

生:没有了。

师:好,这节课就到这里,回去请完成课本后的作业。

▶ 我的教学主张

真诚共情,构建以行动为导向的会计专业"共生"课堂

中职的会计专业课堂不仅是培养知识和技能的课堂,更是培养学生职业能力和职业素养的课堂。然而,当抽象的会计理论、刻板的会计制度、烦琐的会计实务与"中职生"这一特殊的学生群体狭路相逢的时候,我们该如何做好课堂的设计师?

我认为，中职的会计专业课堂应该是一个以"共情"为基础，以行动为导向的共生课堂。

一、共情，是一切教学手段实施的基础

中职生是一个特殊的学生群体，他们当中相当一部分是初中学科学习的不适应者，是单一教育评价体系中的失败者，甚至是弱势群体中的边缘人。他们希望表现自己但又缺乏自信心；他们内心渴望进步但又缺乏刻苦学习的精神；他们自尊心强但又有严重的自卑感；他们兴趣广泛但又不能持之以恒；他们讨厌抽象的理论喜欢动手操作；他们希望得到老师的关注但又有强烈的逆反心理……

面对这样的教育对象，我们更应该真诚走进学生的内心，站在他们的立场思考问题，设身处地体会他们的感受，了解和体验他们的思想和思维，并以此来调节自己的教学方式。

真诚共情，我们就不会惊讶于理论课堂上那些茫然的面孔，而是想方设法将教学内容变得更加深入浅出；真诚共情，我们就不会因为在课堂上得不到回应而懊恼，而是检讨自己的问题是否恰当；真诚共情，我们就不会面对昏昏欲睡的学生暴跳如雷，而是思考怎样的课堂能让他们抬起头来……

真诚共情，需要我们在课堂外多了解孩子们，多与他们沟通，需要我们在课堂上细心观察、用心肯定；真诚共情，有时候也需要我们低下头、弯下腰，真诚地与孩子们交流，需要我们用宽广的胸怀去包容孩子们的缺点和错误；真诚共情，需要我们用孩子们接受的方式授课，鼓励他们用自己的方式学习……只有这样，孩子们才能真正地喜欢我们、悦纳我们的课堂。

在中职会计专业教学中，除了要共情学生，还应该共情企业。职业教育是为企业培养人才的。企业的人才需求是决定我们课程设置及教学内容的重要依据。共情企业需要我们多到企业调研，了解会计专业学生所对应的岗位要求，以及时调整教学内容和教学策略。

二、以行动为导向，构建会计专业共生课堂

"共生课堂"强调教师、学生、课程、环境与技术等课堂生态中的各个因子之间的相互联系、相互促进，共生发展。职业教育中的行动导向教学则强调要充分发挥学生的主体作用和教师的主导作用，认为学生接受的知识应源于实践，在实践中得到感性认识，经过反复实践才能上升到理性认识，并回到实践中去。我认为中职会计专业课堂应该是一个以行动为导向的共生课堂。

1. 教学目标的设定要体现学生的职业发展需求

职业教育特定的培养目标决定了专业课课堂教学的目标绝不是单纯的知识灌输，中职会计专业是为社会培养会计员、出纳员、统计员等初级技能型人才。所以，会计专业课的教学目标的设定必须体现学生职业发展的需要。一方面在教学目

标的设定中除了专业知识和技能的要求之外，更应强调学生职业能力和职业素养的养成和发展。如：会计人员的认真严谨、依法办事、注重细节、条理清晰等素养的形成均应融入会计专业的课堂教学中。另一方面要注重根据岗位需求变化和学生的个性化的需求动态地生成教学目标，让每一个学生在课堂上都得到发展。

2. 教学内容的生成应源于企业的典型工作任务

一名有经验的会计专业教师从来都不会"迷信"会计专业的教材，因为会计专业的教材永远滞后于制度的变革，而且与实际的工作相距甚远。中职会计专业课堂的教学内容应该源于企业，从企业典型的工作任务中提炼。只有这样的教学内容，才能够贴近企业的需求，有利于学生的职业发展，激发学生的学习热情。国家经济不断发展，财政税收等政策在不断改革，企业对人才的需求也在不断地变化，这些都决定了中职会计专业课的教学内容必须是根据实际的需要动态生成的。教师应该通过向企业派发问卷、邀请企业专家座谈、到企业实践等方式及时地了解企业的需求，密切关注相关制度的变革以及时动态地调整教学内容。

3. 教学环境的设置要注重岗位的特色

"上学如上班，上课如上岗"是一种理想的职业教育模式。但是，由于实训场所限制，我们不可能为学生创设绝对真实的企业环境。但是，在课堂教学过程中，我们可以通过班级文化的建设或各种信息化的手段营造仿真的企业环境，在课堂上引导学生通过角色扮演的方式体验职业岗位。例如在《存货发出的计价方法——先进先出法》一课中，我就通过图片展示工作场景，引导学习小组进行角色分工，让学生充分体验"采购员""生产人员""仓库管理员""会计"等职业角色，感受企业的工作流程。在教学过程中，我们更加注重学习工具的专业化，如学生在学习过程中使用的单据、票据、凭证、账簿等都是与实际工作接轨的。

4. 教师角色的定位不再是"传授者"

构建会计专业的共生课堂，教师不再是站在讲台上滔滔不绝的知识的传授者，而应该是课堂活动的设计者、主持人以及学生自主学习的引导者和咨询者。学生才是课堂的主体。我在会计专业课堂上很少会直接讲课本的内容，通常都是根据教学内容设计工作任务，让学生带着工作任务自主学习，互相合作解决问题。如在《存货发出的计价方法——先进先出法》一课中，我只是布置任务、从旁指导、组织成果展示，学生是通过在"做中学"获取知识和技能的。这样的课堂师生关系平等、融洽、和谐。

5. 信息化技术与教学方法互融相长

通过微课实现课前的预学、课中的教学、课后的拓展，通过操作视频进行有效的操作示范，运用图音像创设真实的企业工作情景，通过微信进行互动交流……在会计专业课堂上，信息技术与任务驱动法、情景教学法、头脑风景法、角色扮演法、思维导图法等行动导向的教学方法互相融合发展，扩展了学习空间，激发了学习兴趣，优化了课堂。

教学过程是师生共赢的过程，所谓"教学相长"，在这个过程中学生学会了知识和技能，培养了能力和素养，老师则更新了理念、检验了能力、提升了技能、实现了价值。只有以师生共赢为目标，师生关系才能够真正实现平等，教师才会真正将课堂当成自己的舞台，尽情地施展自己的才华。以"共情"为基础，以行动为导向，让中职会计专业课堂生态中的各因子"共生"发展，实现师生"共赢"，这一直都是我教学的追求和目标。

他人眼中的我

一、领导眼中的我

梁锦芳老师是一位教学理念先进、专业精湛、务实创新又德才兼备的专业带头人，对职业教育事业充满激情和热爱。在课堂教学中，梁老师擅于把严谨细致的专业素养、图文并茂的应用情景、恰到好处的学习任务融为一体，辅以现代教学方法引导学生的专业学习，梁老师的课堂形式活跃，气氛融洽，深受学生的喜爱。

梁老师带领全体专业教师勇于探索，不断创新，在专业教学、技能竞赛、专业建设等多方面获得突破，取得了骄人的成绩，为会计专业的发展做出了重要贡献。

（广东省职教名师、江门市第一职业高级中学教务主任　岑卫堂）

二、同事眼中的我

梁锦芳部长是一个积极进取、充满激情的人，她热爱学生，与学生关系十分融洽。她经常和同事们探讨教材教法，针对职中学生的特点选择恰当有效的教学手段与方法，对学生因材施教，凡是她任教的班级成绩都会名列前茅。她毫无保留地指导青年教师，我就是受益者之一。2015年，我参加"创新杯"说课比赛，梁老师悉心指导我，帮我修改教学设计、说课稿，陪我去参加比赛，我最终能够冲出省赛并在国赛中获得一等奖离不开她的帮助。她能歌善舞、多才多艺，经常协助和指导班主任开展各种活动。她总是能全心全意地投入平凡的工作中做出不平凡的成绩。她是我们团队中德才兼备的好老师、好领导，是我心目中最美的同事。

（江门市第一职业高级中学青年骨干教师　曹秀芳）

专业技能课堂因教学信息技术而更精彩

● 江门市新会冈州职业技术学校　梁国新（中职教育）

● 个人简介

梁国新，男，职业教育中学高级教师，家用电子产品维修技师，省级中职骨干教师，中国教育技术协会职业教育委员会常务理事、副秘书长、学术委员会委员，国家职业技能鉴定制冷设备与维修工高级考评员、电子和电工中级考评员。被各级教育行政部门评为"中国教育技术协会职业教育专业委员会工作先进个人""江门市岗位技术能手标兵""江门市职业技能鉴定专家""江门教育专家培养对象""江门市学科带头人""江门市中职学生技能竞赛优秀指导教师"等。参加全国多媒体教育教学软件大奖赛、全国中职教师信息化教学大赛有10多个作品获国家级、省级一等奖。同时是市、区多所学校信息化平台建设与应用的技术顾问。

▶ 我的教学风格

我的教学风格是专业技能课堂因教育信息技术而更精彩，精彩的含义就是精彩的信息化技能教学课堂和中职学生因掌握精湛的技能而演绎的精彩人生。教学中坚持追求极致的职业高中信息化技能教学课堂，根据职业教育和职中学生的特点，采用理实一体化教学模式，学生分组协作、教师巡回指导，实施项目式教学。在教学策略上，以信息化教学资源环境为载体，以系列任务为驱动，有效地运用网络学习和教学平台、智能实训室、网络学习社区，应用自主开发的多媒体教学软件、微课、虚拟实训软件等多种信息化资源，建立网上网下互补、课内课外贯通的信息化学习环境。通过虚实并举、"做、学、评、思"，促进学生对专业知识的深度理解，对技能的快速掌握，实现信息技术与专业技能教学的有效融合，呈现精彩的技能教学课堂。坚持实训教学"三到位"的信息化实训课堂，培养中职学生高超的职业技能和高尚的职业情操，抚慰中职学生曾经迷失的灵魂，让他们都有人生出彩的机会，让他们拥抱精彩灿烂的美好人生。

▶▶ 我的成长历程 ▶

追求事业无止境　扎根职教终不悔

一、良师益友鼓舞，助推专业成长

我于1992年7月毕业于华南师范大学物理系物理专业，同年分配到新会县城的中职学校新会冈州中学任教。清晰记得当年拿着工作分配介绍信到学校报到时，接待我的是李校长。他对我这位新教师、新同事十分热情，耐心听取了我的汇报后，对我加入冈州中学这个大家庭表示欢迎并向我介绍了学校发展情况。深切鼓励我初为人师要虚心请教前辈，潜心学艺，争取早日站稳讲台，期望我在中职专业课教学中，做到刻苦钻研、辛勤耕耘和建功立业，做一名优秀的、令人尊敬的人民老师。李校长的亲切关怀和殷切期望令我思潮澎湃，深受鼓舞，我心里暗暗下定决心一定要做一名有作为、有成就的职业高中老师，做一名学者型的专业课教师。

20世纪90年代初，国家经济开始快速起步，许多老师放弃了这个神圣的教书育人的职业，纷纷转行下海经商了。周围的同学、朋友有的经商发财致富、有的当官服务人民、有的开厂发展实业做大做强。而我为了实现自己的"教师梦"，甘于清贫，甘于寂寞，默默地、全身心地在职业高中教育这块地里耕耘。从教第一年，学校安排我担任高三电子技术应用专业班的专业课教学工作，任教的科目是"电视机原理与维修"。清晰记得第一节课，在我无比紧张的时刻，是50多位带着求知若渴眼神的同学们给了我鼓励和勇气，让我感觉到自己今后所肩负的教育教学的责任，更让我感觉到：随着时代的发展、教育的不断改革创新，自己仅有的专业技能知识水平是远远不够的。"要给学生一杯水，教师要有一桶水。"这是我读大学时的老师的教诲。所以，我时刻告诫自己：只有辛勤耕耘，不断前行，不断实践，不断提高，才能不负使命。

学校职教办学初期，由于办学资金严重不足，我所任教"电视机原理与维修"课程的实习、实训条件简陋，信息化教学硬件环境也不佳，为了更直观地讲解电视机原理及工作过程，我带领几位实操能力强的学生"牺牲"一个多月的休息时间，开发了电视机教学示教板，将电视机几百个元器件拆解、检测、安装和调试，并科学地设置检测故障开关，做成电视机教学示教板，大大方便了日常实训教学。后来，电视机教学示教板参加广东省中小学校自制教具评选活动，获广东省自制教具三等奖，成绩得到了教育局和学校领导的充分肯定。我任教"电视机原理与维修"课程初期，由于当时的教育环境原因，自己专业技能水平有限，唯有边教边学，边学边教，争取后发先至。我利用课余时间在电视机实训室把实习用机（乐华黑白电视机）每一个元器件都拆装多次，记录每一个元器件的参数、作用，测量每一个单元功能电路的关键电流点、电压点等，记录信号的波形图、分析每一个元器件的故障特征等，经过系统整理各个知识点，分析梳理电路数据，我编写了我的第一本校本教材——《R436I/D 型乐华电视机原理、安装与维修》技能训练教材。教材使用效果显著。1994—1996 年我指导学生参加江门市、新会市中职学生专业技能竞赛荣获新会市第一名、江门市第三名的优异成绩,得到教育局和学校领导的充分肯定及表扬。由于教学工作认真、负责,刻苦钻研教材教法,我的教学及科研能力也不断提高,教学业绩显著,被认定为省级专业骨干教师和市、区学科带头人。

  我深深体会到,爱是教师品德的核心,只有坚持爱的教育信条,把满腔的爱无私地奉献给学生,用爱的涓流滋润学生的心田,真心与后进生交朋友,在生活、学习上关心爱护他们,教育才会收到显著的效果。如我任教的 2008 届高三(5)班有一位后进生——刘启荣,他无心向学,沉迷电子游戏,毫无纪律观念,但有表演欲,喜欢动手实操,如安装照明电路、帮助老师维护教学设备等。有一天,他参加体育运动时不小心跌伤了脚在家休养,我了解情况后,多次到他家里探望他,他很感动。我抓住这个契机巧妙地点出他喜欢动手实操实习的优点,并赞扬他有潜质,鼓励他上进。后来,我还多次有意安排他和同学一起参加实习实验室的电路改造、新电脑室电路安装、实验实习设备维修等工作。逐渐地,他对学习越来越有兴趣,专业技能提高了,他找到了个人的定位,精神上有了寄托,陋习很快就纠正过来了。毕业后,他参军入伍,在部队里由于思想觉悟高,专业技能好,被推荐到军学院修读大专课程。任职以来,经我教育转化的后进生有 160 多人。当中还有后进生黎兆权同学,他毕业后进入电子科技公司工作,表现出色,担任部门技术主管;后进生陈永达同学考上了广东技术师范学院等。由于在共青团和教书育人工作方面取得了显著的成绩,我被授予"江门市优秀共青团干部""新会区优秀团委书记""新会区优秀教师"等荣誉称号。

  从教伊始,一路走来经历了许多风风雨雨,过程中得到了历任学校领导、前辈、良师益友的支持、鼓励与无私的帮助,极大地推动了我的专业成长和发展,使我取得了丰硕的教育教学成果。你们的真诚帮助和鼓励,我将一生铭记,用实际行动去报答党和人民,不辜负良师益友们对我的鼓励、帮助、支持和期望。

  二、找准发展定位,专注中职教育信息技术的研究及应用,教科研成果显著

  21 世纪初期,随着科学技术的迅速发展,人类社会进入了信息时代,以网络技术和多媒体为核心的信息技术被广泛应用于教育领域中。我更隐约地感受到中职信息化教育教学浪潮即将扑面而来,所以我选择了华南师范大学的电教系电化教育专业进行学历进修,进一步提升我的信息化教育技术理论水平和多媒体软件教学、制作和应用水平。2001 年,我参加由省教育厅组织的广东省首批电子、计算机骨干教师信息化应用能力提升培训班,得到了全国教育信息技术专家、广东省实训中心主任赵士滨教授的悉心指导,为我指明了研究发展的方向。从那时开始,我特别注重个人的自我增值,以坚韧的毅力自学了电子设计自动化(EDA)、Proteus(嵌

入式系统仿真与开发平台)、Flash 动画设计、Premiere 影视制作软件、3ds Max、数字电视等新课程、新技能和新知识。通过学习，我迅速提高了自己的信息化教学能力和应用水平，并以优异的成绩考取了家用电子产品维修工技师和 3D 动画制作高级工资格，还取得了电子制冷中、高级考评员等资格，成为名副其实的"双师型"教师。

我利用自己的专业优势，积极参加由教育部、省教育厅组织的全国多媒体教育教学软件制作大奖赛、全国中职教师信息化教学大赛、全国中职教师创新杯信息化教学设计与说课大赛等，每次设计和制作的作品都倾注大量的心血，刻苦钻研，力求精益求精、出类拔萃，争取获得优异成绩。多年来，我精心制作了 28 个多媒体教育教学课件，撰写了 60 多篇教学改革和信息技术论文、教学设计、教学案例获奖，其中获全国一等奖作品 8 件、二等奖作品 16 件、三等奖作品 14 件，广东省一等奖作品 9 件，二、三等奖作品共 17 件。撰写的论文水平较高且具有应用性，有 10 多篇教育教学领域学术论文在省、市级刊物发表。特别是我制作的 3 个多媒体教育软件作品分别获 2010 年第 14 届、2013 年第 17 届全国多媒体教育软件大奖赛北京总决赛全国一等奖，2011 年第十五届全国多媒体教育软件大奖赛总决赛全国二等奖。我在这几项含金量极高的信息化大赛中连续获得全国一等奖，成为江门地区第一人，主管教育的李副市长为我发来贺电，我感到非常光荣。我还是江门市唯一选手，代表广东省参加 2010 年第一届全国中职学校教师信息化教学大赛沈阳总决赛获全国三等奖、广东省一等奖，并与教育部和省教育厅领导合影留念，彰显领导关怀和肯定。国家核心期刊《教育信息技术》、《江门日报》、江门基础教育网、江门电台和新会电视台等媒体对我的事迹进行了报道。

我是市、区中职教育教学信息化建设与应用的标兵，积极研究网络教育教学，取得了丰硕成果，被评为"中国教育技术协会职教专委会学术委员会委员"。我经常参加全国职业院校优秀教学成果评审工作，还参与了职业院校"数字化校园"评比标准修稿工作，使自己对职业院校"数字化校园"建设、现代职业教育体系的建设和发展有了深刻的理解和认识。由我执笔撰写的多个省专项教育资金竞争和评估项目的申报书，得到了上级教育行政部门的充分认可，先后为我校制冷和物流两个省级重点建设专业、广东省现代教育技术实验学校、江门市信息化应用示范学校、国家职业技能鉴定所和 400 万元的省中职实训中心专项竞争资金的成功通过发挥了重大作用。我制作的 20 多个多媒体教育教学软件授权给中央电教馆、广东省电教馆、广东省中职教育教学资源中心、江门市教育信息技术中心无偿使用，学习效果显著，社会效益巨大。

三、注重专业引领，做青年教师专业发展的助推器

我是江门市电子与计算机学科带头人，主动承担了对青年骨干教师的培养和指导工作，做青年教师专业发展的助推器。利用自己专长，我经常举行全校性学术专

题学习、课题研究学习和网络课程、微课设计与制作、课件制作等信息化教育教学作品制作辅导和组织青年老师积极参加各级信息技术课题研究等。多年来，我指导和组织老师完成的各级各类论文、多媒体课件、教学设计等有 800 多件作品获全国和省市级奖励。许多青年教师在我的指导下现已成为学校的教学骨干，他们参加全国专业技能、信息化教学大赛，全国创新杯信息化教学设计与说课大赛等获优异成绩；在历年省、市中职专业技能竞赛中，这些青年教师所指导的学生分别获省电大系统中职学校团体一等奖，江门市团体一等奖，广东省团体二、三等奖的优异成绩，他们均被评为"江门市专业技能竞赛优秀指导教师"；他们还担任班主任工作，所带的班级多年获得学校"五好文明班"、"新会区先进基层团支部"等荣誉称号，他们还被评为"新会城镇教坛新秀""新会区优秀班主任"等。

四、坚持探索和实践专业实训课程信息化教学策略，形成教学风格，结出累累硕果

从教 25 年，我本着"学生为主体，教师为主导，实操训练为主线"的原则，灵活运用教学方法，因材施教，注重现代教育教学理论和现代教育技术、教学信息技术的学习，特别是专注教育信息技术在中职教学中的应用研究与实践。"十五"到"十三五"期间，我主持省级以上课题 3 项，还参与学校其他省级以上课题 5 项。我主持的课题结题评价优秀或良好，取得 30 多项优秀课题研究成果。我主持的 2016 年广东省中职学校信息化建设示范项目获广东省教育厅 20 万元专项资金资助，带领和指导项目团队开发了 60 多个优秀微课作品和网络教育教学平台。我还积极编写了 3 本校本教材和参编 2 本全国中职教材。我多次承担全区性大型信息化教学公开课和实操实习公开示范课，在天津市、河南省、广州市等地方进行国家级和省级课题研究报告和成果汇报，均获得上级教育部门领导和同行的高度评价和认可。

我十分注重教学科研成果的转化，积极把成果应用于中职专业技能课程教学中，并取得显著成绩。在职业技能实训课堂教学中，采用理实一体化教学模式，学生分组协作、教师巡回指导，实施项目式教学。在教学策略上，以信息化教学资源环境为载体，系列任务为驱动，以此帮助学生实现专业技能知识的课前启化、课中内化、课后转化。注重学习的交互性、资源的丰富性和实践的体验设计，有效运用蓝墨云、长风网等移动网络教学平台、智能实训室、网络学习社区，应用自主开发的多媒体教学软件、微课、虚拟实训软件等多种信息化资源，实现信息技术与专业技能教学的有效融合，促进学生对专业知识的深度理解，对技能的快速掌握，取得良好的教学效果。任教班级的职业技能资格考证通过率和优秀率均位居江门地区中职学校前列。任教"电子设计自动化（EDA）""Flash 动画设计"等信息技术课程的考核平均优秀率达 45% 以上，成绩名列前茅。在专业技能竞赛指导工作中，所指导的教师参加中职教师专业技能竞赛、信息化教学大赛和学生参加各级电子、制

冷、计算机专业技能竞赛,共有230多人次获全国、省、市级奖励。本人因此多次获评省、市专业技能竞赛优秀指导教师奖。

我的教学实录

《分体式空调器的安装步骤及接管工艺》教学实录

一、教学设计思路

《分体式空调器的安装步骤及接管工艺》这一实训教学内容是我校制冷和空调设备运行与维修专业《家用空调器安装、维修技术基本功》课的一个教学单元。在教学中,采用理实一体化教学模式,学生分组协作、教师巡回指导,实施项目式教学。通过蓝墨云班课移动网络教学平台,并应用自己开发的多媒体教学软件、微课,上传到教学平台对学生进行辅导或让学生自主学习,提高学生学习兴趣和教学效率。

二、教学的重点

①分体式空调器的安装步骤;②割、扩管的操作技能;③包扎管套和水管的操作技能;④管道接口的操作技能。

三、教学的难点

①分体式空调器的安装步骤;②管道接口的操作技能。

四、任务描述

1. 知识及技能目标

①掌握分体式空调器的安装步骤;②掌握割、扩管的操作技能;③掌握管套和水管的包扎操作技能;④掌握管道接口的操作技能;⑤掌握自主学习型多媒体教学课件的下载和使用。

2. 素养目标

①培养严谨的工作态度;②提高技能操作的规范性;③增强安全生产意识。

五、教学过程

[教学手段] 应用多媒体课件教学和实操演示教学。

(一) 项目导入

分体式空调器的安装步骤。(客户购买全新空调,专业人员上门规范安装为例。)

[温习上节课教学内容]

老师教学课件展示讲解,时间安排5分钟。

老师问:割管刀的使用技巧是什么?

学生答:

(1) 将铜管夹装到割管器,放在割刀的导向槽内的刀片与轮之间,并将切割的管子使割刀与铜管垂直，慢慢旋紧手柄至铜管边缘。

（2）旋紧割刀手柄，让刀片接触铜管，然后将割刀旋松，在旋转割刀同时，旋转手柄进刀，整个割管器绕铜管顺时针方向旋转，大约每旋转两周进刀一次即可。

（3）割管器每旋紧1～2圈，需调整手柄1/4圈。

（4）重复2、3步骤，直至将铜管割断。

老师问：扩口工具是如何扩大喇叭口的，应注意哪些问题？

学生答：

（1）将已退火且割平管口的铜管去掉毛刺，将需要加工的铜管夹装到相应的夹具卡孔，管口朝向喇叭面，铜管露出喇叭斜面高度1/3。

（2）将两个元宝螺帽旋紧，把铜管紧固。

（3）将顶压器的锥形顶头卡压在铜管口上，把弓形架脚卡在扩口夹具内。顺时针慢慢旋转手柄。

（4）退出顶锥，松开螺母，从夹具中取出铜管，观察扩口面应光滑圆整，无裂纹、毛刺和折边。

（二）引入信息化教学内容

老师播放分体式空调器的安装全过程教学视频，学生观看，师生互动。时间安排约20分钟。

老师问：如何选择安装最佳位置？

学生答：

室内机：

（1）室内机应选择无振动、坚固的干墙。

（2）选择室内气流良好的位置，不能有障碍物阻挡气流循环，出风口能吹向整个房间。

（3）选择易于排水和气吵声影响小的位置。

（4）本机附近不能有热源或水蒸气。

（5）与地板之间的距离高于目视高度。

室外机：

（1）应尽量避开阳光直晒，若在本机周围搭凉棚遮挡直照阳光，注意不要影响冷凝器的散热。

（2）定位冷凝水排放位置，使之不落在下一层楼雨篷或行人身上。

（3）注意不要使排出的冷气影响养殖的动物或植物。

（4）确保与墙壁、天花板、栅栏等障碍物之间的距离。

（5）检查安装之处的电压是否符合机型。

老师问：安装前如何开箱检查？

学生答：铺好垫布，打开工具箱，排放好使用工具，开箱取出机体，逐一核对装箱单，检查箱内的配件是否齐全，产品外观有无损伤。

　　老师问：如何安装底板和开墙孔？

　　学生答：在选好室内机位置的干墙上用水平仪找平，用铅笔画出螺丝孔位置。分别打孔，定位挂板，固定螺丝。接下来是打墙孔，注意内侧要高于外侧 5～10 毫米，并安装好墙套。

　　老师问：如何查漏气、接线、包扎？

　　学生答：首先松开工艺管，查看是否有压力泄漏。再连接室内机铜管，注意用力需均匀，不扭伤管子。最后连接室内机电源线，在连接管线时，应该揭开后盖侧的一个出管面口，然后将铜管、排水管连接电源一起捏紧包装好，注意将排水管包扎在下端。

　　老师问：室内机如何安装和穿出墙孔？

　　学生答：完成以上步骤后再抬起室内机，将管子穿过墙孔。这时应先把室内机挂装好再重新检查一下挂机是否齐平，穿墙孔后一定要检查管帽是否脱落，如脱落应查看管口是否有杂物，应将之清除干净。

　　老师问：室外机如何安装、固定支架？

　　学生答：安装者扎好保险带，先量好墙外尺寸，打孔。用膨胀螺丝固定好铁架，然后抬出室外机并牢牢固定在铁架上。

　　老师问：如何连接管线、排空气？

　　学生答：接下来对接各条管线，注意电源线对色对号，排出铜管内空气。第一步，拧开气压阀铜帽，第二步旋开高压阀一圈，再拧紧高压阀，如此重复三次。第三步，拧紧高低压阀帽，保证管内空气排净再开启高低压阀门。

　　老师问：如何进行检漏、漏水是否畅通？

　　学生答：利用肥皂水或洗洁精水，涂抹各管道的对接位置，进行漏氟检查。最后，往室内挂机进风口处倒入些清水，查看出水管是否畅通。

　　老师问：如何进行效果检查、电流检查？

　　学生答：通电运行空调设备，调试制冷或制暖效果。当环境温度高于 18 摄氏度时，开制冷进行调试；当环境温度低于 18 摄氏度时，开制热进行调试。对单冷机而言，当环境温度低于 18 摄氏度时，用抽湿功能进行调试。开机运行 15 分钟后，应用压力表测试室外机的压力是否符合铭牌标准。再用电流表测电流是否符合铭牌上的要求。一般来说，低压管的正常压力是 $4～6\ kgf/cm^2$；高压管的正常压力是 $18～20\ kgf/cm^2$；一匹分体式空调器的正常运行电流是 3.3 安左右。

　　老师问：最后如何检查、清洗和登记？

　　学生答：空调机安装完毕，用发泡剂或胶泥子封住墙壁上的孔，防止漏雨水和通风。清理周围环境现场，并细致做好客户对空调机的使用和保养等指导工作，填写好安装情况表、售后服务登记表、客户满意度反馈表等有关登记资料。

本节专业理论学习结束。

(三) 技能演示实训教学

铜管工艺加工和管套、水管包扎及管口连接。

(老师进行实操演示,学生助教协助演示。全过程约20分钟。)

(四) 实训指导及小结

(学生实训、教师巡回指导共40分钟,老师小结实训情况5分钟。)

六、评价标准

(应用蓝墨云移动教学平台对小组评分及学习评价进行意见反馈。)

七、课堂总结

(提出教学建议:注意事项、课堂分析等。)

▶▶ 我的教学主张 ▶

学生为主体,教师为主导,实操训练为主线

众所周知中职学校生源的构成比较特殊,大多数学生基础知识差、自我约束能力差,又经常受家长和老师责备、埋怨等,是基础教育中经常被忽视的弱势群体。他们认为自己与考上普通中学的同学比较,成绩不够理想,入大学深造无望,对未来似乎比较渺茫,因此也具有一定的无为自卑心理,因而影响学习的积极性。我的教学主张认为要根据中职学生这种实际情况,从中职学生的认知水平和专业技能实操水平出发,本着"学生为主体,教师为主导,实操训练为主线"的原则,灵活运用教学方法,因材施教。根据中职学生理论学习积极不强,甚至有厌学情绪的情况,在理论教学中采取够用原则,不做深度要求,重点通过信息化教学手段来加深中职学生对学科知识的理解和认识,利用网络虚拟平台(移动设备终端)或虚拟实训室进行虚拟实训,发挥学生的主体作用和老师的主导作用,强化实际技能训练。我主张在教学中做好如下两个方面:

一、主张中职学校专业课实施"三到位"实训教学

我在专业技能教学上重视对中职学生的推断思维和动手能力的培养,逐步形成在网络和信息技术环境下,自主探究、合作讨论、实操教学"三到位"为特色的专业技能教学风格。所谓"三到位"概括地说就是:入门指导,演示(实操演示和多媒体演示)到位;巡回指导,点拨到位;结束指导,讲评到位。学生在分组实操过程中,自己始终在场巡查,指导学生学习技能操作时动作要规范、安全,发现问题,及时解决。实操实习结束后,对实操中出现的技术及安全操作问题进行讲评,讲到点子上能扣住形成技能的技巧,讲到实质上能抓住技术动作的正误,讲到关键上能捕捉学生的闪光点,并分别给予恰到好处的鼓励。事实证明,这种实操教

学"三到位"的教学法体现了师生教与学的双边互动性，学生参与程度高，学生的主体地位得到充分体现，教师的主导作用得以充分发挥，同时，在实训教学中恰当应用信息化教学手段，更有效地让学生在自主探究、合作讨论的学习过程中提高对技能学习的兴趣和积极性，从而实现提高技能和培养创新能力的教学目标。

二、主张实施信息化专业理论教学和网络虚拟实训教学

现阶段，由于教育信息技术迅猛发展，我校各专业信息化教学设备日趋完善。但由于中职专业技能实训耗材大，在办学经费紧张的情况下，支持如此巨额实训耗材经费的确有不少困难，所以利用网络虚拟平台（移动设备终端）或虚拟实训室进行虚拟实训教学能节省大量办学资金，又能发挥学生学习专业技能的主动性。中职学校应用信息化教学的要求与普通中小学有所不同，因而在信息化教学应用上我主张做好如下几方面：

1. 教师信息化应用能力方面

在职业技能实训课堂教学中，采用理实一体化教学模式，学生分组协作、教师巡回指导，实施项目式教学。在教学设计策略上，以信息化教学资源环境为载体，系列任务为驱动，以此帮助学生实现专业技能知识的课前启化、课中内化、课后转化。注重学习的交互性、资源的丰富性和实践的体验设计，有效运用网络学习和教学平台、智能实训室、网络学习社区，应用自主开发的多媒体教学软件、微课、虚拟实训软件等多种信息化资源，建立网上网下互补、课内课外贯通的信息化学习环境。通过虚实并举、"做、学、评、思"，促进学生对专业知识的深度理解、对技能的快速掌握，实现信息技术与专业技能教学的有效融合。

根据中职学科教学特点，主张各专业应用多媒体辅助教学主要突出的是对产品、器件、机器等内部结构、工作过程或工作流程的动画或三维动画的虚拟演示及学科软件的应用，通过动画的虚拟演示来加深对学科知识的理解和认识，通过学科软件的应用达到产品设计和制造的目的。因此，要求中职教师能应用 Dreamweaver、ASP、ASP.NET、JSP、PHP 等软件制作动态网页或网络课程、课件、微课等信息化教学资源，并通过蓝墨云、长风网等国内、省内优秀移动教学平台应用到教学中去。能够自制个人主页，并按要求上传到相关教育网站上。此外，工科类专业课老师还要求掌握 Flash、Photoshop、3D MAX、MAYA 等软件制作教学动画或三维动画来展示产品、器件、机器等内部动态工作过程或教学过程，通过虚拟动画演示，让学生形象、直观地接受新知识、新技能。

2. 教学软件应用方面

根据不同的学科，设立相应的计算机辅助设计或虚拟技术应用软件，达到该学科管理、统计、仿真、设计和生产的目的。如电子专业学科设置电子设计自动化软件（EDA）、电子线路设计与仿真软件（Protel 2004、Multisim 仿真软件），数控专业开设 MasterCAM、UG 等应用软件，财经专业设置会计电算化、用友软件、ERP

沙盘模拟实习软件等，计算机专业设置办公软件、网页制作、图形图解处理、3DMAX、MAYA、ACCESS 数据库、FLASH、JAVA、C、C++、VC、VB、VF 等应用软件。

根据中职学科的特点，建设学科网络课程，促进中职教学资源共建共享和推动中职教育均衡发展。要根据中职网络课程建设规划来建设各学科网络课程，根据学校实际高标准建设现代物流管理专业、制冷设备运用与维修、电子应用、计算机应用等网络课程。并能通过网络课程资源库，建设各学科虚拟实习室。加快网络课程和虚拟实习室的移动终端 APP 的学习与应用模块，让学生、老师通过网络教学环境（或手机、平板电脑等移动终端）进行虚拟实习和应用，充分发挥学生的主体作用，提高学习效率。

他人眼中的我

梁国新老师是中国教育技术协会职业教育专业委员会常务理事、学术委员会委员。认识梁老师已经有 6 年了，经过多次谈话，我觉得梁老师有一股亲和的人格魅力，很随和、谦虚。很佩服他对职业教育技术，特别是教育信息技术的深刻认识，知道他经常参加全国信息化教学大赛活动，制作很多职业教育教学多媒体软件获国家级奖励，这是很了不起的。作为我会常务理事、学术委员会委员，他不辞劳苦，做了大量工作，如组织学校论文、教学设计、课件等教学成果参加评比，所上交的作品数量多、质量好。他还是我会优秀成果评审专家，多次在本会年会上做报告和学术交流，还积极参与我会承担的职业院校"数字化校园"评比标准修稿工作等，对我会职业教育技术的研究和发展发挥了很大作用。所以，我对梁老师十分认可和充分肯定，多次同意他评为"中国教育技术协会职业教育专业委员会工作先进个人""中国教育技术协会职业教育专业委员会机电研究会工作先进个人"。

（中国教育技术协会职业教育专业委员会主任、高级讲师　潘洪楠）

梁国新老师是我校教务科副科长。他主管教科研与学校信息化建设的工作。他工作能力强，专业基础知识坚实，有强烈的事业心和责任心，且又潜心研究前沿的教育教学新技术。他宽阔的视野、过硬的专业技术与创新思维观念引领着我校的信息化建设与教科研的开展始终走在我区中职教育的前列。同时，可贵的是他又能定时开设信息技术的学术讲座。在他的指导下，我校教师应用信息技术能力得到较大的提升，并且学校在信息技术与学科课程整合及资源库建设等方面成绩卓著。

（新会冈州职业技术学校教务科科长、高中数学高级教师　陈力全）

我深深感受到他是一位"技德双馨"的双师型骨干学者、教师，凭借他本人高水平的信息技术引领着我校全体教师走科研兴校之路。多年来多次参加全国信息化教育教学大奖赛、全国中职教师信息化教学大赛和创新杯信息化教学设计与说课大赛，屡获全国一等奖的佳绩；主持和参加了多个信息技术课题研究，积极撰写论文，硕果累累。他是我校老师中的老师，是一颗"金子"，闪闪发光，正在散发正能量。他教学效果明显，业绩非常突出，深得学生、家长的好评。

（新会冈州职业技术学校学生科副科长、高中德育高级教师　温银转）

梁国新老师是一位热情的好老师，每次您上课，我们都感觉时间过得很快，感觉再难的知识，只要经过您的讲解，我们都很容易接受。每当我们遇到问题时，您总是不厌其烦地给我们讲解，直至我们明白。特别是课堂上通过您做的课件来学习，我们非常喜欢，每次都期待着。通过课件和动画的演示，将我们要学习的内容融合在里面，让我们感觉在玩的过程中，就把学习任务完成了。

（学生　李杰鸿　伍伟澎）

梁老师是我的良师益友，甚至是爱与严同在的兄长。非常期待他的课堂，他知识渊博，授课时娓娓道来，大伙均被他生动形象的言句逗乐，同时也被他所做的图文并茂，富有动感，激发求知欲的精彩课件叫好。喜欢他平易近人的笑意，不仅传授电脑知识，还时常教授为人相处之道。感谢他的循循善诱，使我们更加主动积极学习和探索求知，在他的指导下，我们非常顺利通过 PS 证书和全国计算机等级证书，并获得专业技能大赛网页制作一等奖。梁老师能文能武，热爱体育运动，拉丁舞也跳得好。他的健康、活力、向上又充满正能量的形象深入我们心中。

（学生　陈家豪　张日东　周家星）